Flora Lapponica

Carl von Linné

Phyt 955.

Th: 2543²

Historia naturalis. Regnum vegetabile
Florae. 549.

Phyt. N° 309.

M. Suffman del.   A. van der Laan sculp.

VIRO NOBILISSIMO ET CONSULTISSIMO
D: GEORGIO CLIFFORTIO J. V. D.

CAROLI LINNÆI

Doct. Med. & Acad. Imp. Nat. Cur. Soc.

FLORA
LAPPONICA

Exhibens

PLANTAS

Per

LAPPONIAM

Crescentes, secundum Systema Sexuale
Collectas in Itinere

Impensis

SOC. REG. LITTER. ET SCIENT. SVECIÆ

A. CIↃIↃ CC XXXII.

Instituto.

Additis

Synonymis, & Locis Natalibus Omnium,
Descriptionibus & Figuris Rariorum,
Viribus Medicatis & Oeconomicis
Plurimarum.

———————————————

AMSTELÆDAMI,

Apud SALOMONEM SCHOUTEN.

CIↃIↃ CC XXXVII.

Virg. Georg. IV. 517.

Solus hyperboreas glacies Tanaimque niualem
Aruaque Riphæis nunquam viduata pruinis
Lustrat.

ILLVSTRISSIMÆ
SOCIETATI
REGIÆ
LITTERARIÆ ET SCIEN-
TIARVM
SVECIÆ

Floram hanc
confecrat,

Hartecampi
CIƆIƆCCXXXVII.
XII. Kal. Febr.

CAR. LINNÆUS.

* 2

LECTORI

S.

AUTHOR.

erram, quam regit summa Arctos, ipsius aquilonis sedem, hyeme æterna sepultam, incultam, sterilem & inhabitabilem multi veterum credidere; longe tamen mitiorem esse, longe suauiorem beatioremque intellexere recentiores, suisque & hanc superbire naturæ dotibus singularibus sibi soli propriis ostendat Flora tandem Lapponica.

Prodeat itaque Flora Lapponica sera licet, & nescio quibus fatis tamdiu retardata, semetque Curiosis offerat, quæ diu

* 3   satis

satis in vltimo Europæ angulo latuit, cum iamdudum forores Europeæ famam virtutibus fuis partam poffideant fummam. Erit igitur vt loco, fic & tempore vltima Floja, immo & laudem ornamenta eius expofcent vltimam.

Ex Floræ Lapponicæ comitatu vix plantam vidit vllus ante Clar. *Rudbeckium* fil: qui anno 1695. mandato Sapientiffimi Regis quondam noftri p. m. CAROLI XI. vt quæ alma Natura in fummo feptentrione produxerat, defcriberet cumque orbe litterario communicaret, Lapponiam adire tenebatur. Mandato obfequens adit, peruenit, peragrat, inquirit, inuenit, obferuat, defcribit, exit, redit totius orbis litterarii fummo cum defiderio; in obferuatis his defcribendis, limandis, illuftrandis & parandis dies noctesque confumit, nullum laborem, nullas impenfas parcens; Abfoluta & ad prælum parata Lapponiæ illuftratæ imprimitur tomus primus, fplendidus & curiofus, qui primos modo itineris dies enarrat, fubfequentibus feptem exfpectantibus, vt fubiiciantur prælo, quos præuenit ferale & fatale iftud incendium Upfalienfe 1702. omniaque tantis impenfis, laboribus, periculis, itineribus, lucubra-

tio-

tionibus comparata, collecta, adseruata
& elaborata vno die cum florentissima vrbe in cineres conuertit; nec reliquit præter tabulas quasdam manu pictas & breuem *catalogum rariorum plantarum* Act.
lit. Suec. 1720 insertum.

Præterlapsis ab itinere Rudbeckiano fere
quadraginta annis, coniunctis & apud nos
doctorum viribus & animis, instructa & in
Suecia Societate erudita & curiosa, latentes
in propria etiam patria naturæ thesauri sol-
licitam mereri cœperunt curam, iactura
Rudbeckiana magis magisque a plurimis
deplorata. Placuit itaque Inclytis Societatis Regiæ Litterariæ & Scientiarum Membris (quorum primi huius itineris auctores
fuere A. Celsius, O. Celsius, & O. Rudbeck. fil. Professores Upsalienses per orbem
clarissimi) etiamnum aleam iacere, iterum-
que aliquem, Societatis impensis ad loca
dissita Lapponiæ mittere. Obtigit ergo
mihi ex eorum decreto hæc sparta.

Rebus ita ordinatis Lapponiam insequen-
te anno a me visitandam conclusum dum
fuit, Upsalia discedo, inferiores Sueciæ
prouincias peto, adfines saluto, *Lundinum*
in Scania simulque fidelissimum quondam meum in rebus naturalibus Magi-
strum,

* 4

ſtrum, Clariſſimum *Stobæum* Profeſſorem
& Archiatrum inuiſo, circa initium anni
1732. Discedente hyeme medio menſis Fe-
bruarii & ego discedo ex Scania, *Smolandiam* etiamnum niue tectam accedo; per-
maneo cum hyeme in Smolandia ad medium Martii, cumque ea abeo, *Upſaliam-
que* ſub initium Aprilis niue adhuc albam
attingo Paratis neceſſariis ad iter, ſolus,
relictis omnibus, quæ moram & impedi-
mentum adferre poſſent, adſumo veſtimen-
ta, capſulam coriaceam papyro pennisque
refertam, baculum, qui inſculptas exhi-
bebat menſuras, conſcendo equum, & in-
gredior iter Lapponicum die *decima tertia*
Maii 1732, omnia dum Upſaliæ vernali tempore vigebant, florebantque; Nec lente,
nec curſu pernici pergo per Gewaliam &
Geſtriciam, Helſingiam & Sundsvallem,
Medelpadiam, vbi montem Norbykny-
len adſcendo, mox Hudviksvallem, *Angermanniam,* Hernoamque video, &
cryptam in apice montis Skula intro cum
vitæ licet discrimine; iter dein parum minus accelerandum ſuadet hyems ſuperio-
rem Angermanniæ partem adhuc infeſtans;
tandemque *Umoam Weſtrobothniæ* peruenio.

                                    Via

Via publica hic decedo, deuias syluas versus occidentalem plagam introeo, tandemque terminos *Lapponiæ* saluto. Intro Lapponiam, *Lykselam* peruenio, Lapponibusque dein, qui morum linguæque barbarie tantum non horrorem excitare poterant, me solum committo; aduerso flumio ad Alpes tendo, inde me trado flumini *Juktan*, cum quo luctatus sum diu; tandem syluas & paludes glacie, niue, aquaque frigida refertas transire sustineo,

Fata obstant, tristisque palus, innabilis vnda
Alligat & nouies styx interfusa coercet.

exhaustus tandem viribus Westrobothniam repeto, mox *Pithoam* nouam & antiquam inuiso, *Luloamque* nouam & antiquam pertranseo. Hic iterum via decedo, scaphaque vectus per flumen *Lulensem Lapponiam* quæro; *Jockmocksense* & *Quickjocksense* templum linquo, montes, syluas & campos arenosos per deserta lustro. Dein *Alpes lapponicas* per montem Wallevari adscendo, occidentalem plagam respiciens, inflexo versus Lapponiam *Pithoensem* australem magis itinere meo pedestri; tum demum summa Alpium iuga (*dorsum Alpium*

* 5

pium dicta) transcendo, ex Alpibus in *Finmarkiam*, partem Noruegiæ maxime septentrionalem, descendo, littora maris septentrionalis perambulo, Roerstadium & *Salleroeam* video; facilis descensus auerni, sed reuocare gradum superaque adscendere ad astra hoc opus, hic labor erat, proiectis licet viribus repeto Alpes, inflexo versus *Lapponiam Tornoensem* itinere, orientalem respicio plagam, tandem fame, siti, sudore, itinere, æstu, pluuia, niue, glacie, saxis, montibus, conuersatione Lapponum satiatus discedo, visaque bis *Tornoa* Ostrobothniam mense Septembri peto, cumque auibus me in Lapponiam comitantibus & ego Lapponiam dimitto; peruenio *Uloam, Brahestadiam, Carlebyam* antiquam & nouam, *Wasam, Christinam*, inde Finlandiæ me committo, *Biørneburgum* & *Aboensem* Academiam saluto, at vrgente hyeme mox *Alandiam* mareque Alandicum traiicio, in *Uplandiam*, tandem *Upsaliam* mense Nouembri redeo.

Peragraui itaque semestri anni huius spatio Uplandiæ nemora, Gestriciæ syluas, Helsingiæ colles, Medelpadiæ saltus, Angermanniæ montes, Westrobothniæ lucos, Lappmarkiæ deserta, Alpium iuga, Finmarmarkiæ littora, Oſtrobothniæ paludes, Finlandiæ ericeta, Alandiæ inſulas; totum adeoque circumueƈtus ſum ſinum Bothnicum, exinde vidi non certis paſſibus errans mare ſeptentrionale, eique adiacentem Finmarkiam.

Quidquid in hocce itinere ex quocunque Naturæ regno obſeruare potui, fideliter notaui, ex hiſce, quæ ad plantas pertinent, Amicorum ſuaſu Floræ prodeunti committo, ſeruans reliqua regna, nec non œconomicas ac Phyſicas obſeruationes futuris, ſi fata velint, otiis.

Doleo tamen me miſſum fuiſſe ad pauperrimam Floram fere totius orbis, quæ a faſtu Africano aliena, more lapponico paucis contenta viuit. Paucas tamen eius copias mecum conſiderare non pœnitebit Curioſum, maiorem certe & vtilitatis & obleƈtamenti abundantiam vix præuiſam adferet hæc ſimplex Flora, quam multæ aliæ alto faſtu turgidæ Chlorides: iucunde enim colligere poteris, quænam plantæ facile vim frigorum hyememque ſuſtinere queant, cum vix alias admiſerit Flora noſtra; quod ſi hæ plantæ tibi videantur viliores, ex iſtis ſcopulis, quibus erant infixæ, vtinam eas petiiſſes ipſe!

Pro-

Prodit quidem fero Flora hæc, citius tamen, quam vt excipi posset ornatissima, sed quid fuco, quid cosmetico opus Lapponicæ, vbi impexi & intonsi, naturali contenti decore incedunt omnes; Ecquis demum peregrinanti succenset vestitum? debuit enim Flora hæc mecum continuo obuolare, auis instar vagæ, anno 1733 ad varias fodinas Sueciæ; anno 1734 per Dalekarliam, partemque Noruegiæ; 1735 per magnam partem Sueciæ, Daniæ, Germaniæ, Belgii; & 1736 per Angliam.

Pigmenta Chloridi huic mutua dedit partim proprium musæum, partim Celsianum Upsaliæ, Sprekelsonianum Hamburgi, Burmannianum Amstelædami, Cliffortianum Hartecampi, Gronovianum Lugduni, Dilenianum Oxoviis, &c.

Ornamenta ista picta & sculpta grata mente reddit Flora hæc Priuatæ, de qua sibi gratulatur Amstelædamum, *Societati* Virorum *Nobilium*, *Eruditorum*, *Curioforum*, Amicorum meorum maxime colendorum. Vobis cum summa gratiarum actione offert Tabulas suas, quibus Vestra Nomina immortalitati consecrare studebit Flora Lapponica.

Di.

Distribuit Flora hæc plantas suas, secundum methodum a *sexu* datam. Vid. Syftem. Nat. & Gen. Plant.

Synonyma Floræ huic obtulerunt, quæ ipfi fororio vinculo iunctæ *Suecicæ* ac vicinæ Chlorides, cum nihil ipfi commune fit cum Africanis vel Indicis; femper tamen allegatos reperies vel certos *defcriptores*, vel fynonyma *Bauhini*, atque eiusmodi nomina, quæ cuiuis Botanico funt notiffima, eo fcopo, vt fynonymis Botanicorum Suecicorum Floram hanc haud illuftrantibus, hæc tamen diftinctius explicaret illa.

Defcribit breuiter *Alpinas* fuas plantas fere omnes, cum viderit alpinarum plantarum adumbratores tantum non omnes, viribus exhauftos & itinere fatigatos, defcriptiones fuas propofuiffe valde mancas: His namque in locis non datur blanda commoditate, vt in hortis vel hybernaculis, defcribere plantas, verum obdurato animo & corpore cæli fuftinere oportet iniurias.

Hocce ergo fplendore nitens Te, rerum iufte æftimator, læta amplectitur Flora hæc & quæ aut tempus, aut cafus, aut locus vetarunt, authori ipfi ne imputes,

ex

ex Te rogat humaniſſime. Fruſtra deſi-
derabis, vt vanis anxie collectorum vn-
diqué politiſſimorum verborum blandi-
mentis animum tuum captare ſtudeat,
quin potius veris obſeruationibus ac ſimplici ſermone ſeſe Tibi commendare ge-
ſtiat Flora Lapponica, præferens ſemper
ſimplex veri ſigillum. Vale. Dabam Hartecampi ex Horto Cliffortiano. VIIII.
Kal. Jan. cIↃIↃccXXXVII.

PROLEGOMENA.

SOLUM NATALE plantarum lapponicarum paucis pingere conabor, vt pateat Curiofis, quam matrem læte exofculentur plantæ defcriptæ & enumeratæ.

1. *Lapponia* eft prouincia Scandinauiæ fumme arctoa, fita inter Oceanum feptentrionalem, finum Bothnicum, Mare album, Sueciam & Noruegiam, ita vt Lapponiæ terminus *feptentrionalis* fit Finmarkia Noruegica; *occidentalis* Noruegia borealis; *auftralis* Iemtia; *orientalis* Angermannia, Weftrobothnia & Oftrobothniæ pars.

2. *Diuifa* eft Lapponia (1.) trifariam, vti tribus Imperantibus fubiecta, in *Suecicam*, *Noruegicam* & *Rufficam*, quarum Suecica maxima.

3. *Subdiuifa* dein eft Lapponia Suecica (2.) fecundum adiacentes Sueciæ prouincias in *Oftrobothnienfem*, *Weftrobothnienfem*, *Angermannicam* & *Iemtiam*, quarum Weftrobothnienfis maxima & a nobis luftrata.

4. *Weftrobothnienfis* Lapponia (3.) diuiditur in quatuor partes, fi Zonæ ab oriente vsque ad occidentem eam tenere concipiantur, in *Umenfem*,

quæ

quæ maxime auſtralis, *Pithoenſem*, *Lulenſem* &
Tornoenſem, quæ maxime borealis eſt, ſecundum
flumina ex Lapponia decurrentia ad nominatas
quatuor urbes Weſtrobothniæ.

5. Hanc diuiſionem (2. 3. 4.) excipiat *diſtri-
butio Naturalis*, ſecundum leges Regni vegetabilis, in *Deſertum* & *Alpes*.

6. ALPES LAPPONICÆ (5.) *Montes Fel-
lici* Scheff. *Vari* Lapponibus. *Fiellen* Suecis, a
mari albo excurrunt verſus occidentem, inflexo
dein verſus auſtrum curſu, mari noruegico adpro-
pinquant, vsque dum tandem deliqueſcant Tran-
ſtrandiæ in Dalekarlia ceruice incurua oeci-
dentem verſus; percurrunt ſic longitudine ſua
plus quam 150 milliaria Suecica, latitudine
12-15 milliaria; cumque hæ ipſæ ſæpe littora maris ſeptentrionalis conſtituant, hinc terræ, quam regit Flora Lapponica, terminos in
ipſo mari demergi videbis ex collectis plantis maritimis, licet eam vndique cingat Finmarkia in-
teriacens.

7. *Alpes* (6.) ſunt montes tam alti, vt in ipſam
ſecundam regionem (Phyſicis dictam) atmoſphæ-
ræ caput efferant. Hæ a Botanico facile ab aliis
montibus diſtinguuntur, cum in his nullæ perſi-
ſtere poſſint Syluæ; cum Arbores omnes, ſi quæ
dentur, procumbant, nec erectæ ſurgant; cumque Niues in his aggeſtæ, variis in locis peren-
nent indiſſolubiles. Tales ſunt *Lapponicæ*, *Hel-
ueticæ*, montes *Pyrenæi*, *Walliæ*, *Olympus*,
Ararat, *Baldus*, *Spitzberga*.

8. *Du-*

8. *Duplicis* generis Alpes (7.) occurrunt. *Simplices* scilicet, quæ vnico constant monte, vt Ararat, Baldus; vel *Compositæ*, quæ ex concatenata montium serie protrahuntur, vt Lapponicæ, Spitzbergenses &c.

9. *Partes* Alpium lapponicarum (6.) tres considero: *Latera, Montes & Conualles.*

10. *Latera* (9) Alpium admodum prærupta sunt, adeo vt vix equus ea adscendere queat, a radice ad cacumen communis vltra milliaris Suecici spatium adsurgunt; tecta plerumque sunt nemoribus, Betula §. 341. humoque atra pingui succosa continuo ex incumbentibus aquis humectata; Cumque latera hæc meridionali plagæ obiiciantur, radios solares colligunt, vt in his plantæ lætius crescant, quam vnquam alibi videre licuit. (§ 152. γ. 290. β.)

11. *Montes* (9.) minus præcipites, sed altissimi longissimeque protracti vndique tegunt discum Alpium adeo, vt in his vix detur planities minima horizontalis; horum summa cacumina per æstatem nitent niue, quæ quidem sensim sensimque attenuata disparet, remanente tamen copia eius haud parua vsque ad reditum hyemis. Nullæ hic arbores, sed terra arenosa rigida, humo fere omni destituta. In Alpibus *minus altis* læte prouenit *Lichen* § 437. Betula § 341. Arbutus §. 161. Empetrum §. 379 vt in Alpibus Dalekarlicis. In *altioribus*, quæ plerumque lapidum teguntur fragmentis, paucas & valde a se inuicem remotas

vides plantas, vti Saxifragas §. 172. 175. 176.
178. 179. Diapensiam §. 88. Azaleam § 90. Andromedas §. 164. 165. Illæ vero Alpes, quæ
caput suum inter priores efferunt, æterna vostitæ sunt niue, vt in *dorso Alpium* (Fiellryggen), quod partem occidentalem Alpium nostrarum constituit & secundum totam longitudinem Alpium extenditur longitudinaliter, latitudine tria vel sex milliaria Suecica occupat, vbi

Nix iacet & iactam nec sol pluuiæve resoluunt
indurat Boreas perpetuamque facit.

12. *Conualles* (9.) montibus (11.) vbique interiectæ colligunt aquas, hic cernis riuulos, illic fluuios; hic vides cataractas, illic lacus; Conualles has amant Salices §. 366. In aqua fluente vel stagno ne minimum datur vegetabile,
quasi Ouidius hic recubans caneret

——— *vides hic stagnum lucentis ad imum*
Vsque solum lymphæ; non illic Canna palustris;
Non steriles Vluæ, non acuta cuspide Junci;
Perspicuus liquor est, stagni tamen vltima viuo
Cespite cinguntur ———

saligneo. Aqua dein in hisce alpinis lacubus communiter lactei coloris est ac frigidissima.

13. *Cli*

13. *Clima* in hisce Alpibus (6.) quale sit, quiuis facile intelligit, qui considerat altitudinem earum; positum harum summe arctoum sub ipso circulo arctico; solem non surgentem circa solstitium hybernum; denique ipsam Alpium naturam, quodque nudæ sint & ventosissimæ, easque vexent continuæ procellæ; vt non mirum, quod maxima viuentium pars per hyemem Alpes lapponicas relinquere cogatur 6. 542. 9. Circa solstitium æstiuum niuis pars maxima liquescit citissime, diffluit, longamque tum hyemem excipit nouum ver, quod nulla sequitur vel æstas, vel autumnus, sed redux ante finem Augusti hyems; Solum itaque vernum tempus exhilarat Alpes has. Sol circa solstitium æstiuum per noctes se e conspectu non subducit, sed longa luce exhilarat Lappones, id quod vel vnica nocte si cotingeret meridionalibus orbis nostri habitatoribus, eis foret gratissimum. Augetur tum calor in Alpium conuallibus, cum per noctes sol caloris mater non petat lectum; crescunt itaque plantæ in his quam citissime at in Dorso Alpium (11.) gelant frigora nocturna semper, tegitque illud nix sæpius ingens, dum conualles grata irrorat pluuia. Incipiunt itaque plantæ in Conuallibus primum progerminare, quas excipiunt gradatim discedente niue superiores, adeoque tempus florendi certum adsignari nequit.

** 2   14. *Plan*

14. *Plantarum*, quas Alpes vel remotiſſimæ proferunt, pars maxima ſolas amans Alpes nunquam viſitat eas, quæ interiacent, regiones. Lapponicæ hinc Alpes plantas mihi obtulerunt plurimas in nullis reperiundas regionibus, niſi vbi occurrunt Alpes; ſic in noſtris creſcunt, quæ & in Alpibus

    Helueticis: §. 7. 25. 67. 88. 89. 90. 95. 115. 119. 132. 161. 184. 215. 233. 255. 260. 267. 283. 290. 291. 301. 304. 307. 353. 355. 359. 378. &c.

    Pyrenæis: §. 185. &c.

    Spitzbergenſibus: §. 175. 176. 178. 179. 233. 283. &c.

    Walliæ: §. 12. 132. 161. 283. &c.

    Baldi §. 184. 246. &c.

    Adeo, vt ex ſolis plantis miſſis ex *Groenlandia* determinare auderem Alpes ibidem dari, licet nunquam de eis audiuiſſem antea, creſcunt enim ibi fere eædem, quæ in Alpibus lapponicis. Sic in monte *Ararat* creſcunt eædem, quæ in noſtris montibus plantæ §. 287. 308. &c licet in ambientibus eum regionibus, nulla illarum conſpiciatur.

    15. *Rariores* plantas Floræ noſtræ omnes ex Alpibus decerpſi, ſperaui autem eius diuitiis plures me addere poſſe, dum 1734. iuſſu & impenſis *Generoſiſſimi Baronis* Nic. Reuterholm, *Magni Gubernatoris Dalekarliæ*, Alpium lapponicarum auſtralem partem adire licuit; ſed licet ſeptem

ptem cinctus Sociis Dalekarlicas Alpes diu pererrauerim, nullam tamen in hisce me reperiisse plantam, quam non viderim antea in Lapponia, fateri oportet.

16. *Conclusiones* ex loco & obseruatis.

α. *Plantæ alpinæ* prodeuntes florent cito, suaque semina maturant citissime.

β. *Plantæ alpinæ* ventorum impetus sustinent maiores, quam aliæ.

γ. *Plantæ alpinæ* in loco natali vim frigoris summa sustinent constantia.

δ. *Plantæ alpinæ* in Alpibus communiter siccissimis & aridissimis læte excrescunt & vigent, extra Alpes delatæ omnes palustres sunt.

ε. *Plantæ alpinæ* gaudent solo duro, sabuloso, sterili, in loco natali, extra Alpes magis spongioso.

ζ. *Plantæ alpinæ* in Alpibus humiles fœcundissimæ sunt, ad duplo maiorem extra Alpes communiter excrescunt altitudinem.

η. *Plantæ alpinæ* maxima ex parte perennant.

ϑ. *Plantæ alpinæ* in ipsis Alpibus communiter procumbunt, extra Alpes maxima ex parte surgunt rectæ.

ι. *Plantæ alpinæ* aquaticæ apud nos vix ullæ dantur.

κ. *Plantæ alpinæ* corolla cærulea, purpurea aut rubra ornatæ, fere omnes mutato colore albos nobis exhibuere flores.

17. DESERTUM LAPPONICUM (ƒ.)
Lapponia ſylueſtris, Lapmarkia, Lapmarken
Suecis, vocatur pars iſta Lapponiæ, quæ Alpes
lapponicas (6.) & Sueciam (1.) interiacet.

18. *Deſertum* nomino (17) hanc Lapponiæ
partem, cum fruſtra hic quæras vrbes, oppida,
municipia, vias, ſepes ac loca culta vlla, præterquam quod pauciſſimi extranei, *Nouaccolæ*
dicti natione plerumque Finn nes, ab inuicem
longe remoti, vltimis ſeculis hinc inde ſuas fixe-
rint ſedes.

19. *Prata* in deſerto (17.) nulla, præter an-
guſta iſta a Nouaccolis (18.) culta, quæ breui ante ſyluarum partes fuere, hinc nec tanta
amœniſſimorum, quanta ornari ſolent prata, con-
decorantur florum copia.

20. *Agri* apud Lappones nulli, quoniam nec
ſementem faciunt, nec metunt; apud Nouaccolas (18.) pauci atque anguſti reperiuntur ad ripas lacuum fluuiorumve extenſi, vt frigoris ſæuitia per aquam miteſcat. In his intra ſege-
tem aliquot r peri plantas, quæ quidem Lapponiæ indigenæ a nemine dicerentur, cum hic vix
matureſcant. §. 220.

21. *Sylua* fere integram conſtituit Lapmarkiam, hic denſa & opaca, illic rarior, conſtans
Pino §. 346. *Abiete* § 247. *Betula* §. 341, quibus ſe iungunt in locis magis humidis *Salices.*

22. *Campi,* in deſerto, glareoſi, vaſtiſſimi,
plani, a parte præſertim Weſtrobothniæ, quaſi

C

ex arte horizontales, quorum alter minor alteri maiori hinc inde impositus valli refert speciem; hi atra humo destituti *Lichene* §. 437. obducti, paucisque *arboribus* §. 345. instructi sunt.

23. *Paludes* campis & montibus interiectæ frequentissimæ *Caricibus*, *Salicibus*, *Sphagno* §. 415. & Scirpo §. 20. tectæ.

24. *Flumina* omnium eorum, quæ vidimus, maxima, & *Lacus* vasti, quorum fundus & littora nullam exhibent plantam, aquam enim nimis frigidam, perpetuo a niue Alpium discussa auctam vix ferunt plantæ, nisi rarius *Ranunculus* §. 234. *Alopecurus* §. 38. *Scirpus* §. 18.

25. *Rudera*, quæ maxime amant plantæ rariores, vt sepes, parietes, muri, viæ, ignota hic (17.) sunt omnia.

26. *Clima* & hic (17.) singulare adeo, vt facile adfirmare ausim, quod hobilior aër mitiore hyeme & æstate nimbosa tantum, quodammodo hic vernet vel autumnet; post paucos enim dies præceps est Ver, nec auster pluuius discessurum detinet Autumnum; hinc parca in Lapponia copia *Muscorum*.

27. *Hyems* noua circa initium Septembris, cuius vis & sæuitia ex situ regionis septentrionali & adiacentibus Alpibus cuique patescit; hinc quæ plantæ vrenti resistere nequeunt frigori, nec cum Lapponibus habitare possunt.

28. *Æstas* licet sat calida, nullo tamen tempore a gelu nocturno securus dormit Ruricola

** 4   (18.)

(18.), fi venti ex Alpibus confurgant; hinc plantæ, quæ frigus æftiuale non ferunt, nec colunt
terram lapponicam

29. Sol cum vix ruat in tenebras per mediam
æftatem, nec refrigeretur per noctem atmofphæ-
ra, nec orientis folis calore, vt incalefcat,
opus habet; plantæ autem ex rarefacto per
calorem folis humido, quod abforbent vafisque
fuis continent, crefcere ftatuantur; fequitur, quod
citius in his locis adfequantur maturitatem, quam
in auftralibus, dum his in locis dies viginti quatuor horarum, vbi in illis modo duodecim horarum: e. gr. in Purkyaur Lapponiæ Lulenfis anno 1732.

    α. HORDEUM *polyfthicum vernum* C. B.
      Maj. 31. ferebatur, maturitatem adfequeba-
      tur *Jul.* 28.
      Ergo maturum per *nycthemeras* 58.
    β. SECALE *vernum vel minus.* C B.
      Maj. 31. ferebatur, maturum diffecabatur
      Augufti 5
      Ergo maturuit per *nycthemeras* 66.
vbinam fimile exemplum in auftraliori Europa.

30. *Plantas* easdem, quas profert Uplandia
Sueciæ, exhibet Defertum (17. Lapponiæ, vixque alias vllas, fed minore longe fpecierum copia, id quod demonftrat Flora noftra collata cum
Cel. CELSII *Cat logo plan. circa Upfaliam nafcentium;* omnes enim plantæ, quæ intenfum frigus
perferre breuique hac æftate incrementi adfequi

ne-

nequeunt terminum vltimum, illæ ex hac exſulent patria neceſſe eſt; Hinc plantis certis certi quaſi limites præfixi ſunt, quos ſua ſponte tranſcendere nequeunt. Id quod cum oblectamento videre licuit in itinere Lapponico, dum ſinum Bothnicum circumveherer; ex. gr.

α. *Fagus.* C. B 419. in Scania & Smolandia integras conſtituebat & vaſtiſſimas ſyluas, ſubducebat vero ſe cum *Smolandia.*

β. *Quercus latifolia mas* C. B 419. Vltimam Quercum vidi ad limites Uplandiæ cum Geſtricia, iuxta pagum *Hærnes*, nec redibat in conſpectum, niſi poſtquam, e regione, *Bioerneburgum* Finlandiæ perueni

γ. *Vlmus campeſtris.* C. B 426. in ſummo ſeptentrione Geſtriciæ ad pagum *Hamrenger*, ſolitaria creſcebat in admirationem omnium, putabat enim vulgus arborem eſſe nouam, ex ſuperſtitione malam arborem incantatam, indeque ſterilem; heu quam rara! nec altiora vidiſſe loca obſeruabatur.

δ. *Hepatica* ſupra Medelpadiam non occurrebat.

ε. *Alnus rotundifolia glutinoſa viridis.* C. B non viſa fuit a *Carelhya antiqua* in ſeptentrionali plaga.

ζ. *Leonurus* qui *Cardiaca* Tournef inſt. 186. ſiſtebat iter verſus ſeptentrionem *Waſæ.*

η. *Solanum ſcandens ſeu Dulcamara* C. B. 167. cum præcedenti.

ϑ. *Campanula perſicæ folio* Tournef inſt. 126. ſiſtebat curſum *Chriſtinæ* in Oſtrobothnia.

** ſ   ι, Seı. *Sedum*, quod *Telephium vulgare* C. B. 287. iisdem cum antecedenti circumſcriptum terminis.

ʓ. *Lathyrus ſylueſtris luteus, foliis viciæ.* C. B. 4. perſiſtebat Waſæ.

λ. *Acer platanoides* Tournef. inſt. 616. in media via, inter Chriſtinam & Bioerneburgum.

μ. *Opulus* viſa fuit ad loca Gioelboel & Hwisboſioel ſupra Bioerneburgum.

Hæ omnes α--μ vulgatiſſimæ vt ſunt, in Suecia, in locis auſtralioribus, ita verſus ſeptentrionem omnium rariſſimæ.

31. *Plantæ lapponicæ* paucæ conueniunt cum exoticis, exceptis aquaticis, vti cum Americanis §. 62. 207. 218. 219. cum Zeylanicis §. 14.

32. Maxima florum familia in Lapponia nitet alba corolla: vti §. 22. 23. 65. 139. 143. 160. 280. &c.

33. *Plantæ lapponicæ* pauciſſimæ oleraceæ; paucæ ſucculentæ; paucæ ſuaueolentes; paucæ aromaticæ; multæ ſempervirentes.

34. *Calidiſſimas* orbis partes regit ſuperba PALMARUM familia; terras *calidas* incolunt FRUTESCENTES plantarum gentes; *auſtrales Europæ* plagas numeroſa ornat HERBARUM corona; *Belgium, Daniamque* GRAMINUM occupant copiæ; *Sueciam* MUSCORUM agmina; vltimam vero frigidiſſimamque *Lapponiam* pallidæ ALGÆ, præſertim albi Lichenes. En vltimum vegetatioms gradum in terra vltima!

AUTHO-

AUTHORES

in opere allegatos diuidimus in *Exteros,*
Suecos & *propria fcripta.*

EXTERI.

Baub. bift. **B**AUHINI *Johannis.*
Ebrod. 1650.1651. fol.
Hiftoria plantarum vni-
uerfalis. Tomi tres
ob defcriptiones fæpe & figuras.

pin. BAUHINI *Cafpari.* Bafil.1623. 4to
Pinax theatri Botanici.
pro fynonymis.

prod. Prodromus theatri Botanici. Bafil.
1671. 4to
ob defcriptiones & figuras rariorum.

Boerb. lugdb. BOERHAAVII *Herm.* Lugdb.
1720. 4to
Index alter plant. Horti Lugduno-
Bataui.
ob nomina & fyftema.

Cluf. pan. CLVSII *Caroli.* Antw. 1683. 8vo
Hiftoria rariorum plant. per Pan-
noniam.
ob Defcriptiones & Figuras plant.
Alpinarum.
Col.

Col. ecpbr. 1. COLUMNÆ *Fabii.* Rom. 1610. 4to

Ecphrasis minus cognitarum stirpium. Pars prima

ecpb. 2. Ecphrasis; Pars altera. Rom. 1616. 4to

ob descriptiones & figuras rariorum.

Dill. eltb. DILLENII *Jo. Jac.* Lond. 1732. ch. max.

Hortus Elthamensis.

ob. descriptiones & figuras optimas.

giss. Catalogus pl. circa Gissam nascent. Giss. 1719. 8vo.

pro synonymis Muscorum, Algarum & Fungorum.

app. Appendix ad præcedentem.

ob genera plantarum.

Dod. pempt. DODONÆI *Remberti.* Antw. 1583. fol.

Pemptades seu Stirpium Historia.

ob figuras.

Gottsch. pruss. LOESELII *Johannis.* Regiom. 1703. 4to

Flora prussica. Quam editionem auctiorem curauit Gottschedius.

ob figuras, quæ paucæ, sed bonæ.

Helw.

Helw. flor. HELWINGII *Georg. Andr.* Ge-
dan. 1712. 4to
- Flora quasimodogenita.
rarius allegatur in rarioribus.

Lob. ic. LOBELII *Matthiæ.* Antw. 1581.
4to obl.
Icones.
figurarum caussa.

Matth. comm. MATTHIOLI *Petr. Andr.* Ve-
net. 1570. fol.
Commentarii in Dioscoridem.
ob figuras.

Mich. gen. MICHELII *Petr. Ant.* Florent.
1729. fol.
Genera plantarum.
ob nomina & figuras in Cryptoga-
mia.

Moris. hist. MORISONI *Roberti.* Oxon.
1680. 1689. ch. max.
Historia plant. vniuersalis. Tomus
2dus & 3ius.
ob systema & figuras.

Pet. gen. PETITI *Petri.* Namurc.
1710. 4to
Noua plantarum Genera.
Rarius allegantur.

Pluk. phyt. PLUKENETII *Leonhardi.* Lond.
1661. 4to mai.
Phytographia.
ob figuras rariorum plantarum.

Raj.

Raj. hiſt. RAJI *Johannis.* Lond. 1686.
1704. ch. max.
Hiſtoria plantarum Tomi tres.
ob deſcriptiones.

Syn. EIUSDEM a *Dillenio* emendata.
Lond 1724. 8vo maj.
Synopſis ſtirpium Brittannicarum.
Editio tertia.

ob ſyſtema.

Riv. mon. RIVINI *Aug. Quir.* Lipſ. 1690.
ch max.
Ordines pl. flore irregulari monopetalo.

tetr. ———— — tetrapetalo ibid. 1691.
ch. max.

pent. ———— — pentapetalo. ibid. 1699.
ch max.

ob figuras nitidiſſimas.

Rupp. jen. 1. RUPPII *Henr. Bernh.* Francf.
1618. & 1726 8vo
Flora Ienenſis Editio prior.

jen. 2. Flora Ienenſis Editio altera auctior.

ob ſyſtema.

Scheuch. alp. SCHEUCHZERI *Joh. Jac.*
Iond. 1708. 4to
Itinera alpina (rarius editio Lugdu-
nenſis allegata.)

*ob plantarum Alp narum deſcriptio-
nes*

Scheuch.

Scheuch. hift. SCHEUCHZERI *Johannis.* Tigur. 1719. 4°
Hiftoria Agroftographiæ.
ob defcriptiones optimas Graminum & ob fyftema.

Siml. alp. SIMLERI *Jofuæ.* Tigur. 1574. 8vo
Vallefiæ defcriptio & Commentaria de Alpibus.
ob plantas alpinas.

Tabern. hift. TABERNÆMONTANI *Jac.* Theod. Francf. 1688. fol.
Hiftoria plantarum. Partes tres.
ob figuras.

Tournef. inft. TOURNEFORTII *Jof. Pitt.* Amft. 1719. 4to
Inftitutiones Rei herbariæ.
ob fyftema.

Vaill. act. VAILLANTII *Sebaft.* Amft] 1718.&c. 8vo
Acta parifina.
ob fyftema, præfertim in Syngenefia.

parif. Botanicon parifienfe. Lugdb.1727. ch. max.
ob nomina & figuras, præcipue Mufcorum & Algarum.

S V E.

SVECI.

Ad hunc ordinem refero omnes, qui plantas in Suecia natas defcripferunt, fiue fuerint natione Sueci, fiue non.

Brom. goth. BROMELII *Olai.* Poliathri Gothoburgi.
    Chloris gothica.
    Gothob. 1694. 8vo. Latino-Suecic.
    primus e Suecis, qui plantis enumeratis addidit fynonyma.

Celf. Upf. CELSII *Olai.* Doct & Prof. Theol. primarii Upfaliæ
    Catalogus plant. circa Upfaliam nafcentium.
    Upfal 1732 actis Lit. & Scient. Sueciæ infertus.
    Nullus Suecorum accuratius fpecies inueftigauit & determinauit. Rarius heic allegatur. cum nomina authorum femper adhibeantur, nec propria habeat; cumque ad me, abfoluta iam Flora, fero nimis Amftelædamum perueniret, nec tempus iterum refcribendi librum fupereffet.

                  Frank.

Frank. ſpec. FRANKENII *Johannis* Profeſſoris Medic. Upſal.
Speculum Botanicum renouatum.
Upſal. 1659. 4.to. nominibus propriis.
Primus e Suecis in Botanicis clarus; editionem priorem non habuimus.

Lind, wikſ. LINDERI (Linderſtolpe) Joh. Archiatri Regis
Flora Wikſbergenſis.
Stockh. 1716. 8.vo. Latino-Suetice.
Nomina C. Bauhini ſæpius adhibet, nullum allegat, varietates enumerat.

Mart. burſ. MARTINI *Petri.* Prof. Med. extraord. Upſal.
Catalogus plant. nouarum e Burſero.
Upſal. 1724. Actis lit. Suec. inſertus.
Plantas, quarum ſynonyma non allegauit Joach. Burſerus in herbario proprio, Upſaliæ ſeruato, recenſet Martinus.

Petiv. bort. PETIVERI *Jacobi* Angli.
Hortus ſiccus.
Lond. 1704. fol. max. Tomo 3.io Hiſtoriæ Raj. inſertus.
Plantas paucas lapponicas per Rudbeckium habuit.
* * *
Rudb.

Rudb. cat. RUDBECKII *Olai.* Patris. Prof.
Bot. Upsal.

Catalogus Plantar. horti Upsaliensis.

Upsal. 1658. 12mo. latine.
*Botanices Hic prima fundamenta in
Suecia posuit, Hortumque Acade-
micum instruxit Upsaliæ.*

hort. RUDBECKII Patris.

Hortus Botanicus.

Upsal. 1685. 8vo. Latino-Suetice.
*est Catalogus prior, sed auctior &
emendatus.*

vall. RUDBECKII Patris. retento nomine.

Vallis Jacobæa seu Jacobsdaahl.
Upsal. 1664. 12mo. Latine.
*Enumeratio est plantarum in Horto
Comitis de laGardie, sito olim in
loco, qui iam vocatur Ulricsdaahl.*

elys. 1. RUDBECKII *Olai.* Patris &
Filii

Campi Elysii. Tomus 1mus.
Upsal. 1702. fol. Latino-Suetice.
*Splendidissimum ex operibus Botani-
cis Suecorum; continet synonyma
& figuras nitidas Graminum; hu-
jus tomi exemplaria, exceptis duobus tribusve, periere sub prælo in
incendio Upsaliensi omnia.*

Rudb.

Rudb. elyf. 2. Campi Elyſij. Tomus 2dus.
Upſal. 1701. fol. Latino-Suetice.
Bulboſas iisque adfines plantas conti-
net, ſequentes tomi periere cum
primo.

it. RUDBECKII *Olai.* Filii.
Prof. Botan. Upſal.
Laponia Illuſtrata. Tomus 1mus.
Upſal. 1701. 4to. Latino-Suetice.
Continet Eius iter Upſalia in Geſtri-
ciam, cum peteret Lapponiam. Se-
quentes tomos conſumſit flamma
cum Campis Elyſiis.

lap. RUDBECKII *Eiusdem.* Archiatri Reg. Suec.
Index plant. præcipuarum in itinere Laponico collectarum.
Upſal. 1720. Actis lit. Suec. inſertus.

Solus eſt e Botanicis, qui ante me,
quantum noui, Lapponiæ plantas
collegit; in hocce Indice non modo
plantas alpinas Lapponicas, ſed
& quasdam alias in itinere ad
Lapponiam directo obſeruatas enu-
merat.

Scheff. lapp. SCHEFFERI *Johannis.* Prof.
Philoſ. Upſal.
Lapponia Illuſtrata.
Francf. 1674. 4to. Lat.

*** 2   *Plan-*

Plantas lapponicas paucas hinc inde recenset, qui Lapponiam ipse non vidit.

Schel. botn. SCHELLERN *Joh. Gerard. Germani.*

Itinerarium Lapponiæ & Botniæ. Jen. 1727. 8vo. Germanice.

Paucissima nomina germanica plantarum in Westrobothnia vulgarium recensuit.

Till. ab. TILLANDSII (Till lands.) *Eliæ.* Prof. Medic. Aboæ.

Catalogus plant. circa Aboam nascentium.

Aboæ. 1683. 8vo. Latino-Suetice. Finnonice.

Solus, qui plantas Finlandiæ investigauit.

ic. TILLANDSII *Eiusdem.*

Icones nouæ. Aboæ. 1683. 8vo.

Figuræ plantarum multæ nouæ, plurimæ etiam mutuatæ ab aliis, paucæ rariores.

PROPRIA SCRIPTA.

Propria noftra opufcula diftincta vides
duabus modo litteris allegata.

S. N. SYSTEMA NATURÆ fiue Regna tria
    Naturæ fyftematice propofita per claf-
    fes, ordines, genera & fpecies.
    Lugd. 1735. char. max.

M. D. METHODUS, iuxta quam accurate &
    feliciter concinnari poteft hiftoria cu-
    iuscunque naturalis fubiecti.
    Lugd. 1736. pl. 1.

F. B. FUNDAMENTA BOTANICA, quæ
    tanquam maiorum operum prodromi,
    Theoriam Scientiæ Botanicæ per bre-
    ues aphorifmos tradunt.
    Amft. 1736. 8vo.

B. B. BIBLIOTHECA BOTANICA recen-
    fens libros vltra mille, de plantis huc-
    vsque editos, fecundum Syftema au-
    thorum naturale in claffes, ordines,
    genera & fpecies difpofitos, additis edi-
    tionis loco, tempore, forma, lingua,
    cum explicatione Fundamentorum Bo-
    tanicorum: partis 1mæ.
    Amftel. 1736. 8vo. editio prima †.

*** 3   C. G.

C. G. GENERA PLANTARUM eorumque
Characteres Naturales, secundum Numerum, Figuram, Proportionem & Si-
tum Fructificationis partium omnium.
Lugd. 1737. 8vo. mai.

H. C. HORTUS CLIFFORTIANUS 4to.
cum figuris.

quem ex singulari Splendidissimi Posses-
soris in Historiam Naturalem fauore
exoptabunt sibi curiosi omnes.

§. FLORA LAPPONICA (hæc) allegata
quoad antecedentia.

Amst. 1737.

F. L. FLORULA LAPPONICA, quæ continet breuem catalogum plantarum per
prouincias Lapponicas Westrobothnienses: Umensem puta, Pithoensem,
Lulensem & Tornoensem; observata-
rum in itinere lapponico, quod Soc.
Reg. Litt. & Scient. stip. munitus
perfeci 1732. Pars prior.
Upsal. 1732. in actis Lit. Suec. a pag.
46-48.

M. C. MUSA CLIFFORTIANA florens
Hartecampi 1736. prope Harlemum.
Lugd. 1736. 4to. cum figuris.

C. F. DISSERTATIO de causa febrium in-
termittentium.
Hard. 1735. 4to.

OCTANinferatur pag. 300. ante §. 376.

OCTANDRIA.

POPULUS *foliis orbiculatis crenatis.*
  Populus tremula. Bauh. pin. 429.
  Populus libyca. Bauh. hist. 1. p. 163.
  Supp. Lapponibus.
α. Crescit frequens in sylvis humidiusculis.
β. Cortex primarius est cibus Castorum, castoreum &
  huius cortex odore conveniunt.

FLO-

FERT VBI PERPETVAS
OBRVTA TERRA NIVES.

CLASSIS I.

MONANDRIA.

MONOGYNIA.

1. **HIPPURIS.** * F. L. 46.
  Pinaftella furrectior. Rupp. jen. 2. p. 275. Dill. app.
    168.
  Limnopeuce vulgaris. Vaill. act. 1719. p. 15. f. 3.
  Equifetum paluftre , breuioribus foliis, polyfpermum.
    Bauh. pin. 15. Rudb. elyf. 1. p. 123. f. 4.
  Equifetum paluftre. Brom. goth. 25.
  Polygonum polyfpermum Rudb. cat. 34.
  Polygonum aquaticum. Frank. fpec. 24. Rudb. hort.
    91.
  Polygonum femina. Till. ab. 34.
α. In paludofis Lapponiæ fylueftris paffim, in Alpi-
  bus vero nunquam confpiciebatur.
β. *Hippuris* Dill. & *Chara* Vaill. funt fynonyma ,
  alii generi & ab hoc diuerfo impofita ; alterum

itaque eorum nominum in iſto genere excludi debet (F. B. 216), receptiſſimum, quod Chara eſt, perſiſtat (F. B. 241), hinc Hippuris vocabulum ſuperuacaneum erit, quo nomine vtor ad deſignandum huius plantæ genus (F. B. 242), cum *Pinaſtella* (F. B. 227) & *Limnopeuce* (F. B. 225) conſiſtere nequeant.

γ. Vix datur in herbis flos vllus hocce ſimplicior, vtpote qui calice & corolla omni deſtitutus eſt, ſtamine & piſtillo vnico, vnicoque modo ſemine ſubſequente, inſtructus.

δ. Singularis etiam eſt in planta haece foliorum ſitus verticillatus, paucis Europæis vegetabilibus, præter Rubiam, Galium, Aparinem, Sherardiam, Medeolam & Brabejum, conceſſus.

DIGYNIA.

2. CORISPERMUM *foliis oppoſitis.* *

α. *Stellaria aquatica, foliis ſubrotundis.* Celſ. upſ. 41. *Stellaria aquatica* Bauh pin. 141. Dill. app. 119.

β. *Stellaria paluſtris anguſtifolia, folio in apice diſſecto.* Gottſch. pruſſ. 14c. f. 38. *Stellaria aquatica, foliis longis tenuiſſimis.* Raj. Syn. 292.

γ. *Stellaria minor & repens.* Dill. giſſ. 120. *Stellaria minor, foliis ſubrotundis coniugatis.* Rupp. jen. 1. p. 51. *Lenticula paluſtris bifolia, fructu tetragono.* Bauh. pin. 362 *Callitriche Plinii.* Column. ecphr. 1. p. 316 fig.

δ. In fluuiis Lapponiæ ſylueſtris ſæpe obuia fuit, licet parcius hic pronaſcatur.

ε. Variationes huius Speciei tres α. β. γ. nouimus, e quibus totidem diſtinctas ſpecies conſtituerunt Botanici.

Pri-

Prima (α) folia elliptico-oblonga, aquis innatantia & integra gerit, quæ naturaliffima eft planta.

Secunda (β) foliis linearibus (parallelogrammis) in apice bifidis gaudet: planta enim communiter, in foffis aqua pluuiali impletis, occurrit, quæ per æftatem calidiffimam cum ipfa planta exficcantur; foffis iterum verfus autumnum aqua repletis, nouos ftolones exferit radix plantæ, qui folia ifta linearia & emarginata gerunt; folia etiam fimilia funt inferiora caulis in planta naturaliffima (α), quæ femper fub aqua latent, curiofo inquifitori manifefta.

Tertia (γ) planta eft minima, caule repente, & foliis fubrotundis; occurrit in locis ficcioribus, feminibus tempore vernali, aqua tum leviter terram inundante, allatis, vbi quidem progerminat & excrefcit, repens tamen euadit herba, radiculis ad articulos exfertis, telluri arctius infixis, quam vt inde illas terram iterum circa autumnum inundans aqua tollere queat; parua autem eft, ob defectum nutrimenti; plurimæ enim plantæ aquaticæ non modo radicibus, fed etiam caulis ipfius poris humidum fuum nutrimentum adtrahunt, quod cum hæcce fola adfumere teneatur radice, minoris fui incrementi rationem indicat fufficientem.

ζ. Flores huius fpeciei admodum quoad ftamina & piftilla variant; alii enim mafculini funt, alii feminini, nunc in vna eademque, nunc vero in diuerfa pofiti planta, cum autem fæpius hermaphroditi fint, & altera fpecies femper hermaphrodita fit, ad Monandriam potius, quam ad Polygamiam refero præfentem plantam.

η. Genus *Stellariæ* Dillenii, & *Coryfpermi* Juffiei, conueniunt omnino floribus (F. B. 176), præprimis autem corollis (F. B. 173), ab omnibus aliis diuerfiffimis (F. B. 171), adeoque ad idem genus pertinent, licet fructus in illa quatuor feminibus, in Corifpermo Juffiei vero femper vnico conftet.

A 2　　　　　ϑ. Perꝰ. Perinde itaque erit, fiue retineamus *Corifpermi*, fiue *Stellariæ* vocabulum, ad defignandum hocce genus. Poſterius difficilius admitterem, quod facile confunditur cum Stellaria (F. B. 228) Dillenii; Corifpermum itaque adfumo (F. B. 244).

ꞔ. Cum altera fpecies corifpermum Juſſ. dicta, foliis gaudeat alternis, noſtra autem oppofitis, nec aliæ fpecies notæ fint, nomen fpecificum recte conſtructum effe exiſtimo, dum hæc dicitur *Corifpermum foliis oppofitis*, illa vero *Corifpermum foliis alternis*. confer. (F. B. 257. 258. 277. 282. 289. 291. 292. 300.)

CLASSIS II.

DIANDRIA.

MONOGYNIA.

3. CIRCÆA *calice colorato.* *
Circæa minima. Column. ecph. 2. p. 80.
Circæa Sueuorum minor. Rudb. hort. 29.
Lappula incantatoria minor alpina. Pluk. alm. 206.

α. Ad latera Alpium Lapponicarum rarius occurrit.

β. Calix huius plantæ coloratus, vt corolla, deciduus, adnexus petalis leuiſſimo margine, & florem monopetalum mentitur.

γ. Circæa lutetiana. Lob. ic. 266. Rudb. lapp. 97. *Circæa.* Rudb. cat. 12. hort. 29. *Solanifolia, circæa dicta, maior.* Bauh. pin. 168. Moriſ. hiſt. 2 ſ. 5. t. 34 f. 1. *Lappula incantatoria dipetalos ſpicata maior.* Pluk alm. 206. Hæc a Nobil. *Rudbeckio* inter plantas in itinere Lapponico viſas recenſetur; nobis autem nec in Lapponia, nec in vlla alia Sueciæ parte hactenus obuia fuit.

4. VERONICA *caule erecto, ſpicis pluribus, foliis lanceolatis ſerratis.* *
Veronica ſpicata longifolia. Tournef. inſt. 143.

Ve-

Veronica spicata longifolia, (*spicis florum candidissimis*). Helw. suppl. 65. t. 3.

Veronica spicata maior recta cærulea Morif. hift. 2. p. 316. f. 3. t. 22. f. 1.

Lyfimachia spicata cærulea. Bauh. pin. 246.

α. Ad fines Alpium Lapponicarum iuxta mare feptentrionale fæpius conſpicitur, in toto itinere nullibi copioſior viſa eſt, quam in maritimis Tornoenfibus.

5. VERONICA *caule repente, scapis spicatis, foliis ouatis serratis strigosis.* *

Veronica mas supina & vulgatissima. Bauh. pin. 246.

Veronica maior septentrionalium. Lob. obſ. 250.

Veronica mas. Rudb. cat. 42. hort. 117. Till. ab. 67. Brom. goth. 120.

Veronica serpens. Lind. wikf. 39.

Veronica. Frank. fpec. 30. Till. ic. 97. Riv. mon. 137.

Ærenprys. Suecis.

α. In deſertis Lapponiæ rarius obſeruatur.

β. In Suecia homines, qui proximo gradu ſupra vulgus ſapiunt, ad imitationem Franki in Veronica theezante, infuſum huius plantæ maximi faciunt, & religioſe potant loco theæ; durum ſaue ſuccedaneum, & ſapore diuerſiſſimum, ne dicam, delicias ſanis ingratas.

6. VERONICA *floribus sparsis, foliis ouatis crenatis glabris.* *

Veronica pratensis serpyllifolia. Bauh. pin. 247.

Veronica minima multiflora, foliis serpylli. Frank. fpec. 3.

Veronica femina. Rudb. hort. 117. Till. ab 67.

α. In deſertis ſubhumidis rarius obuenit.

β. In locis glareoſis repens eſt, in agris vero erecta, facieque diuerſiſſima exſurgit.

7. VE-

7. VERONICA *caule floribus terminato, foliis ouatis crenatis.* * Tab. IX. fig. 4.

Veronica alpina, bellidis folio, hirfuta. Bauh. pin. 247. prod. 116. Scheuch. alp. 51.

α. In Alpibus noftris, praefertim ad latera earum frequentiffima eft planta, vt in Wallivari & alibi.

β. Bauhini nomen allegatum verum effe huius plantae fynonymon, docuit Burferus in Herbario ficco, qui hanc plantam Bauhino mifit, & a quo eam fe accepiffe fatetur Bauhinus in prodromo: Burferi fere magis noftra villofa eft, fed cum reliquae partes vtriufque conueniant inter fe in omnibus, eafdem a fe inuicem feparare nefas effet, confirmante idem Bauhino.

γ. Defcriptionem huius herbae addimus, cum nulla apud authores nobis fatisfaciat.

Radix fibrofa, filamentofa, perennis.

Caulis annuus eft, prope bafin tamen perennat infima eius pars, quae depreffa procumbit. Ex hifce perennantibus fragmentis ad genicula exeunt caules erecti, tetragoni, fimplices, fpithamaei vel digitales, in octo vel nouem internodia diftincti.

Rami nulli, caulis fumma pars leuiffime villofa vel fcabra euadit.

Folia infima elliptica, media ouata, fuperiora lanceolata, fumma fere linearia; infima & media oppofita, fuprema autem alterna funt; omnia feffilia, vnica alteraue crena vtrinque notata, praefertim maiora

Fructificationes duae ad quinque vfque, caulem terminant, fingulae pedunculo breuiffimo, e finu foliorum fummorum folitarie egreffo, infidentes, calice fcabro & corolla fere plana violacea inftructae.

δ. Parum abeft, quin perfuafus fim *Veronicam ferpillifoliam omnium minimam Ponae Bald.* apud *Cluf.* 357. defcriptam & depictam eamdem omnino effe fpeciem, licet illa glabra fit; nunquam tamen pedalem adquirit

rit altitudinem in Lapponia, qualem *Clafius* eidem adtribuit.

8. VERONICA *foliis cordatis feffilibus oppofitis, ramis laxe floriferis.* *
Veronica pratenfis latifolia. Riv. mon. 140.
Chamædrys fpuria minor rotundifolia. Bauh. pin. 249.
Chamædrys fpuria latifolia. Bauh. hift. 3. p. 286.
Chamædrys fpuria. Frank. fpec. 9.
Pfeudo-chamædrys. Till. ab. 56. ic. 50.
Teucrium Chamædryoides affurgens. Lind. wikf. 37.
Teucrium pratenfe. Rudb. hort. 109.
α. In Lapponia Umenfi fatis rara fuit, alibi vix vnquam intra terminos Lapponiæ a me obferuata.
β. Cum hæcce fpecies minus adftringens & amara fit, loco veronicæ antecedentis (§. 5. β.) pro infufo Theæformi in actis Berolinenfibus commendatur. Lapponibus vero nec placet externis balneis debilitare fibras corporis, nec internis ventriculi & omnium vifcerum friuole minuere robur. Inter illos enim fruftra, quibus gentes aliæ fuperbiunt, quæfiueris mores, ea tantum modo, quæ natura dictitat, eorum menfæ adpofita deprehenfurus.

9. VERONICA *foliis alternis cordatis quinquelobatis, floribus folitariis.* *
Veronica flofculis fingularibus, hederulæ folio, Morfus gallinæ minor dicta. Raj. Syn. 240
Veronica cymbalariæ folio, verna. Tournef. inft. 145.
Veronica folio hederæ. Riv. mon. 148.
Alfine folio hederæ. Rudb. vall. 2.
Alfine foliis hederæ. Rudb. hort. 5.
Alfine hederulæ folio. Bauh. pin. 250.
α. A Nobil. *Rudbeckio* inter plantas Lapponicas recenfetur,

fetur, a me in Lapponia obferuata non fuit, nec per totam Sueciam eam videre licuit, præterquam in Scania campeftri, vbi fat frequens eft planta; vt Lundini & Malmogiæ.

β. Raro fane in plantis obtinet, quod aliæ fpecies foliis oppofitis, aliæ vero alternis gaudeant, vti in hocce, nec non Corifpermi videre eft genere.

10. VERONICA *foliis lineari-lanceolatis integris, ramis laxe floriferis.* *

Veronica aquatica, anguftiore folio. Tournef. inft. 145.

Anagallis aquatica anguftifolia fcutellata. Bauh. pin. 252.

Anagallis aquatica altera tenuifolia. Rudb. hort. 7.

α. In Lapponiæ campis arenofis, fimulque fubhumidis, copiofe occurrit.

β. Singulares funt rami huius plantæ, qui veri pedunculi communes funt, craffitie fetæ, aliis pedunculis minoribus alternis inftructi, in quibus fructus capfula pendet.

11. PINGUICULA *nectario cylindraceo longitudine petali.* *

Pinguicula Gefneri. Bauh. hift. 3. p. 546. Tournef. inft. 167.

Pinguicula Gefneri, flore calcari donato. Till. ab. 52.

Pinguicula. Frank. fpec. 23. Rudb. cat. 3. hort. 87.

Sanicula montana, flore calcari donato, folio punctato. Lind. wikf. 35.

Tættgræs Weftrobotbnienfibus. *Sættgræs* aliis ibidem.

α. In humidis deferti frequens, copiofior tamen in Alpibus eft.

β. Variationem fpeciofam huius fpeciei *corolla violacea,*

A 5

labiis

labiis albis, obferuauimus in deferto Lulenfi, inque
riuulo lapideo (Stenbæcken) inter Jockmock & Pajarim, verfus occidentem a monte illo altiffimo Kof-
kesvari, ibique in maxima copia.

γ. *Pinguicula flore amplo purpureo, cum calcari longif-*
fimo Raj. hift. 1. p. 752. a fpecie recenfita differre dicitur: Loco natali alpino; Floris magnitudine &
calcari prælongo; Colore floris purpureo, qui in
tradita violaceus eft. In Alpibus noftris fæpius obferuatur planta varians & magnitudine & colore floris, frequenter colore ad rubedinem accedente confpicua; diftincta tamen fpecies non eft, & forte eadem cum hacce Raji.

δ. Singularis in hocce plantarum genere eft pinguedo
illa foliorum, fere vt in Drofera. (§. 110. γ.)

ε. Vires huius plantæ & præfertim pinguedinis iftius
foliorum pauciffimis Medicis notæ funt, examinan-
dam itaque hancce plantam commendo Phyfices &
Therapeutices Myftis; forte nec pœniteret indaga-
tionis! Qui confiderat obferuationes fequentes ζ. η.
θ. ι. facile diuinare poteft, qua ratione ex planta
noftra vfus hauriant maximos.

ζ. *Lac compactum hyperboreorum* feu Tætmiœlk, aliis
Sætmiœlk, eft lactis fpecies apud Nouaccolas Lapponiæ, fed præfertim apud Weftrobothnienfes &
fere per totam Norlandiam vfitatiffima, quæ fequenti modo conficitur: Folia nonnulla Pinguiculæ, cu-
iufcunque demum fpeciei, recentia & nuper lecta
filtro imponuntur, quibus lac nuper emulctum &
naturaliter calens adfunditur, quod citiffime filtratum
per vnum alterumue diem ad quietem, vt acefcat,
reponitur; vnde lac iftud longe maiorem & tenaci-
tatem & confiftentiam, quam alias accidit, adquirit, nec ferum præcipitatur, vt alias contingit; contra vero palato maxime gratum redditur, licet cre-
mor ipfe fit parcior. Tali modo femel hocce lacte
præparato, non opus noua pro nouo proceffu adhibere folia, fed modo cochlear dimidium præceden-

tis

tis lactis vt mifceatur cum recenti, neceffe eft, fic
eamdem adquirit naturam & aliud lac_fimili modo in
fuam naturam, fermenti inftar, mutare valet; etiamfi
in infinitum procederet hæcce mutatio, ab indole fua
ne minimum tamen deflectere videtur vis vltima. Si
nimis diu adferuatur tale iac, tranfit mora in *Serum*
Syra dictum, quod defcripfimus in C. F. §. 28.

ƞ. *Bauhinus* in *biftoria:* Paftores in Alpibus fucco foliorum pingui fiffuras mammarum in vaccarum vberibus litu curant. Idem medicamentum domefticum
Lappones adhibere poffent, quorum pecora (Rangiferi feminæ), fiffuris vitiatis vberibus, loco lactis
fæpe fanguinem exhibent.

ϑ. *Rajus* dicit plebem Vallicam fyrupum vel decoctum
ex ea conficere, quo fe fuofque purgant.

ι. *Clufii* in pannon. 362. verba audienda funt; refert
enim plantam hanc a meridionalibus Anglis Whyt-
root vocari; quod oues interficiat, fi, ob cibi pena-
riam, illa vefcantur.

ϰ. *Pinguicula* eft etiam nomen Infecti, ideoque excludi deberet (F. B. 230.), cum vero Infectum illud
fit vera fpecies Acari, in Zoologicis excludatur
velim, ideoque retineatur in Botanicis (F. B. 239);
Synonymon Pinguiculæ *Liparis* dictum, loco Pinguiculæ fubftitui nequit, cum Liparis fit nomen pifcis.

12. PINGUICULA *nectario conico petalo breuio-*
re. * Tab. XII. fig 3.
   Pinguicula flore albo minore, calcari breuiffimo. Raj.
   hift. 1. p. 752.

α. In Alpibus Lapponicis frequentiffima eft planta,
extra Alpes autem vix vnquam defcendit.

β Planta hæc etiam veteribus, vt Bauhino & aliis,
nota fuit, licet eam ab antecedenti diftinguere non
intellexerint.

γ. Simillima etiam eft antecedenti plantæ in omnibus,
exceptis floribus; ab illa namque differt: *Corolla* alba,

ba, quæ in præcedente violacea; *macula* villofa flaua in palato corollæ, quæ in illa cinerea eft; *necta-*
rio in hac conico, in illa cylindraceo; in hac petalo breuiore, in illa vero petalum quoad longitudinem æquante.

ɣ. In figura noftra nectarii formam conicam indicare
voluimus, reliqua fecundum plantam ficcam exara-
uit fculptor.

13. PINGUICULA *fcapo villofo.* * Tab. XII.
fig. 2.
Pinguicula Laponum vel alpina minima, flore purpu-
reo, foliis ad radicem ternis rotundis. Rudb. lapp.
99.
Pinguicula flore minore carneo. Raj. Syn. 281.
Pinguicula cornubienfis, flore minore carneo. Raj. hift.
1. p. 752.

α. Vnico modo in loco a me lecta fuit fphagno infidens, prope Pajarim, in parœcia Jockmoccenfi.

β. Plantæ omnes, quas vidi, defloratæ erant, & capfula cordata, compreffa, biualui inftructæ, excepta vnica debili herba, cuius flos erat pallide violaceus; folia confpiciebantur fubrotunda, antecede-
tibus fimillima, fed minora; flos eft minor reliquis,
fcapus teneritate & leui villofitate differens.

14 UTRICULARIA *nectario conico.* *
Lentibularia. Riv. mon. 114. Dill. app. 116.
Lentibularia maior. Vaill. Act. 1719 p. 28.
Millefolium aquaticum lenticulatum. Bauh. pin. 141.
Millefolium aquaticum, flore luteo galericulato. Bauh.
hift. 3. p. 783.
Filipendula aquatica minor Frank. fpec. 14.
Filipendula aquatica, fiue Millefolia lenticulata. Rudb.
hort. 43.

α. In fluuio Margaritifero Calatz-elfwen dicto, prope
Purkyaur & alibi vifa fuit.

β. Sinβ. Singulares admodum in hocce genere funt veficulæ iftæ pellucidæ vnico foramine peruiæ, radiculæ adpenfæ, vnde nomen utriculariæ huic generi aptiffime datur.

γ. *Lentibulariæ* nomen confunditur cum Lenticula & Lenticularia Mich. (F. B. 228.), ne dicam, quod fere diminutiuum fit Lenticulæ (F. B. 227.), hinc excluditur, & vacuum vocabulum utriculariæ, Nepenthes fynonymon (F. B. 215), fpeciebus huius generis conueniens (F. B. 240), in Lentibulariæ locum fubftituitur.

CLAS.

CLASSIS III.

TRIANDRIA·

MONOGYNIA.

15. **VALERIANA** *fylueftris maior.* Bauh. pin.
      164.
    Valeriana fylueftris. Dod. pempt. 346. Till. ab.
      67. Rudb. vall. 35. hort. 115.
    Valeriana foliis anguftioribus. Riv. mon. 2·
    Valeriana. Till. ic 53.
    α In fyluis fubhumidis Lapponiæ vulgaris eft.
    β. Odor radicis huius admodum fingularis & vix cum
      alio comparandus eft, proxime accedit ad radicis
      Pæoniæ fragrantiam, vt etiam eius effectus.

16. **IRIS** *paluftris lutea,* *feu Acorus adulterinus.*
      Bauh. hift. 3. p. 732.
    Iris maior paluftris. flore luteo. Rudb. hort 57.
    Iris vulgaris, fiue Gladiolus paluftris. Till. ab 36.
    Iris latifolia maior paluftris. Lind. wikf. 19.
    Acorus adulterinus. Bauh. pin. 34. Rudb. elyf. 2. p.
      202. f. 2.
    α. In Lapponia eft planta omnium rariffima , in adia-
      centi Weftrobothnia non adeo frequens, in Oftro-
      bothnia vero omnium copiofiffima.
                                            β. Hy-

β. Hydrops, (cui hæc planta, fi quæ alia, eft medicina), eodem modo in Lapponia omnium rariffimus, nec frequens in Weftrobothnia, in Oftrobothnia autem fuperiori proh dolor nimis vulgaris inter plebem, quæ lethalis iftius fpiritus frumenti copiam ingurgitando illum prouocat.

γ. Flos Iridis ftructura fingulari ab omnibus in vniuerfum plantis primo intuitu diftinguitur; ftigma enim in hacce familia foliaceum ipfa petala fæpius æquat, adeo, vt nouem petala pro paucioribus numerarint nonnulli.

δ. Spathæ florum imbricatæ Iridem Palmis valde adfinem effe dictitant, nec contradicit flos, nec ftructura plantæ. Confer *Mufam Cliffortianam.* p. 16.

17. CYPERUS *paluftris hirfutus minor, paniculis albis.* Morif. hift. 3. p. 239. f. 8. t. 9. f. 39.
Gramen nemorofum, paniculis albis, capillaceo folio. Bauh. pin. 7.
α. In omnibus paludibus mufcofis & cæfpofis vulgaris elt.

18. SCIRPUS *paluftris altiffimus.* Tournef. inft. 528. Scheuch. hift. 354.
Juncus maximus, feu Scirpus maior. Bauh. pin. 12.
Juncus flore conglomerato. Lind. wikf. 19.
Juncus vulgaris, feu Scirpus. Till. ab. 37.
α. In fluuiis & lacubus Lapponiæ fylueftris paffim obferuatur, nullibi tamen in magna copia.

β. In Suecia fuperiori diffecatur pro pabulo boum, quod in Gothia inferiori negligitur; Nouaccolis Lapponiæ, ob inopiam huius Scirpi, in hunc vfum cedere nequit.

γ. E fpicis huius fpeciei, peracta florefcentia, alba quædam filamenta excrefcunt, quæ non piftilli partes, fed filamentorum ex ftaminibus rudimenta funt.

δ. Cum culmi fint fpongiofi, facillime diffecti in aqua na-

natant, hinc pueri in Suecia eos in fafciculos colli-
gant, quibus, ne demergantur, fefe fubleuant, dum
artem natatoriam addifcere volunt. Quod Lappones
non curant, qui nec balnea naturalia aquarum dul-
cium & frigidarum, nec artificialia calefactarum
vnquam intrarunt: Priora illis haud concedit aqua
per æftatem etiam nimis frigida; pofteriora defectus
domiciliorum & inftrumentorum huic negotio infer-
uientium; neutra autem confuetudo nunquam in-
troducta in gentem induratam gelu permittit.

19. SCIRPUS *equifeti capitulo maiori.* Tour-
    nef. inft. 528. Rudb. elyf. 1. p. 107. f. 1.
    Scheuch. hift. 360.
Juncus capitulis equifeti maior. Bauh. pin. 12.
Juncellus cyperoides, capitulo fimplici. Gottfch. pruff.
    131. f. 36.
α. In aquofis rarius obferuatus eft.
β. A Nobiliff. *Rudbeckio* inter plantas Lapponicas recenfetur *Scirpus multicaulis equifeti capitulis mino-*
ribus, Rudb. lapp. 100. elyf. 1. p. 107. quem pro
variatione, non diftincta fpecie habemus.

20. SCIRPUS *folio culmi unico.* *
Scirpus foliatus paluftris, capitulo equifeti breui. Rudb.
    lapp. 100.
Scirpus paruus paluftris, cum paruis capitulis equifeti.
    Pluk. phyt. 40. f. 6. Rudb. elyf. 1. p. 107. f. 3.
Scirpus montanus, capitulo breuiore. Tournef. inft.
    528. Scheuch. alp. 427.
Juncus montanus, cum paruis capitulis luteis. Bauh.
    hift. 2. p. 523.
α. Vbique in deferto ad fcaturigines fontium & in hu-
midis ac fpongiofis locis obuius eft, etiam in Alpibus
noftris frequentiffimus.
β. Defcriptionem breuem huius plantæ addam.
Radix filamentofa, multiplex, tenuis, haud ramo-
                      fa,

fa, vndulata, digitalis longitudinis, perennis.

Squamæ plures, oblongæ, acuminatæ, imbricatæ, laxæ, in fafciculum veluti congeftæ, perennes, fufcæ, culmi & radicis bafin tegunt.

Culmi fimplices, plures, digitum longi, folidiores, tenaces, ftriati, virides.

Folium vnicum, tenuiffimum, linearis longitudinis vaginæ veftienti fatis longæ infidens.

Spica vnica, terminalis, minima, linearis longitudinis, fufca, conftructa glumis monophyllis, imbricatim pofitis, tribus vel quatuor, quarum infima maxima eft.

γ. Cum culmus ad radicem quotannis ponat nouas fquamas fupra antecedentes inferiores & perennantes, inter quas fefe exferunt radices, fequitur has & totam plantam tandem eleuari fupra terram, tophumque (Tuf.) conftituere, cæfpitis fac e & v fu, nifi quod laxior fit, citiusque ab igne confumatur, qui præter ea in denfiffimis fyluis admodum copiofus. Tophi adeoque in paludibus maxima ex parte huic Junco fuam debent origiuem, nec non Polytricho Dillenii. Vide Cryptogam: Mufcorum.

δ. Tophi bi (γ) in paludibus maximum negotium facesfunt Nouaccolis Lapponiæ; quodfi enim aqua e paludibus fodiendo educitur, marcefcit quidem planta, at per plures annos non putrefcit, fed fterilis perfiftit ruftico deteftabilis ; deberent itaque plantæ paluftres poft paracenthefin vrendo vel fuffocando exftirpari, & femina vegetabilium pratenfium eorum loco terræ commmitti, fi læta pafcua defiderentur; plantæ enim paludofæ indolem non mutaut, neque vnquam luxuriant, nifi fufficiens potus adfit.

21. SCIRPUS *magnitudine acicula.*

Scirpus minimus, fpica breuiore fquamofa fpadicea, Scheuch. hift. 364.

Scirpus omnium minimus, capitulis equifeti. Rudb. elyf. i. p. 107.

B   *Jun-*

Juncellus clauatus minimus, capitulis equiseti. Morif. hift. 3. p. 234. f. 8. t. 10. f. 37.

α. Reperitur fubinde in fluuiis Lapponiæ fylueftris.

β. Communiter fub ipfa aqua crefcit, longitudine vnius tertiæ partis digiti.

22. ERIOPHORUM *fpicis pendulis.* ❋
    Linagroftis panicula ampliore. Scheuch. hift. 306. Vaill. parif. tab. 16. f. 1.
    Gramen eriophorum. Dod. pempt. 552.
    Gramen tomentarium. Frank. fpec. 15. Till. ab. 32.
    Gramen tomentofum. Rudb. hort. 49. Lind. Wikf. 17.
    Gramen pratenfe tomentofum, panicula fparfa. Bauh. pin 4. Rudb. elyf. 1. p. 36. f. 2.
    Geechen nivo. Lappis. *Myrkullen* Weftrobothnienfibus.

α. Nonnulli, quibus res angufta domi, in quibufdam Sueciæ tractibus puluinaria fua, plumarum loco, pappo huius graminis replent, vnde Suetice puluinar pauperum (*Fattigmans Oerngott*) nominatur, qui tamen vfus Lappis vel Nouaccolis noftris non innotuit, quorum hi pellibus leporinis, illi vero rangiferinis lectum fternunt.

β. In humidis graminofis & cultis, tam defertis, quam alpinis locis vbique confpicitur.

γ. Variat fpicis amplioribus & anguftioribus, hinc duæ variationes pro totidem diftinctis fpeciebus venduntur.

δ. *Eriophorum* dixi ab ἔριον & φέρον, quafi ferens lanam, quod felectum eft nomen (F. B. 240.) fynonymon (F. B. 244) & antiquum (F. B. 242.) *Linagroftis* T. autem male componitur e Lino & Agrofti (F. B. 224).

23. ERIOPHORUM *fpica erecta, caule tereti.* ❋
    Eriophorum fpica lanis inuoluta. F. L. 47.
    Linagroftis fpica fingulari, alopecuroides. Vaill. par. 117.

Juncus alpinus cum cauda leporina. Bauh. hift. 2.
    p. 514. Scheuch. alp. 41.
Juncus alpinus, capitulo tomentofo maiori. Scheuch.
    hift. 304. tab. 2.
Juncus alpinus, capitulo lanuginofo feu Schœnolaguros.
    Bauh. pin. 12. prod. 23. fig. Scheuch. hift. 302. tab. 7.
Gramen tomentofum alpinum & minus. Bauh. pin.
    5. prod. 10. Rudb. elyf. 1. p. 36. f. 3.
Gramen juncoides lanatum danicum. Morif. 3. p.
    224. f. 8. t. 9. f. 6.

α. In humidis, incultis tantum, tam alpinis, quam
    fylueftribus locis frequens eft.

β. Coniungo hic duas authorum fpecies, a Bauhino
    in prodromo 23 & 10 defcriptas, quæ tamen vnius
    eiufdemque funt fpeciei. Quamnam fub priori nomi-
    ne intellectam velit plantam Bauhinus omnibus in a-
    prico eft; pofterior dubium mouit, quam fe a Bur-
    fero habuiffe monet; Burferus in herbario Upfaliæ
    adferuato omnino eandem cum priori fub ifto no-
    mine habet plantam, eamque miffam fuiffe ad Bau-
    hinum fatetur.

24. ERIOPHORUM *fpica erecta, caule tri-*
    quetro. *
Linagroftis alpina minima, caule triangulari, capitulo
    paruo, pappo rariore. Mich. gen. 54.
Linagroftis juncea alpina, capitulo paruo, tomento
    rariore. Scheuch. hift. 305.
Juncus alpinus bombycinus. Bauh. pin. 12. prod. 6.
    Scheuch. hift. tab. 8. Scheuch. alp. 337.

α. Vbique in vdis fabulofis, alpinis & fylueftribus lo-
    cis viget.

β. Flores examinare haud licuit; caulis vero trique-
    ter, omnino nudus, fpicæ facies, &c. dictitant
    longe minorem huius cum Eriophori genere effe
    conuenientiam, ac quidem vulgo creditur.

DIGYNIA.

25. PHLEUM *spica ouali-cylindracea.* *
Gramen typhoides alpinum, spica nigra breui. Rudb.
elyf. 1. p. 31. f. 8. Burf. mart. 498.
*Gramen typhoides alpinum, spica breui denfa & ve-
luti villofa.* Scheuch. hift. 64. f. 3.
α. In Alpibus noftris frequentiffime, in fyluis Lapponiæ rariffime obuium.
β. Folii fupremi ipfi culmo adhærentis vagina triplo
longior eft fuo difco, qua nota a fequenti abunde
diftinguitur, vbi inuerfe difcus folii triplo longior
eft fua vagina.

26. PHLEUM *spica longiffima cylindracea.* *
Gramen typhoides afperum alterum. Bauh. pin. 4.
Rudb. elyf. 1. p. 29. f. 4.
Gramen typhoides afperum alterum maius. Rudb.
ibidem.
α. In Alpibus & deferto frequentiffima eft hæc fpecies.
β. Abfoluta florefcentia, huius fpica cinerea eft, antecedentis autem nigra.

27. BROMUS *culmo paniculato, spicis compreffis.*
Bromos herba. Dod. pempt. 540.
Feftuca auenacea fterilis elatior. Bauh. pin. 9.
Feftuca auenacea fterilis elatior-circa Upfaliam. Rudb.
elyf. 1. p. 87. f. 7.
*Gramen auenaceum panicula fparfa, locuftis maiori-
bus & ariftatis.* Tournef. inft. 526. Scheuch.
hift. 158.
α. In agris Nouaccolarum rarius obferuatur.
β. Hæc fpecies videtur cum frumento in Lapponiam
delata omnium primo a Nouaccolis, nec Lapponiæ fuos debere natales.

28.

28. FESTUCA *culmo paniculato , ſpicis com-*
preſſo-ouatis

Feſtuca auenacea ſpicis habitioribus , glumis glabris.
Raj. ſyn. 414.

Gramen auenaceum ſegetale maius , gluma turgidio-
re. Moriſ. hiſt. 3. ſ. 8. t. 7. f. 7.

Feſtuca graminea , glumis glabris. Bauh. pin. 9.

Feſtuca graminea , glumis hirſutis. Bauh. pin 9.

α. Adhuc rarius deprehenditur, quam antecedens, ſimulque varians ſpicis glabris & hirſutis.

β. Quod etiam hæc, vt Lolii famoſiſſima ſpecies, copioſe frumento mixta & aſſumta temulentiam inducat, per totam Sueciam aſſeuerant ruſtici.

29. FESTUCA *culmo alternatim ſpicato , ſpicis*
teretibus. *

Gramen ſpica brizæ maius. Bauh. pin. 9. prod. 19.
Rudb. elyſ. 1. p. 80. f. 1.

α. Ad ripas inter plantas vegetiores in Lapponiæ ſyluis vbique reperitur!

30. AVENA *ſeminibus haſi hirſutis.* *
Auena nuda. Rudb. elyſ. 1. p. 161. f. 3. hort. 15.
cat. 6. Frank ſpec. 5.

Auena fatua. Till. ab. 7.

Feſtuca vtriculis lanugine flaueſcentibus. Bauh. pin.
10.

Gramen auenaceum vtriculis lanugine flaueſcentibus.
Tournef. inſt. 525.

α. In agris Nouaccolarum cum ſeminibus cerealium
huc allata rarius conſpicitur.

β. Deteſtabile eſt hocce gramen agricolis, dum enim
ſemel in agro ſuas egit radices, vix inde eliminari
poteſt, quoniam ſemina ſua prius terræ inſpergit,
quam ſeges reliqua, vnde hanc ſuffocat.

31. AVENA *spicis erectis, calice spicis breuiore.* *
Gramen auenaceum montanum, vtriculis bifidis mem-
branaceis, aristis articulatis. Rudb. elyf. 1. p.
96. f. 13.
Gramen auenaceum hirsutum, panicula purpuro-ar-
gentea splendente. Raj. fyn. 406. t. 21. f. 2.
α. In nemoribus graminofis raro.

32. LOLIUM *spicis compressis, radice perenni.*
Phœnix seu Lolium murixum. Dod. pempt. 541.
Gramen loliaceum, angustiore folio & spica. Bauh.
pin. 9.
Gramen loliaceum, spica simplici, vulgare. Morif. 3.
f 8. t. 2. f. 2.
α. In fyluis graminofis & pratis agricolarum commune eft.

33 TRITICUM *radice repente, foliis viridibus.*
Gramen loliaceum, radice repente seu Gramen officina-
rum. Bauh pin. 1.
Gramen caninum longius radicatum. Lind. Wikf. 16.
α. In agris Nouaccolarum agricolis infeftiffimum eft.

34. TRITICUM *radice repente, foliis rigidis.*
α. Ad littora maris Septentrionalis & ad finus maris
Bothnici copia eius datur maxima.

35. MILIUM *glumis diphyllis.*
Gramen fyluaticum, panicula miliacea sparsa. Bauh.
pin. 8. Morif. hift. 3. f. 8. t. 5. f. 10. Rudb. elyf.
1. p. 76. f. 1.
α. In defertis fylueftribus Lappouiæ vulgare eft.
β. Inter Tornoam, Kemi & Uloam nullum gramen
erat vulgatius hocce, cuius ftaturam, magnitudinem
vel fuauem odorem, fi quis confideret, inter gramina præftantiffima locum huic concedat.
γ. So-

γ Solent Puellæ Lapponicæ, dum rangiferos in pascua ducunt, reportare fasciculum foliorum huius graminis, eumque in eadem cum tabaco sarcina, ante pubem pendula, reservare; nescio an magis sint sollicitæ de grato odore tabaco, an sibimet ipsis conciliando.

36. MELICA *floribus sub culmo pendulis.*
Gramen avenaceum, locustis rubris, montanum. Bauh. pin. 10. prod. 20.

α. In syluis passim.

β. Culmus in summitate nutat, cui flores solitarie pedunculis tenuissimis adnectuntur, ita vt omnes flores sub culmo penduli sint.

γ. Characterem huius generis breuissimis exhibeo.
Cal. Gluma vniflora, biualuis; *valuulis* ouatis, concauis, fere æqualibus.
Cor. Gluma biualuis; *valuulis* ouatis, muticis, quarum altera concaua, altera vero plana.
Sem. ouatum, a gluma corollæ demittitur.

37. ALOPECURUS *aristis gluma longioribus.*
Gramen aquaticum geniculatum spicatum. Bauh. pin. 3. Rudb. elyf. 1. p. 8. f. 2.

α. In conuallibus & pratis subhumidis frequens est; eundem etiam non raro in collibus siccissimis læte florentem legi.

38. ALOPECURUS *aristis glumæ æqualibus.*
Gramen fluuiatile album. Tabern. hist. 1. p. 512. figura.

α. In lacubus Lapponiæ sylueftris, vt Purkyaur & alibi.

β. Hæc præcedenti quoad faciem externam adeo similis est, vt quiuis mox eandem esse plantam adseneraret; iudicium meum suspendo, ob defectum observationum. Sequentia autem distinctionem vrgent.

1. *Hæc*

1. *Hæc* [38] ex humanæ profunditatis aqua euehitur & excrescit.
Illa [37] in aquosis vix semipedalis persistit.
2. *Hæc* folia longissima super aquam natantia exserit.
Illa vero erectis gaudet & breuibus foliis.
3. *Hæc*, si scirpus vel arundo, &c. adstet, amplectitur hasce plantas circumuoluendo folia sua.
Illa non item.
4. *Huius* aristæ glumis haud exsistunt longiores.
Illius vero duplo longiores sunt glumis.
5. *Hæc* nunquam a me obseruata in Suecia, vbi
Illa copiosissime pronascitur.

39. **ANTHOXANTHUM.**
Gramen anthoxanton spicatum. Bauh. hist. 2. p. 446.
Gramen pratense, spica flauescente. Bauh. pin. 3.
Rudb. elys. 1. p. 24. f. 3.
α. In locis graminosis passim obseruatur.
β. Prima æstate viride & suaueolens floret, circa finem Julii flauum & exsuccum persistit.

40. **NARDUS** *spica lineari.*
Spartum nostras paruum. Lob. ic. 90.
Gramen sparteum juncifolium. Bauh. pin. 5. Rudb.
elys. 1. p. 39. f. 6. mala.
Gramen sparteum, capillaceo folio, minus, erectum, Batauicum & Anglicum. Morif. hist. 3. f. 8. t.
7. f. 8. opt.
Lappbär Lulensibus. i. e. Crines Lapponum.
Kaffskiægg Smolandis. i. e. Barba senum.
α. In Alpibus & syluis communis est.
β. Nomenclatura Lulensis imposita huic gramini desumta est a similitudine, quæ intercedit folia copiosissime in hacce vndique prominentia atque arrectos circumquaque Lapponum capillos, quum vix vnquam pectine deducant crines.

γ. Gra-

γ. Gramen hoc fœnimeſſoribus Nouaccolis infenſiſſi-
mum eſt, falcem, niſi peracuta ſit, facile eludens.

δ. Nardi nomen huic gramini impoſui, dum genere
conuenit cum Nardo ſpuria Narbonenſi Bauhini.

41. ARUNDO *vulgaris.* Bauh. hiſt. 2. p. 485.
Rudb. elyſ. 1. p. 131. Frank. ſpec. 5. Lind.
Wikſ. 4.

Arundo vulgaris ſeu phragmites Dioſcoridis. Bauh.
pin. 17.

Arundo. Till. ab. 6.

α. In aquoſis Lapponiæ ſylueſtris ſæpius ſeſe offert,
nullibi autem copioſiorem huius prouentum, quam
in Oſtrobothnia ad ſinus maris, vidi.

β Famoſiſſimum iſtud & vaſtiſſimum pratum Limmingenſe, quantum ex via videre licuit, arundine
hacce totum tectum conſpiciebatur. Pratum hocce
tribus Oſtrobothniæ pretioſiſſimis naturæ donis ad-
numeratur, quæ ſunt: Kemi piſcatura Salmonum,
Limmingenſe pratum & Norkyreæ agri.

γ. Mulieres ruſticæ huius Arundinis panicula pannos
ſuos flaueſcente viridi colore tingunt.

42. ARUNDO *culmo ramoſo.* *

Arundo ſyluatica elatior, panicula molli candida &
ſerici modo lucenti. Moriſ. hiſt. 3 p 218. ſ.
8. t. 8. f. 2.

Arundo vulgaris ſeu Calamagroſtis. Vaill. par. 16.

Gramen arundinaceum panicula molli ſpadicea maius.
Bauh. pin. 7.

Gramen panicula arundinacea. Rudb. elyſ. 1. p. 16.

α. In paludibus cæſpoſis Lapponiæ ſæpius conſpicitur.

β. Gramen hocce humanam altitudinem adquirit, &
ramos ex alis foliorum ſimplices promit, id quod
in graminum familia rarum omnino eſt.

γ. Synonyma, opinor, recte adpoſita ſunt, licet cum libris & deſcriptionibus illud conferre non potuerim,

B 5   periit

periit enim in naufragio vna cum variis naturalibus aliis, nobis per flumina Lapponiæ defcendentibus.

43. ARUNDO *foliorum lateribus connolutis, acumine pungente.* *

Gramen fparteum fpicatum, foliis mucronatis longioribus, vel fpica fecalina. Bauh. pin. 5.

Spartium fpicatum oceanicum pungens. Bauh. hift. 2. p. 511.

α. Ad littora maris Septentrionalis circa fines Alpium Lapponicarum, vbi Boream verfus terminantur, rariùs vifa.

β. Locus eius natalis fæpius eft in maritimis, femper etiam in glareofis læte exfurgit, vbi latis fuis cæfpitibus & valde confertis atque oblique fpargentibus fefe radicibus terram arenofam (dictitante natura) firmiorem reddit & colligit in aggeribus, ne tam facile diuellantur iniuria cæli.

γ. Naturam optime imitari norunt Belgæ, in tumulis fuis arenofis hoc ferentes, ne arena obruat adiacentia. Si aliquam œconomiæ curam experti lætarentur aliquando campi arenofi Lapponiæ, huius graminis notitia haud parum illis adferret vtilitatis.

44. ARUNDO *culmo enodi, panicula contracta.*

Gramen arundinaceum enode maius montanum. Bauh. pin. 7.

α. In fyluis inter lapides & frutices fæpius comparet.

β. Ruftici in Suecia culmo huius graminis longiffimi & enodi fiftulas fuas tabacarias, ex nimio vfu repletas oleo, purgant; id quod Lapponi, fiftula breuiffima femper contento, cognitu minus neceffarium eft.

45. AGROSTIS *panicula tenuiffima.*

Gramen montanum, panicula fpadicea delicatiore. Bauh. pin. 3. prod. 12. Scheuch. hift. 124.

α. In

α. In Alpibus vulgare eſt gramen.

β. Panicula huius eſt omnium tenuiſſima.

46. A G R O S T I S *panicula inferne verticillatim laxa, ſuperne contracta.*

Gramen ſegetum aruenſe, panicula contracta pyramidali. Raj. hiſt. 1288. Scheuch. hiſt. 148.

α. Ad ripas lacuum, tempore autumnali, rufeſcens occurrit.

β. Panicula, dum floret, ſecundum verticillos explicatur horizontaliter patens; contracta ſuperius, in eadem nondum florente.

47. A I R A *panicula ſpicata, pedicellis floſculis breuioribus.* *

Gramen alopecuro ſimile, cum pilis longiuſculis in ſpica, Onocordon. Bauh. hiſt. 2. p. 475.

Gramen phalaroides maius, ſeu Italicum. Bauh. pin. 4.

Gramen phalaroides. Lob. ic. 8.

α. In ſolis Alpibus occurrit hæc ſpecies, nec infrequens ibidem eſt.

β. Character huius generis conſiſtit in ſequentibus:

Cal. Gluma biflora, biualuis; *valuulis* ouato-lanceolatis, acutis, inæqualibus.

Cor. Gluma biualuis, calici ſimilis, altera valuula ariſtam ad baſin vix duplo longiorem flore exſerens.

Sem. tecta.

48. A I R A *panicula rara, calicibus albis.*

Gramen nemoroſum paniculis albis, capillaceo folio. Bauh. prod. 14. Moriſ. hiſt. 3. p. 300. ſ. 8. t. 7. f. 9.

Gramen alpinum nemoroſum paniculatum, foliis anguſtiſſimis, locuſtis ſplendentibus ariſtatis. Scheuch. hiſt. 218.

α. In nemoribus Alpium Lapponicarum commune eſt gramen.

49.

49. AIRA *panicula rara, calicibus fuscis.*
Festuca auenacea alpina, angustissimis junceis foliis, locustis paruis purpuro-argenteis splendentibus a-riftatis, in spicam collectis, petiolis tamen longis & tenuissimis insidentibus. Scheuch. alp. 455. f. 15.
Gramen auenaceum paniculatum alpinum, foliis capillaceis breuibus, locustis purpuro-argenteis splendentibus & aristatis. Scheuch. hist. 216.
α. Cum antecedenti vulgatissima est.
β. Panicula in hac magis contracta, calices præsertim ad basin atro-rubentes, locustæ angustiores, ac in præcedente.

50. AIRA *panicula longissima tenui.*
α. In paludibus frequens, longitudine corporis humani, panicula cubitali angusta, flectitur obsequio a vento curuata.
β. Duæ variationes huius obuiæ fuere, quarum altera locustis niueis; altera fuscis, seu cæruleo-rufescentibus conspicua.

51. POA *spiculis ouatis compressis muticis.*
Gramen pratense paniculatum maius, latiore folio, ποα Theophrasti. Bauh. pin. 2.
Gramen paniculatum maius. Scheuch. hist. 177.
α. Per totam Lapponiam in maxima excrescit copia.
β. *Gramen alpinum paniculatum maius, panicula speciosa variegata.* Scheuch. hist. 186. t. 3. vbique in Alpibus nostris obuium, & quod pro varietate potius, quam distincta specie exhibemus; licet spicæ eius paruæ, magis coloratæ, & duplo maiores sint, quam in planta naturali.

52. POA *spiculis ouato-oblongis, foliis subulatis.*
Gramen pratense paniculatum maius, angustiore folio.

lio. Bauh. prod. 6. pin. 2. Scheuh. hift. 178.
α. Vbique proftat per Lapponiam antecedenti intermixta.

53. P O A *fpiculis bifloris cordatis.*
Gramen mariæ beruſſorum. Gottſch. pruſſ. 111. f.
26.
Gramen paniculatum odoratum. Bauh. pin. 3.
α. Ad ripas fluuiorum per deferta Lapponiæ copiofe
occurrit.
β Odoris fuauitate vix cedit Milio (§. 35.) defcripto.

54. P O A *fpiculis fubulatis, panicula rara contracta.*
Gramen nodofum pratenfe, panicula fufca nigricante.
Rudb. elyf. 1. p. 7. f. 16.
Gramen paniculatum autumnale, panicula anguſtiore
e viridi nigricante. Tournef. inft. 521.
Gramen pratenfe ferotinum, panicula longa purpura-
fcente. Morif. hift. 3. p. 201. f. 8. t. 5. f.
22.
α. In locis fubhumidis, nec non in agris frequens.
β. Panicula fua anguſtiſſima nigro-cærulea ab omnibus aliis diſtinctiſſima eft.

55. P O A *fpiculis ouato-anguſtis ariftato-acuminatis.*
Gramen foliis junceis breuibus minus. Bauh. pin. 5.
Gramen criftatum, radiculis nigricantibus. Gottſch.
pruſſ. 110. f. 2.
Gramen fparteum maritimum, fpica criftata Upſalien-
fium. Rudb. elyf. 1. p. 40. f. 13.
α. In fyluis & Alpibus frequens eft.

56. P O A *fpiculis ouato-anguſtis acutis, vinipara.*
Gramen fparteum alpinum, panicula fpadiceo-viridi,
vna

vno plerumque verfu difpofita. Scheuch. alp. 457.
f. 20

*Gramen paniculatum fparteum alpinum, panicula an-
gufta fpadice viridi, proliferum.* Scheuch. hift.
213. t. 1. fig.

α. In Alpibus noftris vulgatiffima eft.

β. Loco feminum folia angufta, flore longiora pro-
trudit, hinc inftar oui in ipfa planta germinat, more
animalium viuiparorum.

γ. Vix vlla graminis paniculati fpecies in Alpibus obuia fuit, quæ non aliquando floribus eiufmodi viui-
paris lufiffet.

TRIGYNIA.

57. MONTIA. *

Montia aquatica minor. Mich. gen. 18. t. 13.
f. 2.

Cameraria aruenfis minor. Dill. giff. 46.

Cameraria feu Portulaca aruenfis exigua Cameratii.
Rupp. jen. 1. p. 108.

Portulaca aruenfis. Bauh. pin. 288.

Alfinoides annua verna. Vaill. par. t. 3. f. 4.

*Alfineformis paludofa tricarpos, floribus albis inaper-
tis.* Pluk. Phyt. 7. f. 5.

*Alfine parua paluftris tricoccos, portulacæ aquaticæ
fimilis.* Raj. fyn. 352.

α. In locis mufcofis ad fcaturigines aquarum frigidarum
per Lapponiæ deferta fæpius confpicitur, per Weftrobothniam omnium vulgatiffima eft.

β. Authores duplicem conftituunt fpeciem, ego autem
vnicam magnitudine mire ludentem obferuaui. Si
vero altera femper gerat flores ex alis, vt hæc e

sum-

summitate confpicuos, quemadmodum clariffimus
Michelius pingit, diuerfa eft; alias non.
γ. Flos hic numero partium variat, vide C. G. 58.
δ. Nomen *Montiæ* retinemus (F. B. 238.) *Alfine* (F.
B. 214.) *Alfinoides* (F. B. 226.) funt nomina erronea. *Cameraria* excluditur, quoniam hoc aliud indicat genus (F. B. 216), a Plumiero dudum con-
ftitutum (F. B. 218), quod fi erroneum demonftra-
ri poteft, male impofitum erit nomen *Montiæ*; a-
lias non.

CLAS.

CLASSIS IV.

TETRANDRIA.

MONOGYNIA.

58. A P A R I N E *paluftris minor parifienfis, flore al-bo.* Tournef. inft. 114.
Mollugo minor. Rudb. cat. 28. hort. 75.

α. Vbique ad ripas fluuiorum per totam Lapponiam fylueftrem reperitur.

β. Caulis huic tenuis, vndique diffufus, ramofiffimus: Folia lineari-lanceolata, rigida, vix fcabra, acumine terminata; plura, quam quatuor, ad genicula verticillatim pofita: Semina vix adhærent villis vncinatis.

59. G A L I U M *caulibus diffufis, foliis quaternis verticillatis.*
Gallium paluftre album. Bauh. pin. 335.
Afperula quadrifolia paluftris. Rupp. jen. 1. p. 6.
Cruciata paluftris alba. Tournef. inft. 115.
Mollugo maior. Rudb. cat. 28. hort. 75.

α. Ad ripas fluuiorum & riuulorum Lapponiæ fylueftris fæpius prodit.

β *Ruppius* retulit hanc plantam ad *Afperulas* (C. G. 66.), cum autem corolla tubo ifto cylindraceo deftituatur, ab iis diftingui debet (F. B. 171).

Tour-

Tournefortius proprium ei affignat genus *Cruciata*, defumens characterem e foliis, cum in fructificatione notam nullam, quæ eam a *Galio* diftingueret, reperire poffet; quod vero repugnat omni certitudini, omni theoriæ in Botanicis receptæ. (F. B. 159. 164.)

Rajus Molluginis genus, a *Galio* diftinctum voluit, ad quod antecedens & fequens planta amandari poffet; cum autem nec iftud e fructificationis certo principio, fed a fola facie externa defumtum fit, illud haud admittere debemus.

Nos itaque plantam hanc ad *Galium* referimus, licet Mollugiuis iftud Rajanum genus facie a Galiis videatur fatis diuerfum, donec demonftratum fit contrarium.

60. **G A L I U M** *caule erecto, foliis quaternis verticillatis lanceolatis trineruiis.*

Gallium album. Lind. wikf. 15.

Gallium album quadrifolium erectum. Celf. upf. 22.

Gallion flore albo. Rudb. cat. 17. hort. 45. Till. ab. 30.

Mollugo montana erecta quadrifolia. Raj. fyn. 224.

Cruciata glabra, folio neruofo rigido, bacca gemella ficca hifpida, flore lacteo. Boerh. lugd. 1. p. 148.

Rubia pratenfis lœuis, acuto folio. Bauh. pin. 333. prod. 145.

Rubia erecta quadrifolia. Bauh. hift. 3. p. 716.

Mattara. Finnonibus.

α. In Lapponia rariffima eft planta; per totam Sueciam vero vulgatiffima.

β. Corolla floris plana (non vero tubulata) eft; fructus villis erectis hifpidus, non vero vncinatus aut adhærens, tectus cortice coriaceo, tamen bacca cum Clariffimo Boerhaauio dici debet fructus, quoniam pulpa mollis differt tantum gradu a duriori.

γ. Nomen C. Bauhini loc. cit. genuinum effe huius fynonymon, a Burfero in herbario edocti fumus

C   δ. Radi-

δ. Radices funt filiformes & rubræ, quibus mulierculæ Finlandiæ lanas & e lanis confecta tingunt.

61. G A L I U M *caule erecto, foliis plurimis verticil-
latis linearibu⸱.*
Gallium luteum. Bauh. pin. 335.
Gallium flore citrino luteo. Frank. fpec. 15.
Gallium. Till. ic. 72.
Gallion flore luteo. Rudb. cat. 17. hort. 45. Till. ab.
30. Lind. wikf. 15.

α. Planta hæc, quantumuis per Sueciam fit omnium
vulgatiffima , in fuperiori tamen eius parte adeo
rara eft, vt modo vnicam in cœmeterio Ke-
menfi, & alteram admodum paruam in Lapponia
Lulenfi ad marginem agelli cuiufdam reperire licue-
rit.

β. Galium dixere veteres a γάλα, quod lac coagulet,
hinc cum fimplici λ potius, quam duplici fcribi-
mus.

γ. Odor florum huius fpeciei, vt & totius generis fingularis eft & fragrantiffimus; flores tamen huius
plantæ debiliores funt, quam in præcedenti.

62. P L A N T A G O *fcapo fpicato, foliis ouatis.* *
Plantago latifolia finuata. Bauh. pin. 189.
Plantago maior latifolia. Frank. fpec. 23.
Plantago maxima. Rudb. cat. 33. hort. 89. Lind.
wikf. 29.
Plantago. Till. ic. 94.

α. *Plantago latifolia glabra minor.* Bauh. pin. 189.
Plantago latifolia minor. Lind. wikf. 29.

β. In pinguioribus fyluestribus, inque locis cafis Lapponum proximis & circumiacentibus, ftercore rangiferino faturatis, interdum nafcitur.

γ. Mire variat hæc fpecies, quoad magnitudinem: vidimus enim perfectam plantam vngue breuiorem, vidimus etiam eandem fpeciem, cuius caulis habuit
hu-

humanam altitudinem; prior in petrofis & aridis nafcebatur, pofterior in pinguibus fpongiofis locis; fpecie tamen non magis differunt, quam altus Helfingus & humilis Lappo, quam giganteus Cajanus & Pygmæus Annel. Hinc plantago minor (*.) ab hac planta feparari non debet.

ᵟ. Folia in hac planta, dum pumilis deprehenditur, integerrima exfiſtunt; quando vero ad maiorem furgit altitudinem, ferrata funt, ferraturis diftantibus & a fe inuicem remotis.

63. **PLANTAGO** *fcapo fpicato, foliis linearibus fubtus connexis.*

Plantago maritima maior tenuifolia. Tournef. inft. 127.

Coronopus maritimus maior. Bauh. pin. 190.

Coronopus maritimus nofter. Bauh. hift. 3. p. 511.

Coronopus marinus. Rudb. hort. 33.

*. *Plantago maritima maior tenuifolia punctata.* Celf upf. 36.

Plantago marina. Lob. obf. 163.

β. Ad littora maris Finmarkiæ adiacentis vulgatiffima eft.

γ. Folia fuperne punctis nigris, Orchidis inftar, fæpius confpiciuntur notata (*).

64. **PLANTAGO** *fcapo uni floro.* *

Plantago paluftris, gramineo folio, monanthos parifienfis. Tournef. inft. 128.

Caryophyllus marinus pumilio reptans. Mart. burf. 507.

Gramen junceum minus, capitulis longiffimis filamentis donatis. Morif. hift. 3. p. 230. f. 8. t. 9. f ult. optima.

Gramen junceum feu Holofteum minimum paluftre; capitulis quatuor longiffimis filamentis donatis.

G 2

Plukn.

Plukn. phyt. 35. f. 2. opt. Rudb. elyf. 1. p. 46. f. 1. tranfpofita.

α. Cum antecedenti, fed parcius occurrit. In Suecia etiam fatis rara eft; vidimus illam tantummodo in Smolandia ad templum Stenbrohultenfe, in Sudermannia ad acidulas Wikfbergenfes, in Upland a ad littora nonnulla lacus eiufdem Mælaren.

β. Singularis eft hæcce plantaginis fpecies, vtpote quæ vnico modo gaudet flore, cum in reliquis fpeciebus nobis notis femper plures collocentur in eodem fcapo. Hinc nomen fpecificum noftrum reliquis præferemus, Tournefortii enim *paluftris* (F. B. 264.) *gramineo folio* (F. B. 261.) *monanthos* (F. B 295.) *Parifienfis* (F. B. 264.) nimis longum eft. (F. B. 292. 291.)

γ. Corollæ laciniæ depreffæ; filamenta quatuor omnium longiffima, ftyloque longiora, in plantaginis genere notam effentialem conftituunt.

65. CORNUS *herbacea.* * Tab. V. fig. 3.

Cornus pumila herbacea, Chamæpericlymenum dicta. Dill. elth. 108. t. 91. fig. opt.

Offea altera Suecorum. Rudb. fil. in Tabulis pictis.

Herba paris flore magno polycoccos edulis. Rudb. it. 11.

Mefomora alba, baccis in corymbo rubris. Rudb. Lapp. 98.

Chamæpericlymenum. Ger. emac. 1113. Park. theatr. 1461. Raj. hift. 1. p. 658. fyn. 261.

Chamæpericlymenum prutenicum. Cluf. pan. 88.

Chamæpericlymenum tenerius aliud. Cluf. hift. 60.

Periclymeno accedens planta monanthos noftras. Morif. hift. 3. p. 535.

Periclymenum tertium minus. Tabern. hift. 2. p. 1299.

Periclymenum paruum prutenicum Clufii. Bauh. hift. 2. p. 108.

Peri-

Periclymenum humile. Bauh. pin. 302.
Periclymenum humile noruegicum. Bauh. pin. 302.
    Buxb. A. R. 3. p. 271. obſeru.
Alſine baccifera Suecorum. Frank. ſpec. 3. Rudb.
    hort. 5. Brom. goth. 4.
Alſine baccifera. Lind. wikſ. 2.
Hoenſebær & Smoerbær. Suecis.
Hoenſon. Smolandis.

α. Locus huius plantæ natalis vniuerſa eſt Lapponia,
in Alpibus ſcilicet reperitur ſæpius inter ſalicta, in
deſertis eam nemora ſolo ſpongioſo gaudentia frequenter exhibere vidi. In Smolandia ad templum Sten-
brohultenſe, in Noruegia vbique, præſertim in Finmarkia; In Norlandia omni, vt in Geſtricia, Helfingia, Medelpadia, Angermannia, Weſtrobothnia,
Oſtrobothnia & Finlandia vulgaris eſt. Nullibi autem illam per totum terrarum orbem, niſi in ſeptentrione noſtro, & quidem in Weſtrobothnia, exſiſtere,
non ſine cauſſa dicimus. Cum itaque in ſummo
ſeptentrione primario creſcat, & frigidiſſima calidis locis præferat, breuem eius adumbrationem dabo.

β. *Deſcriptio* plantæ noſtræ hæc eſt.
Radix filiformis, repens, perennis, lignoſa.
Caulis ſimplex, integer, rectus, tetragonus, gla-
    ber, vix ſpithamæus, quinque vel ſex interno-
    diis diſtinctus.
Folia ouata, integerrima, apice fere acuta, glabra
    vtrinque, quinque neruis inſtructa, erecto-patu-
    la, ſeſſilia, oppoſita, longitudine vltimi articuli
    pollicis, latitudine eiuſdem pollicis; quorum ma-
    xima ad exortum pedunculi poſita, inferiora ve-
    ro, quo propiora radici, eo minora.
Florum *Vmbella* vnica pedunculo ex apice caulis
    deſcripti egreſſo inſidet, cuius
Inuolucrum tetraphyllum, maximum, foliolis, ouatis,
    concauis, obtuſe acutis, patentibus, niueis, de-
    ciduis, æqualiter longis; duobus vero interioribus,
    oppoſitis anguſtioribus.

Floſcu-

Flosculi sedecim ad triginta duos numerantur, inuolucro breuiores, pediculis breuissimis intra inuolucrum adfixi, quorum *Perianthium* minimum, quadridentatum, persistens, germen oblongiusculum coronans. *Corolla* petalis quatuor, nigris, æqualibus, planis, oblongis, acutis, paruis. *Stamina* quatuor, alba, erecta, longitudine corollæ. *Pistilli germen* nigricans; *stylus* longitudine staminum, simplex, niger; *Stigma* simplex.

Rami duo oppositi, eodem tempore, quo florum vmbella, ad basin pedunculi prodeunt, singuli ex singula ala foliorum vltimæ scilicet oppositionis, simplices, longitudine fere caulis. Vid. Tab. V. fig. 3. lit. d. d

Folia ramorum antecedentibus simillima, sed paulo angustiora maximis.

Fructus pedunculo sensim protracto, ad dimidium breuiori ramis, insidet, inuolucro deciduo parum inclinatus, constans baccis plurimis in corymbum digestis, quarum singulæ sunt

Drupæ globosæ, magnæ, nudæ, calice vix manifesto notatæ, rubræ, pulpa alba aquosa leuiter dulci refertæ

Semen est Nucleus cordatus bilocularis.

q *Figuram* plantæ

Fructum ferentis dedit primus Clusius in pannonicis, quam suam sibi fecit deinde descriptorum vulgus.

Florentis autem exhibuit primus Clariss. ROBERG, (Professor Medicinæ in Academia Upsaliensi Celeberrimus) in Disp. de Græcea. Post eum optimam exhibuit excellentissimus Botanicus DD. Dillenius in Horto Elthamensi

Quam autem *nos* sistimus, illa exhibet plantam in primis pubertatis suæ diebus lectam (Tab. V. f. 3. lit. a.), quæ deinde excrescit, antequam defloreat, ad eandem magnitudinem, qua a D. Dillenio

nio repræfentatur, cadente autem flore fructum
fert, qualem lit. b. demonftrat!

ƍ. Attributa fingularia huius plantæ plurima funt.
Ex. gr.

Ramis duobus tantum, iifque fimplicibus inftrui plantam, fingulare eft in omnibus mihi notis. Non
tamen nego, quod duorum aliorum rudimenta inferius, inque alis proximæ oppofitionis foliorum
latitaffe, nunquam tamen prodiiffe, obferuauerim.

Sterilem vero plantam nullos ramos producere, mirum eft.

Folia vbique oppofita effe: quatuor autem apicem
caulis, vbi fterilis eft planta; vel apices ramorum, vbi fertilis, coronare; fingulare eft.

Inuolucrum effe niueæ albedinis, flofculis autem (exceptis ftaminibus) omnino nigris, rarum eft; communiter enim petala calice coloratiora effe folent & petala nigra funt omnium rariffima.

Vmbellæ fingulos radios in flore fimplices effe, ex
eadem bafi communis receptaculi exfertos, abfoluta vero florefcentia in corymbum, mira meta-
morphofi, tranfmutatos, notabile eft.

Plenos flores a petalis componi, commune eft in
plurimis plantarum familiis; perianthium florem
plenum conftituere in pauciffimis adnotauimus (ut
Caryophyllo Sinenfi dicto); inuolucrum autem
plenitudinem efficere, vix audiui vnquam. In hac
autem planta florem fæpius plenum in Weftrobothnia legi, qui tum fæpius, foliorum inftar, viridis, craffus & perfiftens erat.

Officulum biloculare effe, vt in *Xanthio, Cordia* &c.
in Corno quoque notabile eft; alterum autem
officuli loculamentum vacuum, alterum vero nu-
cleo fœtum notaffe curiofum eft; ex centum e-
nim officulis, vna vice diffectis, duo tantummodo vtraque cauitate prægnantia obferuaui, reliquis
omnibus in alterutra vacuis Ideo ex vno femine vnicam plautam communiter prouenire, ne-

C 4   cefla

ceffe eft , quod etiam de Xanthio adnotauit Ruppius. vide Tab. V. fig. 3 lit. c.

Folia circa autumnum decidere ad modum arborum,
licet caulis minime lignofus fit, & paulo poft
pereat, in herbis notatu dignum.

ε. *Periclymenum humile flore flori innato* Kyllingii in
A. D. 2 p. 346. eft huius plantæ variatio flore prolifero, quam non femel in Finmarkia legi.

ζ. *Pyrola alfines flore Brafiliana.* Bauh. pin. 191. prod.
100. in Herbario Burferi adeo fimilis eft huic, ac
ouum ouo; excepto inuolucro, illius luteo, noftræ albo; hinc eafdem, vt fpecies, coniungere
non audeo, albus enim color raro mutatur in flauum; & forte aliæ adhuc effent notæ in loco natali potiffimum confpeQui obuiæ. Forfan eadem
eft cum illa, quam depinxit Pluk. phyt 26. f. 3.

4. *Species* noftra differt ab Europæis congeneribus no-
iffimis in hifce potiffimum, quod
   a. fit *herba*, reliquæ arbores;
   b. *Vmbellam* obtineat vnicam;
   c. *Inuolucro* gaudeat flofculis duplo longiori.
Conuenit autem cum congeneribus arboribus
   a. *Caule* tetragono articulato;
   b. *Foliis* oppofitis, ouatis, neruofis, deciduis;
   c. *Ramis* oppofitis, tetragonis;
   d. *Tempore florendi*, fic vt primum folia erumpere
      incipiant;
   e. *Solo natali* fuccofo, vmbrofo, pingui.

8. *Floret*, quamprimum e terræ finu progerminat, in
Smolandia fcilicet primo Maji, in Weftrobothnia
circa finem Iunii, in Alpibus lapponicis ad finem
Iulii. Per Weftrobothniam iter facientes Cornum
hanc niuea fua inuolucrorum albedine florentem va-
ftiffimas tegere fyluas & nemora iucundo fpeQaculo
admirabamur fummopere.

ι. *Morifonus* plantam noftram ad *Bacciferas* §. *feminibus pluribus* refert, cum noftra vnico tantum gaudeat officulo.

Rajut

Rajus florem vnicum huic plantæ tribuit, nisi vero florem aggregatum intellexerit, inuolucrum certe pro corolla sumsit.

Rivinus Cornum refert ad *Tetrapetalos simplices*, & quidem ex sancita methodi suæ lege satis bene; hæc autem planta secundum adsumta eius principia ad flores *compositos ex regularibus tetrapetalis in ambitu, & tetrapetalis in medio* pertinet.

Tournefortius & alii Cornum ad *arbores* referunt, hæc autem herba est.

Hinc vt et ex infinitis aliis liquet, quid sentiendum sit de diuisione ista receptissima plantarum, in herbas & arbores, & an tanti sit, quanti illam fecere; & cur Plumierus, sectator accuratissimus Tournefortii, in hac re fere sola ab eo recesserit; nec non quod in calidioribus locis plures species arborescentes in singulo genere reperiantur, quam in Europæis frigidioribus.

. Vsus Baccarum parcior est, communiter enim ab incolis negligitur, nisi puerorum palatis arrideat; noxias tamen, vt putarunt veteres, esse baccas huius speciei omnino nego; vidi enim pueros, qui tres quatuorue pintas baccarum harum adsumserunt sine incommodo; adhæc nec sapor, nec genus, nec principia constitutiua, nec observationes eas venenatas pronunciant. Viris minus placent baccæ, cum aquosæ & dulces sint, his enim acria & solidiora vt præbeas, necesse est.

CONUALLARIÆ *speciem* 113. vide sub Hexandria Monogynia.

66. ALCHEMILLA *foliis simplicibus.*
Alchimilla vulgaris. Bauh. pin. 319.
Alchimilla siue pes leonis. Rudb. vall. 2.
Alchimilla. Dod. pempt. 140. Frank. spec. 2. Rudb. hort. 3. Till. ab. 2. ic. 38. Lind. wiks. 2.
. *Alchimilla perennis viridis minor.* Moris. hist. 1. p. 195.

Al-

Alchimilla minor. Tournef. inst. 502.

β. *Alchimilla perennis viridis maior , foliis ex luteo virentibus.* Morif. hift. 2. p. 195.

Alchimilla alpina procumbens minor. Pluk. phyt. 240.
f. 1.

γ. In defertis ficcioribus & graminofis Lapponiæ reperitur.

δ. Ex hac planta etiam duas (α. β.) diftinctas fpecies
conficiunt Botanici recentiores, quæ tantummodo
variationes funt. Prior (α) eft planta naturaliffima,
erectior, villofa & viridis. Pofterior (β) autem caule procumbente rufefcente, foliis glabris flauefcentibus ; hæ tamen variationes a folo loco , a fola naturali cultura oriuntur, nam in locis fpongiofis pinguibus & graminofis vbique reperitur prior (α); In
montofis, giareofis, ficcioribus, calidioribus & ex-
fuccis pofterior (β).

ε. Canonem iftum Botanicum, *Nullum dari ftylum,
qui non e medio floris, ex medio embryone, qui medium floris occupat , oriatur, cuique tyroni notiffimum.
Dill. refponf. ad Riv.* 6. fere per totum regnum vegetabile obtinere, folo hocce excepto genere, cui
accedit Aphanes & Icofandria polygynia cum Zi-
baldia, intelleximus: In omni enim Alchemilla in-
feritur ftylus bafi germinis & deinde iuxta latus e-
iufdem erectus adfcendit.

67. ALCHEMILLA *foliis digitatis.*

α. *Alchimilla alpina quinquefolia.* Bauh. pin. 310.
Scheuch. alp. 19.

Alchimilla alpina minor. Tournef. inft. 508.

β. *Achimilla alpina , quinquefolii folio fubtus argenteo.*
Tournef. init. 508.

Tormentilla alpina, folio fericeo. Bauh. pin. 326.

*Pentaphyllum feu potius Heptaphyllum argenteum,
flore mufcofo.* Bauh. hift. 2. p. 598.

γ. In Aipibus frequentiffime, in fyluis nunquam videtur.   δ. Etiam

ᶚ. Etiam ex hac vnica duas fpecies (*α. β.*) confece-
cerunt nonnulli, quarum prior (*α*) folia radicalia
caulinis minora; contra vero pofterior (*β.*) inuerfe folia radicalia caulinis maiora exhibet, vti etiam
tota planta maior, fed huius differentiæ caufæ itidem a loco deriuantur; cum enim in Alpibus tempore vernali frigido excrefcant folia radicalia, a frigore coercita, permanent minora (*α.*); Si autem cu-
ræ hortulani committitur, maiora excrefcunt folia
radicalia contra frigidi cæli iniurias munita, & fæpe
feptem luxariant foliis (*β*).

ᶚ. Vidi Holmiæ Hortulanos plantam hanc in fictilibus
per totam hyemen in hybernaculis a frigore defenfam
conferuaffe; qui vero locum natalem confiderat,
eam prope Holmiam frigore non perituram, facile credet.

DIGYNIA.

GENTIANÆ *fpeciem* §. 94. vide fub Pentandria Digynia.

TETRAGYNIA.

68. POTAMOGETON *foliis oblongo-ouatis natantibus* *

Potamogeton rotundifolium. Bauh. pin. 193. Lind.
wikf. 30.

Potamogeton. Fuchf. hift. 651. fig. optima.

α. In fluuiis Lapponiæ fyluestris paffim occurrit.

β. Hæc est vnica fpecies, quam noui, cuius folia aquarum

rum fuperficiei innatant, Nymphææ ad inftar.
γ. Si crefcat in loco , qui per æftatem exficcatur,
mire mutat faciem & erecta, vt plantago parua, excrefcit.

69. P O T A M O G E T O N *foliis cordatis amplexi-*
caulibus.
Potamogeton rotundifolium alterum. Goitfch. prufff.
205. f. 65. bona.
Potamogiton perfoliatum. Raj. fyn. 149.
ε. Cum antecedenti, rarius licet, vti in fluuio margaritifero Calatz·elfwen dicto , confpiciebatur.

70. P O T A M O G E T O N *gramineum latiuscu-*
lum, foliis & ramificationibus denfe ftipatis.
Raj. fyn. 149. t. 4. f. 3.
ε. In fluuiis paffim, præfertim in minoribus.

CLAS-

CLASSIS V.

PENTANDRIA.

MONOGYNIA.

71. **PERSICARIA** *mitis.* Bauh. hift. 3. p. 779.
Perficaria mitis maculofa & non maculofa. Bauh. pin.
101.
Perficaria mitis maculofa. Frank. fpec. 23.
Perficaria maculofa. Rudb. cat. 23. hort. 87. Lind.
wikf. 20.

α In agris Nouaccolarum Lapponiæ, cerealibus immixta, cum feminibus eo allata, occurrit; locus
eius natalis vero proprie non eft in Lapponia.

β. Variat foliorum difco maculato & non maculato,
fpecies hæc vnica. Variat etiam fpicis albis & rubris, tamen eadem eft.

γ. Sexus partes in hocce genere numero diuerfo, in
diftinctis fpeciebus, fefe offerunt: *Hæc* enim ftamina fex & piftilla duo; *Perficaria vrens* dicta, ftamina fex & piftillum bifidum; *Perficaria foliis nicotia-*
næ nota, ftamina octo & piftilla tria fæpius profert.
Hinc facile crederem florem vltimæ fpeciei maxime
naturalem effe, confirmante id feminis figura, &
fumma eius, quoad faciem externam, conuenientia
cum Biftorta, Helxine, Polygono in Octandria trigynia exhibitis.

72.

72. **GLAUX** *foliis elliptico oblongis.*
Glaux maritima. Bauh. pin. 215. Rudb. hort. 47. Till.
    ab. 31. ic. 137
Alsine bisolia fructu coriandri, radice geniculata.
    Gottsch. pruss. 13. fig. 3.

α. Ad littora maris septentrionalis, quæ Alpes lapponicas terminant, reperitur; copiosior tamen ad littora sinus Bothnici.

73. **LITHOSPERMUM** *aruense, radice rubra.*
    Bauh. pin. 258.
Buglossum aruense annuum, lithospermi folio. Tournef. inst. 134.
Anchusa angustisolia procumbens, lithospermi facie.
    Boerh. lugd. 1. p. 189.
Echioides flore albo. Riv. mon. 10.

α. In agris Nouaccolarum vidi aliquoties plantam hanc cum segete casu satam, num autem ad maturitatem hic peruenlat, numue semina frigus brumale perferre possint, me latet.

β. Rationem video nullam, cur maxima Botanicorum pars hanc e Lithospermi genere excludere audeat, eadem enim & facies & fructificatio, nisi a colore seminum distinguere velint.

γ. In itinere obseruaui puellas elegantiæ studiosas per Norlandiam, præsertim autem per Hellingiam, radices recentes, leuiter lotas, adhibere loco cosmetici, sic faciem pingentes grato rubore, vt rosarum amœnissimo adspectui vix cedens illarum vultus procorum oculos in se conuertat teneatque defixos, qui fucus lapponicarum virguncularum faciem, fuligineam fere, (rarius pice liquida lacte mixta inunctam, præcipue apud Nouaccolas, ne culices deuastent integram), inquinat nunquam.

74

74. MYOSOTIS *hirsuta aruensis maior.* Dill. giss. 55.

Myosotis minor aruensis. Rupp. jen. 1. p. 11.

Lithospermum aruense minus. Tournef. inst. 137.

Heliotropium minus angustifolium aruense seu hirsutum. Boerh. lugd. 1. p. 190.

Echium scorpioides aruense. Bauh. pin. 254. Lind. wiks. 11.

Echium scorpioides. Till. ab. 24. ic. 22.

Echium vulgare, flore caeruleo. Rudb. cat. 15. vall. 12. hort. 37.

α. In Lapponia Umensi rarius illam obseruaui.

75. MYOSOTIS *glabra pratensis.* Dill. giss. 67.

Myosotis palustris maior. Rupp. jen. 1. p. 9.

Lithospermum palustre minus, flore caeruleo. Tournef. inst. 137.

Heliotropium minus angustifolium palustre, seu glabrum. Boerh. lugd. 1. p. 190.

Echium scorpioides palustre. Bauh. pin. 254.

α. In Lapponia, tam deserta, quam alpina floret mense Iulio.

β. Quaero, numne haec specie conueniat cum antecedenti planta & tantummodo sit variatio a loco aquoso & succoso producta, qui plantae magnitudinem augeret, hirsutiem destrueret, & corollam expanderet? Ita a priori facile videretur! qui vero haec certo determinare cupit, consulat effectus culturae.

γ. Genus hoc a Knautio fil. Scorpiurus dictum, dato autem a Cl. Dillenio perfectiori charactere vocatum fuit Myosotis, & in locum Myosotidis Cerastii nomen hocce introductum, superfluo itaque facto Scorpiuri nomine vtor ad designandum Scorpioidis Tournef. seu Campoidis Rivini genus (F. B. 226), cum siliqua repraesentet formam caudae scorpionis conuolutae.

76.

76. ASPERUGO. *

Asperugo vulgaris. Tournef. inst. 135.

Buglossum syluestre caulibus procumbentibus. Bauh. pin. 257.

Alysson echioides germanorum. Rudb. hort. 5. Till. ab. 3.

Alyssum germanorum. Frank. spec. 3.

Aparine maior. Lind. wiks.

α. In Lapponiæ desertis, præsertim ad casas Lapponum, non infrequenter obseruatur.

β. Cum vnica modo species huius generis mihi notæ sit, differentiam adponere inutilis esset vanitas; quis e-nim distinctionem facere posset, inter aliquod existens, & aliquod incognitum, vbi nulla datur idea rei di-stinguentis. (F. B. 293.)

77. LYCOPSIS *foliis lanceolatis, calicibus fru-ctuum erectis.*

Echioides. Riv. mon. 10. Dill. app. 100.

Buglossum syluestre minus. Bauh. pin. 257. Tournef. inst. 134.

Buglossum aruense echioides minus. Frank. spec. 7.

Borrago syluestris echioides, flore cæruleo. Rudb. car. 7. hort. 17. Till. ab. 10.

α. In agris Nouaccolarum Lapponiæ copiose prouenit.

β. Essentialis huius generis character lepide in tubo corollæ incuruo consistit. Vide C. G. 106. Dill. app. tab. 3.

γ. *Echioidis* nomen nolo (F. B. 226), cuius locum potius occupet superfluam quoddam, inque hac fa-milia semper synonymon, nec certa sede ante hac fixum *Lycopsis* dictum. (F. B. 242.)

78. ANDROSACE *calice fructus paruo.*

Androsace montana, flore minore. Buxb. A. R.

Androsace vulgaris latifolia annua. Cels. upf 10.

Alsine minor, Androsaces alterius Matthioli facie. Bauh. pin. 251. prod. 113.   *Alsi-*

Alsine verna, Androsaces capitulis. Bauh. pin. 251. prod. 118.

Alsine affinis, Androsace dicta minor. Bauh. pin. ibidem.

α. Plantam hanc in Lapponia rarissime, in Alpibus bis tantum vidi.

β. Quantum ex descriptionibus & Burseri Herbario colligere licet, videtur Bauhinum eandem plantam ter in pinace descripsisse.

79. PRIMULA *floribus erectis fastigiatis.*

Primula veris rubro flore. Tournef. inst. 124.

Primula veris flore purpureo. Rudb. cat. 34.

Primula veris umbellifera minor flore purpureo. Rudb. hort. 93.

Verbasculum umbellatum alpinum minus. Bauh. pin. 242.

Cæsar inter herbas, aut Regulus. Siml. alp. 130.

α. Hæc primula, quæ per campos Scanenses, Uplandiæque prata primo vere transeuntium oculos fulgenti florum suorum purpura in se conuertit, non prodibat in conspectum per totum iter, nisi postquam Alpes lapponicas conscenderem, vbi parcissime proueniens floribus duobus tribusue modo instruebatur, iisque admodum pallidis, adeo vt in Alpibus lapponicis nec mereatur nomen Gæsaris, nec Reguli: Caulis tamen plantæ hic locorum ad spithamæ vnius longitudinem & vltra adscendebat; id quod vix alibi in Suecia obseruare licet.

β. Quod Primula veris & Auricula vrsi eiusdem sint generis plantæ, docet conuenientia omnium partium fructificationis, præterquam quod fructus in altera breuior, in altera vero oblongus magis reperiatur; & quod limbus corollæ in altera sit turbinatus, in altera vero planus, in alia specie concauus: Sed hæ notæ in omnibus speciebus distinctis differunt, hinc vt specificæ, non vero vt genericæ considerari debent.

D   γ. Con-

γ. Coniunctis generibus hisce duobus (*s*), nomina ambo excludo, ne quis sub alterutro retento nomine vnam modo ex iis intelligat plantam, cum præterea ambo per se erronea sint. (F. B. 221.) Ne vero nimis nouum in antiqua planta nomen fingam, *Primulæ* vocabulum, excluso veris epitheto, retineo. (F. B. 242.)

80. MENYANTHES *foliis ternatis.* *

Menyanthes palustre latifolium (& *angustifolium*) *triphyllum.* Tournef. inst. 117.

Acopa. Moris. hist. 3. s. 15. t. 2.

Trifolium palustre. Bauh. pin. 327.

Trifolium aquaticum. Frank. spec. 29. Lind. wiks. 38.

Trifolium fibrinum. Till. ab. 66. ic. 157.

Boskaps-Missne. Westrobothniensibus.

α. In paludosis deserti locis sæpius, in Alpibus lapponicis rarius, in Westrobothnia autem omnium copiosissime crescit.

β. Rationem sufficientem video nullam, ob quam *Nymphoidem* Tournef. ab hocce genere distinguant, ne quidem vllam a facie externa; cum illam Americanam foliis Nymphææ genuinam Menyanthis esse speciem, dubitet nemo.

γ. Nouaccolæ in Lapponia, vt & Westrobothnienses radices huius plantæ in riuulis copiose pronatas effodiunt, easque pecoribus in penuria fœni ac pabuli exhibent, quæ easdem consumunt totas.

δ. Sic vrgente annonæ sæuitia radices siccatas puluerisatasque miscet cum parua quantitate farinæ cerealium, & inde conficit miserum Nouaccolarum vulgus panem, qui admodum amarus est & detestabilis; modum, quo panem hunc conficiunt, pete ex Elfwingi diss. de Trifolio aquatico. Aboæ habita, licet ille Menyanthen pro Calla habuerit; quam vide sub Gynandria polyandria.

ε. Ru-

ε. Ruftici quamplurimi per Weftrogothiam folia huius
plantæ amara, deficientibus conis Lupuli (Humuli),
pro conficienda cereuiſia adhibent, quod balſamandi
artificium æquè ab acefcentia defendit, ac vnquam
Lupulus vel amara Gentianella, (vid. *Bromelius in
Lupulologia*), cum amara omnia alcalina & acidis
contraria fint.

ζ. Bartholinus, Sim. Paulli & alii plurima de fcorbuto feptentrionalium a frigore, deque copia plantarum antifcorbuticarum in regionibus hyperboreis
exclamarunt, inter quas huic plantæ locum fere primum concedunt. Adfeuero tamen, me nullum
vnquam in tanto Lapponum numero, qui Lapponiam inhabitant, fcorbuto obnoxium, vidiffe, vel
audiuiffe, licet in climate omnium frigidiffimo habitent, licet nullum vegetabile pro cibo ordinario,
ne quidem panem, vnquam adfumant. Contra vero
populos vndique adiacentes nullo morbo frequentius, quam fcorbuto laborantes vidi. Rationem alio
in loco reddere animus eft.

81. LYSIMACHIA *foliis lanceolatis, caule co-
rymbo terminato.*
Lyfimachia lutea maior. Bauh. pin. 245. Lind. wikf.
22.
Lyfimachia lutea vulgaris. Rudb. cat. 26.
Lyfimachia lut. vulg. perennis. Rudb. hort. 69.
Lyfimachia vulgaris lutea fpicata. Till. ab. 41.
Lyfimachia. Till. ic. 125.
Nummularia erecta Riuini. Rupp jen. 1. p. 18.

α. In defertis, iuxta fluuios, aliquando in confpectum
prodit.

β. *Riuinus* & *Ruppius* nomen Lyfimachiæ, quod antiquiffimum (F. B. 241.); a Rege, plantarum amatore (F. B. 237.), citra noxam fcientiæ impofitum
(F. B. 239.), adeoque optimum, male expungere
tentarunt; inque locum eius *Nummulariæ* vocabu-

D 2   lum;

lum, quod peius eft (F. B. 231. 234.) & contraria
(F. B. 232.) nititur metaphora, fubftituerunt.

82. LYSIMACHIA *ex alis foliorum thyrfifera.* *
Lyfimachia bifolia, flore globofo luteo. Bauh. pin. 246.
Lyfimachia in alis foliorum florens. Lind. wikf. 22.
Lyfimachia falicaria. Rudb. cat. 26. hort. 69. Till.
  ab. 41.
a. Ad riuulos in defertis Lapponiæ paffim.
ß. Corolla huius plantæ fere ad bafin vfque diuifa eft,
  vt vix confpicuo vngue cohæreat.

83. CAMPANULA *foliis radicalibus reniformi-
  bus, caulinis linearibus.*
Campanula minor. Till. ab. 12.
Campanula minor rotundifolia. Lind. wikf. 6.
Campanula minor rotundifolia vulgaris. Bauh. pin.
  93.
Campanula minor rotundifolia vulgaris, flore cæruleo.
  Tournef. inft. 111.
Campanula minima, flore cæruleo. Rudb. cat. 9. hort.
  21.
Campanula, vel Campanella minor. Frank. fpec. 7.
*a. Campanula minor rotundifolia vulgaris, floribus can-
  didis.* Tournef. inft. 111.
Campanula minima, flore albo. Rudb. hort. 21.
ß. Vbique in defertis occurrit.
γ. Variat corolla alba (*a*), & vix vllam vidi plantam
  corolla cærulea, rubra, aut purpurea, quæ non in
  albam aliquando mutata fuiffet. Patet hinc curiofo
  rerum Phyficarum fcrutatori:
  Cur in fummo feptentrione, in fummo frigore,
    color albus frequentior fit in floribus, in Liche-
    noidibus, nec non per hyemem in Tetraone La-
    gopo, in Lepore, Muftela, Sciuro, niue &
    glacie, immo in ipfis corporibus atque cute inco-
    larum;
                                                    Cur

Cur contrarium in regionibus calidis;

Cur omnes fere plantæ, lapides & animalia in fuperficie foli obiecta coloratiora fint, quam in
oppofita;

Cur flores fpeciofiores in calidis, quam in noftris
frigidis locis.

84. CAMPANULA *alpina linifolia cærulea.*
Bauh. pin. 93.

Campanula alpina rotundifolia minor. Bauh. prod. 34.
figura.

Campanula alpina, caule foliofo. Bocc. muf. tab. 103.

α. Paffim legi plantam hanc circa finem Julii florentem in Alpibus lapponicis, extra quas ea nunquam
nobis obuia fuit.

β Faciem antecedentis primo intuitu fatis exacte refert; foliis tamen pluribus inftruitur caulis, & e
fummitate plures prodeunt flores. Vtrum fit variatio, an vero diftincta fpecies, facile fuiffet dictu,
nifi folia radicalia ante iam deftructa fuiffent, quam
eam videre licuit.

85. CAMPANULA *caule vnifloro.* Tab. IX. fig.
5. 6.

α. In Alpibus noftris rariffima eft planta, quæ floret
circa initium Julii; fructum vero in fine eiufdem
menfis producit.

β. Plantam hanc nouam effe puto, cum apud Botanicos nullam huius obferuauerim defcriptionem, vel
figuram; hincque breuem eius defcriptionem exhibeo, & eandem repræfento (fig. 5.) florentem,
(fig. 6.) autem fructu maturo grauidam.

γ. *Radix* fibrofa, annua.

Caulis fimpliciffimus, digiti longitudine, oblique
erectus, teres, integer.

Folia caulina fex vel feptem alterna, quorum infima verticaliter ouata; media lanceolata; fumma

D 3 li-

linearia; ex hifce vltimum flori fupponitur.

Flos vnicus caulem terminans, nutans, corolla campanulata, verfus bafin contracta, caerulea, cetera cum §. 83. conueniunt.

Fructus turbinato-ouatus, (pyriformis vulgo), ratione plantae maximus, leuiter inclinatus, tribus foraminibus prope coniunctionem capfulae cum coronante calice peruius.

86. POLEMONIUM. *
Polemonium vulgare caeruleum. Tournef. inft. 146. Rudb. lapp. 99.

Vulneraria alata, blattariae flore caeruleo. Morif. hift. 3. p. 605.

Valeriana caerulea. Bauh. pin. 164.

Valeriana graeca. Frank. fpec. 22. Till. ab. 67.

Valeriana graeca, flore caeruleo. Rudb. vall. 35. hort. 115.

ϟ. *Polemonium vulgare album.* Tournef. inft. 146. Rudb. lapp. 99.

Valeriana graeca, flore albo. Rudb. vall. 35. hort. 115.

β. In Alpibus lapponicis Tornoenfibus rarius occurrit, quam alias per totam Sueciam exhibent horti.

γ. Vidi ex eadem radice caules plures enatos, horumque alios floribus caeruleis, alios albis fuperbire; radicem effoffam ex vno eodemque corpore conftare conuictus fui. Vtinam adfuiffent, quorum ex fententia color diftinctas conftituit fpecies!

87. HYOSCYAMUS *vulgaris & niger.* Bauh. pin. 169. Frank. fpec. 17.
Hyofcyamus niger. Rudb. cat. 21. hort. 55. Lind. wikf. 19.

Hyofcyamus. Riv. mon. 152.

α. Vnica modo vice eam legi in Lapponia Umenfi, ad templum Lykfele.

β. Pi-

β. Pithoæ, quæ Weſtrobothniæ vrbs, hæcce planta a Conſule, hortuli ſui amatore, mihi tanquam rariſſima, eiuſque cura educata monſtrabatur.

88. DIAPENSIA. * Tab. I. fig. 1.

Androſace alpina perennis anguſtifolia glabra, flore ſingulari. Tournef. inſt. 129.

Sedum alpinum gramineo folio, flore lacteo. Bauh. pin. 284.

Sedum alpinum III, lacteo flore. Cluſ. pan. 490.

Sedum minimum alpinum muſcoides. Park. theatr. 736.

α. Per omnes Alpes noſtras vulgatiſſima eſt planta, per Sueciam alias nullibi obuia, corolla nitente niuea gaudens.

β. Genus huius plantæ nouum, nec ab vllo alio traditum eſt, cuius characterem dedimus in C. G. 147.

γ. Tournefortius hanc cum Androſaces ſpeciebus commiſcuit, a quibus diuerſiſſima eſt. Etenim

Calix Androſaces primus, eſt inuolucrum vmbellulæ, quod in noſtra abeſt; niſi quis inferiora foliola calicis pro inuolucro ſumeret triphyllo.

Perianthium Androſaces monophyllum, pentagonum, ſemiquinquefidum, acutum; Diapenſiæ vero octophyllum, obtuſum.

Corollæ tubus in Androſace ſuperne clauſus; in noſtra peruius, vel apertus eſt.

Staminum filamenta intra tubum includuntur in Androſace; tubo vero imponuntur nuda in Diapenſia.

Piſtillum totum intra tubum corollæ abſconditur in Androſace, & ſtigmate globoſo inſtruitur; in Diapenſia vero ſtylus tubo longior eſt & ſtigma obtuſum.

Pericarpium in Androſace eſt vniloculare; in Diapenſia vero triloculare, triualue.

Ergo diuerſi generis eſſe plantas, demonſtratum eſt, ſecundum (F. B. 166. 167. 170.).

δ. Nov

δ. Nomen antiquum & vacuum vagumque huic generi imponimus, idque Diapenfiæ titulo ornamus.

ε. Figuræ Authorum omnes peffimæ funt, nec noftra optima, cum fecundum fpecimen ficcum exfculpta fit, vnde flos nimis planus & antrorfum reflexus confpicitur, cetera fefe fatis bene habent.

ζ. Defcriptionem, cum fit planta mere alpina, & rarius obuia, breuem adnectam:

Radix fibrofa, perennis.

Caulis mox e radice furgens in plures ramulos, fimplices, diffufos, ad fummum digitalis longitudinis, vndique foliis veftitos, diuiditur.

Folia linearia, obtufa, fere membranacea, neruo longitudinali fuperius concauo, inferius prominulo inftructa, longitudine vnguis, extrorfum paulo latiora, imbricatim fibimet inuicem ad bafin incumbentia, fuperna parte vndique patentia, perennia; inferiora tandem marcefcentia, non decidua.

Pedunculus longitudine pollicis transuerfi ex apice rami exfurgit, rectus, tenuis, vnico flore inftructus, qui corolla alba notabilis.

Faciem fedi referunt rami foliis imbricatis tecti, inque tophum congefti, vnde nomen apud veteres.

89. AZALEA *maculis ferrugineis fubtus adfperfa.*
  Tab VI. Fig. 1.

Chamærhododendros alpina glabra. Tournef. inft.
  604.

Ledum alpinum, foliis ferruginea rubigine nigricantibus. Bauh. pin. 468.

α. Fruticulum hunc tantummodo in Alpibus lapponicis hactenus videre licuit, & in quibufdam modo locis ficcis, & aridis copiofe.

β. Videtur quidem effe eiufdem fpeciei planta cum fupra allegatis, quod fi ita fe habeat, fane vel nimis deflectit a genio fuo fruticulus hic in frigidis noftris Alpibus, vel imperfectæ funt defcriptiones

& figuræ apud Authores. Ne itaque tot dubia aliis
moueat noſtra planta, quot in allegata altera mihi
ſuborta fuere, en figuram, Tab. VI. fig. 1. & deſcri-
ptionem.

γ. *Radix* lignoſa, fibroſa, perennis.

Caulis lignoſus, fruticoſus, ſcaber, ſpithamæus,
protrudens ramos plures tres quatuor quinque-
ue ex eodem puncto, ex apice ramuli anni præcedentis, (vt in Pinu), diſtantes, cortice tectos
inæquali, per ſenectutem deciduo, nouo ſubtus
regenerato.

Folia elliptica, rigida, perennia, margine vndique
deorſum flexo, neruo longitudinali ſuperne concauo, inferne prominulo; diſco foliorum ſuperne
viridi & veluti punctis aſperato, inferne autem
griſeo pallido, punctis vix conſpicuis, ferruginea
rubedine ſe prodentibus, adſperſo. Folia hæc petiolis vix manifeſtis adfiguntur ramulorum parti,
quæ anno proxime præterito excreuit; ſitu oppoſita, ſed valde conferta, vt ſitus vix diſtingui
queat; communiter duodecim in ſingulo ramulo,
vndique per orbem patentia, conſpiciuntur.

Gemma ramulos terminans ac intra folia circum-
ſtantia poſita dehiſcit vere, e qua flores tres, totidem pedunculis ſimplicibus, rufeſcentibus, ſca-
bris, inſidentes prodeunt.

Floris corolla ſaturate violacea ſeu purpurea eſt,
longitudine folia plantæ ſuperans.

δ. Notabile omnino in hocce genere eſt, quod ſta-
minum filamenta, ipſo receptaculo inſerta, a petalo diſtincta ſint, quod in floribus monopetalis adeo
rarum eſt, vt monopetali notam eſſentialem in filamentorum coalitione cum corolla ſtatuerint Vaillantius & Cl. Pontedera, quod vero in hocce genere & Aloë Dill. exceptionem ſibi expetit.

ε. *Chamærhododendros* ſeſquipedale (F. B. 249.) &
confarcinatum (F. B. 225.) nomen commuto
cum *Azalea*, a ſolo natali ſic dicta.

D 5

90. A Z A L E A *ramis diffusis procumbentibus.* Tab. VI. fig. 2.

Chamærhododendros alpina serpyllifolia. Tournef. inst. 604. Scheuch. alp. 34. & 424.

Chamæcistus serpillifolia, floribus carneis. Bauh. pin. 466.

Chamæcistus altera. Cluf. pan. 58.

Lychnis alpina frutescens minima, flore ruberrimo. Rudb. lapp 98.

Anonymos fruticosa, foliis ericæ baccifera Mattbioli. Bauh. bist. 1. p. 527.

α Nulla in Alpibus nostris hocce fruticulo vulgatior est planta, qui Ericæ instar totos vastissimos campos alpinos obuestit, si modo sterilis, siccus & sabulosus sit locus.

β. Singulares sunt mores huius fruticuli, vtpote qui ramulis licet gaudeat firmis rigidisque, a terra tamen non discedit, sed cum ea quasi adglutinatus, vel ad eam summo pondere veluti depressus, vndique & distincte expansis, vt in Herbario sicco, ramulis non eleuatur, sed Hypni in modum procumbit, quamuis nec serpat, nec radices emittat e ramis. Foliorum etiam planum supinum superiora versus flectitur, & folia supra ramos expanduntur, ne calore solis exsiccetur caulis.

γ. Figuram huius plantæ alpinæ exhibeo, cum ab omnibus erecta pingatur hæc planta valde depressa.

δ. Descriptio breuis huius plantæ sit hæcce:

Radix lignosa, fibrosa, perennis.

Caulis lignosus, breuis, crassitie pennæ anserinæ vel minori, mox in ramos varios inordinatos, lignosos, teretes, spithamæos aut cubitales, vndique dispersos, diffusos, terræque adpropinquantes deliquescens.

Folia magnitudine & figura Thymi, semperuirentia, opposita, petiolis vix manifestis insidentia, marginibus reflexa, superne glabra viridia, inferne

palli-

pallidiora, linea longitudinali fuperne concaua, inferne prominente notata.

Flores ex apicibus ramulorum tres communiter prodeunt pedunculis totidem rubris fimplicibus & erectis infidentes. Calix floris ruber eft (in antecedenti viridis), fed perfiftens; corolla autem campanulata erecta. Cetera in charactere vide C. G. 151.

91. HEDERA *foliis lobatis & ouatis.*

a. Hedera humi repens. Bauh. pin. 305.

β. Hedera helix. Frank. fpec. 33.

Hedera maior fterilis. Bauh. pin. 305.

Hedera arborea. Lind. wikf. 18.

γ. Hedera arborea. Bauh. pin. 305.

Hedera arborea corymbofa. Frank. fpec. 33.

δ. A Nobiliff. Rudbeckio inter plantas in itinere lapponico obferuatas enumeratur, a me tamen vifa non fuit. Obferuandum etiam eft, quod in eo catalogo non modo plantæ intra fines Lapponiæ vifæ, fed etiam quæ in itinere per Lapponiam obuiam venerunt rariores fine diftinctione allegentur.

ε. Hedera alias per Sueciam eft planta maxime rara, vidimus modo eandem in pluribus locis Scaniæ; ad templum Hallaryd in Smolandia; in monte fpeciofo Omberg Oftrogothiæ; ad Acidulas Wikfbergenfes, inque monte Korpberget in Sudermannia. Plura loca videbis in differtatione fub præfidio Rudbeckii fil. de hedera habita Upf. 1716. allegata.

ζ. Variationes iftæ tres (*a. β. γ.*) funt tantummodo differentiæ ætatis; nam:

α. *Infantia* eft, dum caulis humi repit, & folia lanceolata integra promit.

β. *Pueritia*, dum caulis arbores &c. inuadit, folia lobata & angulata profert, qualis in Suecia communiter reperitur.

γ. *Virilis ætas*, dum fulcimenta dimittit, & folia ouato-cordata integerrima producit.

92.

92. RHAMNUS *inermis, foliis annuis.*
 Frangula. Dod. pempt. 772. Tournef. inst. 612.
 Frangula seu Alnus nigra. Rudb. hort. 43.
 Alnus nigra. Frank. spec. 32. Till. ab. 3.
 Alnus nigra baccifera. Bauh. pin. 428. Lind. wiks. 2.

α. In deserto Lulensi cum Pinguicula (§. 11. β.) ad
 riuulum lapideum copiose, alibi raro occurrit.

β. Quod Frangula sit eiusdem generis cum Rhamno,
 dictitat figura & proportio partium floris, præsertim
 nota ista essentialis, nimirum squama filamentum
 singulum tegens (F. B. 171. 173.), licet numerus
 deflectat (F. B. 178.) & sexus inconstans sit ac fructus omnibus modis contrarius. Facies & vires hæc
 confirmant. (F. B. 168.)

DIGYNIA.

93. CHENOPODIUM *folio sinuato candicante.*
 Tournef. inst. 506.
 Atriplex syluestris, folio sinuato candicante. Bauh. pin.
 119
 Atriplex syluestris, folio candicante. Lind. wiks. 4.
 Blitum minus vulgare. Rudb. cat. 7. hort. 17.
 Blitum. Till. ab. 7.

α. In locis ruderatis ad domos puta Nouaccolarum,
 vel stabula Lapponum syluaticorum sæpius viget.

94. GENTIANA *corolla hypocrateriformi, tubo
 villis clauso, calicis foliis alternis maioribus.*
 *Gentiana pratensis flore quadrifido cæruleo, calyce fo-
 liaceo.* Celf. upf. 22.
 Gentianella. Rudb. cat. 18. hort. 45.

Gen-

Gentianella flore cæruleo. Till. ab. 30.

Gentianella ramofa cruciata, flore cæruleo nebulofo.
   Lind. wikf. 15.

Gentianella fugax autumnalis elatior, centaurii mino-
   ris foliis. Raj. fyn. 275.

Gentianella altera purpurea (violacea eft) *minimæ*
   Columnæ. Morif. hift. 3. p. 483. f. 12. t. 5.
   f. 9.

Amarella. Frank. fpec. 3.

α. In Lapponia Umenfi femel vidi plantam hanc, alias
per totam Sueciam frequentiffima exfiftit.

β. In Gentianellarum cohorte tot difficultates occurrunt circa fpecies determinandas, vt vix explicabiles
fint vlli, omnibus iftis fpeciebus non inftructo; difficillime omnino admitti poffunt in genere Gentianæ
differentiæ aliæ, quam quæ a fola corolla defumun-
tur, hinc in iifdem examinandis maiorem curam
impendamus, oportet. Hæc noftra gaudet corolla
hypocrateriformi, feu tubo cylindraceo & limbo
plano eft inftructa. Limbus hic quadripartitus eft, &
laciniæ fere quatæ, intra fingulam laciniam petali
oritur minor lacinula in capillamenta numerofa minima fere ad bafin fuam diuifa, quæ conniuens cum
reliquis tubum quafi barba claudit. Calix quidem
monophyllus eft, fed vltra dimidium diuifus, cuius
laciniæ duæ oppofitæ exteriores ouatæ, planæ, erectæ, interioribus alternis fexies ad minimum maiores. Stamina quatuor.

γ. Facile crederem plantam noftram tantummodo effe
variationem *Gentianæ pratenfis flore lanuginofo* C. B.
feu *Gentianæ autumnalis ramofæ* C. B. Celf. upf. 22,
cum fimul nafcantur hæ fpecies per Sueciam, &
facie adeo conueniant, vt vix ac ne vix quidem fine flore diftingui queant. Flos deinde prædictæ
Gentianæ omnino fimilis eft ei, quem noftra (β.)
exhibet, nifi quod illa in quinque diuidatur lacinias
& calix fit quinquefidus, laciniis æqualibus, fed
an hæc tanti?

                                    δ. Ru-

δ. Rufticis febre intermittente laborantibus exhibitum fuiffe decoctum amarellæ huius herbæ, a concionatoribus quibufdam, aliquoties in Suecia vidi, felici interdum cum fucceffu; hinc apud eofdem fub nomine, *furge & ambula*, innotuit.

ε. Plantam hanc loco Humuli feu Lupuli in conficienda cereuifia adhiberi a Suecis, docuit Bromel in Lupulologia.

ζ. *Gentianæ & Centaurii minoris Tournef.* genera coniungo, fic dictitante natura. Partes femininæ vtrifque exacte fimiles funt (F. B. 173), capfula fcilicet oblonga, vnilocularis, biualuis, feminibus paruis futuræ valuularum adfixis; *ftyli* nulli; *ftigmata* duo, reflexa. Corolla deinde marcefcit in vtrifque, nec tamen decidit. Fructus itaque ab omnibus aliis diftinctiffimus eft (F. B. 171. 173.), ergo eiufdem generis funt ambo. Corolla in hoc genere characterem fufficientem nequaquam exhibet, nam in Gentiana officinarum plana & fere rotata eft; in Pneumonanthe, campanulata; in hac fpecie, hypocrateriformis; in fequente, infundibuliformis. Centaurii aliæ fpecies quinquefida corolla, aliæ quadrifida, aliæ vero octofida gaudent. Ergo in hoc genere corolla fuffragium ferre non poterit (F. B. 170.). Facies & amaror omnium fpecierum hæc confirmant. Vide characterem C. G. 197.

η. Coniunctis hifce duobus generibus (ζ), etiam nomina coniungi debent (F. B. 213.), vtrumque nomen laudabile eft (F. B. 237.), retineo itaque in memoriam Regis Gentii nomen hoc, cum vulgatius fit, plurefque contineat fpecies, nec vt Centaurium maius & minus, adeo æquiuocum.

95. **GENTIANA** *corolla infundibuliformi; denticulo laciniis interpofito.*

Himmelftengel. Siml. alp. 130.

‡*Gentianella minor verna cærulea, ftellato flore.* Barrel. ic. t. 169. f. 2.

α. In

α. In Alpibus noſtris altiſſimis, verſus plagam borealem præcipue, copioſe prouenit planta hæc contemplatorem eximio ſuo ſuarum corollarum colore cæruleo in ſummam admirationem rapiens.

β. Quænam hæc ſit apud Authores, certo determinare nec poſſum, nec curo, cum plures ſimiles occurrant, nec deſcriptionibus vel figuris a ſe inuicem ſufficienter diſtinctæ ſint. Variationes pro ſpeciebus venduntur & ſynonyma miſcentur, vt ne Mercurius e cælo dimiſſus hiſce ſoluendis nodis ſufficeret, & etiamſi eos ſolus ſoluere poſſet, nos tamen æque doctos, ac antea, dimitteret. Sequentes proxime ad noſtram accedunt & ex his vnica omnino eſt; ſcilicet:

Gentiana alpina verna maior & minor C. B.

Gentianella alpina breui folio C. B.

Gentianella alpina æſtiua centaureæ minoris foliis C. B.

Gentianella omnium minima C. B.

γ. Vt noſtra planta ab omnibus aliis diſtingui queat, eam deſcribam paucis:

Radix fibroſa, minima, annua.

Caulis ſimplex, filiformis, quodammodo erectus, vel leuiter inclinatus, craſſitie ſetæ porcinæ maioris, longitudine digiti, in quatuor vel quinque internodia, quorum ſuperiora ſenſim longiora, diſtinctus.

Folia ouata, parua, ſeſſilia, quorum quatuor radicalia obtuſiora, caulina vero acuminata oppoſita.

Ramus ſimpliciſſimus ad ſingulum geniculum caulis exſeritur vnicus in ala foliorum, (non oppoſite & vtrinque) ſitu alterno, ſecundum longitudinem caulis, quorum inferiores rami longiores, non vero altiores ſunt; ſinguli vnica, duplici, rarius terna foliorum oppoſitione inſtructi.

Flos vnicus ſinguloſque ramos terminat erectus, calice priſmatico, pentagono, leuiter pentangulo, vix ad dimidiam partem quinquefido, laciniis tenui-

tenuibus erectis. Corolla infundibuliformis est &
limbus paruus, quinquepartitus, patens, acutus; singulæ lacinulæ interponitur denticulus
concolor, sed erectior, secundum motum solis
leniter, vt & ipsæ laciniæ, inflexus.

Obs. Sæpe ad altitudinem digiti transuersi non adscen-
dit, ramis destituta, flore tantum vnico instructa.

ঌ. Figuram plantæ nostræ exactam habebis, si Gentianæ XI. Cluf. pan. imponas florem (demta magnitudine) in Gentiana VII. Cluf. pan. pictum, hinc
aliam addere superfluum foret.

96. GENTIANA *maior lutea.* Bauh. pin. 187.
Rudb. lapp. 98.
Gentiana rubra vera. Frank. spec. 15.
Gentiana. Dod. pempt. 340. Rudb. hort. 45.

α. Ab Archiatro Rudbeckio itidem inter plantas lapponicas recensita fuit. Quantum nobis constat, illa non occurrit in Lapponia, nec in vlla parte Sueciæ aut Scandinauiæ nostræ, nisi tantummodo in
Noruegiæ quadam parte, Wallers dicta. Nec in
Dalekarlia, vt fama fert, vllibi pronascitur.

97. RIBES *alpinus dulcis.* * Bauh. hist. 2. p. 95.
Ribes syluestris, baccis rubris. Frank. spec. 36. Till.
ab. 59.
Ribes syluestris, fructu rubro. Lind. wikf. 32.
Ribes syluestris. Rudb. cat. 36. hort. 96.
Grossularia vulgaris, fructu dulci. Bauh. pin. 455.
Tournef. inst. 640.
Vitis, Ribes alpinus dulcis. Rudb. it. 9.
Mobær. Suecis.
Tuikinais. Finnonibus.

α. In desertis Lapponiæ Umensis, Pithoensis & Tor-
noensis frequens. Nullibi autem terrarum eandem
vidimus copiosiorem, quam in Ostrobothnia, inter
Chri-

Chriſtianiam & Bioerneburgum, iuxta viam mariti-mam.

β. Licet aliqualis videatur differentia, quoad faciem ex-ternam, Groſſulariam & Ribes intercedere, diſtin-gui tamen non debent, cum partes fructificationis id non permittant.

98. RIBES *acidus ruber.* Bauh. hiſt. 2. p. 97.
   Ribes fructu rubro. Rudb. cat. 36. hort. 96. Till. ab. 59. Lind. wikſ. 32.
   Ribes hortenſis, baccis rubris. Frank. ſpec. 36.
   Ribes domeſtica, fructu rubro minori. Rudb. vall. 30.
   Groſſularia multiplici acino, ſeu non ſpinoſa hortenſis rubra, ſeu Ribes officinarum, Bauh. pin. 455.
   Vitis vinifera Ribes ſylueſtris dicta, fructu rubro. Rudb. it. 9.
   Vitis, Ribes ſylueſtris, fructu maiore. Rudb. it. 9.
   Johannes-beeren mit rothen träublein. Schell. botn. 30.
   Ræda Winbær. Suecis.
   Wina-maria. Finnonibus.

α. In Lapponiæ Umenſis deſertis ad Alpium latera; omnium copioſiſſime autem prope Tornoim oc-currit.

β. Variat baccis albis dulcibus, ſed ſpecies eſt eadem.

99. RIBES *vulgaris, fructu nigro.* Rudb. vall. 32.
   Ribes maior, fructu nigro. Rudb. cat. 36 hort. 96.
   Ribes ſylueſtris, baccis nigris. Frank. ſpe:. 36. Till. ab. 59.
   Ribes multiplici acino, fructu nigro. Lind. wikſ. 32.
   Ribes nigrum vulgo dictum, folio olente. Bauh. hiſt. 2. p. 98.
   Groſſularia non ſpinoſa, fructu nigro. Bauh. pin. 455.
   Vitis, Ribes ſylueſtris, fructu nigro olente. Rudb. it. 9.

E   Jo=

Johannes-beeren mit fchwartzen tränblein. Schell.
botn. 30.

Diftron. Septentrionalibus Sueciæ.

Ludin-maria. Finnonibus.

α. In defertis, præfertim Lapponiæ Tornoenfis, frequens, omnium autem vulgatiffima in maritimis Tornoenfibus.

β. Genus hoc, excepto numero, quoad partes floris omnes, nec non faciem externam, conuenit cum Icofandriis, animus itaque fuit omnium primo ad Icofandriam referre omnes flores, vbi ftamina calici inferta funt, abfque vllo refpectu numeri habito, nifi poftea obferuaffem aliquot genera, quæ fecundum iftam legem ad Icofandriam trahi debuiffent, nec tamen ad naturalem iftam claffem a natura ipfa referuntur; ideoque ad Icofandriam ftaminibus pluribus gaudentes flores referendos decreui.

100. SELINUM *paluftre leuiffime lactefcens.*

Thyffelinum paluftre lactefcens. Bauh. pin. 162. prod. 85.

Thyffelinum paluftre. Tournef. inft. 319.

Thyffelinum anguftifolium. Riv. pent. 20.

Caruifolia. Vaill. par. t. 5. f. 2.

Daucus paluftris. Frank. fpec. 11.

Carum aquaticum. Rudb. cat. 10. hort. 25. Till. ab. 15. ic. 10.

Cuminum feu carum aquaticum. Frank. fpec. 11.

Radix mufci. Scheff. lapp. 303.

Iert. Lappis.

α. Vbique in paludibus Lapponiæ defertæ & fylueftris obuium.

β. Notabilem huius fpeciei variationem, *vmbella prolifera*, vidi in Lapponia, vbi fcilicet radii laterales omnes vmbellæ vniuerfalis duplo longiores folito erant, nec vmbellulas, fed vmbellas compofitas ferebant.

γ. Raγ. Radices, deficiente Tabaco, præfertim cum in templis congregati funt, Lappones mafticare folent, continuo enim vfu Tabaci fapori acri ita adfuefcunt, vt eo deftitui vix per momentum temporis queant nonnulli horum. Mirum videtur, quod Lappones, licet nullis aromatibus, ne quidem fale culinari ad cibos fuos condiendos vtantur, fed omnia efculenta fere infipida adfumant, acribus omnibus delectentur, vti fpiritu iuniperi & frumenti; Tabaci fumo, puluere, paftillis; radicibus Thyffelini, Angelicæ, Sonchi, &c. cereuifiam autem oblatam fere refpuant.

δ. Cum radix hæc maxime feruida fit, creditur effe Zingiber a rufticis emunctioris naris, vnde Zingiber Fionicum vel Suecicum ab iis dicitur. Eheu quanta differentia!

101. ANGELICA *foliorum impari lobato.* *

Angelica fatiua. Bauh. pin. 155. hift. 3. p. 142.
Angelica. Riv. pent. 15. Bauh. hift. 3. p. 143.
Angelica. I. Tabern. hift. 1. p. 218.
Angelica maior. Dod. pempt. 315.
Imperatoria fatiua. Tournef. inft. 317.
Imperatoria Archangelica dicta. Tournef. inft. 317.
Archangelica. Bauh. hift. 3. p. 143.
Archangelica maior. Dod. pempt. 316.
Angelica fatiua, feu Archangelica. Rudb. vall. 3.
Angelica maxima, feu Archangelica. Rudb. cat. 3. hort. 7. Till. ab. 4.
Angelica fcandiaca, vmbella flaua, femine rotundiori, Archangelica dicta. Boerh. lugdb. 1. p. 53.
Angelica fcandiaca. Frank. fpec. 3.
Angelica IV. feu Archangelica noruegica. Tabern. hift. 1. p. 219.
Angelica iflandica. Paull. dan. 164. fig.
Angelica petrofa. Scheff. lapp. 359.
Mufcus V. feu Fatna. Scheff. lapp. 361.

Ur-

Urtas', Fatno, Botsk & Rasi. Lappis.

α. Vbique per omnes Alpes Lapponiæ, iuxta riuulos, in
conuallibus præsertim nemorosis humidis & muscosis vulgaris est & facile maxima omnium herbarum
alpinarum. Extra Alpes nullibi vnquam occurrit,
nisi forte ad ripas fluuiorum Alpibus proximas.

β. Mira est confusio apud Botanicos plurimos circa
hanc plantam, quæ in duas a multis diuiditur species, ideoque synonyma eius plura allegauimus.
Joh. Bauhinus in historia duas proponit quæstiones,
dicens:

a. *Dodonæus* Archangelicæ flores candidos,
   Lobelius autem luteos nominat;
   ii, quibus res visa, diiudicent.
   R E S P. *florum corolla e viridi lutea est.*

b. *Dodonæus* separat vulgarem ab Angelica norue-
   gica;
   Lobelius vero easdem coniungit.
   Quare rem diligentius inquirant stirpium periti.
   R E S P. *Lobelii res salua est.*

Raius in historia itidem duo dubia mouet.

c Angelica Tabernæmontani seu scandiaca Hort.
   Leid. siquidem flores lutei sunt, a syluestri diuer-
   sa est.
   R E S P. *adfirmatiue.*

d. Angelica Dod. & Clus. cum syluestri eadem videtur, siquidem Angelica syluestris in montosis na-
   scens, longe maior euadit.
   R E S P. *negatiue.*

Dicam, quomodo se res habeat. Dodonæus errauit
in solo colore floris, qui non albus, sed e viridi
luteus est; Nec vlla intercedit differentia offici-
nalem & Scandiacam seu Noruegicam, ne quidem in sapore, vel forma seminum. Nec aliæ
Angelicæ species, præter hanc & sequentem, in
tota Scandinauia reperiuntur.

γ. Lappones variant nomina huius plantæ secundum
ætates & partes, ex. gr.

Ur-

Urtas' Lappis eft radix anni primi, non caulifera.
Fatno   herba anni primi.
Botfk   herba anni fecundi.
Rafi   caulis decorticatus.

ẟ. Radix primi anni & antequam caulefcat planta, ex-
ficcata, laudatur a Lapponibus, vt optimum fanita-
tis in feros annos tuendæ remedium, atque fi vila
medicamenta ab illis adfumerentur, fane hæc foret.
Hafce etiam radices mafticant, vti Selini (100. γ.),
loco Tabaci.

ε. Morbo laborant fæpius Lappones fyluatici vehementiffimo, *Ullem* vel *Hotme* dicto, qui fpecies Co-
licæ eft, & ad Colicam fpafmodicam Scheuchzeri
proxime accedit; corripiuntur enim interanea circa
regionem vmbilicalem fpafmis diriffimis, qui extenduntur ad pubem vfque, paroxyfmis parturientium
fane vehementioribus, ita vt mifer Lappo, vermis
inftar, repat per terram & vrinam fæpe fanguinolen-
tam reddat, licet calculi nulla omnino fit fufpicio
apud hanc gentem a calculo & podagra priuilegiis
naturæ defenfam, poft aliquot horarum, quandoque
diei, fpatium, refoluitur ptyalifmo ingenti per qua-
drantem horæ durante. Dicunt ipfi, quod hic
morbus in Alpibus eos non adgrediatur, fed tantummodo dum in fyluis per æftatem degunt, haufta
fcilicet ibidem aqua femiputrida, vi radiorum fola-
rium calefacta, vel forte vermiculis fcatente. In hoc
morbo variis vtuntur medicamentis, & omnibus
quidem fortiffimis, vt vehementem morbum æque
vehementi oppugnent alexiterio, quale eft radix Angelicæ, cineres aut oleum Tabaci, Caftoreum liquidum &c.

ζ. Caules Angelicæ huius funt Lapponum deliciæ.&
fructus æftiui, quibus benigna natura eos donauit,
dura nimis & immifericordi exfiftente Pomona, quæ
Lapponum terram nunquam intrauit. Caulis hic,
antequam vmbella abfolute explicata eft, (nam circa florefcentiam lignofus euadit), abfcinditur pro-

E 3   Po

pe terram, folia auelluntur & cortex ad bafin caulis cultro, dentibus vel vnguibus foluitur, detrahi-
turque a bafi ad apicem, cannabis inftar, remanente interiori caulis parte nuda niuea concaua & pul-
pofa, quæ inftar Rapæ vel Pomi cruda editur &
quidem fummo cum adpetitu, deficiente gratiori in
hifce oris vegetabili. Cum pueri vel puellæ menfe
Iulio cum rangiferis fuis per Alpes errantes in pa-
fcuia illosque circa vefpertinum vel matutinum
tempus ad cafam, vt mulgantur, reduces comitan-
tur, detruncatis caulibus totum finum impletum reportant, quos in familia fua diftribuunt, & fumma auiditate deuorant. Gratus hic Lapponibus cibus nec nobis difplicebat, leuiter enim amarus &
fimul aromaticus eft, immo & guftui & ventriculo
arridebat, adfumtis fcilicet tamdiu diluentibus ac
emollientibus, cibo non falito, carnibus & pifcibus fale nullo maceratis, lacte pingui rangiferino, hauftaque pura puta aqua; tum, inquam, optime conueniebat, fed nefcio num in hortis noftris
magis amara fit & acris, vel an guftus nobis in Lapponia fuerit alius, quam extra eam; extra Lapponiam enim nunquam arrifit, forte fercula perfica
perficum requirunt adpetitum.

ɤ. *Vmbellæ* vix explicatæ a caule (ȝ) abfciffæ, omnino
non reiiciuntur, fed confciffæ lacti acetofato immi-
fcentur & coquuntur. Vide Rumicem §. 130.

102. ANGELICA *fylueftris.* Dod. pempt. 315.
Angelica fylueftris maior. Bauh. piu. 155. Morif.
hift. 3. p. 280. f. 9. t. 5. f. 2.
Angelica fylueftris magna vulgatior. Bauh. hift. 3. p.
144.
Angelica fylueftris tenuifolia. Rudb. cat. 3. hort. 7.
Angelica fylueftris montana anguftifolia. Rudb. lap.
96.
Angelica montana. Lind. wikf. 1.

An-

Angelica aquatica. Lind. wikſ. 1.

Angelica aquatica minor. Till. ab 4.

Angelica paluſtris. Riv. pent. 17.

Imperatoria pratenſis maior. Tournef. inſt. 317.

Achianbotſk. Lappis.

Biœrnſtut. Weſtrobothnienſibus

α. In deſertis Lapponiæ ſubhumidis & leuiter paludoſis antecedenti duplo altior, ſed dimidio anguſtior
enaſcitur.

β. Rajus in hiſtoria huic inuolucrum vniuerſale dene-
gat, quod tamen nobis vbique obuium fuit.

γ. Notabile eſt in *Angelicæ* genere, quod *vmbellulæ*
per floreſcentiam adſumant globoſam omnino figuram. Corolla in hac ſpecie eſt niuei coloris.

δ. Radice prioris ſpeciei deficiente, huius radice vtuntur, antecedentis inſtar; caule vero non item.

103. C I C U T A *aquatica.* Bauh. hiſt. 3. p. 175.
Wepf. monograph.

Cicuta maxima quorundam. Beſl. eyſt.

Cicuta paluſtris & aquatica. Frank. ſpec. 10.

Cicutaria. Riv. pent. 65.

Sium erucæ folio. Bauh. pin. 154.

Sium maius anguſtifolium. Tabern. hiſt. 1. p. 192.

Sium alterum, oluſatri facie. Lob. ic. 208.

Sium alterum. Dod. pempt. 579.

Sium aquaticum, foliis multifidis longis ſerratis. Moriſ. hiſt. 3. p 283.

Sylenæbbar. Noruegis. Paull. quadrip. 531. i. e. acu-
mina ſubularum.

Sprængœrt. Suecis.

α. Intra fines Lapponiæ raro admodum, bis vel ter
ſcilicet, viſa nobis fuit hæc planta; in Finmarkia
autem ſæpius, in Weſtrobothnia prope Luloam
ſatis frequens, Tornoæ autem in Weſtrobothnia &
Liunmingæ in Oſtrobothnia vulgatiſſima fuit; ob-
ſeruationem, circa hanc, in itinere a me inſtitutam
adponam.

E 4   *β.* Cum

§. Cum *Tornoam* (quæ vltima eft noftra vrbs verfus septentrionem, ad apicem finus Bothnici) peruentum effet, conquerebantur incolæ de graui morbo, qui per boues graffabatur, quod nempe pecora per longam hic hyemem alita, tempore vernali in pafcua emiffa, centena non raro perirent, petentes vt in rem inquirerem confiliumque de morbo hoc arcendo darem; omnia hinc probe circumfpiciendo, fequentes adnotaui circumftantias, nimirum:

1. Boues, quamprimum ab alimento hyberno in pafcua ducebantur, magno numero emori.

2. Stragem illam magis magifque adpropinquante æftate minui, qua ficut & autumno & hieme boues paucos valde perire.

3. Malum hoc nullo obferuato ordine, nec ab altero ad alterum ciuem proferpere.

4. Tempore vernali duci fimul vaccas in pratum, quoddam prope vrbem fitum, inter auftrum & Zephyrum trans finum fluuii, & in hoc inprimis prato boues interire dicebantur.

5. Symptomata plurimum differre, in eo tamen conuenire, quod boues herbis fine difcrimine adfumtis, abdomine inflati, conuulfionibus correpti & horribili edito boatu paucis diebus exfpirarint.

6. Nullum recentia cadauera excoriare aufum fuisfe, cum experientia conftaret, non manus folum, fed ipfas etiam facies, adfcendentibus calidis vaporibus, inflammatas, gangrænatas fuiffe, infequente tandem morte.

7. Quærebant, num *Peftis* effet bouina; num in prato illo *Araneorum* venenatorum quædam fpecies; vel an *Aqua* illa lutea venenata effet.

8. Quod non fuerit *Peftis* (7), patuit ex eo, quoniam nullum contagium (3), & tempus vernale huic fato proprium (4) erat. *Araneos* (7) vidi nullos, nifi vulgares per totam Sueciam: Nec alia erat ifta *Aqua* in fundo flaua, quam vulgaris martialis, quæ fedimentum fuum ochraceum deponebat innoxie.

9 Vix

9. Vix ex fcapha, qua transuehebar, defcendenti mihi obuiam venit, quam tantæ cædis caufam credidi, *Cicuta hæc*, fequentibus conuictus argumentis:

10. Quod in eo prato, vbi boues ægrotare incipiunt, magna copia crefcat, inprimis iuxta littus, in aliis locis rarius. Vide N. 4.

11. Bruta tanta folertia vitare, quæ fibi noxia funt, atque inftinctu naturali venenatas a falutaribus diftinguere plantis, nos facile docet vel leuiffima adhibita attentio. (§ 201. ζ.) Ita hæc planta tempore æftiuo & autumnali non editur, quæ caufa eft, cur iis temporibus pauci boues, iique vel ex imprudentia, vel ex voracitate adfumta planta intereant. Conf. 2.

12. Sed quando vernali tempore ducuntur in pafcua, partim auiditate recentium herbarum capti, partim inedia & macie per longam hyemem tolerata compulfi, arripiunt quidquid obuium eft, ad compefcendum latrantem ftomachum; accedit, quod eo tempore herbæ exiles & fatietati vix fufficientes, forte & tum magis fucculentæ, aquis immerfæ & parum olentes fint, vt noxias ab innoxiis difcernere nequeant. Obferuaui etiam femper, folia radicalia præmorfa effe, reliqua non; id quod confirmabat priora.

13. Vidi itidem plantam hanc, in proximo prato, cum reliquo fœno fecari pro pabulo hyberno; vnde non mirum, fi tum quoque nonnulla, licet cauta, perimat pecora.

14. Relicta Tornoa, in confpectum non prodiit planta, nifi poftquam ad ampliffimum pratum *Limmingenfe* peruenimus, vbi iuxta viam vbique fefe obtulit; cumque pagum intraffem, easdem, quas Tornoæ querelas audiui de interitu annuo boum, cum iifdem circumftantiis (1-6).

15 Operæ itaque pretium effet, vt plantæ hæ vel follicite eradicarentur, quod facile fieri poteft,

, cum vbique in paludofis crefcant; nec proinde inuentu difficiles funt, cum vbique ad littus reperiantur; vel fi hoc non commode fieri poffet, vt boues, ad minimum tempore vernali, ab iftis locis, vbi pronafcitur, detineantur, tempore enim feriori folo odore hanc eofdem diftinguere a reliquis perfuafi fumus.

γ. Legi merentur, quæ *Sim. Paulli in quadripartito Botanico* de planta ignota tradit, quam *Sylenæbbar* vocant, quæ eadeni cum noftra eft; vti præfens in Noruegia certior factus fum.

104. **CHÆROPHYLLUM** *fyluefre perenne, cicutæ folio.* Tournef. inft. 314.
Cerefolium fyluefre. Riv. pent.
Myrrhis fyluefris, feminibus læuibus. Bauh. pin. 160.
Myrrhis cicutæ folio, caule fere folido. Lind. wikf. 25.
Myrrhis fyluefris. Frank. fpec. 22.
Myrrhis vulgaris. Till. ab. 47.
α. In fyluis Lapponiæ frequens, præfertim ad cafas, in Alpibus rara eft.

105. **CARUM.** Riv. pent. 55.
Carum flore albo (item *purpureo*). Rudb. cat. 10. hort. 25. Lind. wikf. 8.
Carui. Tournef. inft. 306.
Cuminum pratenfe, Carui officinarum. Bauh. pin. 158.
α. In pratis Nouaccolarum frequens eft planta.
β. In Scania feritur, & fatis care venduntur eius femina, hic fponte crefcit & negligitur.

106. **PIMPINELLA** *minor.* Riv. pent. 83. Frank. fpec. 23. Rudb. cat. 33. hort. 89.
Pimpinella faxifraga maior altera. Bauh. pin. 159.

Pim

Pimpinella hircina maior. Lind. wikſ. 28.

Pimpinella hircina minor, foliis criſpis. Lind. wikſ. 28.

α. In deſertis Lapponiæ rariſſima eſt.

β. Foliis & magnitudine mire ludit pro diuerſitate loci, vnde tot ſpecies ſpuriæ apud quoſdam proſtant. Folia radicalia pinnata ſunt, pinnis ouatis ſerratis; caulina vero multifida, pinnis linearibus; ſæpe autem folia radicalia eandem cum caulinis adquirunt figuram, & tum pro diſtincta ſpecie venditur, licet eadem ſit planta.

γ. *Aniſum* propius ad Pimpinellam, quam Apium accedere, dictitat facies.

107. **APIUM** *maritimum.* *

Liguſticum humilius ſcoticum a maritimis, ſeu Apium maritimum dulce ſcoticum. Pluk. phyt. 96. f. 2.

Liguſticum ſcoticum, apii folio. Tournef. inſt. 324.

Seſeli maritimum ſcoticum humile, foliis imperatoriæ. Herm. parad. 227. fig.

α. Ad littora maris ſeptentrionalis, inque finibus Lapponiæ Noruegicæ frequens eſt hæc planta.

β. Neſcio, qua feſtinatione pro hac poſuerim *Apium officinarum,* in *Florula* mea *Lapponica* p. 52. quod emendatum volo.

TETRAGYNIA.

108. **PARNASSIA.** *

Parnaſſia paluſtris & vulgaris. Tournef. inſt. 246.

Pyrola rotundifolia noſtras, flore vnico ampliore. Moriſ. hiſt. 3. p. 505. ſ. 12. t. 10. f. 3.

Epatica fontana. Frank. ſpec. 12.

Gra-

Gramen parnaffi, flore albo fimplici. Bauh. pin. 309.
Gramen parnaffi. Rudb. cat. 19. hort. 49. Till. ab.
    32. ic. 7.

α. Vulgatiffimus fere omnium tam in defertis, quam
in Alpibus, eft hic flos fpeciofiffimus, amœniffimus
& omnes elegantia fua facile fuperans.

β. *Nectaria* ifta quinque pro humore melleo excernen-
do excipiendoque creata, in hoc flore tam admira-
bilis funt ftructuræ & formæ, vt nulli alii adfimilan-
da. Vide C. G. 250. Hæcce nectaria diftincta funt
a petalis, petala etiam a calice (in hocce genere),
vt de nomine partium nulla omnino fit controuerfia. Magnus Vaillantius nectaria pro petalis fumfit,
& pro calice habuit petala, vbi humorem melleum
non excernunt. Sic nectaria Aconiti, Nigellæ,
Hellebori, petala dicit, petala autem eorundem
florum nectaria, cum calix ibi nullus alius fit,
quam theoriam flos hic refpuit. Hinc nectarium
vt partem floris & corollæ a petalo diftinctam con-
ftituimus, cum feorfim exfiftere poffint, licet fæpius
vnum componant corpus, vt in monopetalis plerisque, vbi Tubus nectarium, Limbus vero petalum
eft.

γ. Ad *Tetragyniam* refero hanc plantam, cum ftigmata quatuor diftincta fint, licet ftylus piftilli nullus.
Vbicunque enim ftylus deficit, defumitur numerus
feminarum a ftigmatibus, alias a folo ftylo.

PENTAGYNIA.

109. DROSERA *fcapis radicatis, foliis orbicula-*
    tis. *
Rorella vulgaris & officinarum. Rupp. jen. I. p. 357.
Ros folis folio rotundo. Bauh. pin. 357.

                             α. In

α. In paludibus Sphagno & Mnio obſitis frequens
eſt.

110. DROSERA *ſcapis radicatis, foliis oblongis.* *
Rorella folio oblongo. Kram. tent. 68.
Ros ſolis folio oblongo Bauh. pin. 357.
Ros ſolis. Frank. ſpec. 26. Till. ic. 10.
α. Cum antecedenti vbique mixta occurrit.
β. Droſera (δρωσερὸς roridus) eſt plantæ vocabulum an-
tiquiſſimum, quod generi, Ros ſolis dicto, impo-
no (F. B. 242), cum plantæ huius folia ſemper
ſint rorida (F. B. 240.) & nomen Ros ſolis retineri
nequeat (F. B. 221.).
γ. Folia vtriuſque plantæ ſetis quaſi inſtructa ſunt, quæ
tubulatæ ex apice liquidum quoddam protrudunt,
quod tenax & viſcidum eſt, fere vt in Pinguicula *
(§ 11. δ. ε. ζ. η. θ. ι.), cum qua etiam viribus fere
conuenit.

111. SIBALDIA *foliolis tridentatis.*
Fragariæ ſylueſtri affinis planta, flore luteo. Sibb.
Scot. 2. p. 25. t. 6. f. 1.
*Pentaphylloides pumila, foliis ternis ad extremitates
trifidis.* Raj. ſyn. 256.
*Pentaphylloides fruticoſum minimum procumbens, flo-
re luteo foliis ſericeis fragariæ ternis.* Pluk. phyt.
212. f. 3.
α. Eſt planta mere alpina, in Alpibus noſtris admodum
frequens.
β. Characterem noui huius generis dedi in C. G. 256,
idque dixi a *Sibbaldo*, qui eſt ex primis, quorum in-
duſtriæ huius ſpeciei adumbrationem debemus. Ab
aliis ad *Potentillas* §. 210. (Pentaphylloides Tournef.) fuit amandata, a qua in quantum differat, patebit conferent C. G. 415. cum 256. Et re vera aut
ſub eodem genere tradi Fragaria, Potentilla, Tor-
men-

mentilla, Comarum, Geum, Dryas & hæc, aut totidem diftincta conftitui debent.

γ. Ad plantas in Icofandria polygynia traditas proxime omnino accedit, excepto folo numero ftaminum & piftillorum. *Stylus* etiam in hac *e* medio *latere germinis*, non vero ex apice, prodit, quod fingulare eft, & adfinibus commune. ex. gr. Rofæ, Rubo, Fragariæ, Comaro, Tormentillæ, Potentillæ, Geo, Dryadi, Alchemillæ, & Aphanæ; debent itaque hæc ordine naturali nunquam diftingui.

δ. Cum hæc planta fit alpina, defcriptionem eius adnectam.

Radix lignofa, perennis, vix a caulibus diftincta.

Caules in ramos diuifi procumbunt & quafi infra fuperficiem terræ femet deprimunt, nigris laruis vndique veftiti (ne a frigore pereant), quæ foliorum bafes funt.

Folia ad apices ramulorum plura & imbricatim e ramis exeunt, quorum fingula gaudent *bafi* oblonga, membranacea, fufca, amplexicauli, femibifida, acuta. Ex hac diuifura prodit *petiolus* digiti transuerfi longitudinis, erectus, tenuis, leuiffime villofus, cuius apici *foliola* terna adfiguntur & folium compofitum conftituunt. *Foliola* hæcce verticaliter ouata funt, fed apice parum truncata, fuperne & inferne leuiffime villofa, longitudine vnguis, apice in tres denticulos obtufo-acutos abeunte.

Florum pedunculus inter bafes foliorum prodit hinc inde, filiformis, fimplex, longitudine foliorum, ad apicem leuiffime ramofus, quatuor fæpius flores continens, cum foliolis nonnullis paruis fubiectis. Calix corolla maior eft, petala lutea. Reliqua vide in charactere generico.

C L A S S I S · VI.

HEXANDRIA.

MONOGYNIA.

112. CONVALLARIA *scapo nudo.* *

Liliago. Vaill. par. 116.

Lilium conuallium album. Bauh. pin. 304.

Lilium conuallium, flore albo. Rudb. cat. 25. hort. 65.

Lilium conuallium maius. Lind. wikf. 21.

Lilium conuallium. Rudb. vall. 21. Frank. spec. 18. Till. ab. 39. ic. 144.

Svalaninochem. Lappis.

α. In syluis ad latera australia montium rarius reperitur.

β. Qui genus Conuallariæ in classe naturali non coniungit cum *Liliaceis* reliquis, errat: Flos enim sine calice, corolla sexfida, stamina sex, stigma trigonum, pericarpium triloculare, vt de conuenientia foliorum florumque in facie externa vel radice carnosa nihil dicam. Ratio, cur ad Liliaceos relata non sit, fuit pericarpium molle seu Bacca, quæ tantum gradu a capsula differt, vt infinita dictitant exempla. Ex. gr. Amygdalus & Persica, Nicotiana & Atropa, Cucubalus & Behen (§. 180. 1.) &c. Veteres

teres ex sola facie intellexerunt summam eius cum
Liliis adfinitatem, vnde Conuallium vocauerunt
Lilium, licet eam monocotyledonem esse nesci-
uerint.

γ. Ad idem genus referimus *Lilium conuallium* T. *Polygonatum* T. & *Vnifolium* D. hinc nouum introdu-
cimus nomen, cum Lilium conuallium (F. B 221.
213.287.) indignum sit, Polygonatum facile confundatur cum Polygono (F. B. 228) & Vnifolium
erroneum exsistat (F. B. 231.), neue vno horum
posito, intelligeretur sub eodem nomine istud vnicum, quod antea significauit. Ne autem innoua-
tionem nimiam introducamus (F. B. 242.), leui mu-
tatione *Conuallariam* dicimus aliorum conuallium
Lilium.

δ. Distinctissima est hæc species a congeneribus *scapo nudo.* Scapus nobis est Trunci species (F. B.
82), quæ e radice exsurgens solas fructificationes,
sine ramis vel foliis, (nisi ad radicem positis),
sustinet.

113. CONVALLARIA *foliis cordatis.* *
Lilium conuallium minus. Bauh. pin. 304.
Lilium conuallium minus bifolium. Lind wikf. 21.
Lilium conuallium minus vnifolium. Lind. wikf. 21.
Vnifolium. Rupp. jen. 1. p. 82. Dill. app. 138.
Ophris vnifolia Frank. spec. 23.
Ophris. Till. ic. 11.
Smilax vnifolia humillima. Tournef. inst. 654.

α. In desertis Lapponiæ sæpius occurrit, nullibi vero
terrarum copiosiorem huius esse prouentum, quam
in Angermannia, facile crederemus.

β. Veteres a sola facie hanc plantam cum antecedente
te ad idem retulere genus, systematici autem facile
omnes has distinxerunt, cum in fructificationis partibus inexplicabilem difficultatem obseruarunt earum
coniunctioni repugnantem; hæc enim gaudet *petalo*

talo quadrifido reflexo-plaho, antecedens vero fexfido campanulato; hæc *ftaminibus* quatuor; illa fex :
hæc *bacca* biloculari; illa autem triloculari inftruitur: hinc diuerfæ partes fructificationis diuerfa genera conftituunt (F. B. 165.), fed obferuatis obfer-
uandis! Nodum fequenti modo foluo: Genus omne
effe naturale (F. B. 162.), & in ipfo primordio tale
creatum (S. N. obf. veg. 14), eft axioma per totam
hiftoriam naturalem, quod vix argumentum admit-
tit contrarium. Hinc non fingendum, fed inqui-
rendum, quid natura ferat, vel ferre recufet: *Numerum* in partibus fructificationis eiufdem generis
fæpius aberrare, docent Gentiana, Linum, Paris,
Sedum, Vaccinium, Rhamnus, Rumex; immo in
eadem planta idem probant Monotropa, Ruta, A-
doxa &c. fed etiam proportione fæpius optime ex-
plicari (F. B. 178.) conftat, adeoque numerus proportione explicabilis, licet in fpeciebus differat, ceteris paribus genera non diftinguit. Hifce pofitis dico, reliquas fpecies Conuallariæ gaudere petalo
fexfido, ftaminibus fex, piftillo vno, ftigmate trigono, fructu triloculari; demas e dato flore vnam
tertiam partem ftigmatis, eadem proportione in reliquis partibus feruata, & habebis petalum quadri-
fidum, ftamina quatuor, piftillum vnum, ftigma di-
gonum, fructum bilocularem, quæ huius plantæ
attributa funt. Ergo *fecundum numerum diftingui
non debent.* Sed reftat alia difficultas circa *figuram
corollæ*, quæ in antecedenti fpecie eft campanulata,
in fequenti campanulato-tubulata, in hac vero re-
flexo-plana, ergo fub eodem genere confiftere nequeunt. RESP. Scientiæ Naturalis principia fu-
perædificari debent immotis obferuationibus: Dico
itaque rarius obferuari genus, in quo non aliqua
pars fructificationis aberret (F. B. 170), in hocce
autem genere aberrare corollam demonftrare debeo.
Corollam æque ac alias partes fructificationis fub
eodem genere quoad figuram aberrare nullus nega-

F   bit,

bit, qui diuerfas fpecies Vaccinii, Pyrolæ, Andromedæ, Nicotianæ, Gentianæ (§ 94 ζ.), Hyacinthi,
Veronicæ, Ireos, Scabiofæ, Primulæ, Menyanthis, Nymphææ, Narciffi &c. vidit vel examinauit
vnquam. Examina deinde flores 'pecierum Poly-
gonati T.(quæ huius generis eft), & videbis in eodem
genere alias corolla tenuiffima, alias longa paten-
tiori, alias vero breui vix a corolla Lilii conual ium
diftincta inftructas. Hinc corollam longiorem vel
breuiorem, patentiorem vel anguftiorem in hocce genere non præbere notam characteriftica,
per confequens Vnifolium hocce eiufdem generis
cum antecedenti effe, demonftratum puto. Di-
cet aliquis, corollam in Conuallaria (§. 112.) effe monopetalam, in hac vero tetrapetalam, (pofito,
non conceffo) ergo genere coniungi nequeunt. *Re-*
fpondeo: Petalorum numerus a bafi corollæ quidem
defumendus eft (F. B. 91.), fed iufto tempore;
nullo enim modo tot numeramus petala, in quot
fponte fua refoluitur flos deciduus; fit ex. gr. *Oxy-*
coccos Tournef. cuius flos re ipfa eft monopetalos,
licet in quatuor refoluatur petala deciduus (§ 145.
γ.). Eodem fere modo fefe habet hic flos *Vnifolii*
(§ 113.) vtpote qui, cum primum erumpit, eft mo-
nopetalus, globofus, mox vero reflectuntur laciniæ dehifcentes tere ad infimam bafin; ftamina deinde ipfi corollæ inferta funt, non autem receptaculo
(F. B. 108.), quæ nota monopetalis com.nunis &
propria exceptionem (§. 89 δ.) valde raro admittens.
Ergo nihil vetat, quo minus ad *Conuallariæ genus*
pertineat planta præfens.

γ. Si quis tamen plantam hanc a Conuallariis feparare
ftrenue defideraret, neceffe eft, vt coniungatur cum
Polygonato racemofo Cornuti, nec villa ratione cum
Smilacibus confundatur.

δ. *Vnifolium* nomen huic plantæ dudum a veteribus
impofitum, peffimum omnino eft (F. B. 232.),
cum planta perfecta femper in caule duo gerat folia,

fparfis

fparfis reliquis radicalibus abfque vllo ordine.

ɞ. *Baccæ* huius fpeciei, antequam maturefcunt, virides punctis fufcis adfperfæ funt; quales maculas in
Lilio conuallium T. & Polygonato T. aliquoties
obferuaui.

114. CONVALLARIA *foliis verticillatis.* ✱
  Polygonatum angustifolium non ramosum. Bauh. pin.
    303. Morif. hift. 3. p. 537. f. 13. t. 4. f. 14.
  Polygonatum angustifolium I. Tabern. hift. 2. p. 434.
    Frank. fpec. 24. Rudb. cat. 34.

ɑ. Semel modo obuia fuit, & quidem in latere Alpium Lapponicarum feptentrionali, cum Finmarkiam intrarem, alias nunquam per Sueciam, exceptâ
Scania, vbi frequenter, a nobis vifa.

115. JUNCUS *gluma triflora culmum terminante.* ✱ Tab. X. fig. 5.
  Juncus exiguus montanus mucrone carens. Bauh. pin.
    12. prod. 22. Rudb. elyf. 1. p. 103. f. 8.

ɑ. In Alpibus noftris frequentiffima eft planta, extrâ
quas nunquam eandem vidimus.

β. Synonymon apud *Baubinum* allegatum nunquam vllum nobis mouit dubium, nifi poftquam ad tabulas noftras Clariffimo Dillenio transmiffas fequentia regeffit
ipfe: Tab X. f. 5. *non videtur juncus exiguus mont.
mucrone carens C. B, ille enim mucronem habet, vt
defcriptio C. B. docet, licet nomen C. B. contrarium
innuat. Specimina noftra ficca, quæ plura habemus, omnia mucrones, feu calamum fupra capitulum productum habent, licet breuem.* Hæc ILLE.
Qualis autem fit juncus ifte, qui a Botanicis pro
ifta fpecie habetur nefcio, forte fequens eft.

γ. Ratio, cur nomen *C. Bauhini* tutus allego, eft hæc:
 Burferus in Herbario ficco, Upfaliæ conferuato,
hanc eandem omnino plantam habet fub ifto nomine, quam fe communicafle cum C. Bauhino fcribit,

eamque legiffe e Tauro Raftadienfi, monte Au-
ftriæ. *Baubinus* in prodromo fatetur fe eandem,
quam adumbrat, habuiffe a *Burfero* ex eodem loco
lectam; adeoque nullus certior teftis effe poteft,
quam Burferus, qui Botanicus fuit accuratiffimus,
& hanc plantam inuenit. Mucronem negat etiam
ipfum nomen & in defcriptione forte alteram glumæ valuulam pro mucrone habuit.

♂. Ne quis poft hæc de mea planta dubitet, datæ figuræ Tab. X. fig. 5. defcriptionem addam.

Radix graminea ad bafin fquamis aliquot fufcis erectis
(quæ foliorum deperditorum reliquiæ funt) gaudet, inferne fibris capillaribus inftructa.

Culmus digiti longitudine (longior vel breuior),
erectus, craffitie fetæ porcinæ.

Folia (radicalium vel primo vere, vel anno præterito deperditorum ramenta infimam culmi partem
circumftabant) culmi duo, quorum bafes, vaginæ inftar includebant bafin culmi, inferioris folii
vagina extendebatur a radice ad altitudinem digiti
minimi tranfuerfi; fuperioris autem vagina duplo
longior erat, vtriusque tamen terminabatur in
ipfa radice. Folii vero enfis erectus erat, fubula-
to-planus, apice fuo extenfus ad altitudinem dimidiam culmi.

Gluma Florum culmum truncatum terminat, eique
erecta infidet. Hæc conftat tribus valuulis, duabus fcilicet exterioribus oppofitis fufcis, quarum
altera maior eft, longior & acuminatior, vt fere
ariftatam primo intuitu diceres; tertia valuula
concolor, fed minor, ad latus intra priores collocatur; poffem adhuc addere tres alias confimi-
les, fed minutiffimas valuulas interius flores di-
ftinguentes. Intra Glumam prædictam tres flofculi collocantur, quorum finguli fex *petalis* ouo-
to-acuminatis perfiftentibus & albis gaudent, exceptis apicibus petalorum trium exteriorum fufcis; abfoluta vero florefcentia omnia fufca euadunt.

duṇt. *Stamina* ſex alba quoad Filamenta & Antheras. *Germen* ouatum, cum ſtigmatibus tribus, itidem albis.

Cum fruɛtu maturaſcente capſulæ accreſcunt, deprimitur ſecunda valuula glumæ deſcriptæ fere vsque ad culmum, prima vero erecta perſiſtit; ſic gluma ringens repræſentatur.

116. JUNCUS *culmo nudo acuminato ad baſin ſquamato, floribus ſeſſilibus.* *

Juncus alpinus capitulo glomerato e nigro ſplendente. Scheuch. alp. 40. tab 5. f. 2.

Scirpus foliatus paluſtris, cum mucrone rigido. Rudb. elyſ. 1. p. 103.

a. In Alpibus noſtris frequentiſſimus eſt, præſertim ad nuda & ſabuloſa montium decliuia, aqua frigida ab incumbente perpetua niue exſtillante, pedetentim irrigata.

ß. Deſcriptio huius plantæ hæc eſt:

Radix horizontalis, ſub terra repens, articulata, culmos exſerens, perennis.

Culmus ſpithamæus, craſſitie pennæ paſſeris, teres, læuis, apice ſubfuſco, rigidiuſculo & leuiter pungente.

Folia vera nulla ſunt, ſed ſquamæ tres, rarius plures, culmum ad baſin inuoluentes, pallido fuſcæ, quarum extima infimaque breuiſſima, ſecunda extima duplo longior & tertia ſecunda adhuc duplo longior eſt, vix tamen vnam quintam partem caulis obueſtit.

Flores pollicis tranſuerſi ſpatio, ab apice culmi, ex rima erumpunt tres vel quatuor, ſeſſiles, fuſci, glumarum ſquamis nonnullis obuallati.

117. JUNCUS *culmo nudo acuminato ad basin squa-*
mato, floribus pedunculatis. *

Juncus lævis panicula sparsa maior. Bauh. pin. 12.
Rudb. elyf. 1. p. 101. f. 2.

α. Ad ripas fluuiorum ac lacuum Lapponiæ syluestris
rarius obuius eft.

β. Vtrum hæc & antecedens variationum, an vero specierum teneant locum, difficile a me determinari
poteft, quippe qui eius culturam non inftitui, dif-
ferunt autem inter se paucis; scilicet:
Culmus huic eft spithamarum trium longitudinis;
    illi modo vnius.
Flores huius peuunculis tribus, pollicem transuersum
    longis infident, singulis pedunculis tres quatuor-
    ue flosculos pedunculatos fuftinentibus;
    illius, pedunculis deftituti, tres quatuorue sunt.
Situs florum in hoc spatio spithamæo ab apice culmi;
    in illo spatio pollicis transuersi ab apice culmi di-
    ftat.
Locus huius natalis eft in syluis, nunquam in Al-
    pibus a me obseruatus;
    illius contra in solis Alpibus.
Vtrum hæ differentiæ tantum a solo dependeant,
    vel an planta alpina in syluis hanc adquirat altitu-
    dinem pedunculosque elonget, determinari diffi-
    cile poteft.

118. JUNCUS *paruus calamo supra paniculam lon-*
gius producto. Raj. syn. 432. Rudb. elyf. 1. p.
104. f. 15.
Juncus lævis calamo, supra paniculam non sparsam,
longiori. Rudb. elyf. 1. p. 104. f. 3.
Juncus lævis panicula sparsa minor. Bauh. pin. 12.
Scheuch. hift. 347. t. 7. f. 11.

α. Tam in Alpibus, quam in syluis frequens eft.

β. Culmi fili vulgaris vel setæ porcinæ crassitiem vix
superant.

γ. An-

γ Antequam floret, flores sessiles sunt; fructu autem
maturo, elongata est panicula & pedunculi excreue-
runt.

119. JUNCUS *culmo foliis & floribus tribus ter-*
minato. *

Juncus trifidus. Bauh. hist. 2. p. 521. Rudb. elys.
1. p. 205. f. 5. exterior.

Juncus trifidus minimus, corniculis rigidis rectis.
Rudb. elys. 1. p. 205. f. 4. optima.

Juncus acumine reflexo, minor, vel trifidus. Bauh.
pin. 12 Rudb. elys. 1 p. 205. f. 3 media.

Juncoides, acumine reflexo, trifidus. Bauh. prod. 22.
fig. bon. Rudb. elys. 1. p 203. f. 3. interior.
Scheuch. alp. 41.

Juncoides alpinum trifidum. Scheuch. hist. 325. de-
scr. opt.

α. Vbique per omnes Alpes nostras vulgatissimus est,
& tophosos cæspites constituit.

β. *Morisonus* male integram paniculam pro tribus tantummodo flosculis sessilibus pingit. Planta recens
tenellaque virgo, erecta est, absolutis nuptiis, gra-
uidoque onusta vtero incuruatur juncea. Hinc quatuor eiusdem plantæ figuræ in Campis elysiis occurrunt.

γ. Planta squamis nonnullis fuscis, loco foliorum,
ad radicem vestitur; Culmus spithamæus nudus est,
ex apice tres flores sessiles promens, quos tria folia (quorum duo, vt gluma, flores comprimunt,
tertium vero paulo inferius collocatur:) circum-
stant plana, sed marginibus convoluta.

120. JUNCUS *foliis articulosis, floribus vmbella-*
tis. Tournef. inst. 247.

Gramen junceum, folio articulato, aquaticum. Bauh.
pin. 5. prod. 12. fig.

F 4 Gra-

Gramen junceum articulatum paluftre humilius. Morif. hift. 3. p. 227. f. 8. t. 9. f. 2.
α. In fyluis Lapponiæ paffim occurrit.

121. JUNCUS *montanus paluftris.* Raj. fyn. 432.
hift. 1303.
Gramen junceum, femine acuminato. Gottfch. pruff.
115. fig. 29.
*Gramen junceum paluftre humilius, foliis & fpica
junci.* Morif. hift. 3. p. 228. f. 8. t. 9. f. 1. 3.
α. In paludibus cæfpofis per Lapponiam totam vulgaris eft planta.

122. JUNCUS *paluftris humilior, panicula laxiffi-
ma.* Rupp. jen. 1. p. 136.
Juncus paluftris humilior erectus (& repens). Tournef. iuft. 246.
Gramen nemorofum, calyculis paleaceis. Bauh. pin. 7.
Gramen bufonium. Rudb. hort. 49.
α. In fyluarum Lapponiæ locis fubhumidis crefcit.

123. JUNCUS *nemorofus latifolius maior.* Tournef.
inft. 246.
Gramen hirfutum latifolium maius. Bauh. pin. 7.
Gramen nemorofum hirfutum vulgare. Raj. hift. 1292.
defcriptio bona.
α. In defertis fylueftribus frequentiffima eft.
β. Odor plantæ virofus vires eius fufpectas reddit.

124. JUNCUS *foliis planis, culmo paniculato, floribus fparfis.*
Gramen latifolium glabrum, granis hirfuti primi facie.
Rudb. elyf. 1. p. 63. f. 8.
*Gramen hirfutum nemorofum anguftifolium alpinum,
paniculis obfcure rufefcentibus.* Scheuch. hift. 312.
t. 7.

α. In

α. In Alpium lapponicarum nemoribus admodum vulgaris eft.

β. Parum differt a priori; forte tantummodo variatio
eft a loco producta, breuem ergo eius addam defcriptionem.

Culmus fere fpithamæus, erectus, duobus geniculis
infra eius partem mediam diftinctus.

Folia enfiformia, Radicalia quamplurima; Caulina
duo, longitudine dimidii digiti, quorum vnicum
minutiffimum fpathæ inftar caulem terminans paniculam emittit.

Panicula tribus conftat pedunculis fetaceis, commu-
nibus, inæqualis longitudinis, alternatis, emitten.
tibus minores pedicellos, quorum inferiores longiores funt & in alios fimili ratione deliquefcunt,
ita, vt flores tandem duodecim, nonnunquam
octodecim communi pedunculo infideant, licet
finguli propriis pedicellis a fe inuicem remoti.

Flofculi ex fufco rubri funt.

OBS. In antecedentis plantæ foliis crines diftincti
& remoti ponuntur, qui in hac deficiunt.

125. **JUNCUS** *foliis planis, culmo fpica racemofa
nutante terminato.* * Tab. X. fig. 4.

*Juncus alpinus latifolius, panicula racemofa nigrican-
te pendula.* Mich. in Horto Pifan. 91.

α. In Alpibus noftris frequens eft.

β. Habemus plantam Figuræ Tuæ Tab. X. fig. 4. refpondentem illi a Michelio, fub nomine (allegato),
fed cui folia paulo latiora, differentia tamen exigua.
Dillenius.

γ. Cum hæc a Cl. *Michelio* neque defcripta, neque
depicta fit, breuem eius adumbrationem exhibere te-
neor.

Folia radicalia decem vel duodecim, plana, erecta,
acuminata.

Culmus tenuiffimus, tribus foliis paruis inftructus,

quorum vnum ad basin, alterum in medio, tertium ad apicem caulis positum est, & vagina spatio transuersi vnguis tegente culmum gaudet.
Spica vnica, laxa, numerosis constans floribus,
　ouato oblonga.
Magnitudo in figura repraesentatur naturalis.
Folia maiora vel minora in plantis gramineis saepius
　a solo & tempestate dependent.

126. JUNCUS *villosus, capitulis psyllii.* Tournef.
　　inst. 246
　　Juncoides villosum, capitulis psyllii. Scheuch. hist.
　　510.
　　Cyperella capitulis psyllii. Rupp jen. 1. p. 130.
　　Gramen hirsutum, capitulis psyllii. Bauh. piu. 7.
　　Gramen luzulae minus. Bauh. hist. 2. p. 493.
α. In Alpibus & syluis primo vere vbique obuius est.
β. Vanam omnino esse huius exceptionem a Junco, si-
　ne genus istud *Iuncoides,* siue *Cyperella* vocetur, fa-
　cile patet absque demonstratione (F. B. 165.).

127. JUNCUS *foliis planis, culmo paniculato, spi-
　　cis ouatis.* Tab X. fig. 2.
α. In Alpibus nostris non infrequens est planta.
β. Ab antecedenti, ad quem proxime accedit, differt,
　quod
　　1. *folia* huius glabra sint & angustiora.
　　2. *spicae* in hac plures, decem vel duodecim.
　　3. *spicae* huius minores, ouatae, albicantes sint.
　　4. *pedunculi* spicas paruas sustinentes longiores sint
　　　& versus idem latus flexi.

128. PEPLIS. *
　　Portulaca spuria aquatica. Rupp. jen. 1. p. 107.
　　Portula. Dill. giss. 120. 239. app. 133.
　　　　　　　　　　　　　　　　　　　　Glaux

Glaucoides paluſtre, portulacæ folio, flore purpureo.
Mich. gen. 21. t. 18.

Glaux paluſtris, flore ſtriato clauſo, foliis portulacæ.
Tournef. inſt. 82. Pet. gen. 43. fig. bon.

Glaux aquatica, folio ſubrotundo. Gottſch pruſſ. 106.
fig 20.

Alſine paluſtris minor ſerpillifolia. Bauh. pin. 120.
prod. 118.

α. In locis ſabuloſis ſylueſtribus, vbi aqua pluuialis
collecta aliquamdiu perſiſtit, etiam ſub aqua ſæpius
enaſcitur.

β. Folia in hac planta tenuiora ſunt, quam in vlla alia
planta lapponica.

γ. *Peplis* eſt nomen ſuperfluum, quod mihi in hocce
genere magis arrideret, quam *Portula*, quod faeile
confunditur cum Portulaca (F. B. 218), *Glaucoides* autem (F. B 226.) vel *Portulaca ſpuria*
(F. B. 221.) non placent.

DIGYNIA.

PERSICARIÆ *ſpeciem* 71. vide in Pentandria
Monogynia.
RUMICIS *ſpeciem* 132. vide in Hexandria Trigynia.

TRIGY-

TRIGYNIA.

129. R U M E X *foliis cordato-oblongis acuminatis integris.*

α. Lapathum folio acuto. crispo. Bauh. pin. 115. Lind. wikf. 20.

Lapathum acutum crispum. Frank. spec. 18.

Lapathum acutum. Till. ab. 38.

Lapathum longifolium crispum. Munt. brit. 104. fig.

β. Britannica antiquorum vera. Munt. brit. 1. fig.

Lapathum aquaticum, folio cubitali. Bauh. pin. 116,

Lapathum palustre, folio cubitali. Lind. wikf. 20.

Lapathum palustre. Frank. spec. 18.

γ. Frequens est hæc (*β.*) in paludosis Lapponiæ; illa autem (*α.*) ad casas Lapponum syluaticorum.

δ. Duas a plerisque distincte traditas plantas (*α. β.*) vt variationes, nec sine ratione sufficienti, exhibeo, locus enim est qui plantas differentes efficit. In locis enim *aquosis* (*β.*) longe maior euadit, foliis maximis, glabris, planis, nitidis; In *siccis* (*α.*) autem minor excrescit, foliis scabris & ad marginem vndulatis.

ε. *Lapathum* & *Acetosam* eiusdem esse generis plantas agnoscant, si non alii, sane illi, qui ad exhibendos characteres de differentiis earum genericis solliciti fuere, nec longa opus est demonstratione, in flore ab omnibus in vniuersum plantis adeo. differenti (F. B. 171. 173.), confer C. G. 300. Si Acetosa omnis esset sexu in mares & feminas distincta, tum admitteret argumentum. debile; cum autem aliæ species Acetosæ T. sint hermaphroditæ æque ac Lapathum T. ergo nullum, nisi ex acida auctoritate, promanare potest argumentum.

ζ. No-

ζ. Nomen *Rumex*, fynonymon antiquiffimum (F. B.
242. 244. 241.) retineo in hoc genere, *Acetofæ* vocabulum excludo (F. B 231. 232. 235.), nec *La-*
pathum, a Lappa dictum (F. B. 227.), dignum
agnofco.

130. R U M E X *foliis oblongis fagittatis.*
Mas
α. *Acetofa femine vidua.* Fag. par. 4.
Femina
Acetofa pratenfis. Bauh. pin. 14.
Acetofa vulgaris pratenfis. Frank. fpec. 1.
Acetofa vulgaris Rudb. vall. 1. hort. 1.
Acetofa maior pratenfis. Lind. wikf. 1.
Acetofa maior. Till. ab 1. Scheff lapp. 360.
β. *Acetofa montana maxima.* Bauh. pin. 114. Scheuch.
alp. 129.
Acetofa hifpanica maxima. Munt. brit. 225. fol. 213.
γ. *Juemo* Lappis feu *Joemo.*
δ. In fyluis Lapponiæ multoties lecta fuit (α), in Alpibus vero copiofiffima eft (β).
ε. Vanum eft ex hac duas diftinctas conftituere fpecies
(α. β.), cum ne minima quidem detur differentia
alia, quam in magnitudine a folo alpino producta,
vbi lætior excrefcit planta.
ζ. Hac planta, nulla notior eft Lapponibus, nec vllum vegetabile in Lapponia crefcens cibos Lapponum ingredi fcio, præter hanc & Angelicam
(§ 101. ζ.), fi baccas excipiamus.
Ex hac planta præparatur *ferum acetofatum* Lapponum, quod *Juemomelke* illis dicitur, & quidem
fequenti modo: Folia huius in magna copia colligunt, a caulibus feparant, illis vna cum petiolis fuis ahenum cupreum replent, vnam tertiam
partem aquæ fuperinfundunt, coquunt ad confiftentiam fyrupi, noua iterum addunt folia, coquunt, fpatula femper mouent, ne aduratur vel
faporem aduftum adquirat; abfoluta coctione, poft
sex

fex feptemue horas huic operationi impenfas, reponitur, vt refrigeretur. Mifcetur deinde cum lacte rangiferino, reponitur in vafculis ligneis vel ventriculis (ventriculo primo feu magno) rangiferiuis claufum, feruatur in cryptis montium vel reconditur in terra, ne mures (Mus cauda truncata, flaua maculis nigris; Mus Wormii) lædant vafa. Sæpe vmbellas Angelicæ cum Rumice mifcent & coquunt, fed parcius (§. 101. *s.*).

Lac tali modo paratum acidum gratumque adquirit faporem, & editur ab omuibus, fenibus & iuuenibus cum oblectamento.

Diu tali modo confectum feruari poteft lac eodem femper imbutum fapore, quod alias non fieret. Vetus hoc lac palatum excitabat noftrum, recens confectum non item.

Notabile eft, quod cum nil hocce lacte apud Lappones vulgatius fit, tamen apud nullam aliam nationem, apud nullum Lapponiæ accolam illud receptum fuiffe nouerim.

Nemo credat, quod Lappones hoc conficiant, pro medicina fcorbuti (§. 80. ζ.), fane non magis vexantur fcorbuto, quam calore folis, dum brumale faeuit frigus; Nec contra calorem æftiuum, licet in conuallibus per æftatem calor fatis vrgeat, inde tamen minus periclitantur, eum cafas vel tentoria fua faepius in medio montis latere figant, id eft, inter gradus caloris & frigoris medio, & fi calor nimis vexaret, praefens remedium porrigunt iuga montium perennante niue obducta. Nec febribus vexantur continuis, raro contagiofis, licet hæ eos nonnunquam falutantes altas agant radices, quibus propinant aquam frigidam, non vero lac acetofatum.

s. Hæc fpecies cum fequenti fub Dioecia Hexandria recenferi deberet, ne autem fpecies eiufdem generis feparentur, pace Lectoris, eas hic loci trado.

131. R U M E X *foliis lanceolatis haftatis.*
Mas
Acetofa aruenfis lanceolata, femine vidua. Vaill. par 2.
Acetofa aruenfis minima non lanceolata, femine vidua.
Vaill. par. 2.
Femina
Lapathum acetofum repens lanceolatum. Raj. fyn.
143.
Acetofella. Frank. fpec. 1. Till. ab. 1.
α. *Acetofa aruenfis lanceolata.* Bauh. pin. 114.
Acetofa minor lanceolata. Lind wikf 1.
Acetofa minima Rudb hort. 1.
β. *Acetofa aruenfis minima non lanceolata.* Bauh. pin.
114
Acetofa minor non lanceolata. Lind. wikf 1.
γ. *Acetofa lanceolata anguftifolia repens.* Bauh pin. 114.
δ In fyluis & Alpibus vulgatiffima eft planta.
ε. Ex hac plurimi tres ad minimum conftituunt fpecies
(α. β. γ) a folo loco diftinctas; nam in petris,
tectis & ficcioribus locis fæpius oblitterantur prominentiæ iftæ foliorum haftatæ.
ζ. Nullius eft hæc fpecies vfus apud Lappones, quæ,
cum parua fit, negligitur.

132. R U M E X *foliis orbiculatis emarginatis.*
Acetofa britannica rotundifolia, fructu compreffa.
Blair. obf. 97 fig.
Acetofa cambro-britannica montana. Scheuch. alp.
129.
*Acetofa rotundifolia repens eboracenfis, folio in medio
deliquium patiente.* Morif. hift. 2. p. 583. f. 5.
t. 36. fig penult.
*Acetofa repens weftmorlandica, cochleariæ foliis, api-
cibus nonnihil finuatis.* Pluk phyt 252 f. 2.
α. In cliuofis rigidifque Alpium iugis admodum vulgaris eft, fæpe etiam in Lapponiæ defertis ad ripas
fluuiorum, feminibus per aquam fluuialem ex Alpibus

bus delatis, in locis valde diffitis hac ratione germinat. In Suecia alias peregrina eft planta.

β. In floribus reliquarum Rumicis fpecierum, quoad
omnes fructificationis partes, viget numerus ternarius, isque fimplex vel duplicatus, fcilicet: Calix &
corolla tripartita, ftamina fex, germen triquetrum,
ftyli & ftigmata tria, femen triquetrum. In hac autem planta vnica tertia pars numeri in fingula fructificationis parte excluditur, fed, quod fingulare,
ftamina hanc exceptionem refpuunt; adeoque gaudet
calice & *corolla* bipartita, *ftaminibus* fex, *germine*
compreffo (feu digono), *ftylis* & *ftigmatibus* duobus, *femine* digono feu compreffo.

γ. Sunt, qui hanc eandem effe cum *Acetofa rotundi-*
folia hortenfi C. B. & folummodo, vt fyluestrem ab
hortenfi differre credunt, cum facies vtriusque primo intuitu fatis fimilis fit; quod autem abfolute nego, cum partes istæ numerum fuum (β.) femper
conftantes feruent & in hortenfi prædicta numerus
ternarius vbique fimplex vel duplicatus valeat, vt in
aliis fpeciebus, licet hermaphrodita fit; repugnant
etiam omnes partes plantæ, quæ ocularem defide-
rant infpectionem.

δ. Copiofe fefe obtulit in Alpibus notabilis huius fpeciei *varietas* ex morbo orta, cuius flores omnes in
vftilaginem abiere, & commota leuiter planta puluerem atro-rubentem deiecere.

ε. Neque hac fpecie Lappones vtuntur, licet fapor huius gratior exfiftat, quam antecedentium.

133. SCHEUCHZERIA. * Tab. X. fig. 1.
Juncoidi affinis paluftris. Scheuch. hift. 336.
Juncus floridus minor. Bauh. pin. 12. prod. 23. Rudb.
elyf. 1. p. 110. f. 2.
Gramen junceum aquaticum, femine racemofo. Gottfch.
pruff. 114. f. 28.
α. Copiofiffime in omnibus paludibus Lapponiæ deferta

___

fertæ Sphagnis & Caricibus repletis, præfertim in parte Pithoenfi & Lulenfi, vt prope Wollerim & alibi obferuatur.

β. Incerti fuiffemus, quam plantam *C. Baubinus* intellectam voluerit fub nomine allegato, nifi a *Bartfero* fuiffet nomen conferuatum, & ex eius herbarii tomo I, antequam in incendio Upfalienfi periit, in *Campos Elyfios* per *Rudbeckios* translatum.

γ. *Figura* plantæ noftræ habetur quidem & in *Campis Elyfiis* & in *Flora Pruffica*, fed vbique fructum ferentis, *noftram* ideoque floribus inftructam exhibemus.

δ. *Radix* repens eft, articulata, laruis imbricatis (quæ reliquiæ præteritorum foliorum funt) veftita, inter quas radiculas filiformes deorfum emittit.

Caulis quodammodo rectus, fimplex, fpithamæus, teres, *ramis* deftitutus.

Folia Radicalia pauca; Caulina duo, quorum alterum bafin caulis vagina fua inuoluit, alterum pollicis tranfuerfi fpatio fuperius collocatur, vagina intra inferiorem definente, infidens cauli; fingula horum fubulata fere funt & caule breuiora. Floralia autem folia fupra mediam caulis partem egrediuntur alternatim, numero fæpius quinque, quorum inferiora longiora, fingula vaginæ inferne infidentia, quæ laxa eft, nec fummum caulem obueftit.

Flores ex fingula ala foliorum floralium folitarii pedunculis erectis fuftentati.

Corollæ color eft viridis, quodammodo ad flauum accedens, *Germinibus* tribus fæpius, frequenter etiam quatuor vel quinque gaudet flos.

ι. Characterem huius generis dedimus C. G. 301. vbi defcriptio floris euolui poteft.

ζ. Diximus genus hocce a doctiffimo ifto fratrum pari, *Johanne Scheuchzero* magno ifto Agroftographo & *Joh. Jac. Scheuchzero* curiofiffimo ifto Alpium Helueticarum luftratore, qui quantum in Botanicis præftiterint, nulli non norunt (F. B. 238.).

α. Cum vnica tantum mihi nota sit species, differentiam aliquam adponere vanum foret. (F. B. 293.)

134. TRIGLOCHIN *fructu tenui.*
Triglochim Rivini. Rupp. jen. 1. p. 47.
Juncago palustris & vulgaris. Tournef. inst. 266.
Gramen junceum spicatum, seu Triglochim. Bauh.
    pin. 6. Rudb elys. 1. p. 45. f. 16. a.
α. In humidis scaturiginosis locis Lapponiæ desertæ
    vulgaris est.
β. Cl. *Michelius* duas statuit plantas a Botanicis coniunctas esse sub vno eodemque nomine, quarum altera est nostra radice fibrosa, altera vero bulbosa
    (*Gramen hyacinthites triglochoides bulbosum.* Rudb.
    elys. 1. p. 48. f. 3. seu *Hyacinthi parui facie gramen
    triglochin.* Bauh. hist. 2. p. 508.), quam, nisi me
    omnia fallant, vidi etiam in Lapponia, licet cum antecedenti eandem habuerim ipsam.   Et num planta
    illa radice bulbosa, & nostra radice fibrosa, in reliquis partibus omnibus simillimæ, sint veræ distinctæ
    species, adhuc vlteriori, me iudice, indiget examine.

135. TRIGLOCHIN *fructu subrotundo.* *
Triglochim maritimum, fructu breuiore & crassiore.
    Rupp. jen. 1. p. 366.
Juncago maritima, foliis spica & seminibus breuioribus. Dill. app. 22.
Juncago palustris & maritima perennis, fructu breuiore quinque-capsulari. Mich. gen. 44.
Gramen spicatum alterum. Bauh. pin. 6. Rudb. elys.
    1. p. 45. f. 17. b.
α. In littoribus Oceani septentrionalis ad radices Alpium lapponicarum vulgaris est.
β. Hæc est planta ista ignota *Martino,* quam ad Sherardum misit & descripsit in Actis Lit. Suec. tom. 1.
                                            vix

vix enim obtineri potuit, quo fibi perfuaderet Bea-
tus Vir, plantam quandam pure maritimam fua
fponte prodire prope Upfaliam in prato Regio
(Kongsængen) per fpatium feptem milliarium a
mari remoto & quod pratum alluit aqua dulcis.

136. ANTHERICUM *fcapo foliolofo laxe fpica-*
to, filamentis villofis.
Phalangium anglicum paluftre, iridis folio. Tournef.
inft. 368.
Pfeudo-Afphodelus paluftris anglicus. Bauh. pin. 29.
Afphodelus luteus paluftris. Dod. pempt. 208.
Afphodelus luteus paluftris, acori folio. Morif. hift. 2.
p. 322. f. 4. t. 1. f. 7.
Gramen offifragum. Paull. quadr. 530. Act. Dan. 2.
p. 126. & 232.
Gramen offifragum Noruegicum & Cimbricum. Raj.
hift. 1325.
Bengræs. Noruegis.
Ilagræs. Smolandis.

α. In latere feptentrionali Alpium lapponicarum, cùm
Finmarkiam Noruegiæ intrarem & ab ea difcede-
rem, prodiit in confpectum aliquoties famofiffima
hæc, fed formofiffima planta, fubhumida inhabitans
loca.

β. Fidem fuperat, quæ *Sim. Paulli* de plantæ huius
fingularibus viribus promulgauit: Nempe quod, fi
pecoribus pabulo intermixta detur hæc herba, ipfa
eorum offa inde emolliantur, ita, vt pedibus infifte-
re nequeant. Vide loca allegata.
In prouincia Sueciæ *Smolandia*, inque Parœcia e-
iufdem *Stenbrohultenfi*, a Noruegia remotiffima,
copiofiffime nafcitur planta hæc adeo decantata,
vbi tenellus adhuc infinita ex vulgo de hac planta, cuius flores fplendidiffimi toties in fe conuer-
tebant oculos meos, confabulante audiui, nec
vllus erat, qui non optime eandem agnofceret.

G 2   Ve-

Vocatur ibi *Hagras* & dicitur vno ore, quod fit
herba ouibus maxime noxia, quam fi copiofe e-
dant, inde quidem citiffime eas pinguefcere, fed
proximo infequenti anno, cum in hepatibus iftarum nafcantur, vermiculi, Ilar (vnde nomen) dicti, certo perire.

Quod neque offa emolliantur, neque vermiculi ex
hac generentur, nulli non conftat, quidquid tamen fit, erit quidpiam, quod vulgo impofuit, fiue quod fcirrhos in hepate generet, fiue quod ta-
bem inducat, vt incedere nequeant pecora, fiue
aliud quid monftri, præfertim cum odor virofus
in planta exfiftat manifeftiffimus (F. B. 359.).

γ. *Phalangium fcoticum paluftre minimum, iridis folio*
T. ab Anglico (prædicto) non aliter, quam parui-
tate, differre videtur. *Dillenius.*

δ. *Tournefortius* fub Phalangii genere duarum diftinctiffi-
marum plantarum familias confundit, quarum alia
Germine gaudet fimplici & *Bulbine* (C. G. 269.)
dicitur, altera autem Germine triplici & *Anthericum*
(C. G. 303.) nominatur. *Phalangii* enim vocabulum infecto proprium eft (F. B. 230.).

137. ANTHERICUM *fcapo nudo capitato, fila-*
mentis glabris. Tab. X. fig. 3.

Statice montana minor. Rudb. lapp. 100.

α. ? *Phalangium alpinum paluftre, iridis folio.* Tournef. inft. 268. Scheuch. alp. 139.

? *Pfeudo-Afphodelus alpinus.* Bauh. pin. 29.

? *Pfeudo-Afphodelus II.* Cluf. hift. 198.

β. In Alpibus lapponicis vbique, non raro etiam in
fummis montibus Lapponiæ fyluestris, vt ad Wollerim & Jockmock, prodit.

γ. Num hæc fit eadem cum Authorum (α) allegata,
certo determinare nequeo, qui alteram non vidi
plantam. Authores enim fuam pingunt floribus
fparfis, noftra autem gaudet floribus omnibus in ca-
pitu-

pitulum collectis feffilibus, nec reperi vltra vnicam, quam depinxi Tab. X. f. 3. quæ flores leuiter fparfos geffit.

ᵹ. Planta hæc minor eft, quam *Pfeudo-Afphodelus II.* Cluf. hift. 198, vt fpecimina inter fe collata docent, & ideo pro illius varietate habenda eft. *Dillenius.*

1. *Radices* plurimæ, filiformes, fimplices, flexuofæ, flauefcentes.

Folia radicalia omnia diftice pofita, gladiata, longitudine pollicis tranfuerfi vnius vel fefqui alterius, pallide viridia, margine interiori a parte inferiore perpendiculariter bifido, & folium proximum amplectente.

Scapus vnicus in fingula planta, licet plures cohæreant fæpe radicibus fuis, longitudine digiti, filiformis, erectus, nudus, fimpliciffimus.

Flores plures, octo ad duodecim vfque, feffiles, in capitulum fubrotundum collecti, fcapum terminantes. *Corolla* illis niuea eft & parua, *filamenta* plane non hirfuta, flos ad maturitatem fructus perfiftit & raro perfecte explicatur. *Fructus* fubrotundus & obtufus, licet fit tripartitus.

POLYGYNIA.

138. ALISMA *fructu obtufe trigono.* *
Alifma. Dill. giff. 126.
Plantaginoides. Knaut. meth.
Damafonium lato plantaginis folio. Vaill. act. 1719. p. 35.
Ranunculus paluftris, plantaginis folio. Tournef. inft. 292.
Plantago aquatica latifolia (& anguftifolia). Baub. pin. 190. Lind. wikf. 29.

Plan-

Plantago aquatica. Frank. spec. 24.

α. In aquosis Lapponiæ desertis reperitur.

β. Genere omnino coniungi debet *Damasonium* Tournefortii cum hac planta (licet Alisma a nobis Da-
masonio præferatur), nam facies est omnino eadem
(F. B. 168.). Flos simillimus, ab aliis omnibus di-
uersissimus (F. B. 171. 174.), quamuis partes femininæ numero & figura, vt in Helleboro, differant (F. B. 176.).

γ. Attingit nunc altitudinem humanam, nunc vix di-
gitalem, tamen eadem est.

C L A S S I S VII.

HEPTANDRIA.

MONOGYNIA.

139. TRIENTALIS. * Rupp. jen. 1. p. 20.
  Alfinanthemos. Raj. fyn. 286.
  Hermodactylus caninus. Frank. fpec. 13.
  Alfine alpina. Swenk. Silef. (*inuentor*).
  Herba trientalis. Rudb. cat. 19. hort. 51. Lind. wikf.
    18. Till. ab. 33.
  Pyrola alfines flore Europæa. Bauh. pin. 191. prod.
    100. figura etiam p. 99. fub pfyllio minore.

α. Syluas Lapponiæ defertæ primo vere, medio fcilicet Junio, eleganti florum fuorum albedine pingit.
In Alpium etiam nemoribus fatis frequens eft;
vix crederem illam per totum orbem vllibi copiofius prodire poffe ac in Weftrobothnia.

β. Mirum eft, quod natura in regno vegetabili adeo
parui fecerit numerum feptenarium in omnibus
partibus fructificationis; Nulla enim nobis nota eft
planta feptem gaudens ftaminibus, præter hanc &
Hippocaftanum Rivini.

γ. Inter omnes, quos vidi flores, omnium fimpliciffimus, feu rectius, maxime æqualis eft flos hic gra-

G 4   tiffimus

tiffimus : Calix enim, corolla & ftamina pari modo diuifa funt, figura gaudent fimpliciffima, & corolla, quod curiofum, omnino plana abfque notabili tubo. Singularis etiam eft plantæ ftructura, quoad folia, quod hæc fere omnia apicem caulis fimplicis terminent patula, & quod folia fuperiora maiora fint, vnicum enim alterumue per caulem cafu quafi fparfum, minimum, & radicalia nulla. Singulare tandem eft, quod pedunculi duo ex apice caulis enafcantur, raro vnus, rarius tres, vt in Palmis & Oxyoide Garcini.

♪. Nefcio, quænam gratia floris adeo percellat oculos, vt fere effafcinare videatur vifu contemplatorem fuum; forte a fymmetria, pulchritudinis omnis matre! Variat fæpe corolla fexfida, quinquefida, cum autem rarius hæc contingant, a numero naturali ad Heptandriam refertur.

♪. Confideratione etiam dignum eft, quid locus faciat in hoc flore. Corolla enim, vbi planta in ficcioribus crefcit, apicibus laciniarum acuta eft, in humidis vero obtufa, conftante lege naturæ.

♪. De vfu & viribus huius plantæ haud vllum authorem mentionem feciffe fcio, nec quidquam ex fapore, vel odore, vel adfinitate, vel obferuationibus, de effectu eius determinare queo.

CLASSIS VIII.

OCTANDRIA.

MONOGYNIA.

140. DAPHNE *floribus seffilibus infra folia elliptico-*
lanceolata.
Laureola folio deciduo, flore purpureo. Bauh. pin. 462.
Daphnoides. Frank. fpec. 33.
Chamælea fuetica. Frank. fpec. 33.
Chamælea germanorum. Rudb. hort. 27.
Chamælea germanorum, feu Mefereon. Rudb. vall. 9.
Thymelæa lauri folio deciduo. Tournef. inft. 595.
Kællerhals. Suecis.

α. In fyluis Lapponiæ rarius obuius eft hic frutex,
qui apud Lappones primus eft, qui floret.

β. Semina eius in cadaueribus abfcondita exhibentur a
rufticis Sueciæ lupis & vulpibus, quibus adfumtis
pereunt fine mora, æque ac a feminibus Strychni.

γ. Singularis eft modus florendi huius plantæ, flores
enim ramis feffiles infident, & quidem infra folia,
confpicui tamen, antequam folia erumpant. Corolla florum duplicata conftat membranula, quafi
calix & corolla coaluerint in vnum corpus.

δ. Vidi rufticos in Scania, qui commilitonibus fuis
G 5 per

per iocum (experimento fane periculofo) exhibue-
runt baccam modo vnicam, qua ingefta, incenfum
œfophagum alter potu cereuifiæ exftinguere tenta-
uit, fed oleum igni adfudit, hinc iis Sörbypeppar
& Kællerhals, id eft, cellulæ ingluuies, nominatur.

141. ERICA *vulgaris glabra.* Bauh. pin. 485.]
   Erica vulgaris. Till. ab. 26.
   Erica. Frank. fpec. 33. Rudb. hort. 39.
   Erica flore purpureo. Lind. wikf. 12.
   ꝟ. *Erica vulgaris, flore albo.* Tournef. inft.
   Erica flore candido. Lind. wikf. 2.
   Tachnas. Lappis.
ß. In campis arenofis Lapponiæ fylueftris paffim copiofe prodit. In Finlandia Boreali, Biœrneburgum
   inter & Aboam, vidi per plurima Camporum milliaria fere nullam aliam, nifi fterilem hanc Ericam,
   quæ terram vndique tegebat, nec vlla ratione exftirpari poterat; vnde rufticorum prouerbium ortum,
   fore, vt tandem duæ plantæ replerent & deftruerent
   totam terram, Erica fcilicet & Nicotiana; addidis-
   fent quidem tertiam, fi Theæ vfus ipfis innotuiffet.
ᵧ. In campis arenofis Lapponiæ indiuidua nonnulla
   plicata obferuaui, adfpectu pulcherrima, maiora e-
   nim erant, eorumque rami denfiffimi & arboris taxi
   inftar tonfi, licet parua fit planta.

142. VACCINIUM *foliis annuis integerrimis.* *
   Vaccinium altiffimum, foliis fubrotundis exalbidis.
      Rupp. jen. 1. p. 46.
   Vaccinia nigra maiora. Frank. fpec. 38.
   Myrtillus niger maior. Rudb. cat. 29. hort. 77.
   Myrtillus maior. Frank. fpec. 22. Till. ab. 47.
   Vitis idæa, foliis fubrotundis exalbidis. Bauh. pin.
      470. Scheuch. alp. 52.

Vitis

Vitis idæa magna feu Myrtillus grandis. Bauh. hift. 1. p. 52. Rudb. it. 9.

Vitis idæa maior. Tabern. hift. 3. p. 162.

Vitis idæa paluftris. Lind. wikf. 40. prior.

Vitis idæa. Cluf. pan. 79.

Hòtme Lapponum.

Utterbær. Weftrobothnienfibus, id eft, Baccæ Lutræ.

α. Tam in Alpibus, quam in fyluis Lapponiæ, modo loca fubhumida fint, vulgatiffimus eft fruticulus.

β. *Folia* funt verticaliter ouata, plana, integerrima & annua; *Caules* communiter pedales; *Baccæ* cærulæ, leuiter tetragonæ, aquofæ & fere infipidæ, pulpa alba plenæ, ab incolis fere negliguntur.

γ. Plantæ, quarum flores antheris bicornibus inftruuntur (F. B. 108.), funt valde adfines & paucis admodum, refpectu generis, inter fe differunt, vti Vaccinium, Arbutus, Andromeda, Erica & Pyrola. Antheræ his funt didymæ & oblongæ, altera extremitate obtufæ, altera vero acutiores & fub hac duabus fetulis inftructæ.

143. VACCINIUM *caule angulato, foliis ferratis annuis.*

Vaccinium Rivini. Rupp. jen. 1. p. 46.

Vaccinia nigra minora. Scheff. lapp. 359. Frank. fpec. 38.

Myrtillus niger minor. Rudb. cat. 29. hort. 77.

Myrtillus minor. Frank. fpec. 22.

Myrtillus minor, baccis nigris. Till. ab. 47.

Vitis idæa angulofa. Bauh. hift. 1. p. 520. Rudb. it. 9.

Vitis idæa foliis oblongis crenatis, fructu nigricante. Bauh. pin. 470. Lind. wikf. 40.

Blaue heidelbeer. Schel. botn. 30.

Zirre. Lappis Umenfibus. *Zèrre.* Lappis Lulenfibus.

α. Nulla fere planta in fyluis humidiufculis Lapponiæ,
Weft-

Weftrobothniæ aut Angermanniæ hac vulgatior exfiftit, quæ nec Alpes noftras reformidat, licet parcius in earum conuallibus nemorofis pronafcatur.

β. Quamuis in hac fpecie, numerus in omnibus partibus fructificationis, vnam quartam partem fæpius
addat, (C. G. 313.) ne fepararentur fpecies, hic eandem pofui. In reliquis puta eft calix & corolla quadrifida, bacca quadrilocularis, ftaminaque octo; in
hac corolla & calix quinquefida, bacca quinquelocularis & ftamina decem.

γ. *Caules* & rami erecti, tetragoni; *Folia* alterna, ouata, obtufe ferrata, annua. *Baccæ* nigræ, pulpa purpurea linteum colore cæruleo tingente plenæ; altitudo fpithamam æquat.

δ. *Kappatialmas* (Bellaria Lapponum) funt Ferculi
fpecies apud Gentem Lapponicam, quæ in maximis
habentur deliciis, conficiendi modum addam:
Lac rangiferinum feu Rhenonum admodum pingue
eft, & gaudet fapore lactis bouini cum butyro &
pauca quantitate febi imprægnati. Cafeum e lacte
ifto conficiunt Lappones communiter quouis die
bis, mane fcilicet & vefperi, dum rangiferos ad cafam
pellunt paftores canibus ftipati, & hoc quidem a menfe Junio ad initium hyemis; Lappones enim per iftud
tempus nil aliud edunt, quam ferum a cafeo fepara-
tum, quod iterum igni fuperimponunt, fic rurfus
incraffatur, quafi nullus ab eo cafeus effet preffus,
hic eorum cibus per totam æftatem; Lac enim par-
fimoniæ dediti vix edere volunt, illo tantum pere-
grinum excipientes hofpitem, nifi prius ex eo cafeum fepararint, vt duplex eius fit vfus. Butyrum
fere nunquam conficiunt e lacte fuo, cum illud butyrum album euadit, ferme fapore febi, & in pauca
quantitate obtinetur; contra vero cafeum copiofiorem inde quam ab vllo alio lacte adquirunt. Dum
cafeus, inquam, confici debet, lacque fuperim-
pofitum eft igni & epidermis quædam in initio co-
ctionis lacti incumbit, iftam abradunt cochleari, colligunt

ligunt in fufficienti copia epidermidem lactis, iftam
(vt alii pultem cum vuis Corinthiacis) mifcent cum
variis baccis fæpe huius fpeciei. Hac maffa replent
ventriculos (præprimis placet ipfis Reticulum dictum) rhenonum, antea exficcatos & nigros, iam
emollitos in aqua calida, fufpendunt & ficcant, vt
cafei fere confiftentiam adquirat. Hæ fane funt
fummæ deliciæ Lapponum, quas confectionum fac-
charatarum inftar., offerunt accedentibus peregrinis,
præfertim gentis fuæ matronulis honeftioribus, quafi
nihil gratius vnquam exfifteret. Cafeus autem ipfe
pinguiffimus & delicatiffimus eft, fed præparandi
modus minus politus. In Alpibus enim inungunt
nonnulli Lapponum vbera rangiferi feminæ vnguen-
to omnium florum recenti, ne hædi matrem fugant,
(licet maxima pars baculo tranfuerfe ori hædi infer-
to hoc prohibeat) quod vnguentum exficcatur, deinde ante mulctum abraditur; eductum lac coagula-
tur, coagulo vel ex pullis recentibus extracto, vel
ex inteftinis pifcium confecto, præfertim ex *Corego-
ni*, *Thymalli* dicti, fpecie.

ſ. Ex immenfa hac, quæ in fyluis occurrit huius plantæ copia, intelligitur, quare in hifce locis (*a*) maior occurrat numerus diuerfarum fpecierum *Tetraonum*, quam vix vllibi terrarum, vti Vrogallus
(Grygallus femina) maior & minor, Bonafia, La-
gopus &c. quibus baccæ hæ per autumnum fuppeditant cibum fufficientem, immo per totam hyemem,
licet exficcatæ fint. Et fane nifi tanta harum auium
copia per autumnum a Lapponibus obtineri poffet,
male ageretur de plurium ventriculis, qui eodem
tempore vix alia adquirere poffunt alimenta. Tum
enim ex arboribus defcendunt aues, pedibus incedunt, baccas maturas edunt, greffu formicino ex-
fpatiantur, vbi laquearibus (*Flackar*) expofitis op-
preffæ occiduntur: Tantam inde reportant copiam,
vt non modo pro cibo fufficiant, fed etiam exente-
ratæ exficcentur (a Nouaccolis in clibano), quibus

per

per totam hyemem & proximum tempus vernale latrantem compescunt ventriculum, pectora harum
auium tali modo exsiccata non modo Lapponibus
grata sunt, sed etiam illis, qui a teneris deliciis ad-
sueti, suauissima exsistunt, licet nulla alia accedant
condimenta. Fateor hæcce pectora fuisse prima alimenta, quæ mecum per deserta & Alpes Lapponicas sumere potui, præsertim cum tanto temporis spatio
essem destitutus gratissimo pane. Adiacentes vtriusque Bothniæ incolæ exinde non modo sufficientem
copiam pro sustinenda familia seruare, sed & incre-
dibilem quantitatem commode quotannis Holmiam
mittere, ibique diuendere possunt.

144. VACCINIUM *foliis perennantibus verticaliter ouatis.*

α. *Vaccinium foliis buxi, semperuirens, baccis rubris.*
Rupp. jen. I. p. 46.

Vaccinia rubra minora. Scheff. lapp. 359. Frank. spec.
38.

Myrtillus baccis rubris. Frank. spec. 22. Till. ab. 47.

Myrtillus ruber minor. Rudb. hort. 77.

Vitis idæa semperuirens, fructu rubro. Bauh. hist. 1.
p. 522. Rudb. it. 9. Lind. wikf. 40.

β. *Vitis idæa semperuirens, fructu nigro* (rubro legen-
dum) *maiore.* Rudb. it. 9.

γ. *Vitis idæa semperuirens, fructu albo.* Rudb. it. 9.

Vitis idæa foliis subrotundis non crenatis exalbidis.
Rudb. lapp. 100.

Rothe-heidelbeer. Schel. botn. 30.

Iòkno. Lapponibus.

δ. In syluis Lapponiæ sabulosis nulla frequentior exsi-
stit planta, quæ nec Alpes reformidat.

ε. Mirati sumus, quod vix vlla planta floribus rubris
vel cæruleis instructa in summo hocce arctoo orbe reperiatur, cuius flores non aliquando albam in-
duant togam (§. 83. γ.). Minus hic receptum naturæ

turæ lufum obferuamus, vbi ipfæ *baccæ* depofita acida fua rubedine dulcem adfumunt *albedinem*, quod
non modo in *hac*, fed etiam in Ribe (§. 98. *ß*.) &
Junipero vifum eft.

ζ. Nec minus fingularem vidimus huius plantæ varietatem in monte altiffimo Lapponiæ Lulenfis Kos-
kefvari dicto, vbi hæc, quæ alias fere diffufa deprimitur, *erecta* & duplo triploue *altior* excreuit, diftinctiffimam præ fe ferens formam, tamen eadem
omnino fpecies. Cur omnes plantæ pure aquaticæ
extra aquam procumbant; Cur omnes plantæ in
paludibus repentes in ficcis erectæ fint; Cur omnes
in fyluis erectæ in fummis Alpibus repant; patet
Phyfico.

ε. *Baccas* has, licet fint acidæ admodum, refrigerantes,
tamen edunt Lappones, qui etiam eafdem fæpe im-
mifcent Bellariis fuis (§. 143. *δ*.). Weftrobothnienfes non folum eas adhibent in vfum culinarem, fed
etiam immenfam illarum copiam, tempore autumnali, Holmiam mittunt, vbi defiderantur pro acetariis ad carnes affatas adponendis, cum maxime acidæ fint; vt hac ratione acidum vegetabile temperet
alcali animale.

δ. *Caules* vix fpithamæi funt, oblique adfurgentes, teretes, pallidiufculi. *Folia* alterna, verticaliter ouata,
leuiter oblonga, perennia, marginibus reflexis. *Baccæ* rubræ in corymbum ex apice enatæ.

145. VACCINIUM *ramis filiformibus repentibus,*
foliis ouatis perennantibus.

Oxycoccus feu Vaccinia paluftris. Tournef. inft. 655.
Vaccinia rubra maiora. Frank. fpec. 38.
Myrtillus paluftris. Till. ic. 155.
Myrtillus paluftris ruber. Rudb. hort. 77.
Myrtillus paluftris, Vitis idæa minima feu Gagel. Till.
ab. 47.
Vitis idæa paluftris. Bauh. pin. 470. Lind. wikf. 40.

Vitis

Vitis idæa paluſtris fruticoſa, fructu magno. Rudb:
  it. 11.

Ladich. Lapponibus.

α. In paludibus vix peruiis & muſcoſis vulgatiſſima
    eſt.

β. Perbellam huius ſpeciei varietatem, ordinaria triplo
    minorem, quoad omnes dimenſiones, vt nullus non
    primo intuitu ſancte adſeueraret diſtinctiſſimam ab
    hacce fuiſſe plantam, vbique in paludibus vidi.

γ. Mire ab hac planta deceptus fuit Magnus ille Tour-
    nefortius, qui hanc ad claſſem polypetalorum aman-
    dauit, (priores vero ad monopetalos retulit), cum
    hæc quatuor petalis gauderet; ſecundum canonem
    enim Botanicum tot numerauit petala, in quot ſpon-
    te ſua reſoluebatur flos deciduus, de cuius normæ
    certitudine vix vnquam dubium motum eſt vllum;
    ſed examinent corollam huius plantæ curioſi & vi-
    debunt Florem, quamprimum erumpit, monopeta-
    lum, ore leuiter quadrifido, cuius lacinulæ mox
    reflectuntur, magis remouentur, profundius ape-
    riuntur, vſque dum tota corolla in quatuor partes
    diſtinctiſſimas diffracta ſit & in totidem partes deci-
    dat. Stamina in omnibus hiſce plantis, quibus an-
    theræ bicornes (§. 142. γ.) vix ac ne vix corollæ
    adfiguntur (F. B. 108.), niſi in quibuſdam infimæ
    eius baſi; exemplo Arbuti.

δ. Baccæ hæ a Lapponibus in vſum cibarium non vo-
    cantur, nec facile ab aliis nationibus, cum nimis
    acidæ ſint. Cur plantæ aquaticæ durioris ſaporis,
    quam montanæ; cur in vmbroſis & humidis locis
    maiori aciditate præditæ, quam in calidis & ſiccis;
    cur acidum extra plantas in locis vmbroſis conſer-
    uetur, in calidis aceſcat intenſius; patet conſide-
    ranti.

ε. Baccis vtuntur Argentifabri conciliaturi argento in-
    tenſiorem albedinem. Argentum enim vulgare mix-
    tum eſſe ex tredecim partibus argenti puri & tribus
    partibus cupri, notum eſt. Cuprum argento immix-
    tum

tum fufcum ei inducere colorem illudque tum citius ab externis accedentibus acidis opacum euade-
re, cüique patet. In aqua enim tartarum, baccas
has & fimilia acida cum argento coquunt, acidum
hoc refoluit & abforbet particulas minimas cupri,
fuperficiei vafis proximas, quibus confumtis, fplen-
det argentum niuea & püra albedine.

146. EPILOBIUM *foliis lanceolatis integerrimis.*
Epilobium latifolium glabrum, flore valde fpeciofos
Dill. giff. 131.
Chamænerion latifolium vulgare. Tournef. inft. 303;
Lyfimachia, Chamænerion dicta, latifolia. Bauh. pin.
245.
Lyfimachia filiquofa maior purpurea. Rudb. cat. 16.
hort. 67. Till. ab. 41. Lind. wikf. 23.
Almocke. Lapponibus & Weftrobothnienfibus.
Himmelsgræs. Dalekarlis.
α. Syluas Lapponiæ fpeciofiffima florum fuorum pür-
pura pingit planta hæc regia.
β. Sæpius horti inftar cingit cafas Lapponis fyluatici,
fuccincto fuo adparatu œconomico cum Diogene
certantis, vt deorum dearumque palatia crederes,
quo hæc herba altiffima floret tempore.

147. EPILOBIUM *foliis ouatis dentatis.*
Epilobium glabrum maius, purpureo flore. Dill. giff.
91.
Chamænerion glabrum maius. Tournef. inft. 303.
Lyfimachia filiquofa glabra maior. Bauh. pin. 245.
Lyfimachia montana ferratifolia. Rudb. hort. 69.
α. In Alpium lateribus frequens eft.
β. Variat magnitudine, colore floris albo & pallido,
vt antecedens. Communiter rubri funt in hocce genere flores.

148. EPILOBIUM *foliis lanceolatis, ramose florent.*

α. *Lysimachia, Chamænerion dicta, alpina.* Bauh. pin. 245.

β. *Lysimachia, Chamænerion dicta, angustifolia.* Bauh. pin. 245:

Chamænerion angustifolium alpinum, flore purpureo. Tournef. inst. 302. Scheuch. alp. 33.

γ. *Chamænerion angustifolium alpinum, flore albo.* Tournef. inst. 302.

δ. In Alpium lateribus, præsertim in amœnissimo isto monte, Wallivari, occurrit.

ε. Magnam cum sequenti habet conuenientiam.

149. EPILOBIUM *foliis linearibus.*

Epilobium glabrum angustifolium. Dill. giss. 128.

Chamænerion angustifolium glabrum. Tournef. inst. 303.

Lysimachia siliquosa glabra angustifolia. Bauh. pin. 245.

Lysimachia siliquosa angustifolia minor. Rudb. cat. 26. hort. 69.

ε. In subhumidis & fere aquosis Deserti locis sæpius pronascitur.

150. EPILOBIUM *foliis ouato-oblongis integerrimis.*

? *Chamænerion alpinum alsines foliis.* Scheuchz. alp. 59.

α. Plantulam hanc bis vel ter in Alpibus lapponicis legi, præsertim ad latera earum, præcedentibus congeneribus mixtam.

β. *Caulis* simplex, vix dimidii digiti longitudine, parum rubescens.

Folia opposita, inferiora minora ouata, superiora maiora & magis oblonga, integerrima omnia.

Flores duo, rubri, parui, caulem terminantes, petalis emarginatis purpureis.

γ. Con-

γ. Conueniunt hæc & antecedentes duæ (148. 149.) florum corolla paruis, petalisque bifidis & æqualibus.

DIGYNIA.

151. CHRYSOSPLENIUM *foliis amplioribus auriculatis.* Tournef. inſt. 146. Rudb. lap. 97.

Saxifraga rotundifolia aurea. Bauh. pin. 309.

Saxifraga aurea. Frank. ſpec. 27. Rudb. cat. 37. hort. 103.

α. Vt in Helſingia & Medelpadia copioſiſſime conſpiciebatur, ita in Lapponia rariſſime.

β. Veteres hanc ad Saxifragias retulere, & ſane ſi facies externa conſulatur, ſummam has intercedere adfinitatem illa exclamat. Staminum numerus quidem non prohibet, quin coniungi poſſet, organa genitalia feminina ſic volunt; corolla autem & calix omni modo negant. Non dubito, quin tandem reperiantur media, per quæ combinari poſſint hæ adfines, licet illud demonſtrata hactenus principia non concedant.

TRIGYNIA.

152. BISTORTA *foliis lanceolatis.*

Biſtorta minor, flore albo. Lind. wikſ. 5.

Biſtorta minor. Cluſ. pan. 479. Frank. ſpec. 6. Till. ab. 7.

H 2 *Biſtorta*

Biſtorta alpina minor. Bauh. pin. 281.
Biſtorta alpina minima ſobolifera. Rudb. lap. 96.
Biſtorta minima. Rudb. cat. 7. hort. 17.

α. In ſyluis & Alpibus vbique vulgaris eſt.

β. Ad latera Alpium lapponicarum legi hanc plantam duabus ſpithamis longiorem, quæ alias longitudinem pollicis vix excedit. Tanta hic præſtat fertilitas ſoli!

γ. Nulli fruſtus veri floribus ſuccedunt, ſed inferioribus bulbilli, ſuperioribus nulli omnino. Bulbos hos non ſemel vidimus in ipſa planta exſeruiſſe foliolum ouatum paruum, quales depingit *Tourneforius* in *inſtit.* Tab. 291. fig. G. H. I, vt hæc variatio vere *vivipara* dici poſſit.

153. POLYGONUM *oblongo anguſto folio.* Bauh. pin. 281.

α. *Polygonum breui anguſtoque folio.* Bauh. pin. 281.

β. *Polygonum anguſtis foliis, calycibus purpuraſcentibus.* Dill. app. 65.

γ. *Polygonum lato ſubrotundo folio, flore purpureo.* Rudb. lap. 99.

δ. *Polygonum latifolium.* Bauh. pin. 281.
Polygonum maius. Frank. ſpec. 24. Rudb. hort. 91.
Polygonum folio latiore. Lind. wikſ. 30.
Polygonum mas. Till. ab. 55.
Polygonum. Till. ic. 121.

ε. Frequens eſt planta in deſertis lapponicis.

ζ. Mire variat hæc ſpecies quoad figuram foliorum, e quibus variationibus tot ſpecies confectæ ſunt. Ex. gr. Lykſeliæ occurrebat alia foliis latis, rotundo-ouatis, quæ (γ.); In agris vero Nouaccolarum alia foliis anguſtis, quæ (β.) eſt.

154. HELXINE *caule volubili.*
Fagopyrum vulgare ſcandens. Tournef. inſt. 511.
Fagopyrum vulgare minus ſcandens. Vaill. par. 42.

Con

Conuoluulus minor, *femine triangulo.* Lind. wikf 9.
Conuoluulus niger. Rudb. cat. 12. hort. 31. Till. ab.
19.

α. In agris Nouaccolarum hæc, vt plures aliæ pere-
grinæ olim allatæ hodie inquilinarum reliquarum,
inftar, Lapponiam pro patria agnofcit.

β. *Fagopyrum* deriuatum a Fago arbore & πυρòς
cum femina huius plantæ formam Nucum Fa-
gi gerant, quod vti fimilia ex aliis plantarum nominibus confarcinata, minus arridet (F. B. 227), ideo-,
que fynonymon eius antiquiffimum præftat (F. B.
244. 242).

TETRAGYNIA.

155. PARIS *foliis quaternis.* *
   Paris Rivini. Rupp. jen. 1. p. 83.
   Herba paris. Tournef. inft. 233. Rudb. cat. 19. hort.
      51. Till. ab. 33. ic. 32. Lind. wikf. 18.
   Solanum quadrifolium bacciferum. Bauh. pin. 167.
   Aconitum falutiferum. Frank. fpec. 1.

α. In vno alteroue loco intra Lapponiæ terminos tantum vifa fuit hæc planta.

β. Modus nafcendi: Radix quodammodo carnofa,
caulis nudus, folia nitida, flos vnicus hanc plantam
ad Liliaceos ablegant, nec repugnat fructificatio,
nifi quod vna tertia parte ordinarium numerum fuperet hæc fpecies, quam in Liliaceis; hoc tamen
in congeneribus non obtinet. Vide C. G. 333.

γ. Nec vnicus memorat pharmacopœus, duplam huius
dofin idem præftare, quod Ippecacuanha in exci-
tando vomitu.

156.

256. ELATINE *foliis oppositis.* *

Hydropiper. Buxb. cent. 3. p. 35. t. 37. f. 3.

Alsinastrum serpillifolium, flore albo tetrapetalo. Vaill. par. 5. t. 2. f. 2.

φ. Ad margines fluuii istius vastissimi Lulensis non raro sese obtulit.

β. *Hydropiper* Buxb. & *Potamopithys.* Buxb. eiusdem generis sunt, nomen vtrumque dimitto (F. B. 225.) & vacuum *Elatines* vocabulum recipio.

γ. Nulla herba, hacce minor, datur in Lapponia, licet nec *Montia* (§. 57.) nec *Scirpus* (§. 21.) nec *Subularia* (§. 253.) nec *Sedum* (§. 196.) maxima fint.

257. SAGINA *ramis procumbentibus.*

Spergula perennis repens, flore gramineo late virente. Rupp. jen. 1. p. 66.

Alsinella, musceso flore, repens. Dill. giss. 81.

Alsine pusilla, gramineo flore tetrapetalo. Tournef. inst. 243.

φ. In Alpibus communis, in desertis rara est planta.

258. SAGINA *ramis erectis bifloris.*

α. Hanc in Alpibus aliquoties vidi, haud vero examinaui characterem, exspectans semper perfectiora specimina, quæ deinde nulla omnino inueniri poterant.

β. *Radix* perennis, e qua multi ramuli exibant, omnes modo ad basin foliis numerosissimis linearibus acutis, vngue breuioribus instructi, *caules* singuli pollicis transuersi longitudine, nudi, in medio tantum duo foliola minutissima exhibentes, e quorum ala ramus exibat vniflorus, antecedenti exacte similis. *Calix* pentaphyllus acutus. *Petala* quinque, obtusa, vix
calice

calice longiora, truncata, emarginata. *Stamina*
decem. *Pistilla*, ni fallor, tria, hinc ad Arenarias
vel Alsines referri deberet, cum autem facies huius,
nec petala bipartita, vt Alsines; nec ouata integra,
vt Arenariæ; sed truncata exhibeat, vt Saginæ,
hic tamdiu illi locum concessi.
§ SEDI *speciem* 196. vide sub Decandria Pentagynia.

CLAS-

CLASSIS IX.

ENNEANDRIA.

HEXAGYNIA.

159. BUTOMUS. * Rudb. lap. 96.
 Butomus flore roseo. Tournef. inst. 270.
 Juncus floridus maior. Bauh. pin. 12. Rudb. elyf. 1.
  p. 109. f. 1.
φ. In fluuio Kemensi tantum nobis visus est.
β. Planta hæc in systemate naturali sub Liliaceis omnino comprehendi debet, dictitante hoc corolla, facie & reliquis, licet stamina sint nouem, licet fructus in sex capsulas sit diuisus.

CLAS.

CLASSIS X.

DECANDRIA.

MONOGYNIA.

160. LEDUM.

Ledum rosmarini folio. Rupp. jen. 1. p. 113.

Ledum silesiacum. Cluf. pan. 69.

Ciftus ledon, foliis rosmarini ferrugineis. Bauh. pin. 467.

Myrtus paluftris. Lind. wikf. 26.

Spiræa odorata Rivini. Erndt. varf.

Rofmarinus paluftris. Till. ab. 59. ic. 158.

α. In paludibus fyluarum vbique copiofiffima exfiftit.

β. Odor ifte fingularis totius plantæ, penetrantiffimus quidem, fed grauis, mouet fufpicionem.

γ. Dalekarli fuperiores interdum hac planta, loco Humuli, vtuntur, fed crapulas vehementiffimas infert cum temulentia fumma & infequenti cæphalalgia difficillima.

δ. Nouaccolæ plantam hanc cum collecta meffe in ftruem feu domum mifcent, quam mures fugiunt, hinc nec confumunt præmia agricolæ.

ε. Solent etiam ruftici per Sueciam decocto huius plantæ lauare boues & fues morbo pediculari laborantes.

H 5

rantes, quo experimento certiffime pereunt pediculi.
ζ. Characterem huius generis exhibuimus in C. G. 342.
qui antea a folo Ruppio imperfecte adumbratus.

361. ARBUTUS *caulibus procumbentibus, foliis
rugofis ferratis.*

Vaccinia rubra, foliis myrtinis crifpis. Raj. fyn. 457.
Vitis idæa prior. Cluf. paf. 77.
Vitis idæa fructu nigro. Bauh. hift. 3. p. 519.
Vitisidæa, foliis oblongis albicantibus. Bauh. pin. 470.
Tournef. inft. 608. Scheuch. alp. 52.
Vitis idæa repens, fructu racemofo magno nigerrimo.
Rudb. it. 9. lap. 100.
Garanas-murie. Lappis. i. e. Coruorum baccæ.
Fiællbær. Dalekarlis. i. e. Baccæ alpinæ κατ᾽ ἐξοχὴν.

α. Per omnes Alpes lapponicas in Dalekarlia ab apice
earum vfque ad bafin circa mare album vix alia ex-
ftat vulgatior, præfertim in locis fabulofis ficciffi-
mifque.
β. Baccæ paulo ante maturitatem rubræ funt, maturo
autem partu plane nigræ euadunt; hinc nulli dubita-
mus, quin hæc noftra eadem fit cum Merretti apud
Rajum in fynopfi, locoque citato.
γ. *Clufius* fuam optime pinxit, licet folia nimis angufta fint & caulis more vfitato erectus exhibeatur.
δ. Mirum eft, quod Tournefortius hanc ad vuam vrfi,
fecundum fua principia non amandauerit, cum tamen calix, vt cum eo loquar, non abeat in fructum, fed piftillum, & bacca quinque femina fo-
ueat; quidquid demum fit, a vacciniis omnino debet diftingui vt & fequens planta, vaccinii enim fructus femper calice coronatus eft; Arbuti non item.
Fateor quidem proximam intercedere adfinitatem
Vaccinia & Arbutos, fed præter fitum iftum germinis
intra vel extra calicem datur etiam fingularis quædam nota in Arbuto, cuius fcilicet corolla ad bafin
quinque vel decem obtufis prominentiis fere pellucidis

cidis & melliferis notatur (F. B. 171.); cortex dein
deciduus, fructus ficcior faciesque externa, Arbutos a Vacciniis diftinguunt. *Vua Vrfi* autem non
debet feparari ab Arbuto, ob feminum numerum
minorem, flore (F. B. 176. 173.) facieque idem
confirmante (F. B. 168.).

ɛ. Defcriptionem, cum planta fit alpina, adponimus.
Radix lignofa, perennis, fufca.
Caules vel potius *Rami*, plures, lignofi, procumbentes, diffufi, teretes, inæquales a corticibus annuis deciduis, fubfufci, pedales, perennes, vndique præfertim in parte fuperiori foliis & foliorum emarcidorum fceletis tecti.
Folia in fummis ramis fex ad duodecim vfque, ouato-oblonga, in petiolos attenuata, quorum apices obtufe prominent, margines fubtiliffime obtufe & æqualiter ferrati, petioli raris villis adfperfi;
 oppofita, non decidua, annua tamen, fuperne
 fecundum venas fulcata, inferne prominula, re-
 ticularibus venis picta.
Racemus ex apice ramulorum prodit reflexus, fimplex, flofculis nonnullis inftructus.
Floris Corolla incarnato-pallida, Bacca globofa,
 glabra, atra, quinquelocularis, femina quinque.

ζ. Baccas Lappones vilipendunt.

162. **ARBUTUS** *caulibus procumbentibus, foliis
 integerrimis.* Tab. VI. fig. 3.
Myrtillus ruber maior, fructu farinaceo. Rudb. cat.
 29. hort. 77. Brom. goth. 71.
Myrtillus maior & minor. Till. ab. 47.
*Myrtillus ruber minor humi ferpens, fructu farinaceo,
 feu Vaccinia farinacea rubra minora, foliis anguftioribus.* Brom. goth. 71.
Vaccinia rubra farinacea minora. Frank. fpec. 38.
Vaccinia rubra farinacea maiora rotundiora. Frank.
 fpec. 38.

Vitis

Vitis idæa, foliis oblongis acuminatis, baccis rubris insipidis. Bauh. pin. 470. Rudb. it. 9.

Vitis idæa repens, fructu rubro farinaceo. Lind. wikf. 40.

Una urfi. Tournef. inft. 599. Cluf. hift. 63. Lob. hift. 547.

Vitis idæa, foliis carnofis & veluti punctatis. Bauh. pin. 470.

Mioelbær Suecis. i. e. Baccæ farinofæ.

α. In Alpibus & defertis Lapponiæ, nec non per totam Sueciam in locis aridiffimis, fteriliffimis & fabulofis vulgatiffima eft hæc apud exteros minus cognita planta.

β. *Baccæ* rubræ repræfentant baccas Vaccinii (144.) vt & tota planta, vixque diftingui poffunt inter fe (nifi quod hæc ramis fuis longius ferpat) a Botanices ignoto, præterquam ex fapore baccarum referente in hac farinam ficcam tota fua pulpa, adeoque nunquam eduntur.

γ. *Folia* colliguntur cum ramulis a feptentrionalibus noftris in magna copia, Holmiamque mittuntur, vbi a coriariis emuntur, quibus tanquam Rhus inferuit.

δ. Puto *vuam vrfi* Tournef. eandem cum noftra plantam effe, defcriptiones authorum enim conueniunt exacte, nec figuræ repugnant, licet minus abfolutæ, licet nulla mentio fiat de pulpa farinacea baccarum. Ex Galliis deinde eadem planta pro vua vrfi ad nos miffa fuit, hinc inquirant Botanici, quibus vuam vrfi vifendi datur occafio, num fructus vuæ vrfi fit farinaceus; quod fi fit, abfolute eandem cum noftra effe fpeciem ftatuere liceat.

ε. *Radix* lignofa, perennis, fufca.

Caules plures, diffufi, procumbentes, pedales vel tripedales, teretes, parum inæquales, perennes, in iunioribus præfertim, rubentes cortice deciduo, ramofi.

Folia verticaliter ouata, oppofita, in petiolos totidem breues definentia, glabra, perennia, venis

nec

nec supra nec infra prominentibus vtrinque inscrip-
ta; margine integerrimo reflexo & fere pubescente.
Racemus ex apice ramorum prodit simplex, reflexus,
duos ad octo vsque flores colligens, quorum singuli proprio pedunculo insident, sub singulo flore squamula posita est.
Floris Calix minimus, quinquefidus, obtusus,
perfistens, purpurascens. Corolla ouata, alba,
ore quinquedentato reflexo obtuso incarnato.
Stamina decem; Antheris duabus setis notatis.
Germen ouatum; Stylus staminibus longior;
Stigma obtusum. Bacca globosa glabra, pulpa
sicca repleta.
VACCINII *speciem* §. 143. vide sub Octandria
Monogynia.

163. ANDROMEDA *foliis alternis lanceolatis,*
margine reflexis. Tab. I. fig. 2.
Ledum palustre nostras, arbuti flore. Raj. syn. 472.
Vsti ideæ affinis polifolia montana. Bauh. hist. 1. p.
227.
Polifolia. Buxb. A. R. 2. p. 345.
Erica palustris, flore purpurascente pendulo, petiolo
longo rubro, rosmarini folio. Rudb. lap. 97.
Erica humilis, Rosmarini foliis, Unedonis flore, ca-
psula cistoide. Pluk. phyt. 175. f. 1.
α. In desertis subhumidis muscosis & paludosis, etiam
in Alpibus, immo per totam Sueciam, mixta Vaccinio
(§. 145.) crescit.
β. Num hæc planta ab Erica genere distingui debeat,
cum suis adfinibus, non adeo facile determinatur,
cum ordo naturalis in his quoad paucissima omnino
differat. Ex. gr.
Vaccinium gerit baccam infra receptaculum floris.
Arbutus quoad omnia vaccinio simillima, nisi quod
bacca sit supra calicem posita.

Av

Andromeda arbuto similima, sed fructus est capsula membranacea.

Pyrola præcedenti similis, nisi quod corolla sit pentapetala, at in illa monopetala.

Erica autem differt ab Andromeda in eo solum, quod Calix magnitudine fere excedat corollam & Corolla leuiter difformis sit. Sed an hæc tanti! Et en hæ notæ in omnibus speciebus obtineant, limitesque certos ponant, docebunt collati flores plurium specierum vtriusque generis, & determinabit dies.

Tournefortius coniunxit genus Andromedæ cum ERICA. *Rajus* distinxit sub nomine LEDI; *Ruppius* sub Ericæ spuriæ seu TETRALICIS ; *Buxbaumius* sub CHAMÆDAPHNES, & POLIFOLIÆ; *Heisterus* sub ERICOIDIS; *Michelius* sub LEDI: *Dillenio* placeret sub ERICONIÆ nomine distincte tradere hocce genus. Adeoque videmus principes nostros recentioresque Botanicos omnes quasi vno ore separare Ericam ab hac nostra, quorum vestigia & nos secuti sumus.

ɣ. In nomine huic generi imponendo minime conueniunt authores, sed tot fere reliquere nobis nomina, quot libros; ego nullum eorum reperio mihi gratum. *Ledum* enim excludo, cum sit alius plantæ nomen (F. B. 214. 243.), *Chamædaphne* & *Pseudo-Erica* (F. B. 225.) *Polifolia* (F. B. 227.) *Tetralix* (F. B. 232.) & *Ericoides* persistere nequeunt.

δ. *Andromeda*, virgo hæc lectissima pulcherrimaque collo superbit alto & viridissimo (*Pedunculus*), cuius facies roseis suis labellis (*corolla*) vel optimum veneris fucum longe superat; juncea hæc in genua proiecta pedibus alligata (*caulis inferior incumbens*), aqua (*vernali*) cincta, rupi (*monticulo*) adfixa, horridis Draconibus (*amphibiis*) exposita; terram versus inclinat moestam faciem (*Florem*), innocentissitiffimaque brachia (*ramos*) cælum verfus erigit, meliori fede fatoque digniffima, donec gratiffimus Perfeus (*æftas*) monftris deui&tis, eam ex aqua eduxit e virgine fa&tam fœcundam matrem, quæ tum faciem (*fructum*) ere&tam extollit. Si Ouidio fabulam de Andromeda confcribenti hæc ante oculos pofita fuiffet planta, vix melius quadrarent attributa, qui more poëtico ex humili tumulo produxiffet olympum.

∂. In fyluis fæpius gaudet floribus plurimis, in Alpium finitimis noftris communiter vnico modo flore, vt in figura repræfentatur, fuperbit, qui fi colorem confideres, vix in hifce otis fibi parem habet.

164. ANDROMEDA *foliis linearibus obtufis fparfis.* Tab. I. fig. 5.
Erica rarior. Mart. burf. 535.
Erica flore purpurafcente pendulo, petiolo longo rubro, piceæ folio. Rudb. lap. 97.
Erica laponica, camarinnæ foliis. Petiv. hort. 244.

∂. Vbique occurrit hæc planta in Alpibus noftris, extra quas nunquam eam vidimus, nifi in adiacentibus montibus rarius.

β. Planta hæc, licet ter antea nominata, etiamnum noua eft, cum defcriptio & figura defideretur, quam vtramque hic adponimus. Ex noftris Alpibus eandem habuit Petiverus per Rudbeckium & Burferus per Sperlingium.

γ. *Radix* lignofa, fibrofa, perennis.
Caules fere procumbentes, ad fummum pedales, fcabri, fufci, in varios *ramos* diuifi, qui e caule ad genicula annotina (vt in Pinu) exeunt plures, caule ere&tiores, longitudine fere æquales.
Folia linearia, latitudine lineæ, obtufa, longitudine dimidii vnguis, numerofa, conferta, vndique fparfa per ramulos anni præfentis, vnius vel duo-
rum

rum annorum antecedentium, fuperne viridia glabra nitida, inferne pallide viridia, petiolis vix confpicuis adnexa, per duos annos perliftentia.

Pedunculi duo ad quinque ex apicibus ramulorum
anni præteriti egrediuntur fimplices, erecti, longitudine pollicis, filiformes, parum hifpidi, pur-
purei, quibus fingulis vnicus infidet flos.

Floris Calix purpureus, hifpidus, minimus; Corolla ouata, longitudine vnguis, leuiter pentagona,
intenfe cærulea (recentiffima fere violacea), ore
fere contracto, quinquefido, obtufo, emargi-
nato, reflexo. *Fructus* Capfula emarginata eft &
oblonga, pentagona, ftylum erectum retinens.
Reliqua vide in charactere.

Ex eodem, quo flores hoc anno prodeunt, apice,
fequenti anno rami exfurgunt.

265. ANDROMEDA *foliis aciformibus confertis.*
Tab. I. fig. 3.

*Erica flore variegato pendulo, petiolo longo rubro, co-
ris folio.* Rudb. lap. 97.

α. Inter omnium vulgatiffimas plantas, per Alpes
noftras, merito numerari poteft hæc in ficciffimis &
glareofis crefcens locis.

β. Florens, mirum in modum iucundiffimo florum
fuorum colore, fpectatorem allicit. Extra florefcentiam vix diltingueres eam a Bryo aliquo vel te-
nuiffimo Lycopodio.

γ. Cum neque hæc defcripta vel depicta fit ab vllo,
eius adumbrationem trado.

Radix perennis, lignofa, fibrofa, tenuis.

Caules & Rami inordinati, filiformes, plurimi,
fpithamæi, procumbentes, vndique difperfi.

Folia tenuiffima, acuta, mollia, furfum leuiter
flexa, conferta, ramos tegentia, longitudine lineæ.

Pedunculus folitarius, ex apice finguli rami vnicus,

cus, erectus, rectus, longitudine dimidii vnguis, filiformis, purpureus, futlinens florem
vnicum nutantem.

Floris Calix purpureus, Corolla globoso-campanu-
lata, femiquinquefida, colore incarnato feu viuido,
apicibus acutis, rectis, rubentibus.

Fructus Capfula fere globofa, erecta.

166. ANDROMEDA *foliis triquetrè imbricatis
obtufis, ex alis florens.* Tab. I. fig 4.
*Andromeda foliis imbricatis obtufis, in triquetrum
pofitis.* F. L. 53.

α. Plantam hanc femel modo in Alpibus noftris inueni, & quidem per quatuor horarum fpatium a monte notiffimo Wallivari in diftrictu Lulenfi, verfus
plagam inter feptentrionalem & occidentalem mediam, ibique in magna copia.

β. Dum nocte media, an noctem dicam, fole orbem illuminante nec occidente, citato gradu cum
interprete follicitus de inuenienda cafa Lapponis
(quam per horas duas vix diftare noueram, licet
locum nefcirem) pergebam fudore diffluens, ven-
toque frigido & aduerfo agitatus, ecce vndique con-
iiciens auidos oculos vmbræ inftar adfpexi hanc plantam, cito autem pergens pro Empetro habui;
fed poft aliquot paffuum diftantiam, nefcio quid
peregrini obuerfabatur menti, redibam & iterum
effe Empetrum putaffem, nifi altitudo in hac maior
attentum aduocaffet animum. Fugit me quid fit,
quod vifum in Alpibus noftris, tempore nocturno, ita confundit, vt non tanta claritate poffimus
obiecta diftinguere ac media die, licet fol æque clarus exfiftat; Sol enim horizonti proximus radios horizontales difpergens vix pileo ab oculis abigi poteft; vmbræ dein herbarum extenduntur in infinitum & implicantur inter fe, tremunt deinde fpirante aquilone, vt vix videre & diftinguere queamus

I   ob-

obiecta diuerfiffima. Lecta femel planta vnica, inquirebam plures in vicinia prodeuntes, ad partem feptentrionalem omnes, & illæ haud ita paucæ conspiciebantur, nec vllæ in alio a nobis poftea vifæ fuere loco. Tum temporis omnes flores fuos deiecerant, & fructui maturando intentæ erant hæ herbæ, vnicum, poftquam diutiffime quæfiuiffem, inueni florem eumque album forma Conuallariæ (§. 112.), fed quinque laciniis acutioribus diuifum.

γ. Defcriptio hæc eft

Radix lignofa, craffiufcula, perennis, nigra.

Caules plures, in varios ramos fubdiuifi, vbique figura & magnitudine fili craffi, fufci, lignofi, nec erecti, nec procumbentes, fed debiles, bipedales, læues

Folia femuncialia (Scheuch. hift.) feffilia, oblonga, biennia, obtufa, fere carnofa, fubtus conuexa, fuperne verfus bafin excauata, imbricatim incumbentia, oppofita oppofitionibus proximis, vt rami his foliis in triquetrum pofitis & imbricatis tecti confpiciantur.

Pedunculus folitarius, longitudine pollicis tranfuerfi, erectus, filiformis, albicans, ex ala folii anni præcedentis ortus, ad bafin quatuor fquamulis acutis, intra finum folii, obuolutus, non raro etiam in medio fquamulis duabus oppofitis ornatus, fuftinens florem nutantem: Pedunculi hi, licet in eodem ramo plures, octo fcilicet ad viginti vfque occurrant, non tamen ex omni ala prodeunt.

Floris Calix incarnatus fere, Corolla campanulata, femiquinquefida, laciniis acutis rectis. Antheræ decem, flauefcentes, vix calice breuiffimo longiores. Stylus albus, corollâ paulo breuior.

Fructus Capfula fubrotunda, quinquelocularis, calice infidens, ftylo inftructa.

Si hæc planta vifa fuiffet a Rudbeckio, facile illam di-

dixiſſem Ericam lapponicam Camarinnæ (*Empetri*) folio Petiv. quam a Rudbeckio habuit, fuis-
ſe eandem ob ſummam cum Empetro conuenien-
tiam ; cum autem ipſi nota non fuerit, eſt illa
(§. 164 *β.*) Petiveri, nec hæc planta.
Caueant Syſtematici in conſtituendo charactere, ne
cum aliis nimium confidant figuræ corollæ, quæ
in hac & proxime præcedenti vltima campanulata eſt ; in duabus præcedentibus ouata; in aliis
globoſa (Tetralice Ruppii); in aliis alia; ne exinde
plura, quam debent, conficiant genera.

167. P Y R O L A *ſcapo vnifloro.* *
  Pyrola flore ſingulari. Riv. pent. 153.
  Pyrola vniflora. Lind. wikſ. 31.
  Pyrola vniflora minima. Rub. cat. 35. hort. 95.
  Pyrola rotundifolia minor. Bauh. pin. 191.
  Pyrola minor. Frank. ſpec. 25.
α. In Alpibus noſtris rarius, in ſyluis vbique reperitur
  hæc planta.
β. Floris huius corolla æqualis eſt vt & piſtillum,
  ſtamina vero inæqualia quoad ſitum, communiter
  enim primo petalo incumbit ſtamen vnicum, ſecundo duo, tertio tria, quarto vnum, quinto tria.
γ. Stigma Piſtilli gerit formam coronæ ex quinque radiis conſtructæ acutæ & magnæ, quod in reliquis
  ſpeciebus non conſpicitur.

168. P Y R O L A *floribus vno verſu ſparſis.* *
  Pyrola folio mucronato ſerrato. Bauh. pin. 191.
  Pyrola folio mucronato. Riv. pent. 151.
  Pyrola tenerior. Cluſ. pan. 506.
  Pyrola minor. Rudb. cat. 35. Till. ab. 56.
  Pyrola minor vmbellata. Rudb hort 95.
  Pyrola pyrifolia fruteſcens. Lind. wikſ. 31.
α. In ſyluis omnibus vulgatiſſima eſt.

θ. In hoc genere facillimum est tradere veras differentias (F. B. 257. 258.) , præfertim fynopticas
(F. B. 289.),quas in hoc genere exhibui, effentiales
esse puto (F. B. 290.).

169. **PYROLA** *ftaminibus & piftillis declinatis.* *

Pyrola rotundifolia maior. Bauh. pin. 191.
Pyrola maior rotundifolia. Frank. fpec. 25.
Pyrola vulgaris maior. Rudb. cat. 35. hort. 95. Till.
ab. 58.
Pyrola cauliflora rotundifolia. Lind. wikf. 31.
Pyrola. Till. ic. 9. Riv. pent. 146.
Pyrola folio rotundo. Riv. pent. 148.
Pyrola folio obtufo. Riv. pent. 150.

α. In fyluis fæpius obuia est.
β. Pyrolæ omnes amant loca dura & vmbrofa, hinc
femper in fyluis opacis , vix vnquam in pratis le-
guntur.
γ. Stamina & piftillum in fingulo flore ad marginem
feu latus inferius vno verfu declinata funt , flores
autem per fcapum vndique fparfi, folia fæpius fubrotunda , fed formam facile mutantia.

DIGYNIA.

170. **DIANTHUS** *petalis multifidis.*

Caryophyllus flore tenuiffime diffecto. Bauh. pin. 209.
*Caryophyllus plumarius , flore inodoro tenuiffime dis-
fecto.* Morif. hift. 2. p. 562.
Caryophyllus fylueftris , flore laciniato carneo. Bell.
eyft. æft. 14. fol. 13.
Caryophyllus V fylueftris , flore laciniato tertius. Cluf.
pan. 322.

Su-

Superba alba, medio corolla purpuro-violacea obsoleta cincta. Lob. ic. 450.

Lychnis. Till. ab. 127.

α. In Lapponia Tornoensi semel lecta fuit planta hæc, quæ in Suecia rara, in Finlandia vulgatissima, quam per totam viam videre licuit nobis per varios casus, per tot discrimina rerum tendentibus in portum.

β. Dianthus quasi flos Jouis seu Flos Deorum dicitur hoc genus, ab eximio florum in certis speciebus odore & colore, quod nomen etiam antiquum synonymon est (F. B. 242.). *Caryophyllus* enim nobis est (C. G. 435.) caryophyllus aromaticus Tournef. cum vnum nomen duobus generibus diuersis concedi nequeat (F. B. 217.), nec *clauus* Dillenii, *Tunica* Ruppii ab aliis receptum sit nomen, Dianthum substituo.

171. SAPONARIA *foliis linearibus.*

? *Lychnis annua minima, flore carneo lineis purpureis distincto.* Tournef. inst. 338.

? *Caryophyllus minimus muralis.* Bauh. pin. 211.

α. In septentrionali Alpium lapponicarum parte inter Lapponiam & Finmarkiam Noruegicam semel hanc legi in itinere.

β. Omnem Veterum Lvchnidem stylis duobus gaudentem Saponariam voco.

γ. Planta nostra & planta sub allegatis Synonymis descripta quodammodo similes sunt, num autem sint omnino vnius eiusdemque speciei, certo dicere hoc tempore nequeo. Nostra enim longe minor est & eius petala magis acuta, vt vel diuersam crederem plantam, vel per culturam mire variatam, quod heic loci destitutus altera vix determinare queo, data occasione accuratius examen instituam.

172. SAXIFRAGA *foliis palmatis, caule fimplici vnifloro.* * Tab II. fig. 4.

Saxifraga caule fimplici vnifloro, foliis palmatis, alis bulbiferis. F L. 53.

? *Saxifraga ad folia bulbos gerens.* Bauh. pin. 309.

? *Saxifraga bulbofa altera bulbifera montana.* Col. ecph.

? *Sedum rotundifolium erectum bulbiferum.* Morif. hift. 3. f. 12. t. 9. f. 24.

a. In omnibus noftris Alpibus vulgatiffima eft planta, extra eas eandem nunquam vidimus. Semper in locis aqua irrigatis occurrit.

β. Protrahimus e Lapponia alpina octo huius generis diftinctas fpecies, quarum omnes Suecis ignotæ funt, excepta proxima fequente (§. 173.); contra vero in Suecia vbique occurrit *faxifraga rotundifolia alba C. Bauh*, quæ nunquam Lapponibus innotuit

γ. Synonyma dubitanter adpofuimus, cum faciem fimilem exhibeant, conuenit enim allegata cum noftra foliorum forma, radice e bulbulis compofita, bulbis in alis foliorum; fed differt itidem, fi iconibus eorum fides fit adhibenda, quod hæc noftra glabra fit, illa villofa; hæc ramis omnibus deftituatur, illa vero plurimis longis vmbellatim difpofitis gaudeat; hæc florem vnicum gerat, illa plurimos; hæc florem nutantem, illa erectum ferat; e millenis millibus indiuiduorum nullam vnquam obferuaui ramofam.

δ. Defcriptio noftræ plantæ ita fe habet.

Radix granulata.

Caulis vnicus, fimpliciffimus, erectus, fpithamæus, Rami nulli.

Folia octo ad fedecim, caulina, alterna, quorum inferiora petiolata, fuperiora feffilia, inferiora ad infertionem petioli finuata, dehinc palmata margine integro, quorum infima in feptem, media in quinque, quæ illa excipiunt in tres lobos diuifa, tandem fuperiora integra, lanceolata, omnia glabra.

Flos

Flos vnicus caulem terminat, antequam explicatur
femper nutat, cuius Calix viridis, leuiffime hifpidus, Petala vero erecta, obtufa, alba.
Bulbi in fingula ala fuperiorum foliorum nonnulli
parui fubrotundi, rufefcentes, in foliorum fu-
premorum alis maiores, in inferiorum alis minores.
1. Curiofa eft confideratio bulborum in certis plantis.
Ex. gr. In *Allio* vertuntur *Flores* in bulbos. In *Lilii* fpecie bulbi *ex aliis* foliorum prodeuntes repræfentant bulbum fquamofum radicis. In *Dentaria*
& in *bac* bulbi in alis. In *Biftorta* capfulæ mu-
tantur in bulbos (§. 152.). In his omnibus vix
vnquam maturefcit fructus, nifi rarius in Dentaria, hinc pro conferuanda fpecie neceffarii videntur. Noftra planta femper in Lapponia abortit.
Bulbi in hac planta communiter rubri funt, forma,
colore & fæpe numero antherarum floris, an itaque
antheræ hic in bulbos vertuntur? In *Braffica* per,
hyemem fepulta fub arena, vernali tempore extra-
cta, bulbi nigri forma feminum Brafficæ foliis pu-
trefactis copiofe infident, fed femina non funt, cum
vitelio bifido deftituantur.

173. SAXIFRAGA *foliis omnibus trilobis ad bafin
anguftis, caule erecto.*
Saxifraga verna annua humilior. Tournef. inft. 254.
Sedum tridactylites tectorum. Bauh. pin. 285.
α. ? *Saxifraga alba petræa.* Pon. bald. 337.
Sedum tridactylites alpinum maius album. Bauh. pin.
284.
β. In Alpibus noftris, vbi Natura cryptis montium
rupibufque lufit, præfertim legitur; In Suecia apud
Fodinam Dannemorenfem & alibi occurrit.
γ. *Variat* caule ramofiori diffufiori cum foliis villofis & caule erectiori minus ramofo foliis glabris,
qualis noftra fæpius eft, hinc illam (α.) pro va-
I 4   ria-

riatione, non pro diſtincta ſpecie habemus.

𝛿. In hac, capſula fere tota ſub receptaculo floris poſita eſt; in aliis (§. 175.) tota ſupra receptaculum collocatur; in aliis vero capſulæ-media pars receptaculo hocce cingitur. Vana itaque eſt diuiſio iſta huius generis in duo diſtincta, ſcilicet in *Geum*, vbi capſula ponitur ſupra receptaculum; & in *Saxifragam*, vbi a receptaculo cingitur; Genera enim omnia naturalia ſunt (S. N. Veg. 14).

174. SAXIFRAGA *foliis radicalibus quinqueloͬbis, florali ouato.* * Tab. II. fig 7.

Saxifraga foliis palmatis, ſupremo cordato. F. L 53.

α. Occurrit tantummodo in Alpibus, præſertim ad earum latera, iuxta riuulos in locis ſubhumidis. Inter omnes noſtras Saxifragas nulla hacce rarius viſa fuit.

β. *Radix* fibroſa & annua videtur.

Caulis vnus, interdum plures, digitales, glabri, molliuſculi, filiformes, fere recti, communiter ſimplices.

Folia Radicalia plura, petiolis longitudine fere caulis inſidentia, prima minora, ſæpe triloba, poſteriora quinqueloba, laciniis fere ouatis, glabra, ad baſin emarginata. *Caulina* paucisſima, ſemper quinqueloba; *Florale* vnicum ſimplicisſimum ouatum, petiolo breuisſimo ſuſtentatum.

Flores duo ad quinque, pedunculis minutisſimis ſuſtinentur, fere ſeſſiles, conferti, caulem terminantes; Petalis paruis, ouatis, albis, inſtructi; quorum Capſula a receptaculo cingitur.

175. SAXIFRAGA *caule nudo ſimplici, foliis lanceolatis dentatis, petalis acutis.* *

Geum paluſtre minus, foliis oblongis crenatis. Tournef. inſt. 252. Scheuch. alp. 37. 335.

Sa-

Sanicula myosotis floribus albicantibus, fere vmbellatis. Pluk. phyt. 58. f. 2. & p. 222. f. 4.
Saniculæ alpinæ aliquatenus affinis. Bauh. hist. 3. p. 708.
Sedum montanum hirsutum, mucronato & dentato folio, flore albo guttato. Moris. hist. 3. p. 478. s. 12. t. 9. f. 13.
Planta foliis aloës. Mart. spitzb. 42. G. a.
Lappska Stiærnor. Suetice.

α. In Alpibus nostris vbique exstat ad riuulos aqua niuali repletos & Mnio refertos. Rarius extra Alpes per semina delata pronascens conspicitur, vt ad fodinam cupri Kengis, &c.

β. Descriptionem huius plantæ tradere Botanicis superfluum esse noui, in gratiam tamen eorum, qui per ista loca plantas quærere non recusant, paucis illam addam.

Folia radici incumbunt plurima, oblonga, fere lanceolata, versus basin angustiora, duplici communiter serratura acuta vtrinque prope summitatem notata.

Caulis simplex, digitalis longitudinis, nudus, tres vel quinque flores, totidem pedunculis breuibus insidentes apice suo sustinens.

Floris Corolla est niuea, plana & eleganter stellaris, cuius petalum singulum vtrinque lanceolato-acuminatum, album, prope basin punctis duobus oblongis fuluis pingitur, quæ perbelle florem ornant. Antheræ purpurascentes sunt.

γ. *Varietatem* insignem, in gratiam Botanophilorum (F. B. 43.), qui variationibus adeo delectantur, præterire nolo; quæ est

Saxifraga caule nudo simplici, foliis dentatis, coma foliolosa. Tab. II. fig. 3.

hæc in Alpibus nostris vulgatissima est, & me detinuit diu dubium, donec tandem vna alteraue vnico in summitate paniculæ flore instructa se eiusdem esse

I 5 pro-

probauit familiæ, cum defcripta, quam folia radicalia indicabant.

Folia huius & antecedentis plane conueniunt . fed
ferraturæ iftæ foliorum radicalium profundiores
obtufiores & vtrinque tres. *Caulis* duplo longior,
fuperne in paniculam diuifus , gerens foliola o-
uata , vix nudis oculis vifibilia , conferta, adeo
vt vltimæ ramificationes vndique tectæ effent.

δ. Floris facies accedit proxime ad *Saxifragam foliis re-*
niformibus crenatis * *Geum rotundifolium maius* T.
Saniculam montanam rotundifoliam maiorem C. B.
fed petala alba punctis plurimis minimis rubris in ifta
pinguntur.

276. SAXIFRAGA *caule nudo fimplici , foliis elli-*
ptico-fubrotundis crenatis , floribus capitatis. *
Tab. II. fig. 5. & 6.

Saxifraga foliis oblongo-rotundis dentatis , floribus
compactis. Raj. fyn. 354. t. 16. f. 1.

Semper viuum minus dentatum. Mart. fpitzb. 43. t. F.
f. a.

Cotyledon altera , olim Mattbiolo. Bauh. hift. 3. p.
684. quoad figuram.

α. Vbique in Alpibus noftris, vbi aqua niualis pedetentim decliuia madefacit, confpicitur.

β. Nullam noui plantam in frigidiffima noftra Lapponia , quæ hac herba facilius fuftineat frigus; vidi
enim eandem natam ac lœte florentem fub niue ifta
æterna , quam nec fol , nec pluuiæ refoluunt, &
quidem ad marginem niuis induratæ vbi hæc parum dehifcit a fuperficie terræ, vt prope Wiryaur
&c.

γ. Mirum in modum *variat* hæc planta, quoad ftaturam & faciem, vt quis minus cautus facile cre-
deret fe plures habere fpecies , dum vnicam tenet.

1. Interdum enim parua exfiltit , foliis cordatis,
floribus

. floribus in capitulum fubrotundum colle&is, folio lineari fpicæ fubie&o. Vid. Tab. II. fig. 6.

2. Interdum vnicum tantummodo florem tenui infidentem fcapo promit, vt in infula prope catara-&am iftam omnium facile principem Kukulakof-ki in diftri&u Tornoenfi.

3. Aliquando flores geminos exhibet, fingulum fingulo fcapo infidentem, altero tamen fcapo breuiore, vt in Herwivari, monte Tornoenfi.

4. Aliquando plures flores e fcapi fummitate profert, pedunculis æqualibus in formam vmbellulæ difpofitis infidentes, Androfaces inftar. Vid Tab. II. fig. 5.

5. Sæpe etiam duplo maior folito euadit, fpicamque ex aliis breuioribus compofitam profert, qualis depingitur in *Raj. fyn.* & fæpius fub niue confpicitur (*B*.)

δ. Prodit tamen facile hæc planta familiam fuam, fub quacunque demum lateat larua, foliis radicalibus inferne rubefcentibus & piftillis purpurafcentibus.

ε. *Radix* fibrofa eft.

Folia radicalia omnia cordata, obtufa, vndique crenata, terræ incumbentia.

Scapus nudus, fimpliciffimus, digitalis, quodammodo hifpidus, leuiffime purpuralcens.

Corolla obtufa, & alba eft.

ζ. Secundum principia Tournefortii (§. 173. δ.) debet hæc planta ad Saxifragas, non autem ad Gea referri, cum capfula maxima ex parte infra receptaculum floris lateat.

η. Facies proxime accedit ad *Saxifragam caule nudo, foliis cordato-fubrotundis, petalis obtufis.* * *Saxifragam foliis fubrotundis ferratis* T. *Cotyledonem minorem foliis fubrotundis ferratis* C. B. cuius folia etiam inferne rubefcunt & caulis ante florefcentiam nutat, florefque pedunculo proprio gerit.

177. **SAXIFRAGA** *foliis radicalibus in orbem po-
fitis, ferraturis cartilaginofis.* * Tab. II. fig. 2.
Sedum montanum rofeum ferratum, foliis fubrotundis.
Barrel. ic. 1310.

α. In Alpibus noftris omnium rariffima eft; & inter
plantas vltimo in Alpibus florentes numerari poteft; eandem enim florentem collegit D. *Svanberg*,
Præfect. Rei metallicæ, circa finem menfis Augufti
eamque ad me mifit, quum eo iucundo comite
vix explicatos habere potuerim flores.

β. Species hæc variat admodum foliorum figura nunc
fubrotunda, nunc oblonga, hinc tot fuperfluæ conftituuntur fpecies. Ex. gr.

1. *Barrelieri* nominata.
2. *Saxifraga fedi folio, flore albo, multiflora.* Tournef. inft. 252. Scheuch. alp. 68. edit. prima.
3. *Saxifraga fedi folio pyrenaica ferrata.* Tournef. inft.
252.
4. *Saxifraga fedi folio angustiore ferrato.* Tournef.
inft. 252. *Cotyledon media, foliis oblongis ferratis.* Bauh. pin. 285.

γ. Noftra fic fe habet.

Radix fibrofa, perennis.

Folia Radicalia oblongo-ouata, carnofa, margine
cartilagineo, ferrato-crenato (maxillæ anfer næ
inftar), in orbem difpofita, inferiora breuiora,
fuperius plana, inferius conuexa. *Caulina* minima, oblonga, hifpida.

Caulis e centro orbis foliorum prodit, fpithamæus,
erectus, hifpidus, rufefcens, foliis alternis admodum raris inftructus. *Ramus* nudus, filiformis, folitarius, digitalis, (quo fuperior, eo breuior) e finu finguli folii caulini oritur. Rami hi
eodem modo foliis tribus ad feptem linearibus
inueftiuntur & e fingulo folii huius finu pedunculum vniflorum exierunt.

Floris Petala alba funt & tribus neruis longitudinalibus

libus inftructa ; *Fructus* praeterea ad maximam
partem fub receptaculo floris latet.
δ. Facies foliorum huius plantae maximam habet fimilitudinem cum Semperuiuis, vti fpecies huius generis vltima (§. 179.) cum Sedis.

178. SAXIFRAGA *foliis fubulatis fparfis.* *
   Saxifraga alpina , angufto folio , flore luteo guttato.
     Raj. fyn. 353.
   Sedum alpinum , floribus luteis maculofis. Bauh. pin.
     284.
   Sedum alpinum , flore pallido. Bauh. pin. 284.
   Sedum alpinum primum. Cluf. pan. 285. fig.
α. In petris Alpium rupibusque earum frequens eft ,
incipiens florere circa decimum quartum Julii defi-
nebat circa finem eiufdem menfis per omnes Alpes.
β. Petala flaua funt & communiter punctis fuluis adfperfa, interdum tamen non ; hinc duae quibufdam fpecies pro vna habentur.

179. SAXIFRAGA *foliis ouatis quadrangulato-im-
    bricatis , ramis procumbentibus.* *
   Planta fedo faxatili fimilis. Mart. fpitzb. 46. tab. F.
     fig. c.
α Saxifraga alpina ericoides , flore purpurafcente. Tour-
    nef. inft. 253. Scheuch. alp. 48.
   Sedum alpinum ericoides purpurafcens. Bauh. pin.
     284.
β. Saxifraga alpina ericoides , flore caeruleo. Tournef.
    inft. 253. Scheuch. alp. 140. t. 20. f. 2.
   Sedum montanum ericoides. Bauh. prod. 132.
γ. Vbique in Alpibus , praefertim e petris & rupibus
laete dependet, funiculorum inftar, lucens floribus
fuis caerulefcentibus.
δ. Corolla colore variat violaceo & caeruleo puro , hinc
duae apud quofdam conftituuntur fpecies.

                  ε. *Va-*

tur. Vix noui florem vllius plantæ, qui a perianthio ſuo hac ratione, tanquam intra globum, occultatur.

γ. Nouæ huius plantæ deſcriptio eſt hæc:

Radix fibroſa, num annua vel perennis fuerit certo definire nequeo; nullum enim plantæ emarcidæ ſignum ad radicem obſeruare potui; vnicum ſemper caulem ex eadem radice vbique protulit.

Caulis vnicus, erectus, ſpithamæus, integer, in tria vel quatuor internodia diuiſus, vix manifeſte ſcaber.

Folia oppoſita, lineari-lanceolata, ſuperiora breuiora & anguſtiora; Ad radicem quatuor folia ponuntur, orta e duobus articulis caulis admodum proximis.

Flos vnicus caulem terminat, horizontaliter nutans, cuius Calix ouatus, inflatus, lineis decem eleuatis fuſcis hiſpidis longitudinalibus pictus, ore quinquedentato, obtuſo, fere clauſo. Corolla conſtat petalis quinque, oblongis, vnguibus triquetro-planis, erectis; Limbus fere nullus, emarginatus, fuſcus, calice dimidio breuior. Stamina decem, calice breuiora, corolla fere longiora. Germen oblongum; ſtyli quinque, ſtaminibus paulo longiores, calice tamen breuiores. Capſula cylindracea, oblonga, in medio parum attenuata, obtuſa, intra calicem abſcondita, vnilocularis.

182. CUCUBALUS *caule compoſito, calicibus ouato-oblongis.*

Mas.   Femina.

Lychnis ſylueſtris ſeu aquatica purpurea ſimplex. Bauh. pin. 204.

Lychnis ſylueſtris. Dod. pempt. 171.

Melandryum Plinii genuinum. Cluſ. hiſt. 294.

α. In Alpium conuallibus frequens eft, in fyluis eadem vix vnquam a nobis vifa.

β. In Alpibus *Corolla* fæpius ludit *alba*, quæ naturaliter purpurea eft.

γ. In hac plantæ fpecie mares & feminæ in Diœciam diftinctæ funt, reliqua attributa habet communia cum Cucubalis, ftylis tamen inftruitur quinque. Mirabitur forte quis, cur ego non fecundum adfumta principia, æque demonftrabilia & demonftrata ac vllius alius methodi, conficiam noua genera ex iis, quæ claffe & ordine differunt, methodo ab omnibus facile fyftematicis recepta. Sed cum fciam omnia genera effe naturalia, (alias nulla per fecula feculorum in Botanicis certitudo), terrent me veftigia tot generum fpuriorum in Botanicam introductorum, ob folam hanc rationem, quot vnquam genuina exftitere.

δ. Variationem fingularem, *petalis* fcilicet fingulis *quadrifidis*, huius fpeciei in Alpibus habuimus.

183. SILENE *floribus erectis laxe diftantibus, caule dichotomo.*

Lychnis faxatilis alpina glabra pumila. Tournef. inft. 238. Scheuch. alp. 137.

Alfine alpina glabra. Bauh. pin. 251.

α. Per latera feptentrionalia Alpium lapponicarum nobis defcendentibus in Finmarkiam aliquoties obuia erat.

184. SILENE *acaulis.*

Lychnis alpina minima. Raj. hift. 1004.

Lychnis alpina pumila, folio gramineo. Bauh. pin. 206. Scheuch. alp. 138. 425. Dill. elth. 206. fig.

Ocymoides mufcofus. Pon. bald. 341. fig.

Mufcus alpinus, Lychnidis flore. Bauh. hift. 3. p. 767.

α. Florens iuga Alpium noftrarum amœniffima fua

corollarum purpura obueſtit , camposque Lapponum illuminat.

β. Sæpius flore albo obſeruatur.

γ. Qui prima vice hanc plantam fugitiuo adſpicit oculo , eo tempore quo flore caret , facile pro Polytricho eandem habebit, quæ tamen a Muſcis, dictitante fructificatione, adeo diuerſa eſt.

δ. Stamina ſemper decem in hac planta vidi , nec vnquam quinque reperire potui.

185. **SILENE** *lapponica alpina facie Viſcariæ.*
*Lychnis muſcaria rubra anguſtifolia , floribus in ſum-
mitatibus cauliculorum ternis.* Rudb. lap. 98.
Lychnis pyrenaica vmbellifera minima. Tournef. inſt.
338.

α. Vbique in Alpibus noſtris obuia eſt.

β. Multum laboris mihi creauit hæc planta , nec ſa-
tisfecit deſiderio meo. Exacte enim gerit formam
Viſcariæ Ruppii, adeo, vt aliam figuram addere ſuperfluum foret , niſi quod flores parum magis conferti ſint. Eandem eſſe cum Viſcaria iſta facilis dicerem hanc plantam , eiusque tantummodo varietatem, ſi in ſeptentrione & ſupra Helſingiam reper-
perta fuiſſet viſcoſa illa; cum autem in Lapponia vel
Lapponiæ proximis non occurrat , multo minus in
Alpibus, e quibus hæc nunquam deſcendit,eadem ſpecies eſſe nequit. Deſtituitur præterea noſtra viſco-
ſitate omni caulis.

γ. Deſcriptio hæc eſt.
Radix perennis, fibroſa.
Folia Radicalia plurima, conferta, anguſto-lanceo-
lata , obtuſe acuminata , glabra , pollicis transuerſi longitudine : Caulina oppoſita , prioribus
conformia , paulo maiora.
Caulis ſimplex , ſpithamæus & altior, in quattuor ad
octó vſque internodia diuiſus , glaber , obtuſe te-
trigonus.

Ca

Corymbus terminat caulem , & flores confertiores, quam in Vifcaria, gerit. Ex alis foliorum fuperiorum caulis oriuntur pedunculi femitrifidi , totidem flores fuftinentes, quorum intermedius inferior eft.

Florum facies eadem ac in Vifcaria, fed paulo minores. Calices purpurafcentes, Corolla purpurea, Stamina decem, Styli tres , & folia pedunculis fubiecta purpurafcentia funt.

γ. Quibus notis *Silene*, *Lychnis*, *Coronaria* , *Agroftema* , *Drypys*, *Saponaria* (quas omnes ad Lychnides retulit Tournefortius), & *Cucubalus* diftingui posfint , vide characteres Generum.

ε. Synonymon Rudbeckianum debetur Authoris tabulis pictis & Tournefortianum Cl. *Dillenio.*

186. A L S I N E *foliis ovato-cordatis.* ✻

α. *Alfine media.* Bauh. pin. 250.
 Alfine minor. Lind. wikf. 2.
 Alfine chamædryoides. Till. ab. 3.
 Alfine. Frank. fpec. 2. Till. ic. 75.

β. *Alfine altiffima nemorum.* Bauh. pin. 250.
 Alfine maxima folanifolia. Mentz. pug. fig. 2.
 Alfine maior fylueftris. Rudb. vall. 2. hort. 5. Lind. wikf. 3.

γ. Crefcit (α) vbique , præfertim ad cafas Lapponum; (β) autem præcipue ad latera Alpium.

δ. Vnicam eandemque (α. β.) effe plantam , non latet inquirentem & fedulo confiderantem gradus magnitudinis. Varietas tamen notabilis eft illa (β) , quæ foliis inferioribus gaudet exacte cordatis, fuperioribus ouatis , floribus itidem magnis, magis villofis , immo & planta ipfa quater vel fexies confpicitur maior. Hæc tamen omnia producuntur a folo , hinc in lucis & dumetis , nemoribusque , in fimetis & fimilibus pinguibus locis fæpe perennat. Ad ripas fluuiorum quoque

non

non raro reperitur , & quidem quinque ftylis piftilli luxurians ; confideranti patebit ! Cum itaque
limites nulli alii , præterquam qui gradu differunt, ftatui poffint, diftingui non debent plantæ,
licet notæ differentes maxime fpectabiles effent ;
fpecies itidem omnes funt naturales & tot numeramus, quot ab initio creatæ funt (F. B. 157. 132.
S. N. Reg. 1. 2. 3. 4.), reliquas paruas differentias, varietates dicimus.

187. ALSINE *foliis linearibus.*
  α. Alfine pratenfis , gramineo folio anguftiore. Tour-
      nef. inft. 243.
      Caryophyllus aruenfis glaber, flore minore. Bauh pin.
      210.
      Gramen floridum album. Frank. fpec. 15.
      Gramen leucanthemum. Rudb. cat. 19. hort. 47.
      Till. ab. 52.
β. Alfine folio gramineo anguftiore , paluftris. Dill. giff.
      173. app. 69.
γ. Alfine aquatica media. Bauh. pin. 251.
    Alfine fontana. Tabern. hift. 2.
    Alfine aquatica, folio gratiolæ , ftellato flore. Dill.
      giff. 58. app. 39.
δ. Crefcit hæc (α) in locis ficcis, (β) in humidis gra-
    minofis, (γ) in riuulis glareofis exficcatis.
ε. In tribus hifce variationibus (α. β. γ.) vnicam video
    plantam folo loco parum differentem;
  Prima (α) enim ramofiffima euadit, & vix erecta
    ftare poteft, nifi a fruticulo, vt communiter ic-
    cidit, fuftentetur.
  Secunda (β) vero vix ramis manifeftis gaudet, fed
    fine fulcimento erecta, flore maiori inftructa,
    perfiftit.
  Tertia (γ) autem minor, fere procumbens & minus
    fpeciofa reperitur, cum foliis lanceolatis & latio-
    ribus.
                                                SA-

SAGINÆ *speciem* 158. vide sub Octandria Tetragynia.

188. ARENARIA *foliis ouatis acutis carnosis.*
Alsine littoralis, foliis portulacæ. Bauh. pin. 251.
Alsine maritima, foliis portulacæ. Gottsch. pruss. 12.
f. 2.
Telephium maritimum portulacæ folio. Buxb. A. R.
3. p. 271.

α. Ad radices Alpium lapponicarum in mari septentrionali, vt in insulis Roerstad, Salleroen &c. copiose.

189. ARENARIA *maritima.* Rupp. jen. 1. p. 100
Spergula maritima, flore paruo cæruleo, semine vario. Dill. app. 30.
Alsine spergulæ facie media. Bauh. pin. 251. Tournef.
inst. 244.

α. Cum antecedenti sæpius occurrit.

PENTAGYNIA.

190. SPERGULA *fructu pendulo.*
Spergula. Bauh. hist. 3. p. 722 Dod. pempt. 527.
Rudb. hort. 107. Lind. wikf. 36.
Arenaria aruensis vulgatior. Rupp. jen. 1. p. 100.
Alsine spergula dicta maior. Bauh. pin. 251.

α. In petris sæpe ad latera Alpium lapponicarum occidentalium; nullibi tamen copiosiorem huius prouentum vnquam vidimus, quam in agris Finmarkiæ.

β. In Finmarkia Noruegica iuxta Alpes non raro vnica

nica noĉte , vento ex Alpibus fpirante gelido , media licet æftate, deftruitur læta feges , tum hæc planta mire luxuriat, colligitur itaque, & femina huius
cum pauca quantitate cerealium mixta puluerifantur
fub lapide molari, & e farina conficitur panis nigricans quidem, fed gratus, vt ipfi nobis multoties retulerunt.

γ. *Spergula* diĉta fuit hæc fpecies a veteribus fere fola ;
debet itaque hæc , fi genere a reliquis diftinĉta fit
planta, vt omnino eft, nomen fuum retinere (F. B.
245. 246) , Spergulæ vero a recentioribus diĉtæ noua
nomina accipiant. *Spergulam* itaque *Ruppii* , quæ
Alfinella Dillenii eft , dixi *Saginum* (§. 157.) : *Sper-*
gulæ autem *Dillenii* adfignaui *Arenariæ* Ruppii nomen, a qua hæc diftingui debet planta.

191. SPERGULA *caulibus fimplicibus procumben-*
tibus.
Spergula minor , foliis Knawel , flore maiufculo albo.
Dill. giff. 156.
Alfine nodofa germanica. Bauh. pin. 251.

α. Hanc quidem plantam intra ipfos Lapponiæ Noruegicæ terminos non obferuaui , fed in loco per qua-
drantem horæ inde diftanti, nec non in Finmarkia
Noruegica.

β. Hæc a veris Spergulis genere diftingui non debet ,
vt examinanti florem facile patebit.

192. CERASTIUM *corolla calice maiori.* *
α. *Myofotis alpina latifolia.* Tournef. inft. 244.
Alfine myofotis facie , Lychnis alpina , flore amplo ni-
ueo repens. Raj. fyn. 349. t. 12. f. 2.
Caryophyllus holofteus alpinus latifolius. Bauh. pin.
210. prod. 104.
Herba facie auriculæ muris. Mart. fpitzb. 47. tab. G.
fig. d.

β. Ceβ. *Cerastium foliis lanceolatis glabris.* F. L. 54.

γ. In Alpium noſtrarum conuallibus graminoſis & ne-morofis florum ſuorum corollis latis & niueis gra-tam viſu ſeſe offert hæcce planta.

δ. Duas hic habemus variationes, quarum altera follis omnino glabris & fere nitidis, altera villoſis gaudet; quod autem non ſint diſtinctæ ſpecies, docent o-mnes partes, etiam minimæ fructificationis, quæ ſibi vt ouum ouo ſimiles. Quænam autem ſit cauſa glabritiei in altera planta, cum tamen ambæ mixtæ occurrant, quæro; item an hæc differat a *Cerastio hirſuto flore magno.* Dill. & in quibus?

ɛ. Species noſtra ſæpius vnico modo gaudet flore, non raro etiam duos e ſummitate profert, plures vix ob-ſeruaui apud noſtros Lappones, at in Hortis Belgii plures.

193. CERASTIUM *corolla calici æquali.* *
Cerastium hirſutum viſcoſum. Dill. giſſ. 41.
Myoſotis hirſuta altera viſcoſa. Tournef. inſt. 245.
Alſine hirſuta altera viſcoſa. Bauh. pin. 251.
Alſine corniculata. Rudb. vall. 2. hort. 5.

α. In ſyluis graminoſis ſæpius prodit.

β. Florum faſciculus ſæpe in globum plicatur mon-ſtroſus & ſterilis, quod infectis eorumque nidis ad-ſcribendum eſt.

γ. Hic reperire non potui *Cerastium corolla calice bre-uiore* * *Cerastium hirſutum minus paruo flore* Dill. giſſ. 80. quod in Finmarkia aliquoties obuium erat & ſtaminibus quinque ab antecedentibus manifeſte differebat.

CUCUBALI *ſpeciem* 181. vide ſub Decandria Trigynia.

SILENES *ſpeciem* 185. vide ſub Decandria Tri-gynia.

ALSINES *ſpeciem* 186. (δ.) vide ſub Decandria Trigynia.

194. OXALIS *foliis ternatis, scapo vnifloro.*
Oxys flore albo. Tournef. inſt. 88. —
Oxys trifolia, flore albo. Rudb. cat. 31. hort. 83.
Oxys. Frank. ſpec. 83.
Oxytriphyllum. Till. ab. 51. ic. 57
Oxytriphyllum flore albo. Lind. wikſ. 27.
Trifolium acetoſum vulgare. Bauh. pin 330.

α. Rariſſima eſt hæc planta in Lapponia, viſa præſertim in Lapponia Umenſi.

195. SEDUM *paruum acre, flore luteo.* Bauh. hiſt.
3. p. 694.
Sedum minus flore luteo, ſeu Illecebra. Till. ab. 62.
Sedum minus ſeu Illecebra. Rudb. cat. 37. hort. 105.
Sedum minus. Till. ic. 149.
Sedum minimum. Frank. ſpec. 27.
Sempervivum minus vermiculatum. Bauh. pin. 283.

α. Viſa hæc planta a nobis ad latera Alpium Lapponiæ Noruegicæ, quæ in Suecia obuia nobis non fuit.

β. Hæc eſt, quam tantis laudibus euehit *Below* noſter (Profeſſor olim Lundenſis) *contra Scorbutum* caſtrenſem.

196. SEDUM *minimum annuum, flore roſeo tetrapetalo.* Vaill. par. 181. t. 10. f. 2.

α. Ad ripas fluuii Lulenſis copioſiſſime creſcit minima hæc planta.

β. Piſtillis gaudet hæc quatuor, num ſtamina obtineat quatuor vel octo certo determinare nequeo; ſi ſtamina huic modo ſint quatuor, diuerſum dicerem eſſe genus, nec repugnaret facies.

CLAS-

C L A S S I S XI.

DODECANDRIA.

MONOGYNIA.

197. LYTHRUM *foliis oblongis acutis , floribus verticillatis.* *

Salicaria vulgaris purpurea, foliis oblongis. Tournef. inft. 253.

Lyfimachia fpicata purpurea. Bauh. pin 246. Till. ab. 42. Rudb cat. 26. vall. 22. hort 69.

α. Ad latus Alpium occidentale parcius occurrit.

β. In gratiam eorum, qui varietatibus delectantur, notabilem proferam plantam, quam reperi cum itinere per Lapponiam fatis defatigatus peterem patriam, in loco ifto, a quo tenebras cimmerias nomen fuum accepiffe putant, ad fluuium puta Kemi prope templum ; hæc enim *foliis gaudebat a ternis, floribus in alis folitariis.* Caulis erat pedalis, rectus, fimplex ; Folia alterna , cordato-lanceolata , feffilia ; Flores ex fingula ala foliorum fuperiorum prodibant folitarii , feffiles. Vnicam vidi talem plantam,

K 5   tam,

tam, vera autem variatio, & non diſtincta erat ſpecies.

DODECAGYNIA.

THALICTRI *ſpeciem* 225. vide ſub Polyandria Polygynia.

CLAS-

C L A S S I S XII.

ICOSANDRIA.

MONOGYNIA.

198. PADUS *foliis annuis.*

Padus germanica , folio deciduo. Rupp. jen. 1. p. 122.

Cerasus racemosa sylvestris, fructu non eduli. Bauh. pin. 451.

Cerasus auium. Lind. wikf. 8.

Cerasus auium seu Pseudo-Ligustrum. Rudb. cat. 11. hort. 25. Till. ab. 16.

Pseudo-Ligustrum. Frank. spec. 35.

Auchtia seu Autia. Lapponibus.

α. In syluis copiose crescit, præsertim in locis depressis.

β. Pueri per Norlandiam maxime delectantur hisce baccis, quas cum parua quantitate salis ingerunt, adeoque edulis hic est Padus.

γ. Licet in paucis omnino differant inter se *Cerasus* & *Padus*; dictitat tamen natura hæc genera distincta esse, hinc valet magis in his minima nota distinctionis, quam in aliis sæpe generibus maxime sensibilis.

DIGY.

DIGYNIA.

199. CRATÆGUS *inermis foliis ellipticis serratis transuersaliter sinuatis subtus villosis.*

Cratægus folio subrotundo laciniato & serrato. Vaill. par. 24.

Cratægus scandica, foliis oblongis nonnihil laciniatis & serratis. Celf. upf. 17.

Sorbus domestica. Till. ab. 64.

Sorbus torminalis. Rudb. hort. 107. Brom. goth. 110.

Cratægus folio subrotundo serrato subtus incano. Tournef. inst. 633.

Mespilus alni folio subtus incano, Aira Theophrasti dicta. Raj. syn. 453.

Sorbus alpina. Bauh. hist. 1. p. 65.

Alni effigie lanato folio, maior. Bauh. pin. 452.

Oxel. Suecis.

α. Hanc semel vidi ad domum Nouaccolæ in Lapponia, num vero de industria, an casu eo fuerit allata, fateor me ignorare; per Lapponiam alias nullibi reperitur, sed quidem læte & supra Lapponiam in Finmarkia, & infra eam in Westrobothnia pronascitur.

β. A pueris & rusticis auide expetuntur baccæ, quæ iustam maturitatem, antequam frigus & gelu autumnale incidat, vix adquirunt.

TRIGYNIA.

200. SORBUS *aucuparia*. Bauh. hift. 1. p. 62.
Rudb. hort. 107. Till. ab. 64. Lind. wikf. 36.
Sorbus fyluefiris aucuparia. Frank. fpec. 37.
Sorbus fylueftris, foliis domefticæ fimilis. Bauh. pin.
15.
Aucuparia Rivini. Rupp. jen. 1. p. 126.
Raune. Lappis.

α. In defertis Lapponiæ admodum frequens eft & iuxta tuguria Lapponum enata lucum e longinquo refert.

β. *Folia* huius arboris circa diem primam Septembris (ftylo nouo) fpirante frigido aquilone, euadebant rubra, cum contra Populi, Salicum & Betulæ folia inde pallefcebant; videtur itaque Sorbus maiori quantitate acidi fcatere, quam reliquæ.

γ. Solent opulenti plurimi, cum baccæ huius arboris rubefcere incipiunt, threnos canere, futura fata, & adpropinquantes podagræ paroxyfmos præuidentes; Lappo autem talem morbum in mundo noftro exfiftere ne per fomnium audiuit, fed agilis & leuis omni anni tempore viuit. An Podagra a folo vini potu? fic fuadent Nationes podagricæ, quæ pro potu quotidiano vtuntur vino. Sic ruftici noftri podagra haud infeftantur, qui nunquam vinum, fed cereuifiam fuam hauriunt; fic Lappones; fic diuites noftri podagrici, qui potu vini vtuntur. Ex vfu Spiritus frumenti & fimilium nunquam oriri podagram docent & Lappones & ruftici nonnulli feptentrionales, qui fæpius nimiam eius copiam ingerunt, infcii dolorum podagricorum. Nullam vidimus gentem facilius incedentem ipfa lapponica,

in-

incedunt enim Lappones fine calcaneis artificialibus,
vtentes tantum foleis tenuiffimis fimplicibus, e pellibus confectis, nec conftringunt vllibi artus corri-
giis, fibulis, cingulisue, accedit quod nunquam
falfa vel vegetabilia edant, & pedibus incedant conniuentibus, ductu naturæ, qui mos in Lapponia
obtinet. Non fine admiratione confideraui Lappones duos comites meos in itinere ad Finmarkiam,
quorum alter viæ dux, alter interpres meus erat.
Hienim fuperatis Alpibus, dum ego iuuenis fere viribus exhauftus, exanimis inftar laffus in extremis
iacui populisque locisque, illi fenes ambo tanquam
pueri ludentes currentesque de viæ incommodis nihil fentiebant, licet vterque meo fuppellectile fatis
onuftus effet. Vidi ipfe fenes plus quam feptua-
genarios talum collo fuo, puerorum inftar, impo-
fuiffe, & quidem fine vlla-moleftia. O fancta fim-
plicitas diætæ omnes fuperans laudes!

PENTAGYNIA.

201. FILIPENDULA *foliolo impari maiore trifido.* *

Ulmaria. Tournef. inft. 265. Till. ab. 67. ic. 152.
Lind. wikf. 41.

Barba capræ floribus compactis. Bauh. pin. 164.

α. Totam Lapponiam fyluestrem replet, nec parca in
Alpibus proftat.

β. Maximam habet genus huius plantæ adfinitatem cum
Spiræis. Quod vero *Filipendula* Tournef. & *Ulmaria* eiufdem fint plantæ congeneres, nullo argumen-
to deftrui poffe videtur.

γ. *Herba Johannis* dicitur *hæc* planta a Weftroboth-
nienf.

nienfibus, *Hypericum* a Suecis, *Leucanthemum*
(vid. Kyberi Lexic.) ab Heluetis.

ℨ. Odor huius plantæ omnium fragrantiffimus eft, hinc
apud rufticos per Sueciam receptum eft diebus æfti-
uis & in conuiuiis folia eius recenter collecta per
pauimentum fpargere, vt odor repleat totam domum, qui fæpe tam denfus, vt vix perferri poffit.
Per hyemen autem ramos tenellos *Abietis* confciffos fimili modo per pauimentum fpargunt. En Epi-
ftromata, quæ illis porrigit natura ipfa.

◦. Miratus fum, quod hæc planta tam fragrans minus,
quam virtus fuaderet ab odore defumta, reuocata
fuerit ad vfus medicos, fed forte latet anguis fub
herba. Cum in itinere Dalekarlico (impenfis Gene-
roffimi Baronis NIC. REUTERHOLMI, magni
iftius Gubernatoris prouinciæ Dalekarlicæ fufcepto)
Alpibus fuperatis in Noruegiam perueniremus alte
dormientibus laffis fociis, obambulans in trifti fylua aduertebam etiam *Equos* diftinguere poffe alimenta falubria a noxiis, ingerebant enim famelici
omnes fine difcrimine herbas, intactas tamen omnino relinquentes *Filipendulam* hanc, *Valerianam*
(§. 15.), *Conuallariam* (§. 112.), *Angelicam* (§. 101.
102.), *Epilobium* (§. 146.), *Comarum* (§. 214.),
Geranium (§. 266.), *Helleborum* (§ 226.), *Aconitum*
(§. 221.) & varios frutices. Dedit hoc anfam, vt
curiofo rerum naturalium fcrutatori commendemus
obferuationes inftituendas circa plantas, quæ fcilicet ab animalibus phytiuoris, vt Boue, Oue, Ca-
pra, Ceruo, Equo, Sue, Simia, &c. eorumque
fpeciebus non deuorentur, quod rite obferuatum
fua vtilitate non careret. Tantum vero abeft, quin
dicam, quod, quæ animalibus noxiæ vel falubres
funt plantæ, itidem & nobis conueniant vel no-
ceant; nec fufficit cum Wepfero plantas animalibus, præfertim carniuoris, venenatas exhibere, vt
inde conftet earum effectus in noftrum corpus.

POLY-

POLYGYNIA.

202. ROSA *fylueftris alba cum rubore, folio glabro.*
Bauh hift 2. p. 43.
Rofa fylueftris vulgaris, flore odorato incarnato. Bauh.
pin. 483.
Cynosbatos pomifera maior. Rudb. it. 9.

α. Vix intra Lapponiæ fines hanc vnquam legi, fed in
adiacentibus regionibus quidem; cum autem ab Archiatro Rudbeckio inter plantas lapponicas recenfeatur, eandem & ego Floræ lapponicæ inferere
volui.

203. ROSA *fylueftris pomifera minor.* Bauh. pin.
484.
*Rofa pumila fpinofiffima, foliis pimpinellæ glabris, flo-
re albo.* Bauh. hift. 2. p. 40.

α. In defertis paffim prope tuguria vel fluuiorum ripas obuia fuit, licet nullibi copiofe.

β. Rhachis foliorum in hac fpinofa eft, in antecedenti non item.

204. RUBUS *caule erecto hifpido, foliis ternatis.*
Rubus idæus fpinofus. Bauh. pin. 4-4. Till. ab. 60.
Rubus idæus, fructu rubro. Lind. wikf. 34.
Rubus idæus hircinus ceruinus. Frank. fpec. 36.
Rubus idæus. Rudb. cat. 36. Scheff. lapp. 359.
Hindbeeren. Schel. botn. 30.
Gippermurie. Lapp. Umenfibus.
Gappermurie. Lapp. Lulenfibus.

α. Copiofiffime in fyluis, præfertim ad cafas & tugu-
riola Lapponum.

β. Gip-

β. Gipper-murie i. e. Bacca pilei forma , cum fructus
e receptaculo delapfus concauus fit, inftar pilei, &
fupra conuexus, forma tegmenti Lapponum hyema-
lis e pellibus.

205. RUBUS *caule aculeato reflexo perenni , foliis*
ternatis. *
Rubus repens , fructu cæfio. Bauh. pin. 479.
α. Semel tantum a me iuxta fines Lapponiæ vifus eft,
a Nobiliffimo *Rudbeckio* etiam inter lapponicas recenfetur plantas.

206. RUBUS *caule repente annuo , foliis ternatis.* ●
Rubus idæus , fructu rubi , fere absque vllis fpinis.
Siml. alp. 132. a.
Rubus alpinus humilis. Bauh. hift. 2. p. 61.
Rubus humilis repens faxatilis. Frank. fpec. 36.
Rubus repens faxatilis. Rudb. hort. 110.
Rubus faxatilis alpinus. Cluf. pan. 116.
Chamærubus faxatilis. Bauh. pin. 479. Scheuch.
alp. 34.
Labrufca maior & minor. Till. ab. 37.
Labrufca. Lind. wikf. 20.
Vitis fylueftris repens. Frank. fpec. 38.
Vitis longe lateque repens, Labrufca. Rudb. it. 9.
Vitis , Ribes faxatilis , fructu fere vmbellato. Rudb.
it. 9.
Taiwimurie. Lapponibus. *Togbber* Weftrobothnien-
fibus.
α. In fyluis copiofe , nec raro in Alpibus noftris ob-
feruatur.
β. Notabilis eft bacca huius fpeciei , in qua acini diftincti & feparati decidunt, cum in congeneribus nafcantur cohærentes & coaliti in vnum corpus.

307. RUBUS *caule vnifloro , foliis ternatis.* * Tab.
V. fig. 2 B. B. 44.

Rubus humilis , fragariæ folio , fruĉu rubro. Rudb.
it. 9. lap. 99.

Fragaria fruticans. Rudb. cat. 17.

Fragaria Suecorum fruticans. Rudb. hort. 43.

*Fragaria septentrionalium fruticans , baccis nigris
dulcibus & mellitis.* Frank. fpec. 14.

Ackermurie Lapponibus. *äckerbær* Norlandis.

α. Planta hæc rariffima, Botanicisque minus cognita
occurrit copiofe per Lapponiam defertam, præfertim ad tuguria & cafas Lapponum ; in Alpibus autem noftris vel in Finmarkia eandem non obferuauimus, at in vtraque Bothnia, Angermannia, Medelpadia & Helfingia copiofiffime ; In Geftricia &
Finlandia rarius nobis obuia erat. In Dalekarlia ad
vrbem Fahlunam fponte hanc nafcentem dete-
xit Clariff. D. *Ioh. Browallius* (Philofoph. Doĉt. &
naturalium rerum fcrutator ingeniofiffimus) non
longe ab vrbe. In itinere Dalekarlico ad templum
Elfdahliæ eam reperimus.

β. In hortis non facile colitur , & communiter fterilis euadit. Magnus ifte Polyhiftor S. S. Th. D.
Ol. Celfius , Botanicus Doĉtiffimus per plures
annos in horto fuo eandem coluit , vbi quidem
omni anno floruit , fruĉtum autem ibidem mature-
fcere nunquam obferuauimus.

γ. Rubi huius fpecimina ficca habemus in America
feptentrionali leĉta, in Europæ vero aliis locis obferuatum non recordor; *Dillenius :* idque, ni fallor,
in terra Hudfonis.

δ. *Dan, Kellander* (quondam Phyficus Gothoburgenfis)
integram de eadem planta habuit differtationem , qui
etiam primus hanc plantam delineauit & depinxit,
cuius ergo Helfingiam petiit , & Hudwiksvallis adumbrauit; vide B. B. 44.

ε. Ingratus effem erga beneficam hanc plantam , quæ

me

me toties fame & curfu fere proftratum vinofo baccarum fuarum nedare refocillauit, fi eius integram
non exhiberem defcriptionem.

Radix filiformis, repens, regerminans, perennis,
fquamulis quibusdam fufcis hinc inde inftruda.

Caulis fpithamæus, filiformis, in quatuor vel quinque internodia diuifus, erectus quidem, fed fecundum internodia alternatim leuiter inflexus,
rufefcens, obtufiffime tetragonus, leuiffime pu-
befcens. *Rami* communiter nulli, raro tamen v-
nicus imperfedus (ex eodem, quo floris pedunculus oritur, finu) inter pedunculum & petiolum
egreditur, nunquam tamen eundem vidimus per-
fedum.

Folia ad genicula caulis folitaria, ternata, quorum
inferiora minima, media maxima, fumma mediæ magnitudinis exfiftunt. *Squamulæ* foliaceæ
duæ, oppofitæ, ouatæ, conniuentes & eredæ,
minimæ, ad quodlibet geniculum caulis petiolo
connexa, ponuntur, e quibus *Petiolus* ad angulum acutum exit pollicis transuerfi longitudinis,
filiformis, fecundum longitudinem fuperne ex-
cauatus, cuius apici *Foliola* tria, fere feffilia (intermedium minutiffimo inftruitur petiolo proprio), ouata, profunde & inæqualiter crenata
crenis obtufe acuminatis, ad quas fingulas nerui,
e longitudinali venientes ramofi reda excurrunt;
fuperne faturate viridia funt folia, inferne pallidiora, fecundum neruos rugofa, fere glabra, vix
manifefte pubefcentia. Foliolum intermedium
regulare eft & a neruo longitudinali in duas partes exade æquales diuifum, lateralia vero minus
expanfa funt verfus marginem interiorem, verfus
exteriorem autem magis prominula & quafi lacinula dilatata.

Floris pedunculus longitudine petiolorum ex ala vltimi folii exit, eredus, quem Flos vnicus terminat, cuius *Calix* eft Perianthium monophyllum,

L 2   cam-

campanulatum , laciniis quinque ad decem , oblongis, anguftis, acutis, viridibus, patenti-refle-
xis , perfiftentibus, vltra medium diuifum.   *Co-*
rolla plana , purpurea, conftans tot petalis , quot
calix laciniis, verticaliter ouatis, calice paulo longioribus, patentibus, integris, vnguibus anguftis
calicis parieti infertis. *Stamina* numerofa, incurua & conniuentia , breuiffima , rubro-flauefcen-
tia, quæ piftillos tegunt.   *Bacca* compofita, magnitudine fere mori , nigro-purpurea.

ζ. *Corolla* purpurea ; *Caulis* fimplex , inermis ; flos v-
nicus cum foliis ternatis , fpeciem a congeneribus
manifefte diftinguunt.

α. Variationem *corolla laciniata* notabilem habui in Lapponia , vbi ignis ante annos aliquot mirum in modum deuaftauerat omnia , quæ petalis inftruebatur
laciniatis , vt in *figura* 2. *Tab. V.* videre eft , cum
in naturali integra femper fint petala ; ideoque va-
riantia potius delineanda curaui , quam integra naturalia , quæ facile , demtis ferraturis , intelligun-
tur.

θ. Menfis Maii primis diebus e terræ finu erumpens
florem gerit fere perfectum & poft aliquot dies eum
expandit, altitudinem pollicis transuerfi non attingens, eamque florefcentiam continuat, vsque dum
iuftam & fpithamæam adipifcatur ftaturam.

ι. Crefcit præfertim cum Polytricho , & vbi iftud viget, læte etiam crefcit hæc planta; hoc eft in locis
humidis , fabulofis & glareofis , fuperne terra fœcunda tectis, per æftatem ficcis.

κ. Moleftiam aliquam pariunt baccæ huius plantæ fiti-
culofis , cum maturæ receptaculum fuum , more
congenerum, non dimittant, fed arcte retineant.

λ. Confici curant Magnates per Norlandiam e baccis
Syrupum, Gelatinam, vinum Rubeatum, &c. quæ
partim ab illis ipfis confumuntur, partim Holmiam
ad amicos mittuntur . tanquam bellaria fuauiffi-
ma, rariffimaque; & fane inter omnes baccas Sueciæ

ciæ fyluestres videntur hæ tenere primas.

μ. Primus *inuentor* huius plantæ est *Olaus Rudbeckius* pater, qui eandem per *Celsium* patrem habuit ex Helsingia & in catal. horti Upsaliensis 1658. primus nominauit.

208. RUBUS *caule vnifolio & vnifloro, foliis simplicibus.* * Tab. V. fig. 1.

Rubus humilis palustris, fructu e rubro flauescente. Rudb. it. 9. lap. 99.

Rubus palustris, folio ribes. Frank. spec. 37.

Chamærubus foliis ribes. Bauh. pin. 480.

Chamæmorus. Raj. syn. 260.

Chamæmorus Suenorum. Rudb. hort. 27. Brom goth. 18.

Chamæmorus noruagica. Lind. wiksf. 8.

Chamæmora seu Morus noruagica. Scheff. lap. 359.

Morus noruagica. Till. ab. 47. ic. 150.

Hiortron Suecis. Schell. botn. 30.

Làtoch. Lapponibus.

Snotter Westrobothnienfibus. *Moltebær* Noruegis.

α. In Lapponiæ syluis in immensa copia prostat, nec non copiose in Alpium conuallibus generatur.

β. Loca amat paludosa, cæsposa & nemorosa simul, & quæ nec læta fouent gramina, sed per æstatem siccissima persistunt. In talibus locis per totam Norlandiam, Smolandiam & omnes Sueciæ prouincias syluestres frequentissima est.

γ. Cum planta hæc mihi a teneris notissima fuerit, eius descriptionem & figuram tradam, vt omne dubium de nostra specie euanescat. Quam enim *Clusius* in *pannonicis* 118. sub *Chamæmori* nomine describit, illa est vel distincta species a nostra, vel sane pessime adumbrata; ille enim suæ plantæ adscribit

1. *Caulem incuruatum secundum genicula,* qualem exhibet præcedens; cum nostra caule erecto insistat

L 3   2. Flo-

2. *Florem purpureum*, vt in præcedenti noſtra; in hac
alba eſt corolla, nec vnquam rubra.

3. *Folia plura & acutiora* , vt in illa (licet non ternata); cum noſtra duobus obtuſis inſtruatur.

1. *Radix* filiformis, repens, regerminans, perennis.

Caulis ſimpliciſſimus , erectus , ſpithamæus , ſqua-
mula vna alteraue amplexicauli ouata inferne cinctus , foliis duobus , raro admodum tribus , ramo vero nullo, inſtructus.

Folium inferius e medio caule egreditur , auctum
ſquamulis duabus, ſubrotundis, oppoſitis, geni-
culo caulis adfixis , erectis, ad baſin petioli po-
ſitis ; *Petiolus* pollicis eſt transuerſi longitudine,
filiformis, ſuperne longitudinaliter exaratus. *Diſcus* folii eſt circumſcriptione (demta vna ſexta
parte circuli ad baſin folii) rotundus , ad baſin
profunde emarginatus, ſemiquinquelobatus, lobis obtuſis, inæqualiter crenatis, quorum inferiores duo paulo minores ; ſuperficies autem leuiſſi-
me pubeſcens eſt & ſecundum neruos plicata. *Folium* vero *ſuperius* per ſpatium aliquod ab inferiori diſtans nullis gaudet ad baſin petioli ſquamis, inferiori , demta magnitudine, in omnibus
ſimillimum eſt.

Flos vnicus, reſpectu ipſius plantæ magnus , terminatrix, cuius *Calix* monophyllus , quinquepani-
tus; (raro quadripartitus), in lacinias ouato-acu-
tas diuiſus. *Petala* quinque, verticaliter ouata,
alba, fere erecta , ſtamina albo-flaueſcentia. *Bacca* magnitudine Mori , compoſita, primo rubra;
dein, dum matura eſt, flaua, mollis, minusque a-
cida, quam congenerum.

Figura noſtra Tab V. fig. 1. plantam *florentem* exhibet ; cum *fructu* eandem bene depinxit *Tilland-
ſius*, in icone 150.

a. Pueris immo & aliis maxime placent Baccæ. We-
ſtrobothnienſes immenſam copiam baccarum con
dita-

ditarum Holmiam omni autumno transmittunt pro acetariis.

ζ. Lappones baccas contritas lacte Rhenonum mixtas summo cum delectamento comedunt, nec nobis displicebant hæc eorum confectionibus faccharatis innocentiora bellaria.

η. Baccas integras, in niue Alpium fepultas, per integram hyemem conferuant, & vere infequenti easdem tam gratas, ac cum defoderentur, inde extrahunt.

θ. Dani maxime, ne dicam nimium, euehunt vires baccarum in Scorbuto, quarum tamen effectus minus innotuit inquilinis, quam exteris. *Sim. Paulli, Chamæmoris ad fatietatem commeftis fcorbutici in Noruegia pene deplorati, feliciter fanantur. Tb. Bartholinus* med. domeft. 30. *Noruegia Chamæmorum fuam habet antifcorbuticam, fupraque medicorum fpem & exfpectationem pofitam, quæ cruda, condita, in fpiritum attenuata, palato pariter ac torpidæ fcorbuticorum affectioni inferuit, noftrisque pro panacea probatur.* &c. vide eundem p. 106.

209. FRAGARIA *vulgaris.* Bauh. pin. 326.
 Fragaria. Till. ab 29 ic. 113.
 Fragaria minor. Rudb. vall. 14.
 Fragaria baccis rubris. Frank. fpec. 14.
 Fragaria minor, fructu rubro. Rudb. cat. 17. hort. 43. Lind. wikf. 13.
α. *Fragaria minor, fructu dulci fubalbido.* Lind. wikf. 13.
 Fragaria minor, dulci fructu. Rudb. cat. 17. hort. 43.
β. *Fragaria minime vefca.* Lind. wikf. 13.
 Fragaria altera. Dod. pempt. 661 figura.
 Trifolium nodofum repens. Rudb. lap. 100.

γ. *Fra-*

γ. *Fragaria parua pruni magnitudine.* Rudb. lap. 100.
Erdbeeren. Schell. botn. 30.

δ. In fyluis frequentes, pauciores tamen quam in Suecia; in Alpibus rarius obueniunt.

ε. *Varietas* illa (α) fæpius in locis vmbrofis legitur; (β) autem inter lapides. ftolones reptantes exferit; & communiter fterilis eft; (γ) vero in Lapponia rarisfima, communiter minor parua pruno.

ζ. *Baccas* mifcent Lappones cum Kappatiàlmas fuo (§. 143. δ.), & cum fummo obleɗamento Fraga cruda adfumunt.

η. *Bacca* Fragariæ fingularis eft, vt & tota hiftoria Baccæ apud Botanicos obfcura, pauca itaque exempla proferam. *Bacca* naturalisfima eft, dum Pericarpium femina ambiens emollitum repletur pulpa fluida, vt baccæ *Phyfalidis*, *Riuinæ*, *Bromeliæ*, *Conuallariæ*, *Phytolaccæ* &c. *Drupa*, dum intra eiusmodi pulpam ac corticem nux reconditur, loco feminum; vt in *Cerafo*, *Pruno* &c. Bacca & Drupa poteft etiam effe ficca, fi modo caro tegat nucem vel femina; vt in *Amygdalo* vel *Galio*, cum inter ficcum & fluidum nulli dentur alii limites, nifi ratione gradus. Sed funt & aliæ Baccæ fingulares; Ex. gr. *Dilleniæ* (C. G. 455.) & *Nymphææ* bacca pericarpio membranaceo tegitur. *Cucubali* T. & *Androfæmi* T. bacca caret pulpa. *Morus* & *Bliti fpecies* (Chenopodio-Morus Boerh. feu Morocarpus Rupp.) baccam gerunt e Perianthio fuccofo reddito produɗam. *Taxus* baccam adquirit a receptaculo annulari tandem faɗo fuccofo & maiori, quam vt tegere queat femen a lateribus, licet dehifcat in apice. In hoc ordine Polygyniæ longe aliter producuntur Baccæ & fane leuisfimo gradu a non bacciferis diftinguuntur: Ex. gr. Receptaculum *Tormentillæ* concauum eft & ficcum. Receptaculum *Potentillæ* leuiter conuexum eft & ficcum, cui vndique adfiguntur femina nuda. Receptacuptaculum *Comari* fcrotiforme, carnofum & calici adhærens. Receptaculum *Fragariæ* fubouatum, pulpofum, molle, deciduum, cum feminibus nudis. Receptaculum *Rofæ* concauum, cum calice extenfum, Ficus inftar, ore fuo conniuens, femina plurima nuda continens, carnofo-pulpofum. Receptaculum *Rubi* ouato-oblongum, carnofum, femina plura gerens fub tunica inuoluta, quæ pulpa repletur. Hinc videre eft, quod neque fructus *Rofæ*, neque *Fragariæ* vera bacca dici poffit; quod Fragaria, Comarum, Potentilla, Tormentilla fere nullas alias charaƈerifticas notas pro diftinƈione admittant, præterquam quæ gradu differunt. Quod in hifce generibus magni facienda fit Receptaculi ftruƈura. (F. B. 175. 169.).

9. Ex diƈis patet, quid refpondendum ad Magni BOERHAAVII quæftionem (H. Lugdb. 2 p. 60.), *an Rubos Fragariis iungere licet*? certe videtur, fi confideremus in quam paucis hæc duo genera inter fe differant, fcilicet in eo folum, quod membranula modo tegat femina Rubi, quæ minus manifefta eft in Fragariis. Pulpa fucculenta, quæ in Fragaria Receptaculum commune feminum molle exhibet, hic femina intra tunicam iftam membranaceam ambit, & baccam conftituit, licet tam parua tamque fere fit nulla, in hoc ordine tamen conftituit charaƈerem, quem fi non pro fufficienti adfumeremus, neceffario ad idem genus referre deberemus Rofam, Rubum, Fragariam, Potentillam, Tormentillam, Sibaldiam, Comarum, Geum & Dryadem, cum aliæ notæ difcrepantes dentur nullæ conftantes; quod autem maxime paradoxon foret (§. 111. β.).

210. POTENTILLA *foliis pennatis, caule repente.* ✢
Potentilla. Bauh. pin. 321. Till. ab. 55
Potentilla feu Anferina. Rudb. cat. 34. hort. 93.
Pentaphylloides argenteum alatum feu Potentilla.
      Tournef. inft. 291.
α. In fyluis rarius crefcit.
β. Trado duo diuerfa Genera Authorum fub vno eo-
      demque nomine, *Quinquefolium* puta & *Pentaphyl-
      loides* Tournef. cum in re omnino nulla, examina-
      tis omnibus fructificationis partibus, differant (F. B.
      165.), nec repugnat facies, nec vfus medicus, nec
      vlla a priori vel pofteriori defumta ratio   Nullum
      fane eft genus, quod non a fola fructificatione di-
      ftingui poffit, licet nos fæpe lateat, quid effentialem
      conftituat characterem; ignofcamus antecefforibus,
      qui ab vna vel altera fructificationis parte genera di-
      ftinguere tentarunt, fi aliquando ad folia, fimiles-
      que partes confugere ipfis placuit; nobis autem pa-
      tent feptem fructificationis partes diftinctæ (F. B.
      86.), quarum confideratio genuina femper differen-
      tiam generis fubminiftrat. Fructificationis iftud
      fummum inuentum, Harueano æquiparandum, in
      omnibus valet Claffibus & generibus, quod tam-
      diu, crede mihi, perfiftet, quamdiu vnquam Har-
      ueanum in phyfiologicis.
γ. Genus itaque noftrum, ex duobus Tournefortianis
      compofitum (*β*), in pofterum *Potentillam* vocamus
      (F. B 213 244 242.), cum *Quinquefolium* feu *Pen-
      taphyllum* contraria euadant (F. B 232) & *Penta-
      phylloides* indiguum fit vocabulum (F. B. 226.).

211. POTENTILLA *foliis ternatis incifis, caule
      diffufo.*
*Pentaphylloides maius erectum, flore luteo, ternis fo-
      liis fragariæ inftar hirfutis.* Morif. hift. 2. p. 193.
      f. 11. t. 20. f. 2. Scheuch. alp. 138.
Quinquefolium fragæfolium, flore luteo. Lind. wikf.
      31.   *Tri-*

Trifolium noruegicum maius serratum , foliis crenatis , flore luteo. Kylling. A. D. 1672. p. 346 figur.

α. Intra fines Lapponiæ rara eft planta , in adiacentibus vndique prouinciis vulgatiffima , bis modo vel ter eandem in Alpibus Lapponum Noruegicorum' legi.

212. POTENTILLA *foliis quinatis incifis, caule adfurgente.*

Quinquefolium minus repens lanuginofum luteum. Bauh. pin. 325.

Pentaphyllum Tormentillæ facie. Rudb. cat. 32. hort.' 85. vall. 28.

Pentaphyllum facie Tormentillæ. Till. ab. 52.

α. In defertis & Alpibus viget.

213. TORMENTILLA *sylueftris.* Bauh. pin. 326.

Tormentilla vulgaris. Lind. wikf. 37.

Tormentilla. Frank. fpec. 29. Rudb. hort. 109. vall. 34. Till. ab. 66. ic. 30.

Förbun Lapponibus.

α. Planta hæc maxima in copia per totam Lapponiam proftat, hinc Lapponibus notiffima.

β. In Suecia communiter in ficcis aridis obuia fuit , in Lapponia vero femper in paludibus.

γ. Piftillorum numerus in hac planta variat , vtpote. qui communiter ftylos octo , fæpe fedecim , rarius quatuor exhibet.

δ. Lapponibus fummum vfum præbet hæc planta, præcipue pro fcopo tingendi , hac enim varia , e lana confecta (a vicinis emta) tingunt; præprimis autem rubrum colorem pellibus nudis feu coriis mollibus inducunt, mafticando fcilicet radicem , & inungendo , rubra inde facta faliua, pelles ; breui
fane

fane compendio! hinc videbis veftimentorum , quibus vtuntur, partem illam rubram, quæ carpum collumque tegit, cingula rubra, ocreas rubras &c. vide Alnum (§. 340. γ.).

ε. *Barthol. domeft. 23. In infulis Ferröenfibus tam copiofe prouenit ad fubigenda coria & fuum efcam, vt famuli rufticorum fingulis diebus effodere teneantur Tormentillæ tonnam mediam.* Quod idem etiam in Lapponia vfum habere poffet apud Nouaccolas, nifi Pineum panem præferrent.

214. COMARUM.

Quinquefolium paluftre rubrum. Bauh. pin. 325.
Quinquefolium paluftre rubeum. Frank. fpec. 25.
Pentaphyllum aquaticum. Rudb. cat. 32. hort. 85.
Pentaphyllum aquaticum repens. Till. ab 52.
Pentaphyllum paluftre, flore rubello. Lind. wikf. 28
Pentaphylloides paluftre rubrum. Tournef inft. 298.

α. *Pentaphylloides paluftre rubrum, craffis & villofis foliis, Suecicum & Hybernicum.* Pluk. alm. 284. phyt. 212. f. 2.

β. In humidis Lapponiæ defertæ.

γ. *Varietas* ifta (α.) rarius obferuatur & plane non differt a naturali planta, præterquam quod folia villofa fint, quæ tamen hirfuties anno demum infequenti & foliis per hyemem deftructis exficcatisque præcipue obferuatur.

δ. *Noui* huius *generis* planta magis diftincta eft a Potentillis, quam Fragaria, vt patet infpicienti Corollam Receptaculum & Filamenta; Vide Characterem C. G. 417.

215. DRYAS. *

Dryadæa. S. N.

Caryophyllata alpina, Chamædryos folio. Morif. hift.
2. p. 432. Tournef. inft. 295. Scheuch. alp. 33.
332.

Chamædrys alpina, cifti flore. Cluf. pan. 611. Bauh.
pin. 248.

Chamædrys montana. Tabern. hift. 2. p. 98. fig.

Herba Cervi. Siml. alp. 129. b.

Hirtzwurtz. Siml alp. 130. b.

α. In Alpibus lapponicis frequentiffima eft , extra eas
nulli obuia fuit.

β. Genus hoc a fequenti, cum quo commixtum fuit a
Botanicis , manifefte differt calicis & corollæ diui-
fione in octo fegmenta, petalorum forma , fructu
& facie , cuius itaque characterem dedimus C. G.
419.

γ. Speciofa eft planta, *Folia* radicalia, ouata, ad marginem reflexa , perennantia, inferne alba. *Scapus*
nudus , vniflorus. *Corolla* niuea, patens, plana, decidua. *Semina* oblonga , feta villofa longiffima e-
recta notata.

δ. Sæpe *corolla duplicata* variationem exhibet.

ε. *Dryadem* a Dryadibus Deabus quercuum dixi hanc
plantam, cum folia quodammodo formam foliorum
Quercus exhibeant.

216. GEUM *riuale.* Gefn. hort.

*Caryophyllata feptentrionalium rotundifolia , pappofo
flore.* Lob. ic. 694.

Caryophyllata aquatica , nutante flore. Bauh. pin. 321.

Caryophyllata pratenfis purpurea. Frank. fpec. 7.

Caryophyllata pratenfis, Benedicta rubra. Till. ab. 15.

Caryophyllata montana rubra minor. Rudb. cat. 10.
hort. 23.

*Caryophyllata montana, flore purpureo pappofo nutan-
te,* Lind. wikf. 7.

α. In

α. In nemoribus fatis frequens eft planta.

β. *Geum* T. & *Saxifragam* T. genere conuenire diximus (§. 173. γ.) ergo excluditur ex Decandria Digynia Geum (F. B. 246.) ; Saxifragæ autem nomen retinetur (F. B. 241.), vacuum itaque Gei vocabulum , huius plantæ olim fynonymon (F. B. 244) , loco nominis Caryophyllatæ (F. B. 217) , huic generi imponimus.

CLAS-

C L A S S I S XIII.

POLYANDRIA.

MONOGYNIA.

217. ACTÆA *caule inermi.*

Christophoriana vulgaris nostras racemosa & ramosa.
Tournef inst. 299.

Christophoriana. Till. ic. 148.

Aconitum racemosum. Bauh. pin. 183.

Aconitum racemosum bacciferum. Frank. spec. 1.

Aconitum bacciferum seu Christophoriana. Rudb. hort.
3. Till. ab. 2.

Betneka-murie. Lapp. i. e. *Baccæ caninæ.*

α. In desertis parœciæ Iokmock & alibi rarius.

β. Retineo in hocce genere nomen antiquissimum Plinii *Actæam* (F. B. 241. 237.), cum nullus mihi sanctus in Botanicis sit Christophorus (F. B. 236). Baccæ enim hæ a deuio peragrante loca commestæ, canum instar Actæonis, dominum suum, in bestiam transmutatum, tanquam feram pellunt, donec destruant & occidant adsumentem, hinc Poetæ fabula de Actæone.

γ. Vnum vel alterum nouimus triste exemplum eorum

a

a quibus baccæ adfumtæ, vt mirum nobis non videatur , cur veteres eam ad Aconita demandauerint.
Baccæ ipfæ atræ malignam fuam indolem produnt
(F. B. 365.) fecundum tritum illud : Hic Niger eft,
hinc tu Romane caueto.

218 ·NYMPHÆA *calice magno pentaphyllo.*
Nymphæa lutea maior. Bauh. pin. 193.
Nymphæa flore luteo maior. Rudb. hort. 79.
Nymphæa citrina lutea. Frank. fpec. 22.
Nymphæa flore luteo. Till. ab. 48. Lind. wikf. 26.
α. In fluuiis rarius, præfertim in minoribus.
β. Calix huius floris pentaphyllus & coloratus , ma-
gnitudine coroHam longe fuperans omnino non fuf-
ficientem præbet notam pro genere diftinguendo ,
cum ftamina & fructus ab aliis omnibus differant
(F. B. 171. 173. 170. 175), confirmante idem facie
(F. B. 168).

219. NYMPHÆA *calice tetraphyllo, corolla multi-*
plici.
Nymphæa alba maior. Bauh. pin. 193.
Nymphæa alba. Frank. fpec. 22. Till. ab. 48.
Nymphæa flore albo. Lind. wikf. 26.
Nymphæa flore albo pleno. Rudb. hort. 79.
Leuconymphæa, Nymphæa alba maior. Boerh. lugdb.
1 p. 281.
α. In fluuiis inferioribus Umeufibus & Pithoenfibus
rarius.
β. Flos huius plantæ plenus non eft , vt nec Mefem-
bryanthemi , licet petala plura numerentur , quam
partes perianthii , cum ftamina perfecta confpiciantur (F. B. 121.) & femina fœcunda perficiantur
(F. B. 150).

220. EUPHORBIA *inermis, foliis fubrotundis cre-*
natis.

Tithymalus heliofcopius. Bauh. pin. 291.

Tithymalus fubrotundis foliis maioribus crenatis. Herm.
lugdb. 600.

Efula folifequa. Rupp. jen. 1. p. 219.

a. Vnicam plantam nuper enatam vidi in agro Nouaccolæ, nec alibi vllam; ideoque feminibus cerealium
mixta in Lapponiam tranflata fuit, vbi vix vnquam
ad maturitatem perduci poteft, hinc planta lapponica vera non eft.

β. Qui vel fugitiuis oculis vnquam adfpexit *Tithyma-*
lum Tournefortii, *Tithymaloidem* eiusdem & *Eu-*
phorbium, vix poteft habere argumentum aliquod
pro diftinguendis generibus, cum in illis vix vlla
pars fructificationis differat, præfertim cum fuccus
ille famofiffimus & vis deleteria, tam in Tithyma-
lo, quam in Euphorbio, deprehendatur.

TRIGYNIA.

221. ACONITUM *foliis peltatis multifidis hifpi-*
dis, petalo fupremo cylindraceo.

Aconitum lycoctonum luteum. Bauh. pin. 183.

Aconitum lycoctonum luteum maius. Dod. pempt.
436.

Aconitum lycoctonum, flore luteo. Beff. cyft. æft. 1.
fol. 11.

Aconitum lycoctonum, flore purpureo, folio platani.
Rudb. hort. 1.

Aconitum lycoctonum. Frank. fpec. 1.

Aconitum cæruleum feu Napellus primus. Rudb. lap. 96.

M   *Na-*

Napellus. Rudb. cat. 29.

Calceolus Lapponum aut Brassica rangiferorum. Scheff. lap. 360.

Lappschuh. Schell. botn. 31. i. e. calceus lapponicus.

Acharas. Lapponibus.

Giske. Medelpadis.

α Planta hæc in Suecia non obuia fuit, nisi postquam Medelpadiam & Angermanniam intrassem, vbi ad radices montium maiorum quibusdam in locis copiose pronascebatur; mox siluit, nec in conspectum prodiit nisi ad latera Alpium lapponicarum; vbi frequentia sua se veram esse plantam alpinam probauit.

β. Neque in Norlandia ab vllo animali tangitur, nec in Lapponia a rangiferis editur, licet Scheffero *Brassica rangiferorum* dicatur; *Calceus* autem *lapponicus* nominatur a figura corollæ referentis calceum Lapponis.

γ. Corollæ florum in nostra luteæ non sunt, vt exterorum volunt nomina, sed e cinereo cærulescentes vbique; quarum forma etiam galea cylindracea, optime a Tournefortio in instit. Tab. 240. fig. I. L. depicta, a congeneribus differt.

δ. *Radix* huic perennis.

Caulis erectus, simplex, teres, altitudine humana, cinereo-viridis, leuissime pilosus.

Folia ad radicem plurima, conferta; singula peltata, a centro vndique vltra spithamam extensa, ad duas tertias partes in quinque lobos diuisa, quorum singuli palmato-lanceolati, tripartiti, serrati, supina superficie obscure viridia, prona vero viridia nitida & venosa. Petiolis gaudent hæc folia fere teretibus, hinc inde tamen planiusculis.

Flores ad duas tertias partes cauli superiori insident, alterni, pedunculis pollicis transuersi longitudine, quibus singulis foliolum eiusdem longitudinis, lineari-lanceolatum supponitur.

q. Aca;

6. *Aconitum* non minus, quam *Cicutam* (§. 103.) ob venenum fuum fuiffe omni æuo famofiffimas, plena docent patrum Botanices fcripta; & credidere veteres, illum nunquam furgere, qui fub illa dormiret, & fagittas Aconiti fucco inquinatas lethalia facere vulnera, hinc Poetæ eandem ex fpuma rabidi illius canis infernalis, Cerberi, natam fabulati funt. Fidem nobis faciant, fi non alia, certe Matthioli experimenta in fubiectis humanis ad mortem damnatis inftituta, vbi decantatiffimis fuis antidotis e morte eripere eofdem non potuit. Similia in brutis capta experimenta videas apud Wepferum de Cicuta; at ego longe mitiorem Aconiti huius effectum a me obferuatum tradam:

In itinere per Medelpadiam primo vere inftituto, aduerti feminam folia Aconiti huius legentem, quæ, in quem vfum illa legeret, interrogata, ad cibum inde parandum, refpondebat. Ego melius ipfi confulturus (putabam enim eam infciam huius, folia illa effe Geranii (§. 266.) credere) per fuperos & inferos, ne vltimum fibi ferculum pararet, monui. Illa autem fubridens nil periculi latere regerebat, & hanc plantam fe optime noffe, atque toties, immo quotannis cum conterraneis eam fe adfumfiffe dicebat, meque iftam plantam non rite cognofcere putabat. Introeo domunculam eius, femina confcindit folia, coquit illa cum parua quantitate pinguedinis, parat inde iufculum, adfumit idem cum marito, duobus liberis & quadam vetula; fic

Lurida terribiles mifcent aconita Nouercæ
& quod miratus fum absque vlla moleftia, vlloue infequente fymptomate; & fane quæ non inuenit ratio, fæpe inuenit temeritas. Quæro itaque:

An Aconiti vis in feptentrione a frigore enruetur: negatiuam ipfe defenderem refponfionem, cum etiam in Iemtia, quæ maiorem poli agnofcit eleuationem, quam Medelpadia, confcindatur radix lacteque mifceatur & mufcis offeratur, vt inde pereant ac abigantur.   M 2   *An*

An vis Aconiti deleteria in sola radice, non vero in foliis consistit? cum experimenta Matthioli & Wepferi cum radicibus instituta sint & radices in Iemtia exhibeantur muscis, quodammodo verosimile videretur, sed dubio omni non caret.

An planta adhuc, tempore vernali, tenella, particulis istis noxiis destituitur, quibus adultior impraegnatur? Sic vrtica recens progerminans & plures plantae apud nos coctae tempore vernali eduntur, quae per aestatem non possunt adsumi. Vel

an particulae acres & venenatae per diuturnam destruuntur coctionem? Sic sane videtur, dum pinguedo ista non erat sufficiens tali veneno ita obuelando, vt nullam pareret noxam.

HEXAGYNIA.

222. STRATIOTES. *

Stratiotes foliis aloës. Gund. apud Johren. praefat.

Aloides. Boerh. lugd. 2. p. 132.

Aizoon Suecorum. Till. ab. 3.

Militaris aizoides. Lob. ic.

Jucca palustris septentrionalium. Till. ab. 68.

Aloë palustris. Bauh. pin. 236.

Aloë palustris anglicana spinifera, flore albo tripetalo, seminibus croceo colore. Pluk. alm. 19.

Sedum aquaticum. Frank. spec. 27. Rudb. cat. 37. hort. 105.

α. Ad fluuium Kemensem in fossa sub aqua nascentem semel legi.

β Characterem generis dedimus C. G. 458, vbi videre est, in quantum a Morso Ranae (*Hydrocharis* sub Diœcia Enneandria) differat.

γ. *Stratiotes* nomen impositum fuit a Vaillantio ipsi
My-

Myriophyllo Rivini , quæ planta Hottonis memoriæ commendata eſt ab omnibus , qui rem herbariam , ſapientiam & virtutem amant coluntque, abſit itaque , vt heic loci deleretur Stratiotes vel locum Hottoniæ occuparet.

P O L Y G Y N I A.

223. PULSATILLA *inuolucro piloſo nitido.* †

α. Pulſatilla , apii folio , vernalis , flore maiore. Bauh. pin. 177. prod. 94. *carneo.* Rudb. lap. 99.

β. Pulſatilla , apii folio , vernalis , flore minore. Bauh. pin. 177. prod. 94.

γ. In Alpibus lapponicis raro obuia eſt , in Alpibus vero Dalekarlicis & proximis ſyluis omnium copioſiſſime exſiſtit.

δ. Authores duas diſtinctas (*α. β.*) tradunt ſpecies , quas eaſdem eſſe plantas docent deſcriptiones.

224. THALICTRUM *pratenſe.* Lind. wikſ. 37.

Thalictrum maius , ſiliqua anguloſa aut ſtriata. Bauh. pin. 336.

Thalictrum nigrius , caule & ſemine ſtriato. Bauh. hiſt. 3. p. 486. figurâ.

Thalictrum vulgare. Rudb. hort. 109.

Ruta pratenſis. Till. ab. 60. ic. 98.

α. In deſertis graminoſis frequentiſſima eſt hæc planta.

M 3

225. THALICTRUM *caule fere nudo simplici, foliis obtusis.* *

Thalictrum minimum montanum atrorubens, foliis splendentibus. Boerh. lugd. 1. p. 44. fig. Raj. syn. 204.

Thalictrum montanum minimum praecox, foliis splendentibus. Morif. hist. 3. p. 325. f. 9. t. 20. f. 14.

Thalictrum inodorum omnium minimum. Rudb. lap. 100.

α. Planta haec pusilla & tenella natales suos debet solis Alpibus, licet saepe in proxime adiacentibus aquis reperiatur disseminata.

β. Flores huius speciei stamina & pistilla duodecim obtinent, reliquae autem species staminibus octodecim vel pluribus instruuntur.

γ. Radix perennis, nigricans.

Folia Radicalia plurima, composita, petiolis erectis filiformibus, longitudine pollicis transuersi, ad apicem trifidis, medio ramulo longiori insidentia; *Foliola* subrotunda, triloba, obtusa, rigida, margine reflexo, per vnicam alteramue oppositionem adfixa, claudente semper impari. Caulina vix vlla.

Caulis erectus, filiformis; vix spithamaeus, sustinens in summitate flores sex vsque ad duodecim, alternos, propriis pedicellis insidentes, quos squamula ad basin subiecta firmat.

Florum corolla brunno-fusca, stamina vero lutea sunt.

226. HELLEBORUS *caule simplici, flore pedunculato.* *

Helleborus niger, ranunculi folio, flore globoso maiore. Tournef. inst. 272. Scheuch. alp. 39.

Pseudo-Helleborus-Ranunculoides, flore globoso. Morif. hist. 3. p. 467. f. 12. t. 2. f. 2.

Hel.

Helleboro-Ranunculus flore luteo globoso. Boerh. lugdb.
  2. p. 297.
Ranunculus montanus , aconiti folio , flore globoso.
  Bauh. pin. 192.
Ranunculus flore luteo globoso. Rudb. hort. 97.
Ranunculus globosus. Rudb. vall. 30.
Trollius. Rupp. jen. 1. p 130.

α. In Alpibus noftris copiofe viget hic flos fpeciofiffimus & campos iftarum conuexos flauis florum glo-
bis, diftinéte natis, reddit gratiffimos adfpeétu. Non
raro etiam in fyluis iuxta ripas confpicitur.

β. A Rhenonum & aliorum animalium deuaftatione,
priuilegio naturæ, vt venenatæ plantæ omnes, munita eft.

γ. Incertos nos reliquerunt Botanici recentiores circa
genus Hellebori, dum alii plures plantas coniun-
gunt, alii diftinguunt ab eadem familia. Certe fi
petala & fruétus tantum conftituant, fecundum data
principia, charaéteres, diuerfa eft hæc planta ab Helleboris; cum hæc gaudeat petalis numerofis (quindecim fæpius), conniuentibus, deciduis; Capfulis
numerofiffimis, fine ftylis. At in Helleboris reliquis petala quinque vel fex, patentia, perfiftentia;
Capfulæ tres ad feptem vfque cum ftylis longis &c.
Cum autem omnia genera fint naturalia, follicite
inquirentes obferuamus notam quandam huic generi propriam, nec vlli alii in tota rerum natura con-
ceffam (F. B. 171. 105.), nempe Neétaria (F. B.
110.) quæ funt tubuli labiati, a petalo diftinéti, diuerfæ in his ftruéturæ, quam in Nigellis, quæ in
hocce genere charaéterem effentialem fubminiftra-
bunt (F. B. 181.). Conferamus itaque omnes flores diuerfarum fpecierum huius generis, & videbimus nullam certam notam defumi poffe a reliquis
partibus, neétaria autem femper fibi fimilia funt, ergo in hifce confiftit effentia. Examinemus itaque
flores huius plantæ & videbimus mox neétaria hæc
inter petala & ftamina pofita, licet labio vnico ma-
nife-

M 4

nifefto, altero vix confpicuo notata, hinc dico hanc
effe fpeciem Hellebori generis : Nec negat facies,
nec odor, nec vires.

δ. Si Rivino notum fuiffet, in quanam parte effentia
floris confifteret (F. B. 88. S. N. veg. 6.), nunquam
retuliffet Helleborum ad Flores compofitos.

227. CALTHA. Till ic 64.

Caltha paluftris. Frank. fpec. 7. Rudb. cat. 8. hort.
21. Till. ab. 12. Lind. wikf. 6.

Caltha paluftris, flore luteo. Rudb. vall. 7.

Caltha paluftris, flore fimplici. Bauh. pin. 276.

Populago flore maiore. Tournef. inft. 273.

*Pfeudo-Helleborus-Ranunculoides pratenfis rotundifo-
lius fimplex.* Morif. hift. 3. p. 461.

α. In Lapponiæ fyluis ad ripas minorum fluuiorum frequens.

β. Hæc eft prima herba, quæ tempore verno apud Lappones floret, flores enim circa finem Maii fæpe ex-
plicare incipit.

γ. *Calthæ* vocabulum in hoc genere receptiffimum an-
tiquiffimumque cum Populaginis Tournefortii nomine non commuto ; fed in compofitis, pro Caltha Tournefortii, Calendulæ nomine receptiffimo
vtor.

228. RANUNCULUS *pratenfis erectus acris,*
Bauh. pin. 178.

Ranunculus pratenfis acris, flore luteo. Lind. wikf.
32.

Batrachium. Frank. fpec. 5.

α. Vbique in fyluis graminofis occurrit.

β. Omni tempore incertum fuit, quæ plantæ effent ve-
ræ *Ranunculi* fpecies, quæ vero non, cum tot diuerfæ in his reperiantur notæ. Aliæ enim gaudent
petalis paucioribus ; aliæ pluribus ; aliæ feminibus

in

in globum, aliæ in fpicam colle&is; aliæ femina
fubouata, aliæ echinata, aliæ compreffa &c. proferunt; hinc Tournefortius Ranunculis admifcuit
Hepaticam, *Alifmam*, *Sagittariam*, *Myofurum*, *A-
donidem*, & *Anemonem*, ex Ranunculorum numero autem exclufit Vaillantius *Ranunculoidem*, alii
Ficariam feu Chelidonium minus: Verbo nulli certi limites in hoc genere fuere pofiti ab vllo Botanico. Puto autem me veram notam effentialem in hoc
genere inueniffe, quam dudum in S. N. obf. veget.
20. exhibui, quæ in omni nobis nota fpecie obti-
nuit; ifta confiftit in pun&o excauato mellifero intra vnguem petalorum pofito. Pun&um hoc ne-
&ariferum in aliis nudum, in aliis margine cylindraceo cin&um, in aliis autem fquamula te&um;
loco tamen & vfu conuenit in omnibus. Hinc
dico, quod *Hepatica*, *Alifma*, *Sagittaria*, *Ane-
mone* & *Myofurus* fint diuerfi generis, quod etiam
confirmat calix in Ranunculo femper decidnus.
Adonis calice gaudet pentaphyllo deciduo; vt Ranunculi, fed pun&is ne&ariferis deftituitur, ergo tantum differt a Ranunculis, quantum Caltha
ab Helleboris, id eft, folis ne&ariis. Chelidonium
minus vero feu *Ficaria* pun&is ne&ariferis inftrni-
tur, ergo Ranunculi fpecies genuina eft & erit. Vide
Tab. III. fig. 6.

γ. Hæc planta iucundo fpe&aculo omnia prata Weftrobothniæ, e longinquo vifa, flauo tegmine obducit.

δ. In Suecia Æltegræs dicitur & a mulierculis interne
exhibetur in febre ftomachali & intermittenti, pro
dofi capitula feminum tria; profe&o medicamentum validum, quod craffiffimæ cuti ruftici alicuius
extus applicatum effe&um fuum produceret.

219. R A N U N C U L U S *bulbosus.* Park. theatr.
329.
Ranunculus pratensis , radice verticilli modo retunda.
Bauh. pin. 179.
Ranunculus pratensis dulcis. Rudb. hort. 95.
α. Cum antecedenti saepius in pratis conspicitur.

230. R A N U N C U L U S *pratensis repens hirsutus.*
Bauh. pin. 179.
Ranunculus hirsutus sylvestris. Rudb. hort. 95. Till.
ab. 57.
Ranunculus. Till. ic. 89.
α. Cum antecedenti frequens , praesertim ad margines
agrorum apud Nouaccolas.

231. R A N U N C U L U S *caule vnifolio & vniflo-*
ro, foliis tripartitis. * Tab. III. fig. 4.
Ranunculus caule nudo vnifloro , foliis trifidis. F. L.
56.
α. In desertis Lapponiae Umensis iuxta fluuium Juch-
tan bis vel ter lecta fuit Ranunculi haec species , ni
fallor , noua.
β. *Radix* filamentosa.
Folium radicale vnicum , petiolo longitudine digiti
filiformi insidens, ad basin fere tripartitum , lobis
versus basin angustioribus , versus apicem latioribus & obtusis, tribus vel quatuor crenis incisum.
Caulinum etiam vnicum , petiolo breuiori insidens , minus , priori conforme , cauli adfixum,
aliquando in medio, aliquando prope radicem.
Caulis filiformis , spithamaeus , simplicissimus , rectus.
Flos vnicus , terminatrix , luteus. *Calix* flauus ,
communiter triphyllus , laeuis , magnitudine petalorum , reflexus. *Petala* quinque , concaua ,
vtrin-

vtrinque acuta, parua. *Stamina* duodecim vsque
ad quindecim. Piftilla fex vsque ad octodecim. *Semina* acuminata, apice reflexa. in globum congefta.

γ. Figura noftra bene repræfentat plantam, & fecundum viuum exemplar exfculpta eft.

δ. Proxime accedit ad *Ranunculum fecundum* Mart.
fpitzb. 44. G. e. eundem tamen non dixerim.

232. RANUNCULUS *caule vnifloro, foliis radicalibus palmatis, caulinis multipartitis feffilibus.* * Tab. III. fig. 2.

Ranunculus quartus. Mart. fpitzb. 44. tab. H. fig. 6.
Ranunculus minimus alpinus luteus. F. L. 56.

α. Plantâ eft mere alpina & in Alpibus noftris ad riuulos, e niue incumbente ortis, frequentiffima.

β. *Radix* tuberofa, fufiformis, perennis.
Caulis fimplex, erectus, glaber, vix longitudine
digiti.
Folium Radicale vnicum vel alterum petiolis minutiffimis infidens, in quinque lobos femiouatos ad
medium vsque diuifum. *Caulinum* communiter
vnicum (rarius duo oppofita) feffile in tria vel quatuor. foliola ouato-oblonga ad bafin vsque diuifum, & mediæ caulis parti adnexum.
Flos vnicus, terminatrix, cuius *Calix* pentaphyllus, foliolis ouatis, concauis, flauefcentibus,
villis nigris adfperfus. *Petala* quinque, verticaliter ouata, patentia, vix emarginata, quorum tu-
bi melliferi margine eleuato deftituuntur.

γ. En Variationem fingularem huius fpeciei,
RANUNCULUS (prædictus) *pygmæus.* Tab.
III. fig. 3.

? *Ranunculus vniflorus, folio trifido.* Lind. wikf. 32.
? *Ranunculus montanus minimus vniflorus.* Brom.
goth. 94.

In Alpibus noftris frequentiffimus eft, eumque diu
pro

pro diftinctiffima ab antecedenti fpecie habui, donec tandem vidi eandem effe plantam cum priori,
quæ enata hoc eodem anno e femine , fequenti
experiebatur metamorphofin omnino fingularem.

233. RANUNCULUS *caule bifloro , calice bir-*
futo. * Tab. III. fig. 1.
Ranunculus montanus purpureus , calice villofo , Feli-
cis Platerii. Bauh. hift. 3. b. p. 868. Scheuch.
alp. 339. & 140. t. 20. f. 1.
Ranunculus primus. Mart. fpitzb. 43. tab. 1. fig. d.
Ranunculus alpinus rofeus purpureus , calyce birfuto.
Rudb. lap. 99.
α. *Ranunculus alpinus rofeus albus , calyce birfuto.* Rudb.
lap. 99.
β. Vbique floret in Alpibus noftris altiffimis & niue
obductis fpeciofiffimaque fua corolla valde placet.
γ. Quam primum erumpit flos purpurafcit , deinde quo-
tidie pallefcit magis magisque , hinc D. Rudbeckii
varietas (α).
δ. Figuram exhibuimus cum peffima fit Martens , nec
optima Scheuchzeri.
ε. Defcriptionem bonam dedit laudatus Scheuchzerus,
hinc fuperfluum foret eandem iterum defcribere ; dicam modo folia effe parum fucculenta , & calicem
purpurafcentem , fed craffis crinibus fufcis externe
adfperfum ; communiter eidem cauli infident flores
duo.

234. RANUNCULUS *foliis inferioribus capilla-*
ceis , fuperioribus peltatis. *
Ranunculus aquaticus , folio rotundo & capillaceo.
Bauh. pin. 180.
Ranunculus fluuiatili , folio parum fciffo. Lind. wikf.
32.

Ra-

Ranunculus aquaticus rotundifolius. Rudb. hort. 96.
Ranunculus fluuiatilis. Frank. fpec. 26.
Ranunculoides foliis variis. Vaill. act. 1719. p. 49.

α. Vbique reperitur in fluuiis maximis Lapponiæ fyl-ueftris, fi modo aqua lente labatur, nec rapido agi-tetur motu.

β. Crefcit fæpe in aquis pedes viginti profundis per Lapponiam, & tamen e fundo non emergit ante me-dium Iunii, attamen ante finem Iulii per hanc al-titudinem excreuit, & folia natantia cum flore & fructu abfoluit, vt circa diem quartam Augufti fe-mina deiiciat & a frigore deftructus cadat, adeoque in hanc plantam optime quadrat tritum, *repente ex-orta, paulifper floruit, repente occidit.*

γ. Vbi fluuii dilatantur in formam lacuum, fæpe totam aquam ante finem Iulii tegit hæc planta & e longin-quo perbelle in ipfa aqua repræfentat fuauiffimum pratum albis floribus pictum.

δ. Singulare eft in plantis plurimis aquaticis, quod fo-lia ifta fub aqua pofita fint capillaria, fupra aquam autem lata & plana; contra vero in montibus & ficcis locis folia inferiora latiora & magis integra, at fuperiora magis diuifa. (F. B. 314.). Quæ ra-tio?

ε. Planta hæc licet recta excrefcat, tamen repens eft, ex fingula enim foliorum multifidorum, & fub a-qua nafcentium ala erumpunt nonnulla omnium longiffima fila, quæ terram petunt & radices in illa agunt.

ζ. Vaillantius e Ranunculis aquaticis foliis capillaceis nouum conftituit genus, fed fine omni ratione fuf-ficienti; Tubus enim mellifer in hac fpecie margine cylindraceo cingitur.

235. RANUNCULUS *foliis ouato-oblongis integerrimis, caule procumbente.* *
Ranunculus longifolius paluftris minor. Bauh. pin.
180.
Ranunculus flammeus. Frank. fpec. 25.
Ranunculus flammula. Rudb. cat. 35. hort. 95. Till.
ab. 57.
Ranunculus flammula paluftris longifolius. Lind. wikf.
34.
α. In fyluis ad riuulos rarius.
β. Etiam hæc planta ab aliis *Æltgræs* dicitur & vt prior
(228. δ.) interne vfurpatur.

236. RANUNCULUS *foliis linearibus, caule
repente.* * Tab. III. fig. 5.
*Ranunculus foliis lanceolato-linearibus integris, caule
repente.* F. L. 56.
Ranunculus minimus. Till. ab. 57.
Ranunculus paluftris, anguftioribus foliis, minimus.
Brom. goth. 55.
Ranunculus longifolius minimus reptans. Mart. burf.
538.
α. Ad ripas lacuum & fluuiorum præfertim Luleafium
Lapponiæ fylueftris in locis glareofis frequens eft.
β. Rarioris huius plantæ fpeciem figura Tab. III. 5.
addita defcriptioue exhibeo, cum a nullo alio eam
nouerim datam.
γ. Radix perennis.
Caulis fimpliciffimus, filiformis, digitalis vel fpithamæus, procumbens, arcteque terræ adpro-
pinquans, in plura internodia diuifus, fingulo articulo per diftantiam pollicis transuerfi remoto.
E fingulo articulo exferitur tenuis & fibrofa radix,
quæ mox terræ infigitur.
Flos communiter vnus, raro duo, caulem terminat, paruus, pentapetalus, flauus.

Folia ad fingula genicula duo, tria vel quatuor, quorum maxima longitudine pollicis transuerfi, erecta, feffilia, lineæ forma & latitudine.

Non raro etiam ex fingula ala folitarius oritur flos.

CLAS-

CLASSIS XIV.

DIDYNAMIA.

GYMNOSPERMIA.

237. GALEOPSIS *corolla rubra aut alba.* †
    Ladanum verticillis crebrioribus , flore purpureo,
        caule fulcrato. Dill. giff. 135.
    Tetrahit verticillis crebrioribus, flore purpureo, caule
        fulcrato. Dill. app. 103. Celf. upf. 41.
    Galeopfis procerior , caliculis aculeatis, flore purpu-
        rafcente. Tournef. inft. 185.
    Lamium, cannabino folio, vulgare. Raj. fyn. 241.
    Cannabina flore purpurafcente. Boerh. lugdb. 1. p.
        159.
    Cannabis fpuria, Riv. mon. 44.
    Vrtica aculeata, foliis ferratis. Bauh. pin. 232.
    Cannabinaftrum , vrticæ folio, flore rubro. Heift.
        helmft. 1731. p. 31. & 1732. p. 5.
    α. In Agris Nouaccolarum & in ftabulis rangiferorum
        ad cafas Lapponum vulgaris eft.
    β. Tot impolita fuere huic generi a Botanicis nomi-
        na , quot fyftematici ferme fuere. Cum reliquæ
        fpecies Galeopfidis Tournef. fine controuerfia ad
                                                Sta-

Stachyos genus amandari debeant, quid vetat, quo
minus hæc receptiſſimum nomen Galeopſidis reti-
neat.

LADANUM *corolla flaua , labio inferiori ma-*
culato.

Tetrahit verticillis crebrioribus ,. flore flaueſcente , cau-
le fulcrato. Celſ. upſ. 41.

Lamium cannabinum aculeatum , flore ſpecioſo luteo,
lobis purpureis. Pluk. phyt. 41. f. 4.

Cannabina flore magno luteo, labiis purpureis. Boerh.
lugd. 1. p. 159.

Cannabis ſpuria, flore maiore. Riv. mon. 45.

Cannabis ſpuria , flore ſpecioſo luteo, labro purpureo.
Raj. hiſt. 561.

Cannabis ſpuria anguſtifolia . variegato flore , poloni-
ca. Barrel. ic. 1158.

α. Cum præcedenti vbique mixta obſeruatur & in Lapponia & in tota Suecia.

β. A priori vix diſtingui poteſt, niſi ſola corolla, quæ
in hac duplo maior eſt & flaua, labio inferiore pur-
puraſcente. Hinc num ſpecie ab antecedenti diuerſa ſit, an vero minus, vix facile determinatur ; ego
pro varietate potius haberem plantam hanc nulla
figura a priori diuerſam.

238. PRUNELLA *flore minore , vulgaris.* Bauh.
hiſt. 3. p. 428.

Brunella maior, folio non diſſecto. Bauh. pin. 260.

Brunella. Riv. mon. 41.

Prunella vulgaris , flore purpureo. Rudb. cat. 34.
hort. 93.

Prunella flore purpureo. Lind. wikſ. 30.

Prunella. Till. ab. 55. ic. 135.

Conſolida minor. Frank. ſpec. 10.

α. In deſertis locisque depreſſis Lapponiæ paſſim legitur.

β. Rariuſ

β. Rarius *flore albo* occurrit, dum etiam tota planta albidior folito euadit.

239. SCUTELLARIA *foliis cordato-lanceolatis crenatis.*

Scutellaria. Riv. mon.

Caſſida paluſtris vulgatior, flore cærulea. Tournef. inſt. 182.

Lyſimachia cærulea galericulata ſeu Gratiola cærulea. Bauh. pin. 246.

Lyſimachia galericulata. Frank. ſpec. 19.

Lyſimachia galericulata cærulea. Rudb. cat. 26. hort. 69. Till. ab. 41.

Lyſimachia repens, flore cæruleo galericulata. Lind. wikſ. 22.

α. Cum antecedenti paſſim, præſertim ad ripas ſabuloſas fluuiorum.

β. Planta hæc quaſi media eſt inter Prunellam & Dracocephalon, ab omnibus vero diſtinctiſſima calice, pericarpii inſtar, includente ſemina, figura ſingulari ſpectabili.

ANGIOSPERMIA.

240. MELAMPYRUM *foliis lanceolatis, florum paribus remotis.*

Melampyrum luteum latifolium. Bauh. pin. 243.

α. *Melampyrum minus, flore albo.* Rudb. cat. 27. hort. 73. Lind. wikſ. 24.

Melampyrum luteum latifolium. Celſ. upſ. 32.

Melampyrum latifolium, flore albo, labio inferiore duu

duabus maculis luteis distincto. Raj. syn. 286.

β. *Melampyrum latifolium, floribus parvis luteis.* Celf. upf. 32.

Kowall. Lykfelenfibus.

γ. In fyluis omnium copiofiffima, etiam in Alpibus vulgaris eft.

δ. Ambæ iftæ varietates (*α. β.*) in Suecia vulgares omnino funt, eas autem diftinctas effe non dixerim, nec ftatuit Rajus in Synopfi; notabiles tamen funt & plurimis differunt, licet minus euidentibus notis; quænam harum naturalis fit planta, difficile determinatur, crederem ego priorem (*α.*), cum copiofior exfiftat, atque oris labia, vt in congeneribus, claufa fint, licet hæc pro varietate, altera vero pro naturali habeatur in Raj. fyn.

ε. Differentiæ, quæ variationes hafce (*δ.*)diftinguunt, funt fequentes :

α. in pratis & ficcioribus nafcitur,

β. vero in fyluis & dumetis.

α. caule magis erecto gaudet,

β. caule nutante magis.

α. folia magis erecta & conniuentia,

β. folia omnino patentia gerit.

α. corolla alba gaudet, verfus labia flauefcente,

β. vero corolla fulua tota, & antecedenti longe breuiori.

α. rictu oris feu labiorum claufo,

β. rictu oris aperto & dehifcente inftruitur.

ζ. Varietatem (*β.*) ex Heluetia per D. Gefnerum fub nomine: *Stæbelina flore flauo* Halleri in Comm. reg. Suec. habuit Clariffimus GRONOVIUS.

η. Butyro colorem flauum inducere Caltham (§. 227.), dum tempore vernali a vaccis adfumitur, ftatuerunt veteres, vt *Palmberg* in *Sertis floreis Suecanis* & alii, cuius flaui flores inftar croci adfumti, lac tingerent; hoc tamen falfum effe videmus, cum boues caltham non edant; nec crederem fingulas plantas, fine difcrimine, recentes fimul hanc flauedinem producere,

cere, cum in aliis locis flauum magis, in aliis vero
magis fuluum obferuemus butyrum; nec quod hæc
vnica fit caufa, vnquam ftatuerem. Ad templum
Lykfelenfe in Lapponia Umenfi butyrum, quantum
noui, omnium præftantiffimum adquiritur, nec aliud
vidi vnquam tam intenfe fuluo colore faturatum
ac hoc; hinc expetitur a mercatoribus Umenfibus
præ alio omni, cum carius vendi poffit & mifceri cum
alio, vt mixtum præftantius euadat. Inquirenti mihi
in eodem loco conftituto caufam, refpondebatur
Kowall (*α. β.*), quæ planta copiofius hic pronafce-
batur, hæc efficere, quod confirmabant mox pafcua
Boum a me vifa, maiori huius plantæ copia tecta,
quam vnquam obferuauimus alibi.

241. **PEDICULARIS** *caule ramofo, floribus fo-
litariis remotis.*
Pedicularis pratenfis purpurea. Bauh. pin. 163.
Pedicularis pratenfis. Frank. fpec. 23.
Pedicularis flore purpureo. Till. ab. 51.
Pedicularis. Till. ic. 131.
Crifta galli feu Pedicularis pratenfis, flore purpureo.
Lind. wikf. 10.
Crifta galli aquatica, flore purpureo. Rudb. hort.
29.

α. Non raro etiam *floribus albis* legitur, dum fimul
tota planta e viridi albicans deprehenditur.

β. Huic adiungam quatuor alias fpecies in Alpibus noftris frequentiffimas. Non nego, quod in Alpibus
Helueticis habeantur eædem, licet & defcriptiones
& figuræ Pedicularium omnium, præfertim alpinarum, imperfectæ omnino a Botanicis traditæ fint,
vt nullus aliquid certi ex iftorum libris, figuris vel
defcriptionibus, colligere queat. Vidi Specimina
varia plantarum exficcatarum ex Alpibus Helueticis
depromta, fed nulla eorum noftris exacte refpon-
dentia. Forte etiam locus remotiffimus multa in
plantis

plantis his diuerſa procreat, hinc deſcribo & depin-
go noſtras ſpecies, ne vllum remaneat apud Botanicos dubium de iis, quas ſub noſtro nomine intelligimus.

242. PEDICULARIS *caule ſimplici, foliis lan-*
ceolatis ſemipinnatis ſerratis acutis. * Tab. IV.
fig. 1.

Pedicularis caule ſimplici, foliis lanceolatis ſerrato-
pinnatis acutis. F. L. 57.

α. Vbique in Alpibus noſtris ſabuloſis & lapilloſis frequens eſt.

β. Pedicularis Tab IV, fig. 1. videtur noua & nondum
deſcripta. *Dillenius.*

γ. Radix perennis.

Caulis ſpithamæus, erectus, fere rectus, teres, læuis.

Folia Radicalia vix vlla; *Caulina* ſeptem vel octo,
lanceolata, acuta, baſi anguſtata in petiolum,
alterna, pinnatim fere & ad medium diuiſa in
quatuordecim ad viginti pinnas, *pinna* ſingula
denticulis vtrinque duobus ad quinque vſque paruis crenata, glabra.

Spica laxa, tetragona caulem terminat, ſingulis floribus ſubiicitur vnicum folium, inferiora folia
floribus longiora, ſuperiora vix calicis longitudinem adſequentia, flores a perpendiculo declinan-
tes ſex ad ſedecim vſque in eadem ſpica.

Floris ſinguli *Calix* læuis, tubulatus, ore bifido obtuſo. *Corolla* ringens, flaua, labio ſuperiori com-
preſſo, apice producto, deorſum reflexo, & prominente, roſtri aquilini inſtar.

243. SCEPTRUM CAROLINUM *Rudbec-*
kii. it. dedic. vide Noſtram Tab. IV. fig. 4.

Sceptrum

Sceptrum Carolinum, flore aureo magno, rictu floris sanguineo. Rudb. lap. 100.

Antirrhinum aquaticum, flore luteo Sueuorum. Rudb. hort. 9.

Antirrhinum noftrum aquaticum, flore luteo, Rudb. cat. 4.

Alectorolophus lapponica lutea, digitalis flore. Petiv. hort. 241.

Pedicularis alpina, folio Ceterach. Helw. flora. 39.

α. In Alpium lapponicarum nemoribus eft locus huius plantæ natalis, licet non raro in fyluis, præfertim ad ripas, obferuetur per totam Lapponiam fylueftrem, præcipue Lulenfem ; non raro etiam in locis ab Alpibus noftris remotiffimis legitur, vt inter Kémi & Io, vbi totam viam regiam adeo impleuit, vt fere equo, qui relaxatis habenis curfum fuum accelerat, obniti poffit.

β. Hiftoria huius plantæ data eft in Difp. de *fceptro Carolino* per Nobiliff. *Rudbeckium* nepotem, vide B. B. 45.

γ. Plantam hanc fpeciofam in Suecia primus nominauit *Rudbeckius pater* nomine Antirrhini; *Rudbeckius filius* autem in itinere per Lapponiam, eandem reperit iuxta fluuium Lulenfem prope Haresby, vbi etiam eius & Illuftrium Comitum nomina arbori incifa legi. Placuit ipfi præ reliquis fpeciofiffima hæc planta, caule fuperbiens *recto firmoque*, floribus fere *verticillatis, fceptri* inftar, exornata, quorum finguli lucent faturato flauo *colore aureo* & limbo inftruuntur perfonato *Leonis ori* fimili, at *labiis* parum *fanguinea rubedine* tinctis. Hinc in dedicatione itineris lapponici tomi primi (qui prodiit) hanc plantam *Sceptrum Carolinum* dixit à Rege noftro p. m. potentiffimo Carolo XII, tum armis bellique fortunæ imperante.

δ. *Figuram* huius plantæ optimam fplendidiffimamque dedit Magnus nofter *Rudbeckius filius* in Itin. lap.

sed

fed ad fpecimen tenue confeɛam exhibuit laudatus
Helwing in Flora fua quafi modo genita; *Nos* tertiam exhibuimus Tab. IV. fig. 4. 5. fed tantum
quoad fummam partem caulis *b.* & vnicum folium
radicale *a.* cum flore *c.* pericarpio *d.* & feminibus. *e.*

a. Differt hæc fpecies a reliquis nobis notis congeneribus: 1. *Corollæ* riɛu claufo. 2. *Pericarpio* fubrotundo, acuminato, fed regulari, reliquæ enim notæ fpecies acumine obliquo inflexum gerunt pericarpium. 3. *Magnitudine;* adfcendit enim ad altitudinem dimidiam humanam. 4. Flores deinde quafi
verticillatos, quatuor, quinque, tres, ad genicula
pofitos, remotos, profert. 5. *Labii inferioris* apice
purpurafcentes, toto petalo alias flauo.

ζ. Eandem obferuauimus in Weftrobothnia, Oftrobothnia, Dalekarlia prope Alpes Dalekarlicas vt
Sernæ, Tranftrandiæ &c. at Cl. *Celfius* in Uplandia eandem anno 1729. fponte nafcentem nobis de-
monftrauit.

x. Vfum huius plantæ nullum noui, fed fane eam vidiffe fufficit, præterquam quod Tranftrandiæ vulgus femina eius contrita dentibus adponat, ad do-
lores dentium fopiendos.

9. Defcriptio hæc eft.

Radix *eius eft femipedalis in fibras definens, craffitie
minimi digiti, fenfim anguftior, ramulos tenues hinc
illincque emittens, ad cuius caput vel fummum, vbi
marginem terræ attingit, barbam emittit villofam,
intra quam folia emergunt.*

Folia *e radice exfurgunt, quatuor ad oɛo, petiolis
breuibus, medio finuatis, e latiufculo principio
fenfim fenfimque in neruum attenuatis, qui intra
bafin ipfius folii vicem nerui fupplent.. Cofta feu
neruus longitudinem folii pertranfit, qui refpeɛu
ipfius folii fatis magnus & craffus eft, a latere fuperiori cum ipfo folio parallelus, ab inferiori vero
valde prominens. Ramos partiales continuo ad la-*

cinias

cinias folii emittit, qui interdum oppofite, interdum alterne ab eodem egrediuntur. Folii vero corpus longitudine pedem Parifienfem dimidium, latitudine vncias duas æquat. Diuiditur porro ipfum folium in plurimas lacinias ad coftam fere fectus inter fe æquales, prope apicem tamen minores; laciniæ hæ, vt ipfum folium, obtufæ, ferratæ & iterum, quemadmodum folium, in lacinias minores, fubdiuifæ, non vero tam profunde quam ipfum folium. Totus foliorum margo, fub quo etiam intelligimus & comprehendimus lacinias maiores & minores, vndique obtufe ferratus eft. Color foliorum viridis, veluti ac omnium fere plantarum, faturatior autem ac in aliis, magifque ad nigredinem vergens.

Caulis *vero rotundus, leuiter ftriatus, leuiter etiam fcaber, foliis communiter deftitutus, exceptis illis, quæ ad exortum floris emergunt. Longitudo eius ad minimum fuperat pedem vnicum, duos communiter æquat, raro vel tres. Raro etiam ramofus euadit caulis, interdum tamen vnicum vel alterum emittit ramulum. Ab vna eademque radice communiter fingularis exit caulis, fæpe tamen duo ad quinque circumcirca ad maioris exortum collocantur.*

Flores *in caule fæpe oppofiti terni, quaterniue vel quini, veluti ad vnum internodium egrediuntur, communiter tamen leuiter fparfi reperiuntur. Petiolis omnibus deftituuntur, quos flores Botanici vocant* Seffiles. *Ad exortum florum foliola nonnulla fubiiciuntur, quafi vicem calicis communis fupplerent. Foliola hæc, reliquis fatis fimilia, fed veluti ac ipfi flores feffilia, h. e. fine caule, parum laciniata, magis autem acuminata & ferrata, longitudine femiunciæ exporriguntur. Foliolis hifce remotis, alia adhuc minora in confpectum prodeunt, quorum fingula, fingulis calicibus florum fubiiciuntur, quibus etiam fatis fimilia funt, vt facile ab incautis pro*
parte

parte quadam calicis haberentur : a parte inferiore
calicem ambiunt, longitudine superant eundem.

Calix *monophyllus, ventricoso-tubulatus, minus tamen*
ac in speciebus Fistulariæ, sub quarum sectione, vt
antea dictum est, Sceptrum Carolinum refertur,
rectus, in caule decussatim fere positus, ore obtuso,
quadrifido, obtuse serrato, vsque ad maturescentiam
fructus superstes.

Corollæ Petalum *vnicum, tubulatum, personatum,*
marcescens, calice duplo longius, ore, in duo labia
clausa, diuiso, quorum superius concauum, galea-
tum, emarginatum, ad margines a latere interiore
leuiter pubescens: inferius autem longitudine supe-
riori par, in tres lacinias obtusas & æquales, se-
ctum. Totum petalum, colore insignitur luteo, ex-
ceptis laciniis labii inferioris: hinc cecinit Rudbeck
fil.

Hwars blomma lik en hielm så gul som gullet lyser
Med blek och blodig mun samt blod-bestänkte blad.

Stamina *quatuor secundum galeam, sub qua etiam re-*
conduntur, incurua, & apicibus oblongis instructa
sunt.

Pistillum *germine onato, stylo simplici intra labium su-*
perius corollæ, corolla fere longius, stigmate obtuso
gaudet.

Fructus *intra calicem positus per maturitatem in ca-*
psulam membranaceam, globosam cum acumine,
transformatur, & septo intermedio in duo diuidi-
tur loculamenta, ab apice per maturitatem ad basin
vsque dehiscit in valuulas.

Semina *plurima, membrana rugosa, magnitudinem*
seminum longe superante inclusa, ita vt vnumquod-
que triangulari propria sua membrana, trigona rugo-
sa a ceteris soluta placentæque adfixa circumdetur.

Qui plura desiderat, adeat prædictam dissertationem
de Sceptro Carolino.

N 5

244. PEDICULARIS *caule simplici, foliis semi-*
pinnatis obtusis, laciniis imbricatis crenatis. Tab.
IV. fig. 2.

Pedicularis caule simplici, foliis oblongis obtusis, laci-
niis pennatis, imbricatis. F. L. 57.

α. In Alpium lapponicarum summis iugis frequens
est.

β. Pedicularis Tab. IV. fig. 2. est *Pedicularis alpina folio*
ceterach. Bauh. pin. 163. Tournef. inst. 173. a Gesue-
ro (*Herba foliis Asplenio persimilibus Gesn. fract.*)
breuiter sine icone descripta. *Dillenius.*

γ. Hæc quoad faciem primo intuitu antecedenti valde
similis est, licet vigesies minor; differt deinde a reliquis nostris,

   1. quod folia Filipendulæ sint simillima, & laciniæ imbricatæ;
   2. quod radix tuberosa sit & fusiformis;
   3. quod florum corollæ suluæ sint & labii superio-
   ris apex purpurascens;
   4. quod labium inferius sit superiore dimidio breuius.

δ. *Radix* tuberosa, fusiformis (vt Sisari off.) basi squamis nonnullis coronata.

Caulis simplex, sine ramis, vix digiti longitudine,
teres, nigro-purpurascens, erectus.

Folia Radicalia plurima, patentia, singula petiolis
filiformibus insidentia, obtuse lanceolata, ad neruum longitudinalem fere pinnatim diuisa, *Pinnis*
fere ouatis, proximis, ita vt margo alterius pinnæ
incumbat proximæ, per margines crenatis, singula crena minoribus crenulis notata. Caulina ra-
riora, nonnulla spicæ subiecta, radicalibus similia.

Spica caulem terminat, eiusque tertiam partem tegit, erecta, compressa, oblonga. *Calix* striatus,
tenuis, quadridentatus, oblongus. *Corolla* angusta, labio inferiori minimo, superiori angusto,
fere

fere erecto, obtufo; tota eft fulua, excepto apice labii fuperioris nigro-purpurafcente. Pericarpium acuminatum, apice incuruo.

245. PEDICULARIS *caule fimplici, calicibus villofis, foliis linearibus dentatis crenatis.* * Tab. IV. fig. 3.
Pedicularis caule fimplici, foliis oblongis dentato-pinnatis, calicibus villofis. F. L. 57.

α. In iifdem locis cum antecedenti prouenit, nec extra Alpes hanc vel illam vnquam obferuauimus.

β. *Radix* perennis, ramofa, fere carnofa, & fibrofa. *Caulis* fimplex & fine ramis, longitudine dimidii digiti, refpectu magnitudinis craffus, ad bafin fquamis oblongis, confertis, cinctus.
Folia Radicalia fere fquamæ lineares funt, Caulina fquamis paulo longiora & ad apicem crenata, fuperiora circumfcriptione fua lineari-lanceolata, vltra mediam partem pinnatim in denticulos diuifa, parte intermedia & integra remanente plana, lata, & orta e petiolo lato, amplexicauli. *Denticuli* autem anguftiffimi funt & minutiffime crenati.
Spica florum caulem terminans breuiffima eft, fed craffa & quadrangularis, conftans floribus fex vsque ad duodecim, feffilibus, *Calicibus* magnis, ouatis, vltra medium quadrifidis, acutis, hirfutis, cinereis, *Petalo* vero pallide incarnato toto, labio inferiori breuiori, fuperiori erecto obtufo. Macula cordata faturate carnea in labio inferiori confpicitur.

γ. Differt & a *Pediculari vulgari minori* & ab omnibus aliis, foliorum petiolis latis amplexicaulibus, Calicibus villofis, Corollæ colore & crenis foliorum.

246. EUPHRASIA *caule simplici, foliis cordatis sessilibus obtuse serratis.* *

Pedicularis alpina, teucrii folio, atro-rubente coma. Tournef. inst. 172.

Chamædri vulgari falsæ aliquatenus affinis alpina & *Clinopodium alpinum Ponæ.* Bauh. hist. 3. p. 289.

Clinopodium alpinum. Pon. bald. (apud Clusium) 343.

Clinopodium alpinum hirsutum. Bauh. pin. 225. Pluk. phyt. 163. f. 5.

ϛ. Locus huius natalis in Alpibus, vbique tamen ad maiorum fluuiorum ex Alpibus prodeuntium ripas satam videre licet eandem in syluis Lapponiæ.

β. *Radix* perennis, fibrosa.

Caulis simplex, erectus, spithamæus.

Folia opposita, cordata, sessilia, obtuse serrata; inferiora gradatim minora, superiora propiora, colore atro-purpurascente picta.

Flores ex alis foliorum supremorum & coloratorum prodeunt solitarii, ad idem latus inflexi.

247. EUPHRASIA *caule ramoso, foliis ouatis acute dentatis.* *

Euphrasia officinarum. Bauh. pin. 233.

Euphrasia altera. Dod. pempt. 27.

Euphrasia vera. Rudb. cat. 16. hort. 41.

Euphrasia. Frank. spec. 13. Till. ab. 27. ic. 25. Rudb. vall. 13. Riv. mon. 132.

ϛ. *Euphrasia minor.* Dill. app. 53.

Euphrasia quædam alpina parua, duas vncias vix exsuperans. Scheuch. alp. 334.

β. In Alpibus & desertis vulgaris est.

γ. Varietas ista (α), differt a naturali planta,

1. quod flores in naturali triplo sint maiores, quam in hac;

2. quod

2. quod calix in hac quadrifidus fit , in naturali vero quinquefidus;

3. quod hæc minor fit naturali;

4. quod hæc fæpius ramis careat. Qui tamen confiderat faciem , & texturam , eafdem effe fpecies facile agnofcit.

248. RHINANTHUS *corollæ labio fuperiore breuiore.* *

α. Crifta galli femina. Bauh. hift. 3. p. 436.

Crifta galli flore luteo. Rudb. hort. 29.

Crifta galli. Frank. fpec. 11. Rudb. cat. 12.

Crifta galli pratenfis humilior , coma fufca. Rupp. jen. 1. p. 194.

Crifta galli feu Pedicularis pratenfis , flore luteo. Lind. wikf. 10.

Pedicularis pratenfis lutea feu Crifta galli. Bauh. pin. 163. Tournef. inft. 172.

β. Crifta galli mas. Bauh. hift. 3. p. 436.

Crifta galli. Till. ic. 130.

Crifta galli maior & elatior , calice floris hirfuto , rictus limbo violaceo. Rupp. jen. 1. p. 23.

Pedicularis pratenfis lutea erectior , calice floris hirfuto. Tournef. inft. 172.

γ. In fyluis & Alpibus vtraque variatio copiofe prouenit.

δ. Ambas has varietates (α. β.) coniunxerunt veteres, proinde male excepti a recentioribus , qui tamen. qua in re differant , non dixere; quid obftaret , fi hoc etiam tempore aliquis has coniungere tentaret? Plantam vtramque optime noui; poffunt etiam facile Synonyma variationum proprio fuo indiuiduo adfignari & fane primo intuitu a Botanices tyrone optime diftingui, nam *illa* (α.) crefcit in pratis ficcioribus, floribus ad vnum latus magis vergentibus, colore totius plantæ obfcuriore & magnitudine infe-

feriore; *Hæc* (*ß.*) vero iu agris vel fubhumidis occurrit, pallidior, maior, & floribus magis diftantibus. Cum autem defcriberem omnes partes, etiam
minimas fructificationis, ne vllam obferuare po-
teram differentiam in parte quacunque plantæ quoad
numerum, figuram, fitum, vel proportionem (F.
B. 282.), & ne quidem in ipfa macula ad rictum
corollæ pofita: Vnde has plantas varietates effe intellexi; qui itaque pofthac has ad diuerfas refert fpecies, tenetur indicare differentiam aliquam e numero, figura, proportione vel fitu partium deprom-
tam, nifi ex profeffo varietates recenfeat, tum enim
gaudet priuilegiis iifdem, quæ concefla funt Tulipamaniacis, &c.

ϵ. Genus hoc nil commune habet cum Pediculari, ad
quam relatum fuit a Tournefortio; fed omnino ad
Rhinanthum (Elephantem T.) pertinet, licet fuperius corollæ labium in hac breuius fit inferiore:
Confirmant hæc facies, fructus, diuerfæ fpecies.

249. LIMOSELLA. * Lind. alfat. 156. t. 5.
Menyanthoides vulgaris. Vaill. parif. 126.
Plantaginella paluftris. Bauh. pin. 190. Dill. app.
113.
Plantaginella. Buxb. A. R. 3. p. 271.
Spergula perpufilla lanceatis foliis. Gottfch. pruff. 261.
f. 81.
*Alfine paluftris repens, foliis lanceolatis, floribus al-
bis perexiguis.* Pluk. phyt. 74. f. 4.

α. Ad ripas maiorum fluuiorum inferioris Lapponiæ
fyluetris interdum occurrit.

250. PLANTA *noftra Tabula XII. figura* 4.
Campanula ferpillifolia. Bauh. pin. 93. prod. 35.
Scheuch. alp. 131. Tournef. inft. 112. Rudb. lap.
96. f. 1.

Num-

Nummularia noruegica, flore purpureo. Kyll. A. D. 2. p. 346.

Nummularia noruegica repens, folio dentato, floribus geminis. Petiv. cent. 76.

Nummularia maior, rigidioribus & rarius crenatis foliis, flore purpureo gemello. Pluk. alm. 264.

Windgvas. Angermannis.

α. Primarius huius locus natalis in noftro feptentrione eft, vbi in fyluis vix vlla planta hacce vulgatior eft. In Suecia inferiore, vt in Uplandia, Dalekarlia, Nericia, Oftrogothia, Smolandia & Scania fylueftri, eadem licet rarius a nobis lecta fuit. In Finmarkia integra fere montium iuga tegit.

β. Characterem huius generis dedit *Clariff.* Botanicus D. D. *Gronovius* in Characteribus noftris Genericis §. 523. ab omni parte perfectum, (qui eandem ex Alpibus Italicis habuit), cum ifta Buxbaumii defcriptio minus quadret.

γ. Cum *Rubeolis* nihil habet commune, nec præterquam foliis orbiculatis in ylla re cum *Nummulariis* conuenit, quæ quantum a *ferpylli* foliis differant, patet infpicienti.

δ. *Radix* fibrofa, perennis.

Caules radicati, plures, pedales, teretes, filiformes, fimpliciffimi, procumbentes, radices rarius ex geniculis emittentes, debiles.

Folia oppofita, ouato-orbiculata, vnica alteraue crena vtrinque notata, dilute viridia, petiolis vix manifeftis infidentia, per primam hyemen perfiftentia.

Scapus hinc iude ex alis foliorum, digiti longitudine, erectus, femibifidus, duos flores in apice gerens.

Flos nutat, extus albus, intus leuiter villofus, incarnatus.

ε. *Rarius* apud nos ad maturitatem perueniunt tria ifta in capfula contenta femina, quæ tamen in germine per tranfuerfum diffecto manifefte confpiciuntur, communiter tamen duo lateralia vigent.

ζ. Vidi

ɛ. Vidi in Lapponia Umenfi caules huius plantæ, qui pedum octodecim longitudinem attigere.

ꝗ. Notabile in hac planta eft, quod germen ac pericarpium fpatio quodam remoueatur a flore pedicello cohærente, id quod in nullo alio genere contingere noui.

9. Vulgus Angermanniæ plantam coctam, fomenti & cataplafmatis inftar, doloribus rheumaticis, præfentanea medela, imponere folet. *Artedi.*

CLASSIS XV.

TETRADYNAMIA.

SILICULOSA.

251. **THLASPI** *filiquis orbiculatis , foliis oblongis glabris.*
   Thlaspi aruenfe , filiquis latis. Bauh. pin. 105.
   Thlaspi vulgare fegetum. Rudb. hort. 109. Lind. wikf. 37.
   Thlaspi latius. Dod. pempt. 712.
α. In agris Nouaccolarum paffim & rarius occurrit.

252. **THLASPI** *filiquis verticaliter cordatis.*
   Burfa paftoris. Frank. fpec. 7. Rudb. cat. 8. hort. 19.
   Burfa paftoris maior vulgaris. Rudb. vall. 7.
   Burfa paftoris minor vulgaris. Rudb. vall. 7.
   Burfa paftoris maior. Till. ab. 11. Lind. wikf. 6.
α *Burfa paftoris maior , folio non finuato.* Bauh. pin. 108.
   Burfa paftoris maior , folio finuato. Bauh. pin. 108.
   Burfa paftoris minor , foliis incifis. Bauh. pin. 108. Lind. wikf. 6.

⊙   *Burfa*

Burfa paftoris minor, foliis integris. Celf. upf. 13.

β. In defertis paffim obuia eft hæc vna eademque planta

γ. Dum e fpeciebus conficiuntur genèra, erunt varietates fpecies: Omnes enim iftæ fub (α.) comprehenfæ, nil nifi meræ varietates exfiftunt, quæ limites non feruant.

δ. *Burfam paftoris* fub *Thlafpeos* genere comprehendimus, fic dictitante flore, & femine. *Siliqua* e-'nim membranaceo margine caret in Burfa paftoris, in Thlafpi T. non item; confidera itaque omnes fpecies Thlafpeos & videbis prædictæ (§. 251.) *filiculam* membrana cinctam maxima, reliquas fpecies minori; in aliis fcilicet fpeciebus ad apicem magis patent, in aliis ad pericarpii bafin; vifa fic inconftantia marginis membranacei, fequitur nullam ab eo defumi debere notam in genere, ergo nec Burfam paftoris diftinguendam effe a Thlafpi, præfertim cum cetera paria fint & margo omnis Thlafpeos demtus, in plurimis fpeciebus, filiquam exacte Burfæ paftoris repræfentet.

253. SUBULARIA.

Subularia erecta, junci foliis acutis mollibus. Raj. fyn. 3. p. 307.

Subularia lacuftris feu Calamiftrum herba aquatico-alpina. Raj. fyn. (edit. 1690) p. 210. fig.

Iuncifolia fub aquis nafcens, cochleariæ capfulis. Raj. fyn. (edit. altera) 281.

Graminifolia aquatica, thlafpeos capitulis rotundis, fepto medio filiculam dirimente. Pluk. phyt. 188. f. 5.

α Ad ripas lacuum Lapponiæ fylueftris fub aqua & viget & floret minima hæc planta, nec vt reliquæ fpecies ex aquis, inftante florefcentia, emergere poteft.

β. Reliβ. Reliquæ fpecies ab Anglis ad hoc genus relatæ diuerfa gaudent fructificatione, & nouam conftituunt familiam Calamiftri nomine diftinguendam, monuit *Dillenius.*

γ. *Buxbaumius* hanc ad *Drabas* retulit, quod facies & modus nafcendi confirmat, licet filiqua magis ventricofa fit, & petala ferme integra.

254. D R A B A *caule ramofo foliofo, foliis dentatis.*
Draba alpina hirfuta. Celf. upf. 19.
Burfa paftoris alpina hirfuta. Bauh. pin. 108. prod. 51.
Alyffum alpinum, polygoni folio incano. Tournef. inft. 217.

α. In Alpibus lapponicis copiofe & vbique confpicitur.

β. Petala floris emarginata funt, non vero bipartita, genere tamen conuenire hanc cum *Draba caule nudo, foliis crenatis,* docent facies & reliqua attributa fructificationis.

255. D R A B A *fcapo nudo fimplici, foliis lanceolatis integerrimis.*
Alyffum alpinum hirfutum luteum. Tournef. inft. 217. Scheuch. alp. 509. f. 8. mala.
Leucojum luteum aizoides montanum. Colum. ecph. 2. p. 64.
Sedum alpinum hirfutum luteum. Bauh. pin. 284.
Sedum alpinum VI. Cluf. pan. 491. fig. mala.

α. In Alpibus noftris planta eft vulgatiffima, extra quas nunquam fponte pronata a nobis obferuata.

β. In hortis faciem adeo mutat, vt vix eandem dignofceres plantam; longe enim hirfutior euad't & tenerior, vt in Horto Academico Lugduno - Batauo vifum fuit.

γ. In

γ. In Alpibus noftris lapponicis eft huius
Radix fibrofa, perennis.

Folia radicalia circiter viginti, lanceolata, in orbem patentia, plana, longitudine minimi transuerfi digiti, fetis paruis albicantibus fupra & infra
adfperfa, quæ in marginibus maxime confpicuæ.

Scapus nudus, fimplex, digitalis, erectus, ad apicem
gerens *flores* numerofos, fparfos, fingulos petiolo breuiffimo infidentes.

Florum Calix breuiffimus, tetraphyllus. *Petala*
quatuor, flaua, emarginata. *Stamina* fex, quorum duo breuiora. *Germen* ouatum. *Stylus* vix vllus. *Stigma* obtufum.

256. COCHLEARIA *foliis radicalibus fubrotundis, caulinis oblongis finuatis.*

Cochlearia folio fubrotundo. Bauh. pin. 110.

Cochlearia maior batattica, fubrotundo folio. Morif.
hift. 2. p. 308. f. 3. t. 2. f. 1.

Cochlearia. Dod. pempt. 583. Paull. dan. 206.

α Ad littora Oceani feptentrionalis, iuxta radices Alpium lapponicarum, aliquoties hanc plantam obferuauimus. Ad littora maris Baltici & Bothnici a
Nob. Rudbeckio eam vifam refert Lind. Scorbut.
35, vbi tamen nobis non obuia fuit.

β Cochleariam acetofa mixtam, cum carne rangiferina elixatam, edere Groenlandos in Scorbuto Borrich. A. D. 1671. p. 35. refert. Certe fi de Groen-
landis verum, nunquam tamen Lapponibus innotuit
hic vfus iptis omnino non neceffarius.

S I-

SILIQUOSA.

257. ARABIS *caule simplici, foliis ouatis vtrimque denticulatis.*

Leucojum vernum perenne album maius. Tournef. inst. 221.

Draba alba siliquosa. Bauh. pin. 109.

Draba altera. Cluf. pan. 642.

α. In Alpibus nostris communis est planta, in syluis non obuia.

β. In Lapponiæ Alpibus nunquam nobis visa fuit hæc planta altitudinem digiti superasse, in hortis autem pedalis euad* & ramosa.

258. CARDAMINE *foliis pinnatis, caule erecto.*

Cardamine magno flore purpurascente (vel *albo*). Tournef. inst. 224.

Nasturtium pratense, magno flore. Bauh. pin. 104.

Nasturtium pratense, flore simplici. Rudb. vall. 26.

Nasturtium pratense. Rudb. cat. 28. hort. 79. Lind. wiks. 26.

α. In syluis & Alpibus passim obuia est.

259. CARDAMINE *foliis ternatis crenatis, caule simplici* *

Cardamine alpina I. trifolia. Cluf. pan. 456. Rudb. lap 96.

Nasturtium alpinum latifolium. Bauh. pin. 104.

α. Est planta mere alpina, in Lapponia rarius obuia.

O 3

260.

260. CARDAMINE *foliis simplicibus ouatis, pe-*
tiolis longissimis. * Tab. IX. fig. 2.
Cardamine pumila, bellidis folio, alpina. Ger. emac.
260.
Nasturtium alpinum, bellidis folio, minus. Bauh.
pin. 105. Scheuch. alp. 44.
Sinapi pumilum alpinum. Cluf. pan. 459.
Plantula cardamines æmula. Cluf. pan. 458. fig.
bona.

α. Est etiam hæc planta solum alpina & in Alpibus
lapponicis copiofiffima.

β. Folia radicalia plurima, exacte ouata, integerrima,
minima, petiolis triplo longioribus quam folia, qui
ad basin & radicem fere terni cohærent, si accurate
distinguantur. *Caulis* breuiffimus, vix foliis altior,
filiquas gerens, refpectu ipfius plantæ, longiffimas.

261. SISYMBRIUM *corolla calice minore, foliis*
multifidis linearibus.
Sophia chirurgorum. Till. ic. 51. Rudb. hort. 107.
Lind. wikf. 36.
Herba Sophia. Frank. spec. 16.
Erysimum Sophia dictum. Raj. syn. 298.
Sisymbrium annuum, absinthii minoris folio. Tournef.
inft. 228.
Accipitrina. Rupp. jen. 1. p. 74.
Nasturtium sylueftre tenuiffime diuifum. Bauh. pin.
105.

α. In defertis aliquando, ad domunculas Nouaccolarum copiofe confpicitur.

262. SISYMBRIUM *aquaticum, foliis in profun-*
das lacinias diuifis. Tournef. inft. 226.
Radicula aquatica, foliis in profundas lacinias diuifis.
Dill. app. 9.

Ra-

Raphanus aquaticus, foliis in profundas lacinias divi-
fis. Bauh. pin. 97.
Rapiſtrum aquaticum. Rudb. hort. 96.
Eruca paluſtris aquatica. Frank. ſpec. 13.
α. In ſyluis Lapponiæ paludoſis interdum prouenit.

263. ERYSIMUM *foliis integris, lanceolatis.* *
Conringia leucoji folio, flore luteo. Heiſt. helmſt. 1730.
p. 10
Eruca ſylueſtris latifolia, folio integro, flore luteo mi-
nore. Moriſ. hiſt. 2. p 229.
Myagrum ſiliqua longa. Bauh. pin. 109.
Myagro affinis planta, ſiliquis longis. Bauh. hiſt 2.
p. 894.
Turritis leucoji folio. Tournef. inſt. 224.
α. In agris Finnonum ſeu Nouaccolarum parcius creſcit.

264. ERYSIMUM *foliis baſi pinnato - dentatis,*
apice ſubrotundis.
Siſymbrium erucæ folio glabro, minus & procerius.
Tournef. inſt. 226.
Eruca paluſtris, Naſturtii folio, ſiliqua oblonga. Rudb.
lap. 97.
Barbaræa foliis minoribus & frequentius ſinuatis. Raj.
hiſt. 1. pag. 809.
α. Siſymbrium erucæ folio glabro, flore luteo. Tournef.
inſt. 226.
Eruca lutea latifolia ſeu Barbaræa. Bauh. pin. 98.
Barbaræa. Dod. pempt. 712.
β. Ad ripas fluuiorum, præſertim magni iſtius fluuii
Lulenſis, in ſuperioribus Lapponiæ ſyluis, obuia
fuit.
γ. A Barbaræa proprie ſic dicta (*α.*) vt varietas, at
non vt diſtincta ſpecies, ſeparari debet; Caulis noſtræ plantæ eſt ſimplex & pedalis, foliaque tenuiora.

O 4

205.

265. BRASSICA *campeſtris perfoliata, flore luteo.*
Gottſch. pruſſ. 29.
Braſſica campeſtris perfoliata flore albo (luteo nobis).
Bauh. pin. 112.
Braſſica ſylueſtris perfoliata. Dod. pempt. 615.

α. Semper integros Nouaccolarum agros cum ſegete, dum floret, luteo obducit colore planta hæc ipſis admodum moleſta.

β. Communiter pedalis & bipedalis eſt planta ac ramoſa, non raro tamen in locis ſterilibus altitudinem pollicis tranſuerſi vix excedit, ſine ramis, tenella, foliis minutiſſimis, vniflora, floris magnitudine tamen ad naturalem plantam accedente, vnde facile diuerſam diceret quis eſſe plantam.

CLAS-

C L A S S I S XVI.

MONADELPHIA.

DECANDRIA.

266. GERANIUM *petiolis bifloris, foliis peltatis multifidis, caule erecto.*

Geranium batrachioides, folio aconiti. Bauh. pin. 317. Tournef. inst. 266.

Geranium II. batrachioides alterum. Cluf. pan. 417.

Geranium montanum nostras. Raj. hist. 1052. fyn. 361.

Geranium. Till. ic. 33.

Gruinalis pratensis, folio ranunculi aconitiae. Rupp. jen. 1. p. 116.

α. Nulla nec in fyluis densiffimis est frequentior, nec in Alpibus fpeciofior planta.

β. Floris color communiter cæruleus est, variat tamen fæpius; 1. dum *corolla alba* euadit & *stamina cærulea* perfistunt, 2. dum *corolla & Stamina alba* fiunt fimul, 3. dum corolla ex *cæruleo & albo variegata* explicatur.

O 5 *CLAS-*

CLASSIS XVII.

DIADELPHIA.

DECANDRIA.

267. ASTRAGALUS *alpinus minimus.* † F. L.
58. vide Tab. IX. fig. 1.

Aftragalus quidam montanus , vel Onobrychis aliis.
Bauh. hift. 2. p. 339. Tournef. inft. 416.

Aftragalus alpinus , foliis viciæ ramofus & procum-
bens , flore glomerato albo-cæruleo. Scheuch. alp.
509. f. 7.

Onobrychis IV. Cluf. hift. 240. b.

Onobrychis floribus viciæ maioribus cæruleo-purpu-
rafcentibus , vel foliis tragacanthæ. Bauh. pin. 351.

α. In Alpibus crefcit hæc planta copiofe , non raro
etiam in remotiffimis Lapponiæ fyluis iuxta ripas fluuiorum obferuatur , in Suecia alias ignota eft planta.

β. Variat fæpe corolla alba in Alpibus.

γ. Maxime differt hæc planta facie , fecundum locum
& ætatem. Singula enim foliola feu pinnæ in tenella planta fere orbiculata funt , in prouectiori vero oblonga feu lanceolata. Noftra figura , licet fecundum ficcum exemplar a fculptore confecta fit ,
repræfentat tamen & maiorem & minorem plantam.

268.

268. CICER *foliis linearibus, pedunculis multiflo-*
ris.
Cracca minor. Riv. tetr. 62.
Vicia segetum, cum siliquis plurimis hirsutis. Bauh.
pin. 345.
α. In agris Nouaccolarum segeti immixta copiose crescit.
β. Est vera Ciceris species, vti patet consideranti fructificationes plantarum congenerum.

269. VICIA *pedunculis multifloris, fulcris foliorum*
acutis integris.
Arachus hirsutus, flore caeruleo. Till. ab. 5.
Arachus perennis hirsutus. Rudb. cat. 5. hort. 11.
Lind. wikf. 4.
Vicia multiflora. Bauh. pin. 342.
Cracca maior. Frank. spec. 11.
Cracca. Riv. tetr. 58.
α. Cracca flore albo. Celf. upf. 17.
β. Cracca segetum purpuro-violacea. Celf. upf. 17.
γ. Cracca segetum purpuro-violacea, alis albicantibus.
Celf. upf. 17.
δ. In desertis passim; in Finmarkia adiacente copiosissime.
ε. Variat admodum colore corollae, praesertim in Finmarkia.

270. VICIA *pedunculis multifloris, fulcris foliorum*
crenatis.
Cracca syluatica rotundifolia, floribus ex albo variis.
Rupp. jen. 2. p. 212.
Arachus longissimus, flore pallido. Rudb. cat. 5.
hort. 11. Till. ab. 5.
Vicia multiflora maxima perennis, tetro odore, flori-
bus albentibus lineis caeruleis notatis. Pluk. phyt.
71. f. 1.

α. Ad

α. Ad terminos Lapponiæ & Finmarkiæ rarius conspicitur.

271. LATHYRUS *foliis pinnatis, pedunculis multifloris.*

Lathyrus perennis latifolius, flore purpurascente, alatus. Lind. wikf. 21.

Lathyrus palustris, flore orobi nemorensis verni. Rupp. jen. 2. p. 210. fig.

Vicia lathyroides nostras, seu Lathyrus viciæformis Raji. Pluk. phyt. 71. f. 2.

Clymenum parisiense, flore cæruleo. Tournef. inst. 396.

Pisum lapponicum littoreum. Petiv. hort. 247.

α. In syluis Lapponiæ vbique occurrit, præsertim in subhumidis.

272. PISUM *marinum.* Raj. hist. 892.

Pisum spontaneum perenne repens humile. Morif. hist. 2. p. 47. Munt. phyt. t. 230. figura.

α. Plantam hanc intra fines ipsius Lapponiæ me non obseruasse fateor, ad summum vero apicem sinus Bothnici, inter Kemi & Uloam, copiose conspiciebatur.

β. Saporem aliquem amarum in seminibus non percepi, & si quidam adest, leui elixatione, infusione vel coctione facile posset tolli, vt in aliis leguminosis idem obtinetur.

γ. Licet planta hæc dicatur maritima, vidi tamen eandem in siccissima arena per aliquod spatium a mari remotam, vbi ne minima humiditas a mari adfluere poterat. Si itaque hæc terræ committeretur, commode quoque cresceret in sterilissimis Lapponiæ syluestris campis arenosis, quæ procul dubio maximum vsum præberet Nouaccolis & aliis Lapponiæ incolis; dum facies, magnitudo seminum & sapor

iisdem

iifdem videbatur qualitatibus gaudere ac Pifum fati-
uum; accedit quod hæc perennis fit, nec a frigore
lædatur, (quod locus natalis fpontaneus confirmat),
quæ proprietas in fatiuis non obtinetur. Si etiam in
loco natali fola in arena viget, cur non & in cultura eandem læta exciperet nutricem. Operæ pretium foret hæc experimento inftituto decidere.

δ. Accolæ littoris Oxfordienfis in magna annonæ charitate anno *1555.* hifce Pifis fe fuosque fuftenta-
rùnt. *Gefn. aqu.* 4. p. *256.*

273. TRIFOLIUM *pratenfe, flore monopetalo.*
Tournef. inft. 404.
Trifolium pratenfe purpureum minus, folio maculofo.
Lind. wikf. 38.
Trifolium pratenfe purpureum. Bauh. pin. 327. Rudb.
hort. 111.
Trifolium pratenfe, flore purpureo Frank. fpec. 28.
Trifolium flore purpureo. Till. ab. 67.
Triphylloides pratenfe, flore monopetalo. Pont. anth. 240.

α. Triphylloides alpinum, flore albo. Pont. anth. 240.

β. In fyluis fæpe, in agris Nouaccolarum copiofe, in
Alpibus rarius, in Finmarkia copiofiffime obferuatur.

γ. In Alpibus raro admodum flore albo obuia fuit (*α*).

δ. Hiberni fuo Chambroch, quod eft Trifolium pratenfe purpureum, aluntur, celeres & promtiffimi
roboris. *Mund. diæt.* 125. conficiunt enim panem e
floribus huius plantæ melleum odorem fpirantibus,
qui magis placet, quam qui ex Spergula (190.) recenfita paratur.

274. TRIFOLIUM *repens.* Riv. tetr. 17.
Trifolium pratenfe. Till. ic. 103.
Trifolium pratenfe album. Bauh. pin. 327. Rudb.
hort. 111. Till. ab. 66.

Tri-

Trifolium pratense album, *folio non maculoso.* Lind.
   wikf. 38.

α. In defertis paffim.

β. Solet vulgus tanquam e Barometro ex infpectione
huius plantæ prædicere ingruentem tempeftatem; folia enim calido exfiftente aere relaxat, humido autem ingruente eadem erigit, quod non tantum de
Trifolio valet, fed ferme de omnibus plantis, quarum ftamina declinata funt. Flores itidem fere o-
mnes conniuent inftante pluuia, quafi fcientes aquam
actum generationis turbare, coagulando vel diluen-
do farinam genitalem, cum actu generationis cele-
brato nulla conniuentiæ figna oftendant. Sic Mimo-
fæ, Caffiæ, Bauhiniæ, Parkinfoniæ, Guilandinæ
& adfines omni vefpera conniuent foliis, licet in
hybernaculis nullus fit frigoris maior acceffus, quam
interdiu. Vndenam hæc fenfatio? quænam mutatio
tempore nocturno in aere, præter caloris & lucis
abfentiam?

C L A S S I S XVIII.

POLYADELPHIA.

POLYANDRIA.

275. HYPERICUM *vulgare.* Bauh. pin. 279.
Hypericum vulgare seu Perforata caule rotundo, foliis glabris. Bauh. hist. 3. p. 381.
Hypericon. Dod. pempt. 76.
Ascyron. Dod. belg. 485.

α. Ad terminos Lapponiam a Finmarkia distinguentes rarius.

β. Si staminum filamenta accurate inspiciantur, patebit ea in tres vel quinque phalangas esse digesta & ad basin coalita, licet hoc in nostris Europæis admodum obscure, in *Lasiantho* autem euidentissime conspici potest.

CLAS-

CLASSIS XIX.

SYNGENESIA.

MONOGAMIA.

276. VIOLA *foliis cordato-obtufis, pedunculis cau-*
linis.

Viola alpina rotundifolia lutea. Bauh. pin. 199. Morif. hift. 2. p. 475. Scheuch. alp. 342.

Viola montana, flore luteo. Cluf. pan. 356.

Viola rotundifolia montana maior; vel Ptoræ valden-
fium facie, floribus luteis. Pluk. phyt. 234. f. 2.

Viola flore luteo. Riv. pent. 127.

α. *Viola alpina rotundifolia minor.* Pluk. phyt. 233. f.
7. fig. optima.

β. Locus huius natalis in folis Alpibus, licet non raro extra eas, aere vel aqua delata, confpiciatur in
fyluis.

γ. Maior & minor planta, apud Botanicos diftincta,
eiufdem eft fpeciei; noftra ad minorem (α.) propius accedit.

δ. Diuidunt violas communiter Botanici in tricolores
& martias: *Violas martias* dicunt perennes, foliis
cordatis, verno tempore florentes; *Violas tricolores*
au-

autem foliis ouato-oblongis gaudentes & annuas,
(quæ omnes vnius funt fpeciei); planta vero præfens inter has quafi media eft. Staminum antheræ
in violis omnes margine membranaceo cinctæ funt,
& coalitæ in vnum corpus in Violis tricoloribus;
in Violis martiis vero minus euidenter.

t. Singularis in genere Violarum eft ftigmatis piftilli
flexûra, fub qua foramen latet. Generationem plantarum abfolui, dum genitura (farina antherarum)
cadit in vuluam (Stigma) in omni flore, oculis patet (F. B. 145), ibi glutine quafi adfixa tenetur genitura, quod autem introeat tubam (Stylum) per-
ueniatque ad ouarium (Germen) & in oua fe infi-
nuet, ego perfpicere nunquam potui. In Violis
vero, & præfertim tricoloribus iucundo fpectaculo
licet videre, flore nuper explicato, virgineam vuluam lafciue hiantem, globi inftar concaui & aperti
ad latus, albam & nitidam, fimulac autem genitu-
ram fuam proiecerunt quinque eius adfines mariti
totam vuluam farina genitali repletam coloreque fufco defpurcatam obferuabis, tuba tamen exfiftente
clara & pellucida. Ante hanc fœcundationem fi
comprimas vuluam, exftillabit liquor quidam la-
cunarum melleus, qui farinam iftam genitalem retinet, attrahit & forte extrahit.

ϩ. *Radix* plantæ noftræ perennis, articulata & fibrofa.

Folia omnia cordato-reniformia, leuiffime ferrata,
quorum plura radicalia; tria quatuorue caulina,
alterna, petiolata.

Caulis fimplex, altitudine petiolorum foliorum radicalium, vel paulo altior, e fingula foliorum
ala fingulum florem emittens, pedunculo fimplici infidentem.

Floris corolla lutea eft & petala verfus vngues ftriis
nigris confpicua.

P 277.

277. VIOLA *foliis cordatis oblongis, pedunculis fere radicatis.*

Viola cærulea martia inodora sylnatica, in cacumine semen ferens. Bauh. hist. 3. p. 543.
Viola martia inodora syluestris. Bauh. pin. 199.
Viola syluestris inodora, flore cæruleo. Rudb. vall. 35.
Viola canina martia inodora. Lind. wikf. 40.
Viola canina. Till. ic. 75.

α. *Viola martia alba.* Bauh. pin. 199.

β. In syluis lapponicis non ita frequens nascitur.

γ. Totum campum tectum viola hac, corolla alba ludente, in Lapponia Umensi prope Grancœam vidimus.

δ. Difficillime dignoscuntur species violarum martiarum, cum folia, absoluta florescentia, maiora euadant, & in humidis glabra fiant.

ε. Singulo pedunculo adfiguntur duæ squamulæ oppositæ & acutæ, in hac specie prope calicem, in sequenti autem mediæ pedunculi parti insident.

278. VIOLA *foliis subrotundis cordatis, pedunculis radicalis.*

Viola palustris rotundifolia glabra. Morif. hist. 2. p. 475. f. 5. t. 35. Plot. ox. 144. t 9. f. 2.

α. In aquosis Lapponiæ syluestris & alpinæ vulgatissima est.

β. *Radix* geniculata, squamis nigro-fuscis vestita, perennis.

Folia radicalia duo vel tria, orbiculata fere, sed cordata, glabra, margine vix conspicue serrato; Petioli simplices.

Scapus seu pedunculus radicatus, simplex, petiolis simillimus, sed iis duplo longior.

Floris corolla incana cum leuissima rubedinis mixtura perfusa. *Petalum nectariferum* reliquis non longius est, sed concauum, emarginatum, interne

ne

ne lineis quinque vel feptem nigris, rectis, bifurcatis, petalo dimidio breuioribus notatum.

γ. Species hæc reliquis longe minor eft, & occurrit
etiam hic alia variatio, maior corolla pallide alba,
quæ quafi inter hanc & antecedentem eft media.

279. LOBELIA *foliis bilocularibus fubulatis.* *
Dortmanna lacuftris, floribus fparfis pendulis. Rudb.
    lap. 97. f. 2. egregia.
Gladiolus paluftris Dortmanni. Raj. fyn. 287.
Gladiolus lacuftris Dortmanni. Raj. hift. 1325.
Gladiolus ftagnalis aut lacuftris. Rudb. elyf. 2. p. 215.
    f. 15.
Leucojum paluftre, flore fubcæruleo. Bauh. pin. 202.
Campanula aquatica. Blair. obf. 103.
Notgræs. Smolandis.

α. In fluuiis Lapponiæ fylueftris femel modo & quidem
fine flore eam obferuaui, in Suecia autem plurimis
in locis, vt Stenbrohult in Smolandia, Kiellflæt-
ten in Dalekarlia, &c.

β. *Dortmanna* hæc Rudb. eiufdem generis eft cum *Ra-
puntio* T. *Cardinali* Riv. *Lobelia* Pl. (F. B. 216.);
retinemus itaque nomen *Lobeliæ* (F. B. 238.),
cum *Rapuntium, Rapunculus, Rapiftrum a Rapa,*
cum qua nullam habent adfinitatem, conficta fint
vocabula (F. B. 228. 227.), *Cardinalis* autem nomen minus quadrat, nifi caput monachi placeat vo-
care proprie *Monachum* & Papas (Solani fpeciem)
Papam; vno verbo nomina eiufmodi conueniunt
potius Tulipamaniacis & Hyacinthophilis, quam
Botanicis. *Dortmannæ* nomen dein ferius eft impofitum. (F. B. 242.)

γ. Fructus bilocularis eft, & folia ipfa fiftulofa biloc-
laria. Crefcit femper fub aquis, fed caulem flori-
ferum extra aquas exferit, qui, vbi aqua profunda,
altus euadit; vbi minus alta, breuior; quod curiofum eft.

POLYGAMIA ÆQUALIS.

280. LEONTODON *calice inferne reflexo.*
Dens leonis, qui Taraxacum officinarum. Vaill. act.
1721. p. 230.
Dens leonis, latiore folio. Bauh. pin. 126.
Dens leonis, folio ampliore. Lind. wikf. 11.
Dens leonis. Frank. fpec. 11. Till. ab. 23. ic. 40.
α. In Alpibus & fyluis vulgatiffima eſt.
β. Nunquam adſumitur loco cibi huius radix a Lapponibus, vix quoque ab aliis per Sueciam.

281. HIERACIUM *vulgare.* Till. ab. 34.
Hieracium chondrillæ folio glabro, radice ſucciſa maius.
Bauh. pin. 127.
Hieracium minus præmorſa radice ſiue Fuchſii. Bauh.
hiſt. 2. p. 1031.
Hieracium. Till. ic. 84.
Accipitrina minor. Frank. fpec. 1.
α. Vbique in fyluis graminofis frequens eſt.

282. HIERACIUM *foliis integerrimis lanceolatis,*
ſcapo multifloro.
Piloſella maior erecta altera. Bauh. pin. 262.
Hieracium piloſellæ folio, erectum minus. Tournef.
inſt. 471.
Auricula muris anguſtifolia minor. Lind. wikf. 5.
Auricula muris minor. Frank. fpec. 5.
α. In defertis graminofis fæpius prouenit.

283. HIERACIUM *caule vnifolio & vnifloro, ca-*
lice villoſo.
Hieracium alpinum pumilum folio lanuginoſo. Bauh.
pin. 129.

Hie-

Hieracium alpinum latiore folio pilosum, flore maiore. Pluk. phyt. 194. f. 2.

Hieracium villosum alpinum, flore magno singulari. Raj. syn. 169. t. 6. f. 2.

Pilosella monoclonos non repens alpina minor lanuginosa, amplo flore. Morif. 3. p. 78. f. 7. t. 7.

Dens leonis alpinus minimus pilosellæ folio. Tournef. inst. 496.

α. Figura in Raj. syn. bona eft, fed calix magis rotundus magisque ventricofus confpicitur ob prominentes vndique villos.

β. Eft planta pure alpina & in hyperboreis noftris locis vulgatiffima.

γ. *Radix* fibrofa, perennis.

Folia radicalia plurima, ouata, per margines obtufe denticulata, in petiolos fenfim definentia, hirta & incana.

Caulis fimpliciffimus, vix fpithamæus, villofus, vnico communiter foliolo minimo, incertæ fedis, notatus.

Flos terminatrix, vnicus, cuius *calix* eft ante explicationem globofus, ventricofus, hirfutie nigricante expanfus. *Corolla* flaua.

284. HIERACIUM *caule ramofo, foliis ouatis dentatis.*

Hieracium murorum, folio pilofiffimo. Bauh. pin. 129.

Hieracium montanum hirfutum. Rudb. cat. 20. hort. 51. Till. ab. 34. Lind. wikf. 18.

α. In Alpium noftrarum conuallibus graminofis, præfertim vbi tuguria Lapponum pofita fuere, non infrequens eft.

β. Singulares funt gallæ iftæ, in alis foliorum quandoque obuiæ, oblongæ & villofæ, quas muribus adfimilauit *Heucherus* in *Supplem. Horti Wittemb.* vnde *Hieracium myophorum* dicta fuit planta.

P 3　　　　　285.

285. HIERACIUM *caule supra folia ramoso, foliis amplexicaulibus dentatis glabris.*
   Hieracium montanum, cichorei folio. Raj. syn. 166.
   Hieracium montanum latifolium glabrum minus. Bauh.
      pin. 129?
α. In vliginosis locis non raro prouenit.

286. HIERACIUM *foliis radicalibus pinnato-dentatis, caulinis lanceolatis vix denticulatis.*
   Hieracium maius erectum angustifolium, caule lævi.
      Bauh pin. 127.
   Hieracium vulgare tectorum minus. Lind. wikf. 18.
α. In montibus siccis & tectis Nouaccolarum quandoque viget.

287. HIERACIUM *foliis lanceolato-linearibus, obscure denticulatis sparsis.*
   Hieracium angustifolium, caule folioso. Rudb. cat.
      20. hort. 51. Till. ab. 34. Lind. wikf. 18.
   Hieracium fruticosum angustifolium maius. Bauh.
      pin. 129.
   Accipitrina. Frank. spec. 1.
α. In syluis passim.
β. Flores omnes ad apicem caulis positi sunt, quorum vnus alterue explicatur, reliquorum rudimentis paruis ad latera persistentibus. Sic in Suecia communiter. In Lapponia autem contrario modo incedit natura, dum flos intermedius terminatrix intra calicem paruum coercetur, nec dehiscere potest; laterales autem sex vsque ad decem, in totidem pedunculis eiusdem longitudinis eiusdemque insertionis, eodem tempore florent & vmbellæ formam repræsentant.

288.

288. HYPOCHOERIS *hirfuta , endiuiæ folio, magno flore.* Vaill. act. 1721. p. 280.

Hieracium alpinum latifolium hirfutie incanum, flore magno. Bauh. pin. 128

Hieracium pannonicum latifolium I. Clufio. Bauh. hift. 2. p. 1026.

Hieracium primum latifolium. Cluf. hift. cxxxix.

α. In Alpibus & fyluis Lapponiæ hinc inde fefe offert.

β. In plurimis pharmacopœis per Sueciam diuenditur hæc fpecies pro *Arnica* (§. 304.) cum faciem eandem gerant folia & flores, nifi flofculi obferuentur, quæ eft fraus *quid pro quo* dicta & inexcufabilis error.

289. SONCHUS *ramofus annuus , foliis laciniatis.*

Sonchus læuis laciniatus latifolius. Bauh. pin. 124.

Sonchus læuis minor, paucioribus laciniis. Bauh. pin. 124.

Sonchus læuis latifolius. Lind. wikf. 26.

Sonchus læuis. Rudb. vall. 33. hort. 107.

α. In agris Nouaccolarum rarius, fine dubio cum fegete in Lapponiam translatus.

290. SONCHUS *Lapponum altiffimus ,floribus cæruleis.* †

Sonchus fylueftris purpuro - cæruleus anguftifolius. Rudb. lap. 100.

Sonchus cæruleus latifolius. Scheuch. alp. 56.

Sonchus læuis, flore cæruleo. Cluf. pan. 651.

Sonchus læuis laciniatus cæruleus, feu alpinus cæruleus. Bauh. pin. 124.

Ierja Lapponibus. *Tota* Dalekarlis.

α. Ad latera Alpium lapponicarum & in conuallibus admodum vulgaris eft hæc planta mere alpina.

P 4   β. Plant

β. Planta eſt omnium ſpecioſiſſima caule ſuo recto ri-
gidoque altitudinis humanæ & maioris, foliis niti-
diſſimis, thyrſo recto, cæruleo & longiſſimo inſtructa.

γ. Planta etiam hæc eſt Lapponibus notiſſima & tertia
(§. 101. 130.) earum, quæ Lapponum palatis placet; editur enim caulis crudus, antequam flores explicantur, more angelicæ (§. 101.), diſſecatur nimirum caulis, folia decerpuntur, cortex fibroſus &
tenax a baſi ſua ſeparatus detrahitur cultello, vnguibus vel dentibus, editur deinde pars carnoſa & ipſis
gratiſſima eſt, mihi autem non arridebant hæc fercula, ſine ſale & oleo nimis amara.

291. **SERRATULA** *foliis ovato-lanceolatis, radicalibus ſerratis, caule thyrſifloro.*
Cirſium minus anguſtifolium, floribus compactis. Rudb.
lap. 97.
*Cirſium humile montanum, cynogloſſi folio, polyan-
themum.* Raj. ſyn. 193. Dill. elth. 82. t. 70.
*Cirſium montanum polyanthemum, ſalicis folio anguſto,
dentato.* Raj. ſyn. 193.
*Cirſium montanum cambro - brittannicum, capitulis
compactis, hieracii fruticoſi anguſtis foliis.* Moriſ.
hiſt. 2. p. 144.
Cirſium alpinum boni Henrici facie. Tournef. inſt.
448.
Carduus mollis, lapathi foliis. Bauh. pin. 377.
Carduus mollis II. Cluſ. pan. 664. fig. deſcr.

α. Eſt planta vere alpina, in nemoribus Alpium frequentiſſima, non raro etiam ad ripas fluuiorum ex
Alpibus delabentium.

β. Coniunximus ſtudio nomina duplicis apud Botanicos putatæ plantæ, quæ tamen eadem ipſa eſt, nec
quidem varietas. Folia enim in aptioribus locis,
quæ radicalia ſunt, lata baſi extenduntur, mali vel
boni

boni Henrici inftar ; in aliis vero fere lanceolata
funt.

γ. *Radix* perennis.

Folia Radicalia ouato-lanceolata, ferrata, ferraturis
in fetas non definentibus, fed patentibus, fuperne fere glabra, inferne villofa albida: *Caulina*
vero lanceolata, integerrima, fere feffilia, feptem
vel decem.

Caulis fpithamæus, fimpliciffimus.

Flores in thyrfum faftigiatum octo ad duodecim caulem terminant, quorum calix oblongus, fere cy-
lindraceus, Corolla cærulea.

292. **CARDUUS** *calice inermi, foliis lanceolatis
margine ciliatis.*

*Cirfium pratenfe, fingulari capitulo magno vno gemi-
no tergeminoque, foliis aliis integris, aliis differtis.*
Celf. upf. 16.

*Cirfium fingulari capitulo fquamato, vel incanum al-
terum.* Bauh. pin. 377.

Cirfium. Rudb. cat. 12. hort. 29.

Cirfium Brittannicum Clufii repens. Bauh. hift. 3.
p. 46.

Cirfium Helenii folio, capite magno. Vaill. act. 1718.
p. 200.

α. In fyluis Lapponiæ eft planta vulgatiffima.

β. *Folia Radicalia* ouali-lanceolata, integerrima, terræ
incumbentia, forma cynogloffæ, margine fetulis
non pungentibus ciliato, fuperne viridia nitida, fubtus leuiter villofa, pulchre niuea: *Caulina* longitudinaliter diuifa, rara, ex alis eorum fæpe ramulus
vniflorus. Caulis pedalis & fefquipedalis. Flos
magnus, corolla belle purpurea.

P 5

293.

293. CARDUUS *radice repente, foliis lanceolatis dentatis, margine aculeato.*
  Carduus vinearum repens, folio fonchi. Bauh. pin. 377.
  Carduus in auena proueniens. Bauh. pin. 377.
α. In agris Nouaccolarum inter fegetem luxuriat.

294. BIDENS *foliis tripartito diuifis.* Tournef. inft. 462.
  Verbefina foliis tripartito diuifis. Rupp. jen. 1. p. 135.
  Cannabina aquatica, folio tripartito diuifo. Bauh. pin. 321.
  Cannabina aquatica femina. Frank. fpec. 8.
  Ceratocephalus vulgaris, tripteris & pentapteris folio, caule rubente. Vaill. act. 1720. p. 423.
α. In humidis rarius.

295. TANACETUM *foliis pinnatis planis, pinnis ferratis.*
  Tanacetum vulgare luteum. Bauh. p'n. 132.
  Tanacetum vulgare Frank. fpec. 29. Rudb. hort. 107. vall. 33. Till. ab. 65. Lind. wikf. 37.
  Tanacetum. Till. ic. 95.
α. In pratis Nouaccolarum occurrit.
β. Vidi vxores Nouaccolarum per Lapponiam & Rufticorum in Weftrobothnia follicite colligere hanc plantam & exficcare, nec, in quem finem, facile fcire licuit; tandem edoctus fui, feminas in iifdem locis inde conficere balnea vaporis pro emolliendis adpropriatis membris inftante partu, atque pro eodem facilius excludendo.

P 0-

POLYGAMIA SUPERFLUA.

296. SENECIO *minor vulgaris*. Bauh. pin. 131.
  Erigeron maius feu Senecio. Rudb. cat. 15. hort. 39.
  Erigerum maius & minus. Till. ab. 26.
  Erigerum minus. Rudb. cat. 15. hort. 39.
  Erigerum. Frank. fpec. 13. Lind. wikf. 12.
α. In fyluis rarius enafcitur.

297. ARTEMISIA *vulgaris maior*. Bauh. pin. 137.
  Artemifia vulgaris. Rudb. cat. 5. hort. 11. vall. 4.
    Lind. wikf. 4. Till. ab. 5. Vaill. act. 1719. p. 375.
  Artemifia caule purpurafcente. Rudb. cat. 5. hort. 11. vall. 4. Lind. wikf. 4.
  Artemifia alba & rubra. Frank. fpec. 4.
  Buris. Dalekarlis.
α. In fyluis & agris Nouaccolarum.
β. Flos compofitus (F. B. 117.) radiatus, qui hermaphroditos & femininos flofculos includit triplex modo exfiftit refpectu corollæ propriæ, 1. vbi feminæ gaudent corollula tubulofa; ex. gr. Xeranthemum, 2. vbi feminarum corollula ligulata eft; vt in Radiatis plurimis Tournefortii feu Doronico §. 304. Solidagine §. 306. Erigero §. 308. Aftere §. 307. Achillæa §. 311. &c. 3. vbi feminæ carent corollulæ limbo; vt in Artemifia §. 297. Gnaphalio §. 302.

298.

298. GNAPHALIUM *floribus, per caulem sim-*
plicissimum, sparsis.

Gnaphalium erectum. Bauh. hist. 3. p. 166.

Gnaphalium maius, angusto oblongo folio. Bauh. pin.
263.

Gnaphalium maius. Frank. spec. 15. Rudb. cat. 18,
hort. 47.

Filago floribus per caulem sparsis. Dill. giss. 149.

Elichrysum spicatum. Tournef. inst. 453.

α. In Alpibus lapponicis frequentissima, nec raro in
syluis.

β. Differentiæ characteristicæ, quæ distinguunt genus
Elichrysi T. & *Filaginis* T. necdum indicatæ sunt,
nec dantur certi limites, nec separationem vrget
facies.

γ. *Gnaphalii* nomen retinemus in coniuncto genere
Filaginis & *Elichrysi,* more antiquorum, cum Gnaphalii T. genus forte eandem agnoscat familiam.

299. GNAPHALIUM *caule dichotomo erecto,*
floribus in alis sessilibus.

Gnaphalium vulgare maius. Bauh. pin. 263.

Gnaphalium montanum maius. Rudb. cat. 18. hort.
47.

Gnaphalium montanum incanum erectum. Till. ab.
31.

Gnaphalium germanicum. Bauh. hist. 3. p. 158.

Filago elatior, capitulis dense conglobatis. Dill. giss.
140.

α. In montibus glareosis sabulosis & siccis copiose.

300. GNAPHALIUM *caule ramoso diffuso, flo-*
ribus confertis terminatricibus.

Gnaphalium longifolium humile ramosum, capitulis
nigris. Raj. syn. 181.

Gnaphalium medium. Lind. wiks. 16.

Gna-

Gnaphalium repens. Rudb. cat. 18. hort. 4⁻.
Gnaphalium incanum repens. Till. ab. 51.
Filago paluftris, capitulis nigricantibus, fupina. Rupp. _
jen. 1. p. 185.
Filago incana, capitulis in fummis caulibus & ramu-
lis difpofitis. Dill. app. 2.
α. In Alpibus & fyluis fubhumidis, & fabulofis fimul.
β. Capitula florum in Lapponia pallida funt, in Suecia
autem nigricantia.

301. GNAPHALIUM *caule fimpliciffimo, capi-*
tulo terminato floribus oblongis. †
Gnaphalium alpinum minus. Bauh. pin. 264.
Gnaphalio alpino affine, Leontopodium paruum Lobe-
lii. Bauh. hift. 3. p. 161.
Filago alpina minor erecta. Scheuch. alp. 133.
α. In Alpibus noftris frequentiffima eft.
β. Dum floret, caulis vix duorum tranfuerforum digi-
torum altitudinem obtinet; antequam vero femen
ad maturitatem peruenit, fpithamæam adquirit.
γ. Curiofum erat videre in caule huius plantæ fructifi-
cantis femina aliarum plantarum huius foliis & cauli adhærere, quafi vifco oblinita fuiffet, cum tamen
fola hirfuties eadem detineat.

302. GNAPHALIUM *caule fimpliciffimo, flori-*
ribus coloratis terminato. †
Gnaphalium montanum. Frank. fpec. 15.
Gnaphalium montanum, flore albo (vel rubro). Rudb.
cat. 18. hort. 47.
Gnaphalium montanum, flore variegato. Lind. wikf.
16.
Gnaphalium, flore purpureo, minus. Lind. wikf. 16.
Gnaphalium. Till. ic. 71. *variorum colorum.* Till.
ab. 31.

Heli-

Helichryfum montanum. Vaill. act. 1719. p. 387.

Hermaphroditum.

Gnaphalium montanum , longiore & folio & flore.
Bauh. pin. 263.

Elichryfum montanum , longiore & folio & flore.
Tournef. inft. 453.

Mas.

Gnaphalium montanum, flore rotundiore. Bauh. pin.
263.

Elichryfum montanum , flore rotundiore. Tournef.
inft. 453.

Kattfœtter. Suecis, id eft, Pes felis.

α. In Alpibus paffim.

β. Planta hæc, licet fexu differat, genere tamen diftingui non debet a reliquis Elichryfis, floris color in
aliis albus eft, in aliis purpurafcens, in aliis ex v-
troque mixtus.

303 **TUSSILAGO** *fcapo thyrfiflore faftigiato, flo-*
ribus radiatis. *

Cacalia foliis cutaneis acutioribus & glabris. Rudb.
lap. 96.

? *Petafites minor alpinus , folio angulofo craffiori.*
Tournef. inft. 451.

? *Petafites minor, tuffilaginis folio.* Morif. hift. 3. p. 95.
f. 7. t. 10. f. 4.

α. In Alpium lapponicarum proximis & depreffis locis
vulgatiffima , nec non in vicinis ipfarum Alpium
nemoribus deprehenditur. Floret circa finem Maii &
femina deiicit circa finem Junii.

β. Veteres a fola facie, a folis foliis Petafitidem vo-
carunt Tuffilaginem maiorem, nec folliciti de florum differentiis , nifi poftquam fyftematici exorti
fuere, tum vifum fuit Petafitidem & Tuffilaginem
diuerfiffimas effe plantas, diuerfiffima genera , nec
fuit

fuit qui hac de re inde dubitauit. Sed redeunt fecula. Confideremus quæfo flores & videbimus mon-
ftra. Ex. gr.

1. *Petafites vulgaris* gaudet *flofculis omnibus herma-*
   phroditis, corollulá tubulata veftitis omnibus.
   Facies: *Flores in thyrfum collecti.*

2. *Tuffilago* inftruitur *flofculis,* quorum illi, qui *di-*
   fcum occupant, *hermaphroditi funt, corollulá tubu-*
   lata veftiti. Radium vero conftituunt feminini flos-
   culi, corollula ligulata induti.
   Facies: *Flos vnicus fcapum terminans.*

3. *Petafites minor.* C. B. gaudet flofculis pluribus
   hermaphroditis, corollula tubulata veftitis, quos
   circumftant alii plures flofculi feminini, corollula omni carentes (nifi tunicam anguftiffimam bafin ftyli veftientem abfque omni limbi figno, co-
   rollulam dicas).
   Facies: *Flores in thyrfum collecti.*

4. *Petafites cuius fynonyma dedimus,* gerit flores
   compofitos ex flofculis hermaphroditis, corollula tubulata veftitis in difco, in radio autem flores
   femininos corollula ligulata indutos.
   Facies: *Flores in thyrfum congefti.*

Hinc fecundum Faciem retulere fpecies thyrfife-
ras (3. 4.) ad Petafitidem, cum tamen eas fecundum fructificationes ad Tuffilaginis genus amandare debuiffent; dicam vno verbo: Radius in hoc
genere nihil valet. Calix, receptaculum, femina,
facies, vires conueniunt, ergo genus naturale,
ergo non dilacerandum. Nos fumus miniftri,
non magiftri naturæ.

ɣ. Plantam non vbique vulgarem verbis paucis defcribam.

Radix perennis, repens.

Folia omnia radicalia, circumfcriptione triangularia,
bafi fua (petiolo adnexa) in profundum finum,
cordati inftar folii, excauata, apice obtufe acuta,

ta, per margines laterales vndulato-acuta, feptem
fcilicet vel octo prominentiis vtrimque notata, fuperne glabra, inferne villis minimis tecta, niuea.
Petioli tenues vix fpithamæi.

Scapus fpithamæus, teres, vna alteraue ala membranacea amplexicauli lata inftructus, quæ apice fuo
terminatur in rudimentum quoddam folioli.

Flores plures, fex ad duodecim, fcapum terminant,
faftigiati; conftantes *calice* oblongo; *Corolla* alba radiata; *Staminibus* in flofculis difci, nullis
vero in flofculis radii; *Stylo* cum ftigmate bifido
in difco, fimplici in radio; *feminibus* pappo, calice triplo vel quadruplo longiore, coronatis.

δ. Hinc noftra gerit folia fimillima *Petafitidi minori
alteri tuffilaginis folio. Fag. parif.* flores radiatos exacte *Petafitidis maioris, radice repente, folio craf-
fo non angulofo Till. Pif.* fed faftigiatos, vt *Petafites Tuffilaginis folio minimus Gefn.* qui minus radiati
funt.

304. **DORONICUM** *foliis oblongo-oualibus.* *

Arnica Schroederi. Rupp jen. 1. p. 163.

Alifma. Matth. comp. 604.

Alifma Matthioli feu Doronicum vulgare germanicum.
Rudb. hort. 3.

Doronicum plantaginis folio, alterum. Bauh. pin. 185.
Tournef. inft. 480. Scheuch. alp. 36. Rudb. lap.
97.

Chryfanthemum latifolium. Lind. wikf. 8.

Caltha alpina. Frank. fpec. 7.

Haßfibla. Smolandis.

*. In Suecia inferiore, vti in Smolandiæ & Scaniæ
pratis vulgaris eft hæc planta, cum illa a Clariffimo
Rudbeckio inter plantas Lapponicas recenfeatur,
eandem quoque enumerauimus, licet in Lapponia
nobis obuia non fuerit, forte nec obuia erit, dum
in fuperioribus Sueciæ prouinciis non reperitur, nec
dubito,

dubito, quin sequentem sub hoc nomine intellectam voluerit Nobilissimus author, cum ista in
Lapponia frequentissima sit, alias per Sueciam nullibi obuia, nec in catalogo eius nominata.

β. Odor foliorum & radicis, viscositas ista villosiuscu-
la foliorum Nicotianæ adfinis, plantam admodum
suspectam reddunt. Non repugnat tamen, quo minus summe resoluens sit hæc amasia Stahlianorum.

γ. Rusticos Smolandiæ vidi folia huius plantæ, loco
Nicotianæ, in defectu Tabaci, eligere & haurire.

δ. Cum calix sit radio corollæ longæ breuior, secus
ac in aliis nobis notis Doronici speciebus, eandem
retulit *Ruppius* ad peculiare genus, quod tamen reliquis partibus fructificationis, facie & viribus con-
minatis naturæ repugnare iudicamus.

305. **DORONICUM** *foliis lanceolatis.* *
    Alisma Matthioli seu Plantago montana. Bauh. hist.
      3. p. 20.
    Doronicum VI. pannonicum Clusii. Raj. hist. 270.
    Doronicum IV. Clus. pan. 522.
    Mutterwurtz. Siml. alp. 139. b.

α. In Alpium campis conuexis passim prouenit, quæ
alias per Sueciam obuia non est.

β. Cum antecedenti specie a plurimis confunditur hæc
planta, a qua tamen differt foliorum figura manifeste, & flore in caule vnico, cum præcedens etiam
duobus lateralibus instruatur.

γ. Miror Lappones, qui sæpius tam intensa pica Tabaci laborant, non huius plantæ folia substituere,
sed potius præ defectu adsuetarum deliciarum ta-
bescere.

306. **SOLIDAGO** *floribus per caulem simplicem*
    vndique sparsis, foliis lanceolatis.
    Virgaurea seu Doria. Rupp. jen. 1. p. 169.

               Q   *Virga*

Virga aurea latifolia serrata. Bauh. pin. 268.
Virga aurea foliis serratis. Frank. spec. 28.
Virga aurea folio serrato. Lind. wikf. 40.
Virga aurea. Till. ab. 66.

α. In syluis passim, in Alpibus vero copiose.

β. Folia radicalia serrata sunt, caulina interdum serrata, saepius tamen integerrima occurrunt, nec tamen distincta est species.

γ. *Nomen Virga aurea* est genericum duobus vocabulis integris constans (F. B. 221.), *Doria* autem ex lingua gallica deriuatur (F. B. 229.), *Virgaurea* non facile admittunt critici; *Solidago* vero est Synonymon antiquum (F. B. 242.) & inculpatum.

307. ASTER *caule vnifloro, foliis integerrimis, calice villoso subrotundo.* Tab. IX. fig. 3.
Asteri montano purpureo similis vel globulariae. Bauh. hist. 2. p. 1047. Scheuch. alp. 329.
Conyza caerulea non acris, laeui folio. Rudb. lap. 97.

α. In omnibus Alpibus nostris vulgatissima est, nec extra eas in Suecia obuia fuit.

β. Obscura satis est haec planta in foro Botanico, figuram itaque eius dedimus. Joh. Bauhinus eandem satis bene & descripsit & depinxit, longe tamen perfectior est descriptio Scheuchzeri.

γ. Faciem gerit exacte Bellidis adeo, vt pro eadem planta eam Botanices ignarus facile sumeret, nisi calix praesertim ante explicationem floris globum hispidum repraesentaret; folia duo, tria, quatuorue, saepius modo vnicum gerit caulis, qui absoluta florescentia, in duplam triplamue altitudinem extenditur.

308. ERIGERUM *vulgare.* †
Aster aruensis caeruleus acris. Tournef. inst. 481.
Aster conyzoides. Rudb. cat. 5. Till. ab. 6. Lind. wikf. 4.

Conyza

Conyza cærulea acris. Bauh. pin. 265.
Conyza cærulea. Frank. spec. 10.
α. In syluis & Alpibus frequens est.
β. In Alpibus sæpius corolla alba obuia est & acrimonia fere omni orbata.

309. ANTHEMIS *vulgaris.* †
Chamæmelum vulgare. Bauh. pin. 135.
Matricaria leucanthemos annua, Chamæmeli folio, oua-
  riis nigricantibus. Vaill. act. 1720. p. 370.
Chamomilla. Till. ab. 17.
α. In syluis rarius, præsertim iuxta domos Nouaccolarum, eorumque agros.

310. CHRYSANTHEMUM *foliis oblongis ser-*
  ratis.
Leucanthemum vulgare. Tournef. inst. 492.
Bellis syluestris, caule folioso, maier. Bauh. pin. 261.
Bellis maior campestris. Rudb. cat. 6. hort. 15. Till.
  ab. 17.
Bellis sylueftris. Lind. wikf. 5.
Bellis. Till. ic. 119.
Bellidioides vulgaris. Vaill. act. 1720. p. 362.
α. In latere Alpium a parte Finmarkiæ rarius, istuc
  casu e Finmarkia, vbi frequens est, delata.

311. ACHILLÆA *foliis pinnato-pinnatis.*
Achillæa vulgaris, flore albo. Vaill. act. 1720. p.
  415.
Millefolium vulgare. Bauh. pin. 140.
Millefolium vulgare maius. Frank. spec. 120.
Millefolium. Till. ic. 74.
Millefolium purpureum. Rudb. cat. 28. hort. 75.
Millefolium flore purpureo. Lind. wikf. 24.
Millefolium albo, carneo, rubro flore, maius & mi-
  nus. Till. ab. 45.

Q 2   α. *Mil-*

a. Millefolium flore albo. Lind. wikf. 24.

   Millefolium album. Rudb. cat. 28. hort. 75.

β. Millefolium vulgare minus. Frank. fpec. 20.

γ. Galentāra. Dalekarlis.

δ. In fyluis Lapponiæ vulgaris eft herba.

ε. Quod Millefolium T. & Ptarmica T. fint vnius eiufdemque generis plantæ, non eget demonftratione, cum nulla argumenta, nifi nuda quædam authoritas, obftent. Coniunctis hifce generibus, nomen *Millefolii* retineri nequit, cum folia fint fimplicia in Ptarmica T. (F. B. 232.). *Ptarmica* T. autem eft terminus artis medicæ (F. B. 231.), hinc cum Vaillantio nomen *Achilleæ* adfumimus (F. B. 237. 242. 244).

ζ. A Tranftrandienfibus Dalekarlis interdum loco Humili in conficienda cereuifia adhibetur, vnde citiffime inebriantur conuiuæ, hinc illis nomen Guttæ infaniæ. Ex *itin. Reuterholmiano.*

CLASSIS XX.

GYNANDRIA.

DIANDRIA.

312. ORCHIS *palmata pratensis maculata.* Bauh. pin. 85.

Orchis palmata maculosa, flore purpureo. Rudb. hort. 81.

Palma Christi maculata pratensis. Frank. spec. 23.

Palmata speciosa thyrso, folio maculato. Bauh. hist. 2. p. 774.

α. In pratis Nouaccolarum rara est planta.

β. Habent & Lappones sua in patria aphrodisiaca nascentia, quamuis eis nunquam vtantur. Steriles licet quidem præ omnibus reliquis Europæis sint Lappones, (forte ob contemtum muriæ), apud eos tamen sine Cerere & Baccho non frigere Venerem vix adfererent ipsi.

313. SATYRIUM *foliis oblongis caulinis.*

Orchis palmata, flore galericulato dilute viridi. Gottsch. pruss. 182. f. 59.

Q 3 *Orchis*

Orchis palmata, flore viridi. Bauh. pin. 26. Rudb.
   elyf. 2. p. 216. f. 17. opt.
Orchis flore virefcente. Rudb. hort. 81.
α. In pratis Nouaccolarum rarius.
β. Non diftinguimus Satyria ab Orchidibus, refpectu
   radicis. fubrotundæ & palmatæ, more Riuiniano-
   rum; fed a nectarii figura, quæ in Orchide tubulata feu corniculata eft, in Satyrio noftro vero fcro-
   tiformis.

314. **SATYRIUM** *foliis ouatis radicalibus.*
Helleborine fyluatica, radice repente. Rupp. jen. 1.
   p. 278.
Helleborine radice repente, foliis maculis nigris teffu-
   latis. Morif. hift. 3. p. 287. f. 12. ω 11. f. 10.
Orchioides flofculis pallidis inodoris. Trew. C. L. 1731.
   a. 60.
Orchis radice repente. Cam. hort. t. 35.
Pfeudo-orchis. Rudb. elyf. 2. p. 209. f. 8.
Pyrola acutifolia polyanthos, radice geniculata.
   Gottfch. pruff. 210. f. 68.
α. In nemoribus Lapponiæ fylueftris paffim obferuatur.
β. Foliorum maculæ teffulatim incumbentes in aliis
   fere nigræ funt, in aliis fere purpurafcentes, in a-
   liis albidæ, in aliis vix vllæ confpiciuntur.
γ. Licet in hac radix fit fibrofa & repens, in præcedenti vero palmata, genere tamen eas diftingui non
   debere iubet effentialis character (F. B. 171. §. 313.
   β.) vtrisque perfecte fimillimus, confirmat facies
   eadem, flores verfus alterum latus inflexi & foliorum maculæ (etiam in antecedenti, quamuis obfcu-
   ræ & parti inferiori foliorum adpictæ) vtrisque communes.

315. NEOTTIA *radice reticulata.*

Corallorhiza. Kram. tent. 44.

Orobanche spuria seu Corallorhiza. Rupp. jen. 1. p. 284. t. 2.

Orobanche radice coralloide. Bauh. pin. 88. Rudb. elyf. 2. p. 231. f. 9.

Orobanche radice corallinæ. Rudb. hort. 83.

Orobanche Sueonum, radice coralloides, flore albo. Rudb. elyf. 2. p. 234. f. 16.

Orobanche coralloides fundboënfis. Rudb. elyf. 2. p. 234.

Orobanche radice corallinæ minore alba. Morif. hift. 3. p. 504. f. 12. t. 16. f. 21.

Dentaria coralloide radice. Cluf. pan. 450.

α. In Lapponiæ fyluis, vbi folum campeftre, licet arboribus confitum, frequens omnino eft. Nullibi tamen in maiori copia hanc legimus, quam in Weftrobothnia, vt ad Luloam antiquam & in infula marina Pithoënfi, Longoen dicta.

β. *Nidus auis* T. & *Corallorhiza* Rup. confiderata facie externa, genere conuenire videntur.

316. OPHRIS *foliis cordatis.*

Ophris minima. Bauh. pin. 87. Rudb. elyf. 2 p. 227. f. 4.

Bifolium minimum. Bauh. hift. 3. p. 534. Morif. hift. 2. p. 48.

Pfeudo-orchis minima bifolia. Morif. hift. 2. f. 12. t. 11. f. 4.

α. Rara hæc planta in Lapponiæ fyluis vulgaris eft & eodem delectatur loco cum Rubo (§. 208.).

317. HERMINIUM *radice globofa.*

Monorchis. Rupp. jen. 1. p. 421. t. 2.

Monorchis montana minima, flore obfoleto vix confpicuo. Mich. gen. 30. t. 26.

Q 4 *Monor-*

Monorchis bifolia flore viridi. Morif. hift. 3. p. 497.
f. 12. t. 15. f. 8.

Orchis caleo vnico feu Monorchis flofculis pallide viridibus Gottfch. pruff. 184. f. 61.

Orchis vnico bulbo. Frank. fpec. 23.

Orchis odorata mofchata. Bauh. pin. 84. Rudb. elyf.
2 p 207. f. 1.

α. In Lapponia Umenfi femel a nobis obferuata fuit.
Eandem per Sueciam aliquoties antea legimus,
Wixfbergæ fcilicet & in Græfœa, vbi copiofiffime
crefcit

β. Folia communiter duo ad radicem pofita funt, rarius etiam folia alterna difperguntur, vt in figura
Cl. Michelii videre eft.

318. CYPRIPEDIUM *foliis ouato-lanceolatis.*
Calceolus. Rupp. jen. 1. p. 277.
Calceolus marianus. Tournef. inft. 437.
Calceolus mariæ. Rudb. hort. 19.
Calceoli mariani altera icon. Dod. pempt. 180.
Helleborine flore rotundo. Bauh. pin. 87.
Ankenbullen. Siml. alp. 130. b.

α. In Lapponia Tornoenfi rarius. Nullibi copiofiorem
huius prouentum obferuauimus, quam in Oftrobothnia, inter Uloam & Kemi.

β. Cypripedium, quafi calceum Veneris, diximus a
floris figura & viribus. Calceus eft nomen æquiuocum (F. B. 231.).

319. CYPRIPEDIUM *folio fubrotundo.* * Tab.
XII. fig. 5.
Calceolus mariæ Lapponum pufillus, flore ex flauo-rubro-variegato. Rudb. lap. 96.
Orchis lapponenfis monofolia. Rudb. elyf. 2. p. 209.
f. 10.

Orchis

Orchis Lapponum. Rudb. hort. 81.

α. Hæc planta rariffima debetur folis Rudbeckiis, nec fcio alium, qui eandem obferuauerit, nec ipfe eam reperire potui, licet de ea admodum fuerim follicitus.

β. Figuram itaque a Clar. Rudbeckii filio viuis coloribus nitidiffime depictam & nobiscum communicatam heic æri incifam fiftimus, cum paucis licitem fit adire Rudbeckiorum Campos Elyfios. Defcriptionem etiam fecundum eandem figuram confecimus:

Radix bulbofa, folida, globofa, alba.

Folium vnicum radicale fubrotundum, vix acuminatum, fuperne viride teffulatum, inferne rufefcens.

Caulis vix fpithamæus, fimpliciffimus, vaginis nonnullis inuolutus, quem terminat vnicus flos.

Floris petala lanceolata fere & purpurea funt, Nectarium autem dependens maximum e luteo - viride albedine mixtum, interne purpurafcens.

γ. Nota fuit hæc planta Rudbeckiis anno 1685. antequam iter lapponicum fuit inftitutum, vt patet ex horto Upfalienfi tum edito!

POLYANDRIA.

320. CALLA *foliis cordatis.*

Prouenzalia paluftris. Pet. gen. 45.

Anguina aquatica. Trew. C. L. 1731. a. 62.

Dracontium aquaticum. Rudb. cat. 15. hort. 37.

Dracunculus aquatilis. Befl. eyft. ver. 2. fol. 17.

Dracunculus aquaticus. Frank. fpec. 12.

Dracunculus paluftris feu radice arundinacea. Bauh. pin. 195.

Q 5   *Dra-*

Dracunculus paluſtris polonicus. Barr. ic. 574.
Arum aquaticum. Johr. hodeg. 32.
? *Gribegne polonorum.* Barr. ic. 1171.
Webka. Finnonibus.
Miſſne. Weſtrobothnienſibus.

α. Omnes fere paludes tegit hæc planta in certis Lapponiæ ſylueſtris tractibus.

β. Hæc prima eſt herba, cuius folia palleſcunt adflan-
te eas gelido autumno, hyemis præcone, in ſeptentrione noſtro.

γ. Genus ab Aro eſt diuerſum, licet adfine, differentia primaria conſiſtit in Receptaculo genitalibus vndique tecto & ſtaminibus cum piſtillis mixtis; in
Aro autem non item.

δ. Radix ſaporis eſt adurentis & cauſtici, ignis ferme inſtar, attamen, mirum dictu, ex ea panem
conficere docuit homines dura neceſſitas. Ex hac
enim planta conficitur Panis iſte apud nos decanta-
tiſſimus Miſſebrœd dictus; & hæc planta eſt vera iſta
Miſſe, licet ſæpius confundatur cum Menyanthe
(§. 80. δ.), & ſequenti modo præparatur: Radices primo vere & antequam folia explicantur, vel
& autumno, aliquot iugera e paludibus limoſis fa-
cillimo negotio extrahuntur, cum ſupra terram inque limo fere fluido creſcant, eradicatæ lauantur, a
fibris capillaribus liberantur, in ſole vel clibano exſiccantur, exſiccatæ conſcinduntur in fruſtula magnitudinis piſi, lapide molari in farinam conte-
runtur. Farina hæc ſuaueolens & alba cum aqua
pura coquitur per horam in conſiſtentiam pultis ſeu
iuſculi; deponitur dein olla cum contento hocce per
diem vnum vel quatuor, (quo diutius, eo melius),
aqua ſupernatans decantatur, reſiduum exſiccatur
acrimonia omni caſtratum. Hæc farina miſcetur
cum farina Cerealium vel Pini (§. 346. λ.) & exinde conficitur panis ſecundum artem. Panis hic albus eſt, dulcis & gratiſſimus, præſertim recens. Vſus
huius

huius panis primarius & receptiffimus apud Weftrobothnienfes, Oftrobothnienfes & Nouaccolas Lapponiæ. Lappones autem nullo pane vtuntur, nec
pifcibus ficcatis, vt fama fert, nec vllum aliud fuc-
cedaneam loco panis adhibent. Panis hic fonge
præfertur pineo (§. 346. λ.), qui nec vfurpatur,
quamdiu huius fufficiens proftat copia.

CLAS-

CLASSIS XXI.

MONOECIA.

MONANDRIA.

321. ZANNICHELLIA.

Zannichella paluftris maior, foliis gramineis acutis, flore cum apice quadricapfulari, embryonis clypeolis integris, & vafculo non barbato, capfulis feminum ad coftas dentatis. Mich. gen. 71. t. 34. f. 1.

Aponogeton aquaticum graminifolium, ftaminibus fingularibus. Pont. anth. 117.

Algoides vulgaris. Vaill. act. 1719. p. 15. t. 1. f. 1.

Potamogeito affinis graminifolia aquatica. Raj. hift. 1. p. 190.

Graminis facie capillaceum, filiculis curtis binis ternis, dorfo dentato. Raj. hift. 3. p. 122.

Potamogeton capillaceum, capitulis ad alas trifidis. Bauh. pin. 193. prod. 101.

⚜. In fluuiis minoribus Lapponiæ fylueftris aliquoties a me vifa fuit.

TRIAN-

TRIANDRIA.

322. CAREX *spicis ternis sessilibus confertis andro-gynis.*
Gramen cyperoides spica e plurimis spicis mollibus com-posita. Scheuch. hist. 456. Raj. syn. 3. p. 422.
Gramen cyperoides palustre maius, spica diuisa. Mo-ris. hist. 3. p. 244. s. 8. t. 12. f. 29.
α. In syluis passim obuia est.
β. Nomen *cyperoidis* nobis exosum est (F. B. 226.), *Caricis* autem nomen antiquissimum (F. B. 241.) retineri debet. Recentiores genus hoc bifariam di-stinguere voluerunt, dicentes species illas, quarum spicæ mares aut feminæ sunt, Cyperoidea; quæ ve-ro spicas androgynas proferunt, Carices Rupp. vel Scirpoidea Jussieu, & Monti: Nos sub Caricis no-mine intelligimus vtramque speciem.

323. CAREX *spicis distiche positis androgynis.*
Carex montanus spica compressa disticha. Rupp. jen. 1. p. 259.
Gramen cyperoides spica simplici compressa disticha. Pluk. phyt. 34. f. 9. Raj. syn. 3. p. 425.
α. Vbique in syluis obseruatur.

324. CAREX *spicis ad apicem culmi pendulis andro-gynis.*
Cyperoides alpinum pulchrum, foliis caryophyllæis, spicis atris & tumentibus. Scheuch. hist. 431.
Gramen cyperoides alpinum maius, spicis atris pluri-mis simul iunctis. Rudb. elys. 1. p. 55. f. 23.
α. In solis Alpibus per Lapponiam legitur.

β. Anβ. Antequam floret planta, in culmo vix digitali fpicas gerit erectas, triquetras & atras; antequam vero femina matura funt, altitudinem pedalem longe fuperat & fpicis pendulis, capfulisque florefcentibus ac variegatis oneratur.

325. CAREX *fpicis verfus apicem pendulis mafculina & femininis.*
Cyperoides fpica pendula breuiore, fquamis e fpadiceo vel fufco rutilante viridibus. Scheuch. hift. 442.
α. In omnibus paludibus frequens eft, præfertim fi mufco obfitæ fint & profundæ.
β. Spicæ communiter quatuor funt, quarum tres femininæ ouatæ triquetræ & atræ.

326. CAREX *fpicis, ex apice pendulis, mafculinæ & femininis albis.*
Gramen cyperoides pufillum, fpica flauefcente. Rudb. elyf. 1. p. 58. f. 40.
Gramen cyperoides polyftachyon flauicans, fpicis breuibus prope fummitatem caulis. Pluk. phyt. 34. f. 5.
Cyperoides, fpica pendula breuiore, minus. Celf. upf. 18.
α. Ad littora maris Atlantici feu feptentrionalis iuxta radices Alpium copiofe.
β. Quam primum erumpit minimum hocce gramen, gerit fpicas omnes ex apice prodeuntes: poftquam autem maturuit, pedalis eft & fpicam infimam paulo remotam a reliquis exhibet.

327. CAREX *fpicis tribus petiolatis erectis remotis, mafcula & femininis.*
? *Gramen cyperoides, fpicis albicantibus plurimis, in vnam fpicam longe denfe compactis.* Rudb. elyf. 1. p. 54. f. 20.

α. In

α. In defertis Lapponiæ frequenter tempore verno conſpicitur.

β. Culmus ſpithamæus, triqueter.

Folia Radicalia tria, quorum ſecundum extimo duplo longius eſt, vt tertium ſecundo, quod etiam altitudinem culmi attingit; hæc tria ſimul vnicam tertiam partem culmi a parte inferiore obueſtiunt. Quartum vero folium culmum ad duas partes tertias inuoluit deinde apice extenditur ad eandem altitudinem cum culmo.

Spica vnica ex ala folii quarti exit oblonga, pedunculo longo & recto ſuſtentata; altera ſuperius locata in ala minutiſſimi folioli, & tertia quæ mas eſt, caulem terminat; omnes albæ ſunt.

328 CAREX *culmo longiſſimo, ſpicis tenuibus remotis.* †

Gramen cyperoides ſyluarum tenuius ſpicatum. Moriſ. hiſt. 3. p. 243. ſ. 8. t. 12. f. 9. Raj. hiſt. 1295. Scheuch. hiſt. 418.

Gramen cyperoides polyſtachyon maiuſculum latifolium, ſpicis multis longis ſtrigoſis. Raj. ſyn. 419.

Gramen tertium. Scheff. lap. 362.

Kapmock-ſvini. Lapponibus.

Lappſkogræs. Nouaccolis, id eſt, *gramen calceorum Lapponicorum.*

α. In paludibus limo plenis, quæ per æſtatem exſiccantur, creſcit, nec non in deſertis copioſe, ſegetis inſtar, & raro culmum profert.

β. Miraberis forte, curioſe Lector, qua ratione homines, ſæuiente brumali frigore per Lapponiam intenſiſſimo, vitam conſeruare poſſint, a quibus locis aues fere omnes imo & feræ inſtante hyeme diſcedunt. Lappones incolæ non modo per dies, ſed & per noctes hyemales integras, continuo cum grege ſua rangiferina in ſyluis oberrare tenentur; rangiferi enim non ſubeunt tecta, nec edunt aliud pabulum

bulum, quam Lichenem; hinc tenentur paſtores continuo verſari in ſyluis, ne gregem deſerant, ne feris
exponantur pecora eorum, eorumque ſalus œcono-
mica; tenebras facile ferunt, cum ipſa nix reflectat
radios a ſideribus demiſſos, cum chaſmata omni nocte mille figuris aerem illuminent. Frigus eſt ſum-
mum quod nos peregrinos a beatiſſimis eorum ſyluis arcet & terret. Nullæ partes corporis noſtri
facilius a frigore deſtruuntur, quam extrema artuum
a ſole microcoſmi, a corde, maxime remota; in-
dicant hoc perniones manuum pedumque in ſeptentrionali noſtra Suecia ſatis frequentes. In Lappone
nullo obſeruabis perniones, licet iſte, reſpectu regionis, huic morbo maxime ſubiectus facile iudica-
retur, præſertim cum tibialibus deſtituatur, quæ nos
non modo non ſimplicia, ſed duplicata, imo tripli-
cata induimus.

Lappo ſequenti modo contra vim frigoris præſer-
uatur: Femoralia ad talos vſque extenduntur confecta e pellibus hirſutis rangiferinis, extremos pedes
defendunt calcei hirſuti itidem e pellibus rangiferinis confecti, extrorſum verſo vellere. Calceis in-
dunt gramen hocce, tempore æſtiuo diſſectum, ex-
ſiccatum, breui ante pectine ferreo vel corneo diui-
ſum, conquaſſatum inter manus, ita vt non modo tibias, ſed & plantas pedum vndique ſuperius &
inferius tegat, quo gramine velati liberi omnino
ſunt ab omni frigoris ſæuitia: Hocce etiam gramine
chirothecas ſuas hirſutas replent, ne manus lædantur, ſicque perdurat gens hæc gelu indurata. Vti
gramen hoc hyeme frigus abigit, ſic etiam æſtate ſu-
dorem pedum arcet, ſimulque ne pedes lædantur
alliſi ad lapides, &c. (calcei enim tenuiſſimi, non
e corio, ſed pellibus conficiuntur:) in itinere vetat.

γ. Inquirenti difficile eſt percipere, quodnam ſit gramen
hoc a Lapponibus adeo receptum, cum non omnibus idem ſit, colligunt enim varia, ſemper tamen

Carices

Carices, & inter has hanc fpeciem præ reliquis feli-
gi intellexi.

δ. Si Lappones aliquando perniones in fuis obferuant
membris, facra eorum eft anchora oleum e cafeo
rangiferino ante focum affato exftillans, quo inun-
&um membrum mox a læfione, certo certius refti-
tuunt.

329. C A R E X *maxima , fpicis plurimis remotis lon-*
gis. †

Cyperoides fpica ruffa, feu caule triangulo. Tournef.
inft. 529.

Gramen cyperoides, fpica ruffa, feu caule triangulo.
Bauh. pin. 6.

α. In paludibus fæpius obuia eft.

330. C A R E X *nigra verna vulgaris.* †

Cyperoides nigro - luteum vernum minus. Tournef.
inft. 529.

Gramen cyperoides, foliis caryophyllæis, vulgatiffimum.
Raj. hift. 1292.

α. Eft gramen vulgatiffimum in pratis præfertim fubhumidis nafcens.

β. Agricolis Nouaccolis minus arrident prata gramine
hocce referta, dum fœnu vilioris notæ fuppeditant,
nec pinguefcat bos *carice paftus acuta.*

331. C A R E X *fpicis plurimis , florefcentibus tenui-*
bus, fructiferis craffis. †

Gramen cyperoides præcox, fpicis teretibus flauefcen-
tibus. Morif. hift. 3. f. 8. t. 12. f. 6.

α. Cum antecedentibus paffim.

R

332. CAREX *spicis plurimis remotis sessilibus subro-tundis turgidis.*
Cyperoides alpinum, foliis caryophyllæis, spicis breui-bus, e nigricante & albido variegatis. Scheuch. hist. 421.

333. CAREX *spicis remotis sessilibus, capsulis sub-globosis.*
Gramen cyperoides, foliis caryophyllæis, spica granis rarioribus & tumidioribus conflata. Rudb. elys. 1. p. 57. f. 31.
Cyperoides foliis caryophyllæis, spicis rarioribus & tu-midioribus vesicis compositis. Tournef. inst. 530.
α. Inter omnes Carices est hæc species vulgatissima.
β. In capsulis, loco seminum, communiter latebat bulbus farinaceus globosus niger, qui morbus etiam in aliis fere omnibus huius generis speciebus obser-uabatur, licet in illis rarus, in hac communis.

334. CAREX *spicis ad apicem tribus sessilibus, femi-ninis subrotundis, capsulis acutis recuruis.*
Cyperoides palustre aculeatum, capitulo breuiore. Tournef. inst. 529.
Gramen cyperoides aculeatum germanicum vel minus. Bauh. pin. 7.
α. In syluis rarius.

335. CAREX *spicis remotis, femininis sessilibus, capsulis hirsutis.*
Cyperoides polystachyon lanuginosum. Tournef. inst. 529.
Gramen cyperoides polystachyon lanuginosum. Pluk. phyt. 34. f. 6. Rudb. elys. 1. p. 55. f. 24.
α. In Alpibus & desertis communis, copiosius occur-rit in Noruegia & Finmarkia.

336. CAREX *spica masculina a feminina, in ala fo-lioli, remota.*

α. Abunde in syluis omnibus inuenitur.

β. Culmus vix pedalis, tenuissimus, crassitie setæ porcinæ, nudus. *Folia* tenuia, longitudine fere culmi. *Spica masculina* fusca scapum terminat. *Spica feminina* sessilis in ala folioli, ipso folio breuiori.

337. CAREX *spicis tribus ad apicem sessilibus, femininis ouatis atris.*

α. In solis Alpibus nobis visa fuit.

β. Facies eadem & statura est, quam (§. 324.); differt tamen ab ea & aliis, quod spica oblonga fusca masculina caulem terminet, tum quod duæ femininæ alternæ iuxta apicem culmi collocentur ouatæ, magnæ, & quoad calicem & germina atræ.

338. CAREX *spica masculina terminatrici, spica feminina suprema breuiore, capsulis distantibus.* *
Gramen caryophyllatum montanum, spica varia. Bauh. pin. 4. prod. 23.
Gramen caryophyllatum polycarpon, fructu triangulo. Gottsch. pruss. 112.
Cyperoides montanum nemorosum minus, caule triquetro compresso, spicis ferrugineis tenuioribus, inter se distantibus, capsulis rarius dispositis oblongis turbinatis trilateris. Mich. gen. 65. tab. 32. fig. 9.

α. In desertis rarius.

339. CAREX *spica vnica.* *
Gramen cyperoides spica simplici cassa. Moris. hist. 3. p. 244. f. 8. t. 12. f. 21. 22.
Cyperoides minimum seminibus reflexis puliciformibus. Dill. giss. 78.
Gramen cyperoides minimum, seminibus deorsum flexis puliciformibus. Raj. syn. 3. p. 424.

Carex

*Carex minima, caulibus & foliis capillaceis, capitulo
singulari tenuiori, capsis oblongis, vtrimque acuminatis & deorsum reflexis.* Mich. gen. 66. t. 33.
f. 1.

α. In omnibus paludibus musco obsitis vulgatissima est.

β. Eo, quo floret tempore, spicam oblongam gerit, refertam flosculis masculinis superiorem partem spicæ,
vt femininis inferiorem, occupantibus; at peracta florescentia, decidunt & euanescunt masculini flores,
seminaque oblonga deorsum nutantia prodeunt &
diuersum reddunt gramen.

TETRANDRIA.

340. ALNUS.
  Alnus folio incano. Bauh. pin. 428.
  Alnus incana & hirsuta. Bauh. hist. 1. p. 154.
  Alnus alba. Frank. spec. 32. Till. ab. 3.
  Leipe Lapponibus. *Ulra* Westrobothniensibus.

α. Arbor vbique iuxta fluuios & paludes obuia.

β. Hæc specie non differt ab *Alno rotundifolia viridi* C.
B. notabilis tamen est variatio. Alnus ista glutinosa
viridis non obuia fuit per Lapponiam, nec vidimus
eandem, nisi postquam ad vrbem Ostrobothniæ
Gambla Carlby in reditu peruenimus; in Suecia inferiore contrá est glutinosa ista vulgaris, *hæc* autem satis rara.

γ. Cortice interiore rubro masticato, vt saliua inde rubedine tincta sit, est pigmentum Lapponum, quo
illico coriis suis & nudis pellibus rubrum colorem
inducunt, illinendo scilicet saliuam hanc recentem.
Hinc calceos, femoralia, cingula, collaria, &c.
immo omnia e pellibus nudis confecta rubra vides.
Confer (§. 213. δ.), idem radice Tormentillæ ab
aliis obtinetur.

δ. Vascula

𝛿. Vafcula e ligno huius arboris, pro lacte conferuan-
do præferuntur reliquis a Norlandis, cum maiorem
copiam cremoris deponat lac in illis adferuatum.

341. BETULA *foliis cordatis ferratis.* *
   Betula. Bauh. pin. 427. Frank. fpec. 32. Rudb. cat.
     7. hort. 17. vall. 6. Till. ab. 7.
   Birken. Schel. botn. 29.
   Säke. Lapponibus.

𝛼. *Betula folio rotundiore, ramis propendentibus.* Lind.
   wikf. 5.
𝛽. *Betula folio candido latiore acuminato.* Lind. wikf 5.
𝛾. *Betula fragilis, folio fubnigro lanuginofo.* Lind. wikf.
   5.
𝛿. *Betula faxatilis torminalis, folio oblongo.* Lind. wikf. 5.

ε. Vix vlla hac arbore in fyluis eft copiofior, vbi certat de principatu cum Pinu (§. 346.) & Abiete (§.
347). In Alpium conuallibus non adeo frequens,
ad latera Alpium fola regnat, in iugis raro obferuatur.

ζ *Linderus* nofter ex hac vnica plures conftituit fpecies, quæ nomine varietatum vix dignæ funt (𝛼.
𝛽. 𝛾. 𝛿.), euidentiores in Alpibus noftris nobis fefe
obtulere.

η. In fummis montibus Alpibusque proximis locis humanam fere habuit altitudinem, & ratione magnitudinis aliquatenus craffa. Rami, fupremi præfertim,
nigricantes quafi adufti, breuiffimi, hyemis furore
mutilati. Folia magna & fplendida.

θ. In Alpium iugis rarius occurrit & tum fingularem
admodum præ fe fert faciem. Caulis eft nodofus,
craffus, vix fpithamæus, vndique ramos exferens
repentes & ad terram quafi depreffos, nigricantes,
qui nec ad altitudinem fpithamæam adfcendunt, fed
foueas in ipfa terra deprimunt. Cur omnes arbores in Alpibus procumbentes, nec erectæ confpi-

        R 3   ciuntur,

. ciuntur, vt extra eas? Patet ex phyficis.

ɩ. Ligna harum arborum (ɑ. Ƽ.), vulgaribus duriora funt & fi transuerfim diffecentur annulos intra annulos numerofiffimos, fed fibi inuicem valde propinquos exhibent, figno, quod plurium fint annorum & quod admodum paruum augmentum quouis anno accipiant.

ɑ. Nullos noui homines, qui Lappone facilius perterrentur, fi enim quid inopinati in fenfus eius incidit, debilis inftar matronæ fæpius patitur animi deliquium. Frequentia tonitrua pauidum Lapponem mire concutiunt & fyluas fæpe accendunt, quæ diuturno incendio confumuntur, cum homines non fufficiant illis exftinguendis, nec non remoti a fe inuicem habitent, adeo vt fæpe ab vnius Lapponis domuncula ad proximi cafam incedendo integrum impendere diem oporteat; nefcio deinde num incendium hoc fyluarum magis noceat vel profit Lapponi, nocet enim laquearia eius Tetraonibus capiendis expofita comburendo; prodeft autem dum arboribus remotis nudos campos exhibet, vt poft annos aliquot tanto copiofiorem pro grege fuo posfideat Lichenem feu Mufcum. Timidus nofter Lappo, tonitruante Ioue, cum grege per deuia obambulans, quærit communiter fecurum afylum fub Betula, vti Imperator Tiberius olim fub Lauri corona, quafi illa tonantis Iouis iræ refiftere poffet; quæfiui rationem, obtinui nullam, crederem inde ortum, dum femper Betulas enafci, deftruɛtis fyluis pineis & abietinis in Lapponiæ defertis, obferuauimus.

λ. *Plicas Betulinas* (marquaftar Suecis) in Lapponiæ fyluis rariores, in Angermannia omnium vulgatisfimas confiderauimus.

μ. *Cortex exterior*, membranaceus, liber feu epidermis Betulæ, ad varios vfus inferuit Lapponi.

. *Calceos*, dum pifcatum eunt, gerunt ex ramentis

COR-

corticis betulini , retis inftar, inter fe implicatis
confectos.

Funes etiam ex eo contorquent, in vfus pifcaturae.

Vafculum tetragonum , ex eo confectum femper in
fcapha feruant, quo aquam per rimas intrantem
eiiciunt.

Corbes itidem e cortice hocce in filamenta difcerptó
irretiant, quibus pifces domum portant.

Orbiculus Lapponum , fi quis adfidet menfae, eft communiter cortex duplicatus Betulae, in quo carnes
vel pifces coctos pranfuris offerunt.

Pallii loco eis inferuit magnus craffus exficcatus &
planus cortex, cum cauitate orbiculari & centra-
li latitudine colli, quem collo circumponunt &
fic per copiofiffimam pluuiam ficcis veftimentis
incedere queunt, claudentes fcilicet anterius cla-
uo ligneo aperturam.

v. Cortex interior craffus, carnofus, fibrofus, fragilis,
non minoris eft vfus per Lapponiam.

Retia fua eius ope rubra tingunt, ne a pifcibus eui-
tentur alba, quod fit coquendo cineres, vt extra-
hatur fal alcali, decantata aqua; minutim confcis-
fos cortices addendo, coquendo, eximendo coctos cortices & immergendo (cum manus calorem
aquae ferre queat) retia.

Coria hoc cortice praeparant omnes Lappones, fequenti modo : Cutis bubula emta in Noruegia
vel Suecia demergitur in aqua tepida, fepelitur
dein in extimo cafae feu tugurii angulo, quod iteratur omni die, vfque dum crines decidere inci-
piant, qui ferro incuruo poftea abraduntur. Alii
per compendium folo cultello ruditer abradunt
crines, denudata cute coquitur cortex interior,
recens & minutim confciffus , in aqua fimplici
per dimidiam horam, reponitur vt tepefcat, tum
cutis immergitur , quod fecundo & tertio die in
eadem calefacta aqua iteratur, ficcatur dein in lo-

co vmbrofo & aere aperto. Præferunt coria hæcce reliquis ; cum aquæ magis reſiſtant , quam alia. Cortex nunquam editur a Lapponibus, nec in annonæ charitate vnquam inde conficitur Panis, vt Rajus hiſt. 3. p. 12. refert.

§. *Tubera, tophi, tubercula* feu prominentiæ fæpe exferuntur in antiquis Betulis ex medio caudice , quæ tenaciora funt reliquo ligno , cum fibris conſtent intortis & implicatis (Maſurlupne). Ex hifce conficiunt vaſcula fua pro ferculis & potu, communiter in formam fubglobofam excauata, demta vnica quarta parte fuperius, cum adfixo manubrio ; quæ licet folo, quod mireris, cultello elaborentur, nitidiſſima tamen & quaſi tornata funt. Tale cochlear minoris capacitatis femper fecum gerunt abſconditum intra pallium & corporis nudi fuperficiem, vt potum fuum, aquam fuam egregiam, vrgente fiti, femper haurire queant, quod *Koxa* vocant.

§. *Lignum* Betulæ eſt materia pro clitellis (Swaga Lapp.), farcinis (*Kiſa*), & trahis (*Achia*), conficiendis.

§. MOXA LAPPONUM (*Toule* Lapp) fumma Lapponum medicina , fummum polychreſtum , e Betula conficitur.

In Betulis antiquis, communiter intra fiffuras & rimas ligni reperiuntur ramenta flaueſcentia, hyperfarcofis feu fomes (vt communiter in Fagis noſtris) tenax, referens confiſtentia Agarici carnem, quo etiam vtuntur Lappones pro excipiendo e filice igne. Non debet, vt a Scheffero factum, confundi cum Agarico, dum fungus non eſt.

Ex hac materia cultello formant globulum vel conum magnitudine pifi vel vltimi articuli pollicis, quem ficcant ; eum in vfus vocaturi imponunt parti dolenti, tum apex accenditur ramulo betulino ignito ; concepto femel igne fenfim fenfimque confumitur verfus radicem, tum cutim & neruos lædit, crifpat ;

In-

Initio fatis dolet locus igni expofitus, mox modo leuis titillatio, vt retulerunt, percipitur; moxa
hæc non deiicitur, nifi tota confumta fponte fua
deliquefcat, vel a cute eiiciatur inuito ægro. Hæc
operatio iteratur fecunda & tertia vice pro ratione
doloris vehementioris. Sæpe fub ipfa vftione, quafi
flatu e vefica explofo deiicitur moxa, quod fignum
ipfis eft fauftiffimum, nec opus eft tum renouare o-
perationem.

Vlcus hoc modo productum arte nulla debet con-
folidari, fed foli imperio naturæ committi, hinc
nonnunquam per annum durat, fæpe etiam mox
coalefcit, quod genio morbi eiusque malignitati ad-
fcribunt: Hæc eft fumma Lapponum medicina &
vltima anchora in omni dolore absque inflammatio-
ne externa notabili, vt in cæphalalgia, odontalgia,
pleuritide, colica, dolore dorfi, & fane raro fallit.

Hinc vides faciem, frontem & maxillas Lapponum fæpius duris defœdatas cicatricibus iisque co-
piofis.

Mirum, vndenam Lappones hanc medicinam
addidicerint, cum per totam Sueciam nullibi in vfu
fit.

ç. EMPLASTRUM LAPPONICUM (*Kattie* Lapp.)
vnicum noui in tota Lapponia, quod fequenti modo conficitur: Cutis Betulina (μ.) feu cortex membranaceus Betulæ nitidus, læuis & tenuis cultello
vel vnguibus in varia foliola feu lamellas finditur,
quarum externa & interna abiicitur, mediæ feruan-
tur, in parua fruftula feparantur, igne accenduntur, comburuntur, antequam vero integre con-
fumtæ fint igne, in aqua exftinguuntur, eximuntur
mox fub forma corii tofti nigræ, mafticantur cum
refina abietis (§. 347.) molli & quæ recens, nec ex-
ficcata, nec indurata, dein inter manus mouetur
maffa in confiftentiam debitam emplaftri.

Hæc eft vnica eorum medicina in omni inflam-

R 5 matione,

matione, quæ ductu naturæ non refoluitur, fed ad
fuppurationem vergit, in vlceribus, &c. Hoc em-
plaftrum cito emollit & intra breue tempus matu-
rum pus exhibet.

342. BETULA *foliis orbiculatis crenatis.* * Tab.
VI. fig. 4.
Betula paluftris pumila, foliis paruis rotundis. Celf.
upf. 11.
Betula humilis, rotundifolia. Mart. burf. 535.
Betula paluftris nana. Rudb. lap. 96.
Betula nana. Lind. wikf. 5.
Betula nana pumila. Frank. fpec. 32.
Betula nana feu pumila. Till. ab. 7.
Betula nana fueuorum. Rudb. hort. 17.
Betula nana fuecorum. Brom. goth. 11.
Skirre Lapponibus Lulenfibus. *Skerre* Lapp. Umen-
fibus.
Ryprys. Nouaccolis Lapponiæ, id eft, frutex lago-
podum.
Klingrys. Weftrobothnienfibus.
Fiællrapa. Dalekarlis Sernenfibus & Limenfibus.
Freddagsbioerk. Smolandis.

α. En hiftoriam & adumbrationem nouam fruticis an-
tiqui, Botanicis Suecis ante feculum notiffimi, nec
non ab omni Sueco Botanico nominati, licet defcriptionem & figuram exhibendam nobis in hoc vsque tempus reliquerint.

β. Nafcitur primario in Alpibus lapponicis per omnia
iuga, exinde difperfus fuit per proximas prouincias
ex. gr. per Oftrobothniam, Weftrobothniam, Angermanniam, Iemtiam, Helfingiam, Dalekarliam,
Noruegiam, immo in nulla Sueciæ vnquam fui prouincia, vbi hunc non viderim.

γ. Exteri omnes, qui Botanicorum Suecorum fcripta
euoluerunt, cum ad huius fruticuli nomen peruene-
rint, illum pro varietate & non diftincta fpecie, ab
an-

antecedenti Betula, habuere. Ego autem bona fide adfero & conteftor diftinctiffimam ab antecedente effe fpeciem arbufculam noftram, nec vlla ratione eam coniungi debere cum priori.

δ. Defcriptio hæc eft:

Radix lignofa, ramofa.

Caules fruticis plurimi, lignofi, virgati, procumbentes, glabri, nigricantes: *Ramis* alternis, longis, anguftis, diffufis.

Folia orbiculata, diametro transuerfali fæpius fuperante longitudinalem, fuperius glabra viridia nitida, inferius pallide viridia, per marginem vndique, excepta bafi, crenis notata. Crenæ hæ funt decem vfque ad quatuordecim, vix æquales, mediæ feu ad apicem folii profundiores, omnes obtufæ. Petiolis propriis vix manifeftis infident folia, & e fingula gemma tria communiter prodeunt, fæpe itidem duo, quatuor vel quinque.

Flores amentacei, erecti, feffiles, femunciales, eodem tempore, quo folia erumpere incipiunt, vigent. *Mafculini* compofiti funt, craffitie pennæ anferinæ, *feminini* longe tenuiores, piftillis purpureis notabiles.

Figuram plantæ refpondentem vide Tab. VI. f. 4.

ε. Variat admodum hæc planta.

a. In *Alpibus* lapponicis vix duarum fpithamarum altitudinem attingit, fed vndique ferpit & foliis minutiffimis gaudet, qualia fcilicet in figura exhibentur, eaque magnitudine, qua Tab. VI. a. videre eft.

b. In fyluis Lapponiæ, Norlandiæ, Smolandiæ, vbi in paludibus crefcit, folia maiora gerit & caules humanæ longitudinis exferit decumbentes; foliorum figuram magnitudine naturali exhibemus Tab. VI. fig. b.

c. In hortum fuum eandem retulit Cel. S. Th. D. Celfius, vbi, licet in loco ficco, læte viguit, &

folia

folia ea magnitudine & figura protulit, qua depicta funt Tab. VI. fig. c.

ζ. Solent plantæ in loco natali felicius germinare,
quam in alio vllo. Nullus negabit, quod locus
huius natalis verus & primarius fit in Alpibus noftris,
adeo vt vix vlla arbor, vix vlla herba hac frequentior, quæ fæpe integra Alpium iuga per fpatium decem milliarium obueftit, & tamen hæc in Alpibus
minoribus gaudet foliis, quam extra eafdem!

η. Tempore ifto æftiuo, quo Lappones in Alpibus
beatiffimam fuam vitam agunt, iifdem inferuit hic
fruticulus cum radice extractus ad focum alendum,
fi a conuallibus fint remoti, nec Salicem (§ 366.)
obtinere queant. Neceffe enim ipfis eft, vt affiduo
luceat igne focus diesque noctesque tempore æftiuo,
ne confumantur malo fuo endemio, Culicibus puta.
Dum autem focus cingitur quatuor tantum lapidibus in media cafa feu tuguriolo excitatus, ventique
vix fileant in Alpibus, difficilius exit fumus per apicem conicæ feu pyramidatæ & truncatæ domus,
hinc replet cafam, abigit culices, fed inhabitato-
res lippos reddit: Hinc omnes Lappi lippi funt.

θ. *Lagopodes* dictæ Aues (Tetraonum fpecies) tempore æftiuo flauefcentes, hyemali albæ, pedibus lana
inuolutis, leporis inftar, per omnes Alpes, vt alibi
paffreres, difcurrunt; hæ victitant fere folis feminibus huius arbufculæ, & per integram hyemem in
Alpibus noftris (cum nulla alia in iifdem perduret
auis) fub niue ea colligunt. Ante finem Decembris
Lapponum nonnulli, auium harum capiendarum
gratia in Alpibus degunt, fed deinde ob frigus intenfum defcendere coguntur, cum natura pedes eorum,
vt Lagopodum, obuelare noluerit. Nec poffunt alia
hic per hyemem viuere animalia, quam Lagopodes,
Mures alpini & Vulpes albæ, quæ e Lagopodibus
& Muribus (Lemures, Mures Noruegici Wormi)
captis vitam fuam fuftentant.

ι. Cafa

sale & pane, singula vice vnico constans ferculo, edis
dum securus e lecto surgis, dumque eum petis, nec
nosti venena nostra, quæ latent sub dulci melle. Te
non obruit scorbutus, nec febris intermittens, nec
obesitas, nec podagra, fibroso gaudes corpore &
alacri, animoque libero. O sancta innocentia estne
hïc tuus thronus inter Faunos in summo septentrio-
ne, inque vilissima habita terra? numне sic præfers
stragula hæc betulina mollibus serico tectis plumis?
Sic etiam credidere veteres, nec male.

ж. In Smolandia dicitur Betula hæc *Betula dieï Veneris,*
nec sine risu audire potui deriuationis rationem; cre-
dit enim credulum vulgus Betulam istam, cuius vir-
gis cæsus fuit Saluator die Veneris condemnatam
fuisse, ne excrescere queat eius prosapies ad istam
altitudinem, ad quam reliquæ surgunt. Mira sane
foret varietas speciei!

URTIC*Æ speciem* §. 374. vide in Dioecia Te-
trandria.

POLYANDRIA.

343. MYRIOPHYLLUM.

Myriophyllum vulgare maius. Vaill. act. 1719. p. 30.
Myriophyllum aquaticum pennatum spicatum. Pont.
anth. 198.

Potamogeton foliis pennatis. Tournef. inst. 232.
Millefolium aquaticum pennatum spicatum. Bauh. pin.
141.

Fœniculum aquaticum. Frank. spec. 14. Till. ab.
29.

ж. In fluuiis & lacubus Lapponiæ syluestris rarius,
præsertim in fluuio isto Calatz-elfwen, seu marga-
ritife-

ritifero dicto, a copia margaritarum olim in eo in-
uentarum.

344. SAGITTARIA *foliis sagittatis.*
  Sagittaria minor. Vaill. act. 1719. p. 33.
  Sagittaria. Rudb. hort. 101. Till. ab. 60.
  Sagittaria aquatica. Lind. wikf. 34.
  Sagitta aquatica minor latifolia. Bauh. pin. 194.
  Ranunculus paluftris, folio fagittato minori. Tournef.
    inft. 292.
α. In riuulis Lapponiæ Pithoenfis obferuata fuit.
β. *Varietates,* at non diftinctæ fpecies funt:
  Sagitta aquatica maior latifolia. C. B.
  Sagitta aquatica maior anguftifolia. C. B.
  Sagitta aquatica minor anguftifolia. C. B.
  Sagitta aquatica minima. Raj. fyn.
  Eas itaque feorfim tradere fuperfedeo.

345. SPARGANIUM *foliis adfurgentibus trian-*
    gularibus.
  Sparganium ramofum. Bauh. pin. 15. Rudb. elyf. 1.
    p. 120. f. 1. Lind. wikf. 36.
  Sparganium minimum. Bauh. pin. 15.
α. In aquofis & carice obfitis defertis rarius proftat.
β. Stamina in fingulo flofculo, fi perfpicaciffimo oculo feparentur partes, tria tantummodo occurrunt,
  hinc fi quis ad ordinem triandriæ huius claffis, genus hoc amandare vellet, recte faceret, licet dubitem omnes ftaminum numerum in hoc genere obferuare poffe.

*345. SPARGANIUM *foliis natantibus plano-*
    conuexis.
  Flotagræs. Smolandis, quafi gramen natans.
α. In fluuiis Lapponiæ fyluestris, præfertim in magno
  isto Calicenfi copiofe occurrit, & floret medio Au-
  gusto.

β. Plant

β. Planta, quam intellectam volo, dubiá mihì monit multa, nec eandem bene examinatam ab vllo. noui. Memini, me puerum, hanc sæpius cum summa admiratione considerasse in amœnissimo illo natali loco & Floræ ipsius sede, tot raris (apud exteros) plantis ornato; ibi ad ripam lacus Mœcklen excipiebant se plantæ sequenti ordine: Fagetum, Vaccinium (§. 144.), Vaccinium (§. 143.), Trientalis (§. 139.), Cornus (§. 65.), Vaccinium (§. 142.), Myrica (§. 373.), Andromeda (§. 163.), Vaccinium (§. 145.), Hydrocotyle, Ranunculus (§. 236.), Subularia (§. 253.). Scirpus (§. 21.), Lobelia (§. 279.), Arundo (§. 41.), Scirpus (§. 18.), Potamogeton (§. 68.), Myriophyllum (§. 343.), Sparganium (hoc), Spongia, &c. Hæc planta crescit extra reliquas omnes in aquis quietis humanam altitudinem longe superantibus, nec facile in minus profundis sese obtulit, nec antecedens species in littore a nobis obseruata, adeo vt pro distincta specie eandem exhibere haud dubitem.

γ. *Radix* perennis est.

Caulis simplex, teres, communiter humanam superans altitudinem, crassitie pennæ minoris.

Folia alterna, per spithamam ab inuicem remota, caule sesqui longiora, tanquam striæ vel fibræ parallelæ natantia, linearia, fere obtusa, viridia, nitida, superne parum conuexa, latitudine duarum linearum.

Caulem terminat *pedunculus* spithamæus extra aquam prominens, ad apicem gerens florum capitula decem vel duodecim masculina, inferius tria vel quatuor feminina magis a se inuicem remota, quorum infimum petiolo breui insidet & sæpe ex ala folii emergit. Reliquæ partes fructificationis conueniunt cum antecedenti.

δ. Antecedentem plantam vidi per totam Sueciam, hanc vero in sola Lapponia, Norlandia & Smolandia,

adeoque

adeoque non crederem easdem effe plantas. Pifcatoribus placent aquæ tectæ hisce foliis, quippe quæ plures alunt pifces. Folia per æftatem iucundo fpectaculo aquas quafi linteo viridi tegunt & difficilius eleuantur fluctus leui vento agitati, vbi hæc aquam tegunt. Boues & equi huius folia omnibus aliis graminibus præferunt, hinc prouerbium Suecicum: (Han lefver fom ko in flota græs:) *viuit tanquam vacca in fparganio foliis natantibus,* id eft, inter delicias fummas beatam agit vitam.

1. Pauca funt gramina, paucæque plantæ aquaticæ in Lapponia, vt mirum fit, cur tot myriades auium aquaticarum omni æftate fyluas Lapponiæ petant, vt Anferes, Cygni, Anates, Mergi, Colymbi, &c. quot enim omni vere videmus aera findere, feptentrionemque petere, vt fcilicet ibi in quiete per vaftiffima deferta oua fua ponere, pullos excludere & alere queant. Obftupui, dum circa autumnum vna cum auibus e Lapponia migraui, videns tot myriades auium, quas e folo fluuio Calicenfi defcendere per dies noctesque animaduerti; licet & Nouaccolæ & Lappones ouis earum fere pinguefcant.

MONADELPHIA.

346. PINUS *fylueftris.* Bauh. pin. 491. Rudb. cat. 33. hort. 89.
  Pinus fylueftris vulgaris geneuenfis. Tournef. inft. 586.
  Pinus fylueftris maior. Frank. fpec. 35.
  Pinus vel Pinafter fylueftris minor. Frank. fpec. 35.
  Pinus humilis incubacea. Frank. fpec. 35.

Pinus

Pinus pumila incubacea, obscuro cortice. Lind. wikf.
  28.

Pinus humilis, ramo & folio densiore, cortice subsu-
  sco. Lind wikf. 28.

Pinus candidior, ramis rarioribus. Lind. wikf. 28.

Pinus procerior rubro cortice. Lind. wikf. 28.

Abies rubra. Till. ab. 1.

Fichten. Schell. botn. 29.

Tall. Suecis.

Betze Lapponibus. *Bietze* aliis.

α. Syluas, quibus tota Lapponia syluestris consistit,
  constituit hæc arbor in locis siccioribus & arenosis.

β. *Lindestolpe* noster, vt & *Frankenius* plures recenset,
  in Suecia tamen vnica huius species modo occurrit, nec vnquam altera, nisi e variationibus secundum loca pinguiora, paludosa &c. conficere veli-
  mus nouas species absque ratione sufficienti, quas
  species agnoscam veras cum aliquis Lapponem paruum, nigrumue Æthiopem & album Europæum
  specie inter se differre demonstrauerit.

γ. Curiosum est per Sueciam, quod multi & Theo-
  logi & Philosophi Pinum hanc vocent abietem, A-
  bietem (§. 347.) autem pinum, quod a Botanicis
  nullo tempore fuit receptum, nec scio vtrum *Til-*
  landsius noster eos seduxerit, vel illi Tillandsium.

δ. Varietas quædam ramos fere omnes primarios ex
  eodem puncto eque summitate breuis caudicis re-
  ctos & fastigiatos attollens rarius in Lapponiæ syluis
  obuenit, quam in itinere copiose in Uplandia inter
  Oekstad & Læby crescentem mirati sumus.

ε. Cum Arbores hæ in Lapponia satis altæ excre-
  scant, sed remotæ, nec confertæ, minus inseruiunt
  foco metallurgico, quam densæ syluæ.

ζ. In Lapponia vidimus maiores arbores, quam per
  totam Sueciam, easque in maxima copia crescentes,
  quæ nubibus insertantes caput succumbunt aquilo-
  ni & putrescunt, dignæ quæ Indias petant, vel au-
                                                    gustale

guftale conftituant; fuperfluæ enim funt Lapponi, qui ramos modo earum foco fuo imponit, nec domos plures defiderat præter fuam cafam. Hinc incedenti peregrinatori difficile eft iter, cum vbique ad proftratos offendat caudices eum valde defatigantes.

8. Si de cælo tanguntur arbores, mox euerfam vides fere integram fyluam per plura milliaria, accedente ventorum furore. Sic in parœcia Jocmockfenfi dum iter fecimus & intrauimus fyluam, aliquot dierum fpatio, haud ita pridem igne deuaftatam, hora fere elapfa fuboriebatur leuis aura, quæ arbores ab igne femiconfumtas profternebat, vnde fragore vehementiffimo orto vix quo nos verteremus conftabat.

9. Rami in maioribus arboribus fere nulli vel pauci a parte feptentrionali frigidiffima excrefcunt, at ab auftrali plures. Hinc Lappones tanquam e pyxide magnetica in vaftiffimis fyluis conftituti cæli cardines dignofcere norunt.

ı. Notabile eft, quod in Lapponia omnes ifti maximi caudices fibris gaudeant obliquis, nec recta fiffilibus, iisque fibris oblique contra motum naturalem folis decurrentibus; vt in Phafeolis vel Conuoluulis, non vero in Humuli obferuatur caule.

×. Sollicite quærunt Lappones arborem hanc caudice nutantem, quæ ad ripas & in paludibus fæpe reperitur, cum ligni pars terram fpectans durior fit, Buxi inftar, quod lignum *Tioern*, feu *Kioern* vocant; ex hocce conficiunt foleas fuas longiffimas feliciffimi Solini Himantopodes, qui hyeme repunt magis, quam incedunt, qui faliunt communiter vno pede & cadendo currunt.

λ. Arcus fuos, quibus ad Sciuros vulgares ac.volitantes (qui rariores) occidendos vtuntur e ligno Kiœrn (×.) conficiunt, coniuncto hocce cum ligno Betulino, conglutinatis mediante glutine ex cute Per-

S 2   carum

carum confecto, quo arcus femet ipfum extendat
chorda relaxata.

μ. Picem ex hac arbore deftillant Lappones nunquam,
Nouaccolæ rarius, Sueci fæpius: Alii e radicibus,
alii e trunco decorticato, alii e lamellis ex latere
caudicis excifis refinaque faturatis picem extrahunt.

ν. Panes etiam e duris fyluis depromere docuit dura
rerum magiftra neceffitas, quod aliis nationibus paradoxon videtur. Lappo œconomiam fuam ita infti-
tuit, vt Cereris auxilio opus non habeat, contra
vero hofpes eius Nouaccola fine pane & Cerere vi-
vere nequit, cuius agricultura toties eludit magi-
ftrum, vt, nifi fylua perfifteret, refugium ipfi effet
nullum. Hinc ortus eft Panis Pineus, feu *Barkbroed*,
qui fequenti modo conficitur: Pini eliguntur pro-
ceres minusque ramofæ (humiles enim & ramofæ
maiori refinæ copia fcatent), cortex exterior aridus
& fquamofus ftudiofe abraditur & interior ifte mollis fibrofus & albus ac fucculentus cortex detrahitur & exficcatur in vmbra in vfus futuros. Cortex
hic ab arbore feparatur eo tempore, quo alburnum
molle eft & fua fponte ex ligno leui tractione difce-
dit, alias nimis laboriofe adquiritur. Dum in vfum
trahi debet, leuiter affatur fupra prunas, vt porofior
euadat craffiorque, comminuitur deinde, lapidi molari committitur, inque farinam redigitur; e farina
cum aqua fubacta conficitur, diuturna agitatione,
panis tenuiffimus, vix lineam craffus, ficcatur in
furno, editurque non raro per integrum annum.

ο. Sues etiam, fi quas aliquando poffideant Nouaccolæ, pinguefaciunt pane pineo æque facile ac Sueci
folo frumento, quod etiam alii, quibus res angufta domi, in Suecia imitari poffent, fine difpendio frumenti.

347. ABIES *foliis apice acuminatis.*

Abies tenuiore folio, fructu deorfum inflexo. Tournef. inft. 585.

Abies. Rüdb. cat. 1. vall. 1. hort. 1.

Abies procera, ramis e radice caudicem profequenti- bus, folio craffiore, cortice fubrubro. Lind. wikf. pag. 1.

Abies procera viminalis, ramis caudicem profequenti- bus reflexis, folio tenuiore, cortice fubrubro. Lind. wikf. 1.

Abies candida elatior, ramis rarioribus, folio tenui, cortice fubcinereo. Lind. wikf. 1.

Abies pyramidalis, ramis ad radicem crebris frutefcens. Lind. wikf. 1.

Picea maior prima feu Abies rubra. Bauh. pin. 493.

Picea. Frank. fpec. 35.

Pinus fylueftris maior & minor. Till. ab. 53.

Tanne. Schell. botn. 30.

Gran. Suetice.

Güefa. Lapponice.

α. Pinus & Abies fimul fyluas Lapponiæ conftituunt & de primatu inter fe certant. *Pinus* in ficcis, at *Abies* in humidis copiofior, inter quas *Betula* fine lege mixta occurrit.

β. *Funes* e radicibus conficiunt Lappones: Radices enim longæ & tenues feliguntur, quas adhuc recentes in- ter femur & dorfum cultelli trahunt, vt cortex decidat, diuiduntur deinde cultello in quatuor vel quinque partes fecundum longitudinem, colligun- tur in orbem, in aheno cum cinerum magna copia coquuntur per vnam alteramue horam, extractæ & adhuc calentes raduntur ter quaterue cultelli dorfo ad femur allifo, torquentur in funes. Idem etiam cum radicibus Betulæ, fed raro admodum, pera- gitur.

S 3 *v. Cor.*

γ. *Corbes* iftæ Lapponum famofiffimæ & elegantiffi-
mæ, quæ omni anno in Succiam transportantur a
Lapponibus confectæ eodem modo, ex eisdem radicibus, præparatis, at non fiffis, componuntur.

δ. *Cymbas* feu nauiculas fuas, quibus furentiffimos tor-
rentes, rapidiffimasque cataractas traiiciunt Lappones, conficiunt ex afferibus Abietis tenuiffimis, radicibus confutis, ne ferrum augeat pondus; requiri-
tur enim tam leuis fcapha, vt ab vno viro, capite
impofita poffit portari per vnam alteramue horam,
cum iter aduerfo flumine fit inftituendum; & fimul
tam magna, vt quatuor homines fimul capiat.

ε. Ad apices ramulorum arboris interdum excrefcunt
corpuscula monftrofa ouata, magnitudine & figura
Fragorum, farinam continentia, quæ non flores mafculini funt, fed infectorum producta. Hæc, inter
obambulandum, Lappones baccarum inftar edunt.

ζ. Refina Abietis recens & fere liquida vel pellucida
colligitur, mafticatur vfque dum particulæ amaræ
fatis extractæ fint, deinde conferuatur & *Tuggkoda*
vocatur. Hæc fæpius manducatur a Nouaccolis in
ipfis templis dum eos congregatos cernis, fed magis adhuc a reliquis Norlandis, quæ immenfam copiam faliuæ extrahit, quam exipuunt, licet ciborum digeftioni maxime fit neceffaria; fed forte fœ-
da hæc eorum Scheuafia fcorbuticis hifce vtilis magis, quam noxia.

η. Lappones, licet ipfi fpiritum e frumento non conficiant vel conficere poffint, eo tamen maxime delectantur, & fi aliquando iis propinetur fpiritus frumenti, hauriunt cum fummo oblectamento tantam
copiam fæpe, quam vires humani corporis perferre haud queunt, vnde miferrima, deflagrato furore, vexantur cæphalalgia, fed & medicinam fciunt;
alii enim ramulos nouellos Abietis confciffos &
contritos capiti circumponunt, fed plurimi breuiori compendio curam abfoluunt admouendo frontem

tem foco, vt calor fere adurat cutim , hocque
continuant , donec fere exanimes decidant: Heroicum
profecto medicamentum.

9. In Finmarkia fummitates ramulorum confciſſas ,
auenaque mixtas equis exhibent per hyemem in defectu fœni, experimento laudabili.

S 4 *CLAS-*

CLASSIS XXII.

DIOECIA.

DIANDRIA.

Hunc locum fibi poſtulat SALICUM familia, quæ
fi vlla in Botanicis obſcura, hæc ſane maxime; deſcriptiones enim haud ſufficientes ſunt, figuræ ma-
læ, differentiæ exiguæ, varietates plures, vt omnes
hactenus editi in Re herbaria libri non ſatisfaciant
noſtro ſcopo.

Dum recentiores plurimos euoluo, video ſynonyma ſtudioſe allegata, ſed obſeruationes raras, nec
percipio, qua reuelatione illuminati tam obſcura
intellexerint nomina alii, me ſane illa latent.

Poſſem forte & ego cum aliis nomina recenſere,
ſynonyma plura compilare, ne verbum aliud addere, & Lectorem æque incertum dimittere; alia
tamen via incedere animus eſt.

Noua nomina cum differentiis imponam ſpeciebus, quibus inter ſe diſtingui poſſunt, breues deſcriptiones (prolixiores enim confundunt lectorem)
exhibebo, & vnicum folium in ſingula ſpecie de-
pingam.

Syno-

Synonyma plura lubens prætereo , ne Lectori ,
quod mihi ipfi accidit, contingat, vt cum de vno
authoris nomine ex eius adumbratione certus fit ,
alterius denominatio ipfi dubia moueat inextricabi-
lia.

Cumque ex fola Lapponia plures habeam fpecies,
quam facile vllus alius ex alia regione , nouum hinc
ponam fundamentum , nouamque fuperftruam domum.

Cur tot reperiuntur falicum fpecies & indiuidua
in fola Lapponia frigidiffima, vt earum familia numero fuperet alia genera in Lapponia deprehenfa,
viginti enim tres fpecies in fola Lapponia legimus ?
an quia primo vere florent, breuique perficiunt femina , ne frigus autumnale eas lædat ? vel an quoniam citius crefcunt , quam aliæ arbores ? vel an
quod frigori magis refiftunt, quam aliæ ?

Diuido Salices lapponicas omnes in 4. fectiones ,
quarum

1. flores exhibet ftaminibus qnatuor vel quinque
   (cum reliquæ modo duobus inftruantur.). Z. §.
   370.
2. folia ferrata glabra gerit. A - H. §. 348 - 355.
3. folia integra glabra. J - M. §. 356 - 360.
4. folia integra fubtus villofa. N - R. §. 361 - 364.
5. folia integra vtrimque villofa. S - Y. §. 365 - 369.

348. **SALIX** *foliis ferratis glabris ouatis vtrimque
acutis.* Tab. VIII. fig. a.

Mas.   Femina.

Salix folio latiore ad imum & fummum acuminato.
Rudb. lap. 100.

α. A me vifa non fuit, fed e figuris Rudbeckianis mu-
tuata, inque Lapponia ab eo collecta.

S 5   β. Arbor

β. Arbor fat procera.

Folia fere feffilia, verfus apicem fuperiorem latiora,
nitida, glabra, margine acute & diftincte ferrato,
leuiter vndulato.

γ. Omnes reliquas Salices Rudbeckianas lapponicas,
hac excepta, habeo, vt ex collatis figuris determinare licuit, fynonyma autem adponere difficile e-
rit, cum ipfe propria nomina fua non adfcripferit,
nec in fenectute fumma fingulæ tabulæ pictæ da-
tum nomen attribuere fuftinuerit.

fragilis   349. SALIX *foliis ferratis glabris ouato-lanceolatis
acuminatis.* Tab. VIII. fig. b.

Mas.   Femina.

fpontandra   *Salix, folio longo latoque fplendente*, *fragilis*. Raj.
fyn. 448.
*Salix fpontanea fragilis, amygdalino folio, auriculata
& non auriculata.* Bauh. hift. 1. p. 214. b.

α. Frutex altus eft, viminibus anguftis rufefcentibus
erectis conftans.

Folia oblonga, bafi fua obtufa, apice producta, acuminata, per margines diftincte ferrata, idque pro-
fundius & diftinctius, quam in figura, ferratura
alterna communiter paulo minore; fuperne viridia, glabra, nitida, inferne pallidius viridia,
venis prominentibus, inque medio communiter
euidentius bifurcatis, inftructa.

β. Accedit ad Salicem octauam Raj. fyn. 448. fed folia non fatis ferrata funt; *Dillenius.*

γ. Differt quidem noftra fequentibus notis ab arbore,
quæ in Suecia crefcit, dicta

mygdalina   *Salix foliis ferratis glabris lanceolatis acuminatis appendiculatis.* Nobis.

Salix folio longo fplendente, fragilis. Raj. hift. 1420.
Salix

Salix spontanea fragilis, amygdalino folio auriculato & non auriculato. Bauh. hist.

a. quod nostræ folia appendiculis destituantur vbique.
b. quod nostra frutex, altera arbor.
c. quod caulis nostræ ruber, alterius albus: sed an hæc pro specie determinanda sufficiant, valde dubito.

350. S A L I X *foliis serratis glabris oblongo-ouatis.* Tab. VIII. fig. c.   *phyllicifolia*

Mas.   Femina.

α. Crescit admodum frequens in syluis.
β. Frutex altus vel leuiter arborescens.
Caulis glaber, carneus, ramis nouellis fuscis, hic illic punctis paruis adsperfis.
Folia oblongo-ouata, acutiuscula, ferraturis distinctis oblongis sed depressis notata, superius viridia, glabra, nitida, subtus pallidiora. Folia nouella superne infra mediam partem macula magna purpurascente tincta sunt.
Petioli oblongi, ad basin appendiculis seu foliolis duobus minutissimis ouatis integris aucti. Ex ala petioli sæpius lanugo emergit, sed admodum breuis.

351. S A L I X *foliis serratis glabris lanceolatis, crenis vndulatis.* Tab. VIII. fig. d.   *phyllicifolia*

Mas.   Femina.

Salix phylicæ humilioris folio. Rudb. lap. 100.

α. Crescit & hæc in syluis, licet rarius; at in Westrobothnia copiosissime in pratis.
β. Arborescit, sed tenui admodum gaudet caule, vt ne puer eam adscendere posset.
Caulis scaber est, *Rami* glabri, testacei coloris, ramuli recentes purpurascentes.

Folia

Folia lanceolata, glabra, diftinᵭe ferrata; ferraturis apice & bafi obtufis, media parte inflexis, vt totidem fint læues per marginem vndulationes, quot crenæ, (hæc minus bene expreffit fculptor); fuperne faturate viridia, nitida, inferne pallida & leuiter ad albedinem inclinantia.

Flores lutei erant.

γ. Qui nouit *Alaternoidem africanam lauri ferratæ folio Commel. præl.* ille habet figuram foliorum tam exaᵭam, vt facile eas inter fe confunderet.

δ. A *Salice Babylonica* diᵭa, differt ferraturis magis diftin᭴is & foliis latioribus, nec non ramis ere᭴ioribus. Vide Hortum Cliffortianum.

arbufcula 352. SALIX *foliis ferratis glabris verticaliter ouatis.* Tab. VIII. fig. e.
                    Mas.   Femina.

α. Crefcit in campis arenofis parum fubhumidis Lapponiæ defertæ.

β. *Frutex* facie arborem referens, fed vix pedalis.
Caulis grifeus, fummis ramulis purpurafcentibus.
Flores alternatim ramulis fummis infident flaui, quorum amenta vix quatuor lineas longitudine æquant.

Foliola tria, lanceolata, integra, apice parum villofa, minima, magnitudine & figura ifta qua ad bafin depinguntur (lit. *e*), ex eadem gemma cum amento egrediuntur.

Folia ordinaria maiora, ex apice ramuli anni præcedentis cum ramulo excrefcunt & vigent eodem tempore, quo flores fuperius pofiti; Hæc funt verticaliter ouata, patentia, vtrimque glabra, tenuiffima, fere pellucida, apice obtufe prominula, petiolo oblongo infidentia; in medio, vix verfus extremitates, obtufe crenata, quinque vel fex vtrimque crenis.

γ. Refpon·

γ. Respondere videtur Salici latifoliæ non hirsutæ cum
gallis J. B. II. 216 quam Salicem arbuti folio voco, quæ diuersa est a Salice folio laureo Raj. syn.
449. n. 12. *Dillenius.*

353. S A L I X *foliis serratis glabris ouatis.* Tab. VIII.   *myrsinites*
fig. f. & Tab. VII. fig. 6.

Mas.   Femina.

Salix alpina pumila myrsinites. Pont. comp. 149.

Salix alpina humilis, Vitis idææ folio vtrimque viridi.
Rudb. lap.

*Salix alpina, foliis angustioribus splendentibus serra-
tis.* Scheuch. alp. 340.

α. Frutex est pedalis vel bipedalis, in Alpium nostrarum conuallibus frequens.

β. *Caulis* ramosissimus, purpurascens, tenax.

Folia alterna quidem, sed conferta, exacte ouata, nec
acuta nec obtusa, petiolis breuissimis & fere nullis insidentia, per marginem crenaturis acutis plurimis paruis notata, vt & versus apicem, minus
tamen manifeste, vtrimque glabra, venosa, rigida.

Florum amenta ex apice singuli ramuli singula e-
recta cærulescentia, filamentis cæsiis in mare,
germinibus villis albis vestitis in femina.

γ. Foliorum figura Vaccinio (§ 143.) simillima, floribus cærulescentibus autem a reliquis facile distin-
guitur.

354. S A L I X *foliis serratis glabris subouatis sessilibus*   *hastata*
appendiculatis. Tab. VIII. fig. g.

Mas.   Femina.

Salix folio ex rotunditate acuminato. Bauh. pin. 474.
Raj. syn. 449.

Salix latifolia inferne hirsuta. Bauh. hist. 1. p. 215. b.
α. Cre-

α. Crefcit in fyluis & Alpibus.

β. Arborefcit hæc falix, nec tamen procera euadit arbor.

Rami teretes, rectiffimi, cinerei.

Folia alterna, pollicis transuerfi fpatio a fe inuicem remota, fubouata, acuta, dura, ferraturis minutiffimis & vix confpicuis crenata, fuperne viridia, inferne cinerea, vtrimque glabra, fere feffilia, rigida, foliolis duobus ouatis & integris appendiculata.

Flores non vidimus.

herbacea

355. SALIX *foliis ferratis glabris orbiculatis.* Tab. VIII. fig. h. & VII. fig. 3. 4.

Mas. Tab. VII. fig. 3.   Femina. Tab. VII. f. 4.

Salix alpina, Betulæ nanæ folio glabro, repens. Rudb. lap. 100.

Salix alpina lucida repens, alni rotundi folio. Bocc. muf. 19. t. 1.

Pyrola mariana, fubrotundo vlmi folio glabro. Pluk. phyt. 436. f. 7.

Herba facie pyrolæ. Mart. fpitzb. 47. tab. G. fig. b.

α. Per omnes Alpes vbique vulgatiffima.

β. *Caulis* vix pollicis transuerfi eft altitudinis.

Folia in caule tria quatuor vel quinque fere orbiculata, margine tenuiffime & vix manifefte & acute ferrata.

γ. Minima inter omnes arbores eft hæc falix, maximam huius fpeciei, quam vnquam in Lapponia videre licuit, depinxi Tab. VII. fig. 3. ad literam *h*, vtrimque in naturali magnitudine. Craffa fatis eft radix & fruticulus quafi fubterraneus, qui apicibus ramulorum modo e terra emergit, frigoris veluti impatiens.

δ. Fo-

δ. *Folia* maris & feminæ manifeste differunt.
Maris folia orbiculata fere funt, fed latiora, apice
parum emarginata. Tab. VII. fig. 3. Flores ipfi
lutei funt.
Feminæ folia magis cordata nec emarginata, Tab.
VII. fig. 4. fructus capfulæ rubræ funt.

356. S A L I X *foliis integris glabris ouatis confertis
pellucidis.*

Mas.   Femina.

Salix alpina myrti folio. Rudb. lap. 99.
α. Crefcit in campis arenofis Lapponiæ fylueftris & rarius obuenit.
β. Formam & faciem gerit exacte eandem, quam
(§. 352.), vix pedalis, fed *folia* integerrima funt,
fuperne viridia glabra, inferne glauca feu cærulefcen-
tia, tenuiffima & fere pellucida, confertim nata
ouato-oblonga.
Flores infra folia, flauefcentes, germinibus villófis
albis.

357. S A L I X *foliis integris glabris ouatis alternis*
Tab. VIII. fig. i. k.

Mas.   Femina.

*Salix alpina pumila rotundifolia repens inferne fubci-
nerea.* Bauh. pin. 474.
α. Pumila eft, vixque pedalis in paludibus fpongiofis
obuia.
β. Formam gerit arboris, rami fuperiores purpurafcentes, fummi autem incarnati funt.
Folia exacte ouata funt, vtrimque glabra, fuperne
viridia, inferne fubcinerea, margine in antiquis
foliis leuiter reflexo.

γ. Fo-

i. Cafa feu Tuguriolum & Domus Lapponis gaudet
forma pyramidali hexagona apice truncato , altitudinis humanæ, latitudinis triplo longioris. In Alpibus eft tentorium , conftans trabibus feu baculis
octodecim & expanfo tegmine linteo emto, in fyluis e lignis & fimilibus ; in Alpibus conftat folo tecto terræ impofito, in fyluis gaudet parietibus vl-
nam altis. In centro eius eft focus, in fronte locus pro culina vacuus, ad latera thalamus communis vel area pellibus rangiferinis tecta , in hifce pellibus fedent per diem, dormiunt per noctem. Pelles
hæ non immediate terræ incumbere debent , hinc
vxoris vel matris familias eft officium fternere fubtus ramos huius betulæ craffos, vt defendantur ftragula, vtque molliter offa cubent ; quod fi non fecerit vxor, negligentiæ a conterraneis accufatur. Mira œconomia, fere magis fuccincta ac ipfius Diogenis ! O felix Lappo, qui in vltimo angulo mun-
di fic bene lates contentus & innocens. Tu nec
times annonæ charitatem, nec Martis prælia, quæ
ad tuas oras peruenire nequeunt, fed florentiffimas
Europæ prouincias & vrbes, vnico momento, fæpe deiiciunt, delent. Tu dormis hic fub tua pel-
le ab omnibus curis , contentionibus, rixis liber ,
ignorans quid fit inuidia. Tu nulla nofti, nifi tonantis Iouis fulmina. Tu ducis innocentiffimos tuos
annos vltra centenarium numerum cum facili fenectute & fumma fanitate, Te latent myriades mor-
borum nobis Europæis communes. Tu viuis in
fyluis, auis inftar, nec fementem facis, nec metis,
tamen alit te Deus optimus optime. Tua ornamenta funt tremula arborum folia, graminofique luci ;
Tuus potus aqua cryftallinæ pelluciditatis, quæ nec
cerebrum infania adficit , nec ftrumas in Alpibus
tuis producit. Cibus tuus eft vel verno tempore
pifcis recens, vel æftiuo ferum lactis, vel autumnali
Tetrao, vel hyemali caro recens rangiferina abfque

fale

γ. Folia in aliis magis rotundata Tab. VIII. fig. i. in aliis magis elongata Tab. VIII. fig. k. fed tantummodo variationes funt.

δ. Fructus purpurafcens fere, ad bafin fufcus eft.

cinerea.

358. SALIX *foliis integris glabris, lanceolato-ouatis.*

Mas.   Femina.

Salix caprea retufo folio, non auriculata. Sherard. phytopin.

α. Crefcit in fyluis & attingit non raro altitudinem duplam hominis, licet caulis vix pollicis craffitiem adæquet.

β. Folia alterna oblonga, inter ouatam figuram & lanceolatam media, fuperne viridia fere fcabra rugofa, fubtus pallide viridia, petiolis laxis duarum linearum infidentia.

γ. Figura foliorum inter i. & k. Tab. VIII. quafi intermedia eft.

ticulata.

359. SALIX *foliis integris glabris ouatis fubtus reticulatis.* Tab. VIII. fig. l. & Tab. VII. fig. 1. 2.

Mas. VII. fig. 1.   Femina. VII. 2.

Salix pumila, folio rotundo. Bauh. hift. 1. p. 12. b.
Salix faxatilis minima. Bauh. pin. 475. prod. 159.

α. Eft falix mere alpina & in Lapponiæ Alpibus vulgatiffima.

β. *Caulis* vix digiti altitudinis, terræ fubmerfus fere, purpurafcens.

Folia ouata, obtufa, glabra, craffa, refpectu totius arboris magna, fuperius venis excauatis quafi rugofa, glabra & nitida, fubtus pallida venis purpurafcentibus eleganter reticulata.

γ. *Mas* Tab. VII. fig. 1. vix diftinguitur a femina fua, nifi quod folia eius magis reticulata fint & minus oblonga. Spica cærulea eft.

Femi-

Femina Tab. VII. fig. 2. etiam fpicam cærulefcen-
tem, fed capfulas villis tenuiffimis albidis adfper-
fas gerit.

360. S A L I X *foliis ferratis glabris lanceolatis vtrimque
acutis.* Tab. VIII. fig. III.

Mas.   Femina.

α. In defertis arenofis crefcit in formam arbufculæ vix
pedalis.

β. *Caules* tenues, filiformes, ramofi, rubefcentes.
Folia lanceolata, vtrimque acuminata, petiolis tenuiffimis laxis infidentia, vtrimque ferrata crenaturis octo vel quinque paruis vix confpicuis,
fuperius viridia, inferius pallida, alterna.

γ. Videtur effe *Salix alpina pyrenaica.* Bauh. prod. 159.
ferrata autem non eft, vt figura habet, fed per margines potius pilofa, vt fpecimen transmiffum indicat. Velim id corrigi, ne alii errent. *Dillenius.*
In nuper explicatis foliis ferraturæ vix apparent, in
reliquis omnibus ne vlla excepta adfunt crenæ, vt
etiam fpecimina omnia confirmant.

361. S A L I X *foliis integris fubtus villofis ouato-lanceolatis vtrimque acutis.* Tab. VIII. fig. II.

Mas.   Femina.

Salix elæagni feu Oleæ bohemicæ folio. Rudb. lap. 99.

α. In Alpibus & defertis occurrit.

β. *Arbor* eft parua.
Caulis grifeus, ramulis fummis pubefcentibus.
Folia ouata, vtrimque acuta, fuperius viridia glabra,
fubtus tomento breuiffimo cinereo veftita, neruis
tamen prominentibus notata. Petioli laxi; hinc
fparfa pendent folia.

γ. Tab. VIII. fig. II. *Salix latifolia minor* C. B? a Te
infcribitur, ego vero Bauhinianam, quantum ex fy-

T   nony-

nonymo & defcriptione breui Thalii percipio, refero ad *Salicem folio rotundo minore* Cat. Giff. app.
37. a qua nunc diuerfam exiftimo *Salicem rotundo*
argenteo folio C. B. puto autem figura tua defignari
Salicem folio ex rotunditate acuminato C. B. quæ Salicis capreæ fpecies eft, quam a *Salice latifolia rotun-*
da C. B. fpecie differre ftatuo, quamuis contrarium
fentiant J. Bauhinus & Rajus. *Dillenius.*

renaria·

362. S A L I X *foliis integris, fubtus villofis ouatis*
acutis. Tab. VIII. fig. o. & q.

Mas.   Femina.

α. In fyluis paffim.
β. Frutex eft altitudinis humanæ.
   Caules erecti, minus ramofi, cinerei vel rubri.
   Folia alterna, erecta, ouata, acuta, craffa, fuperius
      viridia, fecundum venas rugofa, villis tenuiffimis
      raris & vix manifeftis adfperfa, fubtus niuea, craf-
      fa hirfutie tecta, neruofa.
γ. Duæ nobis adfunt varietates, altera Tab. VIII. fig.
      q. eft fuperne glabra & ad bafin petioli duabus ap-
      pendiculis inftructa. Altera vero Tab. VIII. fig. o.
      fuperius leuiter villofa eft & appendiculis iftis ad
      bafin petiolorum deftituta.

glauca

363. S A L I X *foliis integris fubtus tenuiffime villofis*
ouatis. Tab. VIII. fig. p. & Tab. VII. fig. 5.

Mas.   Femina.

Salix alpina humilis, vitis ideæ folio fubtus incano.
  Rudb. lap. 99.
α. In Alpium conuallibus rarius obuia.
β. Frutex eft bipedalis.
   Caulis rubefcens, glaber.
   Folia ouata, inferiora magis obtufa (vt in Tab. VIII.
      fig. p.), fuperiora acutiora, & magis oblonga (vt
                       in

in Tab. VII. fig. 5.), mollia, integerrima, superius glabra fere, non vero nitida, subtus pallidiora villis oblongis raris hirsuta.

Flores ex apicibus ramulorum emergunt ouati, crassa hirsutie alba inuoluti, seu squamis amentaceis instructi adeo villosis, vt distingui vix queant. *Stamina* vltra hirsutiem prominent cæsia, ad fuluum accedentia, antheris testacei coloris instructa.

364. S A L I X *foliis integris subtus villosis nitidis ouatis.* Tab. VIII. fig. 1.

Mas. Femina.

Salix humilis alpina, myrti tarentini folio. Rudb. lap. 100.

α Vbique in syluis vulgaris est, inque locis subhumidis nascitur.

β. *Fruticulus* est humillimus, procumbens fere, & repens.

Folia ouata, fere sessilia & obtusa, alterna, superius glabra viridia, subtus glauca villis tenuissimis nitida.

Flores pedunculo insident, ad apices ramulorum anni præcedentis, plurimi, squamis fuscis constructi, filamentis & antheris flauescentibus.

γ. Videtur *Salix pumila, folio vtrimque glabro.* Bauh. hist. 2. p. 217. *Dillenius.*

365. S A L I X *foliis obscure crenatis, vtrimque villosis, ouato oblongis.* Tab. VIII. fig. 5.

Mas. Femina.

Salix latifolia rotunda. Bauh. pin. 474. Raj. syn. 449.
? *Salix latifolia inferne hirsuta.* Raj. hist. 1422.
Serg. Lapponibus.

α. In syluis & desertis frequens est.

β. Non raro in magnam excrescit arborem, cuius

T 2   Rami

Rami nouelli pallefcentes pubefcunt.

Folia ex ouato vtrimque leuiter acuminata, fuperius viridia, vixque notabiliter pubefcentia, fubtus lanugine tenuiffima villofa, pallide viridia. Margo foliorum, nifi fumma adhibeatur attentio, vix manifeftis crenis quibusdam notatus confpicitur, fed clare a parte media inferiore vndulatus.

γ. Nouaccolæ ex cortice huius arboris præparant coria fua pro calceis, quemadmodum ruftici in Suecia inferiore ex cortice Quercino eosdem conficere confueuerunt.

366. S A L I X *foliis integris vtrimque hirfutis lanceolatis.* Tab. VIII. fig. t.

    Mas.   Femina.

? *Salix oblongo incano acuto folio.* Bauh. pin. 274.

? *Salix anguftis & longiffimis foliis crifpis, fubtus albicantibus.* Raj. hift. 1433.

Salix alpina humilis, furculis & petiolis cum folii parte auerfa candidis. Rudb. lap. 100.

Salix lufitanica, faluiæ foliis auritis. Tournef. inft. 592.

α. In fyluis frequens, in omnibus Alpium connallibus nulla hac frequentior eft.

β. *Frutex* eft humanæ altitudinis.

Caulis glaber, pallidus, carneus vel rufefcens, *Rami* nouelli alba hirfutie obteguntur.

Folia alterna, lanceolata, fecundum venas rugofa, vtrimque hirfuta, fuperius e cinereo viridia feu viridia villis albis confertis adfperfa, fubtus craffiffimo vellere albo teĉta. Margo integer eft, at non raro vndulatus confpicitur. Neruus longitudinalis foliorum fæpe diftinguit folium æqualiter, fed fæpius alterum latus anguftius conftituit.

Capfulæ alba craffiffimaque hirfutie teĉtæ funt.

            γ. Hac

γ. Hac Salice per æstatem degentes in Alpibus ipsi Lappones ad focum excitandum alendumque perpetuo vtuntur.

367. **SALIX** *foliis oblongis subtus villosis, inferioribus crenatis, superioribus integris.* Tab. VIII. fig. u.

        Mas.   Femina.

Salix, oleæ sylvestris folio, alpina. Rudb. lap. 99.

α. In sylvis & Alpibus frequens etiam est hæc Salicis species.

β. *Frutex* angustus, non raro arborescens.

Rami nouelli alba hirsutie velati conspiciuntur.

Folia alterna, superne leuissime vel vix pubescentia nitida viridia, subtus pallidius viridia villis raris oblongis adspersa.

Folia inferiora omnia obtusa, figura (Tab. VIII. u.) depicta gaudent, at leuissime sunt serrata; *superiora* vero integerrima sunt, magis villosa & ad figuram Tab. VIII. fig. n. proxime accedunt, sed angustiora.

γ. Figura u. designari existimo *Salicem humiliorem, foliis angustis subcæruleis ex aduerso binis.* Raj. syn. 448. n. 11. quod si ita sit, minus bene pili versus inferiora figuræ picti sunt. *Dillenius.* Pili subtus adspersi, longi extra marginem basi ipsius folii proximum inferius prominent, vt vix nisi solis luci obiectis foliis conspici queant serraturæ.

368. **SALIX** *foliis integris vtrimque lanatis subrotundis acutis.* Tab. VIII. fig. x. & Tab. VII. fig. 7.

        Mas.   Femina.

α. Occurrit in Alpibus lapponicis copiose, in sylvis rarius & fere arborescit.

β. *Rami* vndique hirsutie alba tecti sunt.

Folia subouata seu subrotunda, apice obtuse acuta;

              T 3   inte-

integerrima, alba longa ac laxa lana vndique tecta, vt nullæ venæ conſpici poſſint; hinc tota arbor alba & villoſa apparet.

Amentacei flores duo communiter ad apices ramulorum anni præcedentis exeunt, & capſulæ glabræ
ſunt.

γ. Hac deſignatur, puto, a Pluk. *Salix pumila groen-
landica, folio magno Styracis aut potius Xyloſtei Dodonæi* mant. 165. quam refero ad *Salicem latifoliam
rotundam* C. B. vel & ad *Salicem folio ex rotunditate
acuminato.* C. B. exiſtimo enim eſſe folia iuniora,
quæ magis incana & lanuginoſa ſunt, quam poſtea
apparent, & iſtiusmodi folia, qualia transmiſiſti,
ſæpe obſeruaſſe me memini verno tempore tam in
hac, quam in illa. *Dillenius.* Meam tamen plantam non eſſe varietatem ſpeciei alicuius alius Salicis
lapponicæ, nec vllo modo conuenire cum §. 361.
fig. n. pro certo ſtatuo.

359. **S A L I X** *foliis integris vtrimque villoſis verticaliter ouatis appendiculatis.* Tab. VIII. fig. y.

Mas.   Femina.

Salix folio rotundo minore. Dill. giſſ. 38. app. 37.
Raj. ſyn. 450.

α. In deſertis Lapponiæ frequens eſt.

β. Sæpius adoleſcit in arborem tenuem flexilem.

Folia ouata ſunt, ſed verticaliter poſita, ſeu adfixa
parte acuminata, alterna, conferta, petiolis bre-
uiſſimis appendiculatis inſidentia, ſecundum venas
rugoſa, vtrimque villoſa & viridia, inferne tamen
pallidiora.

Flores flaueſcentes erumpunt e gemmis inferioribus,
Rami autem e ſuperioribus.

γ. Recte nominata eſt, quamuis ego eam foliis rotun-
dioribus plerumque obſeruauerim. *Dillenius.*

370.

---

370. **SALIX** *pentandra.* * Tab. VIII. fig. 2.
    Mas.   Femina.

Salix minima, flore elegante luteo. Boerh. lugdb. 2.
   P. 211.

Salix folio laureo feu lato glabro adorato. Raj. fyn. 449.

α. Vbique in fyluis Lapponiæ frequentiffima eft.

β. *Frutex* eft altus, longitudine fæpe bis fuperat altitudinem humanam, non raro arboris formam adfumit.

Caulis glaber, epidermide alba pellucida veftitus,
   Ramuli fummi rufefcunt, inferiores pallefcunt.

Folia infima verticaliter ouata funt, quæ hæc excipiunt exacte ouata, fuprema ouato-lanceolata,
   omnia vtrimque glabra & nitida ex flauo viridia,
   per marginem fubtiliffime & obtufe ferrata.

Florum fpica folitaria e fingula gemma rami præcedentis anni inferiore enafcitur.

γ. Ab omnibus nobis notis Salicis fpeciebus differt numero ftaminum, quæ in illis duo funt, in hac communiter quinque, non raro quatuor vel fex interpo-
   nuntur.

δ. Nondum mihi vifa erat, quam vocari poffe exiftimo
   Salicem lapponicam lapotabitæ folio. lapotabitam
   habet Maregr. & Plumier. *Dillenius.*

371. **VALLISNERIA.**
                 Mas.

*Vallifneroides paluftre, algæ folio, Italicum, foliis in
   fummitate tenuiffime denticulatis, floribus albis vix
   confpicuis.* Mich. gen. 13. t. 10.
                 Femina.

*Vallifneria paluftris, algæ folio, Italica, foliis in fum-
   mitate denticulatis, flore purpurafcente.* Mich. gen.
   12. t. 10.

T 4   α. In

α. In Finmarkiæ riuulis frequens eft, florentem tamen nec ibi, nec Upfaliæ hactenus obferuauimus.

TRIANDRIA.

CARICIS *fpeciem* §. 328. vide fub Monœcia Triandria.

TETRANDRIA.

372. HIPPOPHAE.

Mas.

Rhamnoides florifera, falicis foliis. Tournef. cor. 53.

Femina.

Rhamnoides fructifera, foliis falicis, baccis aureis. Tournef. cor. 53.

Rhamnus falicis folio angufto, fructu flauefcente. Bauh. pin. 477.

Rhamnus vel Oleafter germanicus. Bauh. hift. 1. p. 33. b.

Finbær. Alandis, id eft, Baccæ Finnonum.

α. Intra limites Lapponiæ fruticem hunc non vidimus, fed in toto itinere per littora finus Bothnici copiofe.

β. A plerisque pinguntur fpinæ foliis fubiectæ, quod in frutice non obtinet, fpinæ enim diftincte per fe occurrunt, tamquam ramuli.

γ. Baccæ fapore auftero-vinofo gaudent, hinc conficiunt Pifcatores finum Bothnicum incolentes ex eis

Rob,

Rob, quod pifcibus recentibus additum, iis gratif-
fimum conciliat faporem. Cumque pifcatores hi
communiter Finnones fint, nomen huic plantæ ab
eis impofuere Alandi, apud quos præ reliquis copiofe viget hæc planta.

ß. Rarioribus gaudet frutex hic fpinis in Alandia,
quam in Belgio.

373. M Y R I C A *foliis lanceolatis, fructu ficco.*

Mas.

Gale florifera. Vaill. par. 77.
Chamelæagnus. Dod. pempt. 768. fig.

Femina.

Gale fructifera. Vaill. par. 77.
Gale, frutex odoratus, feptentrionalium. Bauh. hift.
   1. p. 225. b. Dill. app. 154.
Chamelæagnus. Dod. pempt. 863. fig.
Rhus myrtifolia belgica. Bauh. pin. 414.
Myrica feptentrionalium pumila paluftris. Frank.
   fpec. 34. Till. ab. 46.
Myrtus paluftris feu Gagel. Rudb. cat. 29. hort. 77.
Lupulus falictarius. Lind. wikf. 22.
Thee Europæum aut noftras. Sim. Pauli. monograph.
Pors. Suecis.

α. In paludibus Norlandiæ nulla hac vulgatior, in defertis lapponicis frequens eft.

ß. Floret primo vere & quidem dum folia erumpere
incipiunt. Fructus eft fpica oblonga ex quinque
feminum ordinibus compofita & in fingulo ordine
quinque femina exhibens. *Semina* craffiufcula, fubrotunda, angulata, acuminata, femitrifida, denticulo fcilicet vtrimque adfixo, coriacea, nucleum
paruum includentia; femina deinde adfperfa funt
punctis aureis refinofis.

γ. Quæro, numne ex hac camphora deftillari poffet?
Odorem fere eundem & nefcio quam fimilitudinem

cum

cum camphora arbore habent omnes huius generis
species.

ß. Olim huius plantæ foliis Cereuisiæ condiebantur per
Sueciam, nunc autem post largiorem plantationem
Humuli, ob cæphalalgias quas potantibus creat, præsertim minus coȼta planta, exoleuit, nec hoaie nisi
a pauperibus, in prouinciis remotioribus, adhibetur.
Lappones nostri nec Cereuisiam nec alios potus
coctos curant, præferentes pellucidam & frigidissi-
mam suam aquam, quæ vbique gratis prostat & sa-
nitati magis conducit.

ε. *Sim. Paulli* omnino persuasus fuit hanc plantam
ipsissimam fuisse *Theam* & proinde derisit Europæos,
qui eam ex Indiis petiere; Foliorum enim figuram
coincidere, vtramque plantam esse fruticem, sapore
postquam semel infusa & exsiccata erat folia quodammodo congruere, & vires non differre dicebat.
Attamen valde hallucinatus est.

ζ. *Myrica foliis lanceolatis fructu baccato.* * *Ambulon arbor* I. B. *Gale quæ myrto brabanticæ similis caroliniensis
baccifera, fructu racemoso sessili monopyreno* Pluk. est,
omnino eiusdem generis cum nostra planta, licet hæc
baccifera sit, & nostra non. Vnde Ceram e baccis
exprimere possunt Americani e sua, nos nos item e
nostra. Reliquæ partes fructificationis adeo conueniunt, imo totius plantæ, vt e foliis vix differentias
eruere queam. Allata est hæc Americana in hortos
Belgii, vt singulares eius considerare possent baccas
cera distentas, sed mares sunt omnes, quas heic vidi, hinc frustra exspectatur bacca.

η. Myricæ nomen antiquum (F. B. 241. 242.) longe
præfero Gale, vocabulo belgico vel germanico (F.
B. 229).

θ. Fructus est crusta coriacea tectus, ergo re vera bacca, baccæ dici debent pericarpia omnia coriacea, quæ
non dehiscunt; vt Iuglandis, Amygdali, Kiggela-
riæ, Rhois & Coriotragematodendrorum (huius
forte generis) fructus.

374·

374. URTICA *foliis cordatis, amentis cylindraceis, sexu distincta.*

Mas.

Vrtica vrens maxima sterilis. Pont. anth. 210.

Femina.

Vrtica vrens maxima fertilis. Pont. anth. 210.
Vrtica vrens maxima. Bauh. pin. 232.
Vrtica sylvestris maior vrens. Frank. spec. 30.
Vrtica vulgaris maior vrens. Lind. wikf. 40.
Vrtica maior vrens. Till. ab. 65.
Beledecksgrase. Lapponibus.

α. Ad casas Lapponum frequens est.

375. URTICA *foliis ouatis, amentis cylindraceis.*

Androgyna.

Vrticoides vrens. Pont. anth. 210.
Vrtica vrens minor. Bauh. pin. 231. Frank. spec. 30.
   Lind. wikf. 41.
Vrtica minor vrens. Till. ab. 65.

α. *Vrtica minor vrens, foliis eleganter variegatis, caule intorto rubente.* Rudb. lap. 100.

β. In desertis Lapponiæ rarius.

γ. Cl. *Pontedera* ab *vrticis* sexu distinctis separat Androgynas, quæ ipsi dicuntur *Vrticoides*; Cl. *Heisterus* adhuc ab iis separat non vrentes, sub nomine *Vrticastri*: Ego & has & *Ceratospermum*. T. ad idem refero genus.

δ. Varietas non distincta species est illa Rudbeckiana (*α*).

PENTANDRIA.

SALICIS *speciem* §. 370. vide in Dioecia Diandria.

MONADELPHIA.

376. JUNIPERUS *foliolis undique prominentibus pungentibus.*

Mas.

Juniperus. Tabern. hist. 3. p. 41.
Juniperus femina. Volk. norb. 234.
Juniperus palustris sterilis. Lind. wikf. 20.

Femina.

Juniperus baccifera. Tabern. hist. 3. p. 40.
Juniperus vulgaris fruticosa. Bauh. pin. 488.
Juniperus fructu nigro rotundo. Lind. wikf. 20.
Juniperus celsior arborescens, fructu subfusco oblongo. Lind. wikf. 20.
Juniperus. Frank. spec. 33. Rudb. cat. 22. hort. 59. Till. ab. 37.
Wachholder. Schell. botn. 30.
Gaskes. Lapponibus.

α. Tam in Alpibus, quam in syluis occurrit, licet in Lapponia admodum parce.

β. Per Sueciam crescit communiter in montibus; *in* Lapponia semper in paludibus.

γ. Statura Iuniperi singularis est: In Lapponia ramos plures, e radice absque caudice arboreo, exserit sparsos,

fos, graciles, accumbentes & fere repentes. In
Sueciæ plurimis locis autem crescit in magnam arborem. In quibusdam locis, curiosam adquirit figuram, alta euadit, angusta, ramis superne confer-
tioribus, inferne exarescentibus, instar Cupressi meta
in fastigium conuoluta; vt Fettiæ in Uplandia, item
ad furnum martis Esbo in Roslagia & in locis, in
quibus mineræ reperiuntur, præsertim martiales, vt
Norbergæ in Weisinannia &c.

δ. *Juniperus alpina, folio crassiore latioreque.* Rudb.
lap. 98. *Juniperus alpinus.* Cluf. pan. 26. Bauh.
hist. 3. p. 301. Scheuch. alp. 425. In Alpibus nostris
sæpe obuia fuit, sed baccæ exacte globosæ fuere,
nec oblongæ, vt ab authoribus describuntur. Hæc
est sola varietas præcedentis.

ε. *Regionibus frigidis, in quibus nulla alia arbor valet
subsistere, Juniperus familiaris est.* Mundius in Diæ-
tet. p. m. 354. dicit, id magis conuenire Betulæ
(§. 342.) Empetro (§. 280.) & Salici (§. 366.)
quam Junipero (α), docet Lapponia.

ζ. Author idem (ε) egregius, loco citato, sequentia
etiam profert effata: *Lappæ, quibus natura pauca
præter egestatem & patientiam concessit, potionem
habent e baccis Iuniperinis, quam vt Caffe aut Theam
calidam sumunt* &c. quæ omnia etiam omnino erronea sunt. Sueci enim in variis prouinciis, præsertim rustici Cereuisiam e baccis Iuniperi præstantissi-
mam, siue spectes saporem, siue vires diureticas &
antiscorbuticas, parare solent, quam, præsertim recentem, pro potu ordinario, non medicina, frigidam hauriunt, nec vnquam calidam, vti Thea vel
Coffea hauritur; hoc quidem potu magis grati sapo-
ris, quam egestatis caussa, imo & diuites sæpius
delectantur; Lappones autem nec potum hunc arti-
ficialem curant, nec ob parcam copiam Iuniperi habere possunt. Fateor deinde Lappones syluaticos non
raro summa cum egestate luctare, contra vero alpinos,

pinos, qui fæpe mille rangiferos poffident, (quorum finguli vix minori, quam trium florenorum pretio diuenduntur) cum ditiffimis per Europam Viris certaturos eosque fuperaturos crederem; inuenies tum apud eos in fumma copia cafeos, carnes, pelles, deinde colligere poffunt pelles vrfi, muftelæ, gulonis, fciuri, caftoris &c. hæcque omnia finitimis diuendere, nec opus habent, vt quidquam emant ab iisdem, nifi forte hauftum fpiritus frumenti, tabacum, vel tentorium. Hi viuere poffunt absque fudore, absque cura, & facile adquirere omnia, quæ neceffaria funt, cum fumma mentis tranquillitate. *Non qui multa poffidet, fed qui paucis indiget, diues eft.* Hinc fi vel Crœfi thefauros ipfis offerres, cum fplendidiffimis aulis, niuofos fuos montes commutare recufarent, & quidem nec hoc fine fufficienti ratione, bene enim qui latuit, bene vixit Lappo.

CLAS-

C L A S S I S XXIII.

POLYGAMIA.

MONOECIA.

377. ATRIPLEX *foliis fagittato-lanceolatis.*
Atriplex fylueftris. Frank. fpec. 5.
Atriplex angufto oblongo folio. Bauh. pin. 119.
Atriplex repens. Rudb. hort. 13. Brom. goth. 10.
α. *Atriplex fylueftris, folio haftato feu deltoide.* Mor.
blæf. 26. Celf. upf. 11.
β. In agris Nouaccolarum feminibus allata rarius.
γ. Singulare eft plantarum genus, in vna eademque
planta alii flores hermaphroditi, alii feminini, &
hi figura inter fe diuerfi, & feminibus ambo fœcun-
di diuerfæ figuræ, at ab vtrisque eadem pronafcitur
planta! Singulare eft, quod fi flores femininos auferas,
planta pofthac non erit Atriplex, fed exacte Chenopodium.

DIOE-

DIOECIA.

378. RHODIOLA.
    Hermaphrodita   masculina.
              Femina.

Rhodia radix. Bauh. pin. 286. Dod. pempt. 344.
    Rudb. hort. 96.

Rosea. Rupp. jen. 1. p. 80.

Anacampseros, radice rosam spirante, maior. Tour-
    nef. inst. 264. Scheuch. alp. 329. 424.

Telephium luteum minus, radice rosam redolente. Mo-
    riss. hist. 3. p. 468. s. 12. t. 10. f. 8.

α. Vbique in Alpium summis iugis, immensa in copia;
prostat gratis, exacte tantis viribus referta, ac Italica.

β. Curiosa est hic sexus consideratio. Matrimonia in
altera planta constant appropriatis maritis & vxori-
bus, thalamo impositis splendido, aulæo luteo &
quinquepartito, sed steriles sunt hæ Saræ. In altera autem planta matrimonia thalamos nudos, au-
læis destitutos exhibent atque in iisdem feminas
quinque maritis orbatas deprehendis. Hæ Hagares
concipiunt e maritis legitimarum & sterilium vxo-
rum, familiamque propagant.

γ. Feminam secum duxit Nob. Rudbeck in hortum
Upsaliensem, quæ omni anno obtulit suas flammas,
cum autem nullus maritus adesset, in cassum furit,
oua interdum parua deposuit, sed subuentanea.

GNAPHALII *speciem* §. 302. vide in Syngenesia
    polygamiæ superfluæ.

TRIOE-

TRIOECIA.

379. EMPETRUM.

Mas. Femina. Androgynum. Hermaphroditum.

Empetrum montanum, fructu nigro. Tournef. inst. 579.

Camarinna septentrionalis supina. Petiv. musf. 72.

Chamætaxus. Scheff. lap. 359.

Erica baccifera procumbens nigra. Bauh. pin. 486. Scheuch. alp. 334.

Erica baccifera tenuifolia. Frank. spec. 33. Rudb. it. 11.

Erica baccifera latifolia. Rudb it. 11.

Erica baccifera. Cluf. pan. 29. Till. ab. 26. Lind. wikf. 12.

α. In desertis arenosis siccissimis, nec non in paludibus humidis muscosis sæpius occurrit, in Alpibus omnium frequentissimum est.

β. Alpes Dalekarlicas tegunt fere quatuor plantæ; hæc scilicet, Betula (342.) & duæ Lichenis species, quæ in Lapponiæ Alpibus in minori copia prostant.

γ. Ad fodinam cupri Fahlunensem, vix ulla planta per aliquod ab ea remotum spatium viuere potest, ob fumi sulphurei deuastationem, hinc terra nuda iacet, hæc autem planta fere sola perferre videtur & fumum sulphuris & frigus.

δ. Planta hæc omnes leges sexus eludit, numerum maritorum & feminarum tamen sancte seruat, ita vt aliam videas plantam marem, aliam androgynam, aliam hermaphroditam.

V   1. Bac-

a. Baccæ huius atræ, licet venenatæ dicantur & re ipsa cæphalalgias creent, copiosius adsumtæ, expertus loquor, Kappatiàlmas (§. 143. δ.) tamen ingrediuntur apud Lappos, apud quos vuæ Corinthiacæ in vsu non sunt.

CORISPERMI *speciem* §. 2. vide in Monandria Digynia.

CLASSIS XXIV.

CRYPTOGAMIA.

FILICES.

380. ACROSTICUM *folio lineari laciniato.*
Acrosticum parnum septentrionale. Petiv. cent. 70.
Filicula saxatilis corniculata. Tournef. inst. 542.
Filix saxatilis corniculata. Bauh. pin. 358.
a. In Finmarkiæ parte, in infimis lateribus Alpium
Lapponiæ Noruegicæ, rárius visa est.

381. POLYPODIUM *pinnatum, pinnis lanceola-*
tis integris.
Polypodium vulgare. Bauh. pin. 359. Lind. wiks. 30.
Polypodium. Rudb. hort. 91. Till. ab. 54. ic. 79.
a. In monte prærupto Lapponiæ Lulensis Kiurivari &
aliis parcius.

382. POLYPODIUM *pinnatum, pinnis lanceo-*
latis pennatifidis integris, inferioribus nutantibus.
Filix minor brittannica, pediculo pallidiore, alis in-
ferioribus deorsum spectantibus. Morif. hist. 3. p.
575. f. 14. t. 4. f. 17. bona.
a. Cum antecedenti, rarius licet, obuia fuit.

V 2
383.

383. POLYPODIUM *duplicato-pinnatum, pinnulis obtusis remotis, subtus villosum.*
Filicula alpina tenerior, alis latiusculis breuioribus integris profunde dentatis. Morif. hift. 3. p. 576. f. 14. t. 3. f. 23.
Filix arborea. Pluk. phyt. 179. f. 4.
α. In Alpibus rarius inter rupes.

384. POLYPODIUM *duplicato-pinnatum, pinnis remotis, pinnulis subrotundis incisis.*
Filix saxatilis, caule tenui fragili. Pluk. phyt. 180. f. 5.
Filix saxatilis non ramosa, nigris maculis punctata. Bauh. pin. 358.
α. In Lapponia fylueftri & ad latera Alpium frequens.

385. POLYPODIUM *duplicato-pinnatum, pinnulis obtufis crenulatis.*
Filix non ramosa dentata. Bauh. pin. 358.
Filix mas. Rudb. hort. 43. Till. ab. 28.
Filix paluftris maxima dentata. Lind. wikf. 13.
α. Ad riuulos in defertis lapponicis & ad latera Alpium copiofe.

386. POLYPODIUM *duplicato-pinnatum, pinnulis lanceolatis acutis pinnatifidis.*
Filix mollis feu glabra vulgari mari non ramofæ accedens. Bauh. hift. 3. p. 738.
Filix mas non ramosa dentata, pinnulis anguftis raris profunde dentatis. Raj. fyn. 121.
Filix paluftris fubfufco puluere hirfuta. Lind. wikf. 13.
α. Cum antecedenti fæpius.

387. POLYPODIUM *trifidum, ramis pinnatis, pinnis pinnatifidis.*

Dryopteris. Dill. giff. 103.

Filix ramofa minor, pinnulis dentatis. Bauh. pin. 358.

Filix pumila faxatilis I. Cluf. pan. 704.

α. In monte Kiurivari prope venam plumbiferam & alibi.

388. ASPLENIUM *pinnatum, pinnis fubrotundis crenatis.*

Trichomanes feu polytrichum officinarum. Bauh. pin. 356.

Trichomanes. Till. ab. 66. ic. 77.

α. In monte Kiurivari Lapponiæ Lulenfis in parœcia Quickjock, & alibi.

389. OSMUNDA *folio pinnatifido, pinnis lunulatis.*

Ofmunda foliis lunatis. Tournef. inft. 547. Scheuch. alp. 46.

Lunaria racemofa minor vel vulgaris. Bauh. pin. 354.

α. In Lapponiæ Lulenfis fyluis præ reliquis occurrit.

390. EQUISETUM *aruenfe.* †

Equifetum aruenfe, longioribus fetis. Bauh. pin. 16. Rudb. elyf. 1. p. 127. f. 9.

Equifetum aruenfe minus repens. Brom. goth. 36.

Equifetum aruenfe, fetis longioribus. Lind. wikf. 12.

Equifetum repens. Lind. wikf. 12.

α. Vbique in campis & in conuallibus lepide fyluam abietinam in paruo compendio repræfentat.

V 3 β. In

β. In hac caulis floris, peracta fructificatione, marcescit, nec ramulos exserit vllos, in aliis vero caules ramosi, sed floribus destituti, excrescunt emarcidis prioribus.

391. EQUISETUM *syluaticum.* †
Equisetum syluaticum, tenuissimis setis. Bauh. pin. 16. Rudb. elys. 1. p. 124. f. 9.
Equisetum syluestre, foliis tenuibus. Lind. wiksf. 12.
α. In syluis copiose.

392. EQUISETUM *palustre.* †
Equisetum palustre, breuioribus setis. Bauh. pin. 16. Rudb. elys. 1. p. 122. f. 3.
Equisetum palustre minus. Lind. wiksf. 11.
α. In subhumidis saepe.

393. EQUISETUM *fluuiatile.* †
Equisetum palustre, longioribus setis. Bauh. pin. 15. Rudb. elys. 1. p. 122. f. 2.
Equisetum maius aquaticum. Lind. wiksf. 11.
Equisetum nudum. Lind. wiksf. 11.
Åske Lappis. *Fräken* Suecis.
α. Ad ripas lacuum & fluuiorum passim copiosissime.
β. Rangiferi, Lapponum pecora, foenum per hyemem non adsumunt facile, hinc Lappo noctes diesque eos per syluas ducere tenetur. Obtuli circa autumnum redeuntibus ex longo itinere Rangiferis fasciculum foeni, & obseruaui eos hanc plantam seligere & adsumere, reliqua fere intacta relinquere. Annon itaque hocce Equisetum maiorem oeconomiae lapponicae vsum adferre posset, incolis iudicandum relinquo.

394.

394. EQUISETUM *byemale.* †

Equisetum foliis nudum, non ramosum seu junceum.
  Bauh. pin. 16. Rudb. elyf. 1. p. 124. f. 10.

Equisetum sylaeftre nudum. Lind. wikf. 12.

α. Iuxta ripas fluuii Juktau in Lapponia Lulenfi & alibi.

β. Tota planta perennis eft, caulis fine ramis ad radicem vtrimque ftolonem exferit.

MUSCI.

395. POLY·TRICHUM *caule fimplici.* *

Mas.

Polytrichum vulgare & maius, capfula quadrangu-
  lari. Dill. giff. 221.

Polytrichum aureum maius. Bauh. pin. 356.

Polytrichum aureum medium. Bauh. pin. 356.

Mufcus juniperi foliis, capitulo quadrangulari. Vaill.
  par. 131. t. 23. f. 8.

Mufcus capillaceus maior, pediculo & capitulo cras-
  fioribus. Buxb. cent. 1. p. 41. t. 64. f. 4.

Adiantum aureum maius, Rudb. hort. 3. Brom. goth.
  2. Lind. wikf. 1.

Adiantum aureum minus. Lind. wikf. 1.

Adiantum aureum. Till. ab. 2.

Femina.

Mufcus capillaceus ftellaris prolifer. Tournef. inft.
  551.

Mufcus, juniperi folio, rofeus prolifer. Vaill. par.
  131. t. 23. f. 8.

Mufcus capillaceus maior ftellatus. Tournef. inft. 551.

Romfo.

Romfi. Lapponibus.
Biœru moſſa Suecis.   Muſcus Vſinus.

α. Frequentiſſimus eſt Muſcus per totam Lapponiam.

β. Variat immenſe, quoad magnitudinem, vtpote quod in arenoſis & ſiccis vix pollicis transuerſi altitudinem attingit, in ſuccoſis vmbroſis ac ſyluoſis ſæpe pedale euadit; ex hisce vero diuerſas conſtituit ſpecies Botanicorum vulgus.

γ. Hic in diuerſa planta absque vllo remanente dubio ſpectare licet ſexum ſeparatum, cum aliæ plantæ ex apice pedunculos longos proferant capitula ſuſtinentes, aliæ vero terminentur in ſtellulas imbricatas purpureas; has feminas diximus, illas vero mares, ſecuti Cl. Dillenium, qui puluerem in capitulis iſtarum contentum pro farina genitali habuit, non omne tamen nobis exemit dubium, ob prægnantes rationes à priori petitas. Alteram eſſe marem, alteram vero plantam feminam, certum videtur. Flores maſculinos & femininos, eodem tempore, in eadem ſpecie florere, in omni vegetabili obtinet; quod ſi non fieret, neque fœcundatio ſuccederet, neque proles produceretur. Fructus (vt proles) eſt effectus floris (vt copulæ); hinc cum capitula iſta longe ſerius eiiciant ſuam farinam genitalem putatam, quam flores iſti ſtellati durant, videtur puluis iſte effectus eſſe, non cauſſa; ergo fructus, non flos. Sed hæc ſolum a priori dicimus.

δ. *Lectus* noſter apud Nouaccolas in Lapponia conſtabat pellibus leporinis absque vllis puluinaribus, apud Lappones vero ipſos ſolis pellibus rangiferinis, in deſertis autem e ramis frondoſis Betulæ (§. 241.). In itinere per fluuios extrahebatur circa veſperam ſcapha, qua vehebar, in terram continentem, quæ obuertebatur, vt ſub ea, inſtar Diogenis, quiete dormirem defenſus a pulicibus & pluuiis, neſcius naturæ placuiſſe ſtragula ibi, in alio quàm in volatilium dorſo, quærere, qua tandem & e terra creſcere

in denfiffimo deferto a Lapponibus didici. Mufcum
enim hunc, quem feminam dixi, quaerunt Lappones, formam quadratam trium vlnarum in latitudine
& totidem in longitudine acie cultri circumfcri-
bunt, quo facto leui manu alterum angulum a terra feparant eleuantque, mox tunicae inftar tenacis
extrahunt totum hocce circumfcriptum fpatium,
folutum quatiunt, vt fi quae folia aciformia adfint,
vel terra adhaereat, expellantur; quo facto mox alterum exacte priori refpondens, eadem methodo,
fibi comparant; deinde expanditur altera haec mufcofa tunica furfum verfo mufco fupra terram, cui
incumbit laffum corpus, alteram verfo deorfum
mufco fibimet imponunt, vt ramuli omnes corpus
refpiciant. Molliffimus eft hic lectus cuius ftragula
vndique ambiunt corpus & ad illud fefe vbique ap-
plicant; calidiffimus deinde eft, & virentis vegetabilis grati odoris, nec pediculos, pulices, cimices,
fcabiem, luem, aliudque contagium innocenti corpori adfert, nec plumulis vndique obuolitantibus
irrefolubilibusque, cum infpiratione, pulmones in-
farcit phthifinve generat, fed laffum corpus molli
grataque requie reficit. Hunc lectum itaque fi non
delicatulis aulicis audeam praefcribere, certe duris
martis filiis, quos faepe oportet in fyluis caftra fua
ponere, hic meus lectus conueniet optime. Eui-
tant Lappones mufcum marem, ne capitulis fuis
pedunculatis titillationem ipfis creet moleftam, dum
linteis carent, fomnumque eorum turbet Quaefiui
me faepius quisnam Lappones hunc mufci vfum do-
cuerit primus, cum paucis, imo pauciffimis Botanicis conftet Mufcum hunc caule fimplicem, radicibus adeo intertextum & implicatum effe, vt vix feparari queat, nec alium excogitare potui, quam
Lapponum conterraneum Vrfum, qui dum longis-
fimam fuam hybernam noctem cimmeriis tenebris
inuolutam dormire debet more Erinacei, Melis &

V 5   Ve-

Vefpertilionis, hunc mufcum in vafta copia colligit, inque eo fecurus fine epulis & poculis per dimidium & vltra, annum quiefcit, vnde aliquando, vt opinor, aliquis Lappo, qui eafam noctu frigida attingere non potuit, vrfi confilium capturus percepit radices cohærere.

s. Polytrichum hocce, vt gratum laffo per deferta Lapponiæ peregrinatori, ita ruftico feptentrionis noftri infenfiffimum & abominabile, vtpote quod pafcua eius lætiffima integra deftruit. Prata fertiliffima apud nos funt, quæ terram, ex humo vegetabili, miftam cum arena & pauca quantitate argillæ pro matre agnofcunt, fita in loco decliui & in conuallibus. In his facillime luxuriat hic mufcus in tophos & turfas cumulatus, fterilis, reliqua vegetabilia opprimens, vt ad Nerpis præfertim, in Oftrobothnia videre licuit triftiffimo exemplo. Diffecui talem turfam feu terræ verrucam perpendiculariter in duas partes & vidi eandem ad centrum radicis femper cauam, hinc auguror terram hyemali tempore a gelu conftrictam in rimas frangi, vnde eleuantur radices plantarum (vt etiam in hortis non raro tempore vernali videre eft) quæ quafi fupra terram pofitæ, gelu hyemali, tandem ficco aeri vernali, demum calido æftiuo expofitæ, deftruuntur, relicto commodo loco huic mufco, vt læte crefcat. Si quis huic malo medicinam minus laboriofam vel fua operatione non pretiofam admodum detegeret, fummopere fibi gratos incolarum deuinciret animos.

396. BRYUM *caule erecto, ramis lateralibus breuibus fertilibus.*

Bryum bypnoides, capitulis plurimis erectis, lanuginofum. Raj. fyn. 97.

Mufcus terreftris vulgari fimilis lanuginofus. Morif. hift. 3. p. 625. f. 15. t. 5. f. 7.

Mu-

Muscus alpinus ramosior erectus, flagellis breuioribus lanuginosis. Pluk. alm. 255. phyt. 47. f. 5.

α. Occurrit communiter in Alpibus noftris, altis rupibus innatum.

397. BRYUM *caule erecto, foliis reflexis feta terminatis, capitulis falcatis.*

Bryum maius, erectis falcatis capitulis, foliis latiufculis extantibus, in pilum canefcentem definentibus. Dill. giff. 224. Raj. fyn. 94.

Muscus capillaris tectorum, denfis cefpitibus nafcens, capitulis oblongis, foliis in pilum longum definentibus. Raj. hift. 3. p. 34. Vaill. par. 133. t. 25. f. 3.

Muscus erectus hirfutus, capitulis oblongis acutis, unguiculis auicularum fimilibus, vulgatiffimus. Morif. hift. 3. p. 628. f. 15. t. 6. f. 1.

α. In fyluis rarius confpicitur hic Muscus.

398. BRYUM *caule inclinato, foliis arrectis fubulatis, capitulis erectiufculis.*

Bryum, erectis capitulis, anguftifolium, caule reclinato. Dill. giff. 222. Raj. fyn. 95.

Muscus coronatus medius, foliis tenuiffimis pallidis longioribus, capitulis erectis acutis. Morif. hift. 3. p. 630. f. 15. t. 7. f. 11.

Muscus coronatus humilis, corniculis longiffimis & acutiffimis. Morif. hift. 3. p. 630. f. 15. t. 7. f. 13.

Muscus capillaceus, foliis pallidis, pediculis pluribus e communi theca egredientibus. Buxb. cent. 2. p. 8. t. 4. f. 1.

Muscus capillaceus maior, pediculo & capitulo tenuioribus. Tournef. inft. 551. Vaill. par. 132. t. 28. f. 12.

α. In defertis fæpius crefcit in tophos craffos & per æftatem flauos.

β. Huius

β. Huius speciei singulare admodum specimen habui in itinere Reuterholmiano per Dalekarliam ad pagum Heden, vbi admodum cauliculis multiplicatum & longum compactissimumque excreuit in magnitudinem nidi Sciuri, & exacte repraesentabat figura ac magnitudine cranium humanum musco obductum.

399. BRYUM *caule adscendente, foliis ouato-oblongis patulis pellucidis.*

Bryum nitidum, foliis oblongis vndatis, capitulis cernuis, arbusculam referens. Dill. giss. 227. Raj. syn. 103.

Muscus polygoni folio. Tournef. inst. t. 326. f. C. Vaill. par. t. 24. f. 3.

α. Crescit in pratis Nouaccolarum subhumidis inter lapides.

400. BRYUM *caule erecto, foliis setaceis, capitulis globosis.*

Bryum trichoides virescens, erectis maiusculis capitulis maliformibus. Dill. giss. 224. Raj. syn. 97.

Muscus trichoides minimus sericeus capillaceus, capitulis sphaericis. Moris. hist. 3. p. 628. s. 15. t. 6. f. 6. Vaill. par. 129. t. 24. f. 9. & 12.

α. Creuit copiose plurimis in locis Alpium nostrarum, nullibi tamen per totum iter in copia hoc obseruauimus, quam ad cataractam fluuii Dalekarlici Elfcarleby.

β. Color foliorum huius musci, praesertim post exsiccationem, viride aeris refert.

401. BRYUM *foliis setaceis, pedunculo reflexo, capitulis subrotundis.*

Bryum trichoides hirsutie canescens, capitulis subrotundis reflexis, in perbreuibus pediculis. Dill. giss. 226. Raj. syn. 100.

Mu-

*Muscus trichoides hirsutus, capitulis oblongis reflexis
pediculis breuibus insidentibus.* Moris. hist. 3. p.
629. f. 15. t. 6. f. 21. Raj. hist. 3 p. 38.
Muscus capillaceus lanuginosus minimus. Tournef.
inst. 552. Vaill. par. 133. t. 29. f. 2.

α. Hinc inde in syluis obuium est.

402. BRYUM *foliis subulatis, pedunculo longissimo,
capitulo reflexo.*

*Bryum trichoides, capitulis reflexis, pediculis ima
medietate rubris, summa luteo virentibus.* Dill. giss.
226. Raj. syn. 100.

*Muscus trichoides, capitulo paruo reflexo, pediculo
ima medietate rubro, summa luteo viridi.* Moris.
hist. 3. p. 629. f. 15. t. 6. f. 15.

*Muscus capillaceus minimus, capitulo nutante, pedi-
culo purpureo.* Vaill. par. 134. t. 29. f. 7.

α. Vbique in syluis commune est.

β. Datur & huius varietas caule & foliis omnino sanguineo colore tinctis, & hæc communiter sterilis
est.

403. BRYUM *caule erecto ramoso, foliis ouatis vndique imbricatis.*

Muscus americanus aureus, foliis cupressi. Petiv.
mus. 273.

α. Creuit in syluis variis in Iouis.

β. Capitula non vidi, hinc fere incertus hæreo, vtrum
ad Brya an vero ad Hypna amandari debeat.

γ Est muscus pollicis transuersi altitudinis, fere erectus, interdum vero ad basin decumbens, qui versus
summitatem vtrimque ramulum communiter exserit ipso caule interiecto breuiorem. *Folia* ouata
sunt, obtusa, fere pellucida, densissime imbricata
(hinc rami & caulis densus & crassus conspicitur),
colore pallide flauescentia.

δ. Eua?

3. Eundem cum Petiueriano effe mufcum hunc in phytophylacio Sherardiano Oxoniis colligere licuit.

ε. Videtur, quantum ex figura percipio, proxime accedere ad Hypnum iftud, quod Vaill. par. tab. xxv. fig. 7. exhibet, at noftrum maius eft, craffius, foliis confertis magis & verfus fummitatem ramofum, fimulque ramis & foliis obtufioribus confpicuum.

404. BRYUM *caule procumbente, foliis alternis ouatis pellucidis.*

Bryum nitidum, foliis ferpilli pellucidis fubrotundis, elatius. Dill. giff. 228.

Bryum nitidum, ferpilli rotundis at minoribus pellucidis foliis, maius. Raj. fyn. 101.

Bryum nitidum, ferpilli rotundis & minoribus pellucidis foliis, minus. Raj. fyn. 103.

Mufcus polytrichoides paluftris maior, ferpilli latiori folio pellucido. Morif. hift. 3. p. 627. f. 15. t. 6. f. 39.

Mufcus trichomanis facie, foliis vtrimque fplendentibus rotundis. Morif. hift. 3. p. 627. f. 15. t. 6. f. 41.

Mufcus polytrichoides humilior, alternis foliis pellucidis fubrotundis. Morif. hift. 3. p. 627. f. 15. t. 6. f. 40.

Mufcus polytrichoides humilior, foliis latis fubrotundis. Pluk. alm. 247. phyt. 45. f. 7.

α. Crefcit in fpongiofis, fubhumidis vel vmbrofis locis inter graminum radices.

β. Varietates iftas, limites cum non habeant, coniungo.

405. HYPNUM *ramis proliferis, plano-pinnatis.*

Hypnum repens filicinum veluti fpicatum. Dill. giff. 217. Raj. fyn. 86.

Mu-

Muscus filicinus maior. Bauh. pin. 360. Vaill. par.
140. t. 25. f. 1. Buxb. cent. 2. p. 2. t. 1. f. 2.
α. Vulgatiſſimum eſt in ſyluis Lapponiæ, & in inferiore Suecia, vbi prata ſicciora tota deuaſtat & occupat.

406. HYPNUM *ramis plano-pennatis continuata
serie extensis.*
*Hypnum repens filicifolium ramosum, ramulis appres-
fis & magis complanatis.* Dill. giſſ. 218. Raj. ſyn.87.
Muscus filicinus flauescens maior ramosus. Vaill. par.
140. t. 18. f. 1.
Muscus vulgaris pennatus maior. Bauh. pin. 360.
α. Creſcit copioſe in ſyluis mixtum antecedenti.

407. HYPNUM *ramulis plano-pinnatis, pinnis con-
tiguis, apicibus deflexis.*
*Hypnum repens veluti compressum plumam luteo ar-
genteam repræsentans.* Celſ. upſ. 26.
*Muscus pennatus maior, cauliculis ramosis, in sum-
mitate veluti spicatus.* Gottſch. pruſſ. 167. f. 42.
*Muscus repens subflauus, foliolis crispis minoribus, ra-
mulis confertis.* Vaill. par. 141. t. 27. f. 14.
α. Creſcit iuxta lapides in deſertis nemoroſis egregius
hic muſcus, pennæ inſtar ſericæ nitens.

408. HYPNUM *ramulis pinnatis teretiusculis remotis inæqualibus.*
*Muscus pennatus minor, cauliculis ramosis, in summi-
tate veluti spicatus.* Gottſch. pruſſ. 167. fig.
Muscus palustris abietinus. Vaill. par. t. 23. f. 12.
*Muscus palustris, foliis & flagellis rigidiusculis, semi-
nibus in foliorum alis.* Vaill. par. 141. t. 29. f. 12.
α. In deſertis ſubhumidis ad radices arborum.
β. Hunc a priori muſco omnino diſtinguo, nec vlla
modo cum eo coniungi poteſt.

409.

409. HYPNUM *ramis inaequalibus, foliis laxe imbricatis triangularibus acutis.*

Hypnum repens, triangularibus maioribus & pallidioribus foliis. Dill. giff. 219. Raj. syn. 80

α. *Hypnum repens, triangularibus angustioribus (potius minoribus) foliis.* Raj. syn. 80.
Musco denticulato similis. Bauh. pin. 36.

β. *Hypnum repens, triangularibus minoribus foliis, pediculis & capitulis breuioribus & tumidioribus, minus.* Raj. syn. 80.

γ. *Hypnum ramosum fluitans pennatum.* Raj. syn. 81.
Muscus denticulatus lucens fluuiatilis maximus, ad ramulorum apices adianti capitulis ornatus. Morif. hist. 3. p. 626. f. 15. t. 6. f. 33.

δ. Hi musci vbique in syluis prostant, eosque non specie, sed solo loco, indeque producta varietate differre puto. Vltimus (γ) in fossis, in magnam saepe molem excrescit, & sub aquis fere submergitur.

410. HYPNUM *ramis inaequalibus sparsis, foliis ouatis imbricatis, capitulis obliquis.*

Hypnum terrestre erectum, ramulis teretibus, foliis inter rotunda & acuta medio modo se habentibus. Dill. giff. 220. Raj. syn. 81.

Muscus squamosus cupressiformis. Tournef. inst. 554. Vaill. par. 138. t. 28. f. 3.

α. In syluis & pratis Nouaccolarum passim legitur.

411. HYPNUM *caule erecto, superne vndique ramoso.*

Hypnum palustre erectum arbusculam referens, ramulis subrotundis. Dill. giff. 220. Raj. syn. 81.

Muscus dendroides syluarum erectus, ramulis Kali aemulis, radice repente. Morif. hist. 3. p. 626. f. 15. t. 5. f. 30.

α. *Hypnum*

α. *Hypnum erectum arbusculum referens, ramulis subro-*
tundis confertim nascentibus. Raj. syn. 81.
Muscus squamosus ramosus erectus alopecuroides. Tournef. inst. t. 326. f. B. Vaill. par. t. 26 f. 6.
Muscus dendroides elatior, ramulis crebris minus sur-
culosis, capitulis pediculis breuibus insidentibus. Moris. hist. 3. p. 626. s. 15. t. 5. f. 31.

β. In subhumidis rarior est muscus.

412. HYPNUM *caule repente, ramis confertis ere-*
ctis, foliis subulatis, capitulis erectis.
Hypnum repens trichoides terrestre luteo-virens vulga-
re maius, capitulis erectis. Dill. gist. 215. Raj. syn
84.
Muscus arboreus splendens sericeus. Vaill. par. t. 27.
f. 3.
α. Truncis arborum semiputridis arcte adnatus, vt vix
integer excerpi queat, in syluis frequenter reperitur.

413. MNIUM *caule dichotomo, foliis subulatis.*

Mas.   Femina.

Mnium maius, ramulis longioribus bifurcatis. Raj.
syn. 78.
Muscus palustris erectus flauescens, capillaceo folio.
Vaill. par. 135. t. 24. f. 1.
Muscus palustris, flagellis erectis luteis raro diuisis,
capitulis oblongis adianthi. Moris. hist. 3. p. 629.
s. 15. t. 6. f. 9.
α. Crescit vbique in paludibus limo repletis.

414. MNIUM *caule simplici, geniculis inflexo.*

Mas.

Muscus palustris, adiantho aureo affinis, scapii tenui-
bus, foliolis breuibus. Raj. syn. 98.
X   Mu-

Muscus trichoides palustris erectus coronatus, capitulis sphæricis amplioribus. Morif. hist. 3. p. 628. l. 15. t. 6. f. 8.

Muscus capillaceus tenuissimus, pedunculo longissimo purpurascente, capitulo rotundiore. Vaill. par. t. 24. f. 10.

Muscus stellaris ramosus palustris, pediculo aureo erecto, capitulo magno sphærico. Buxb. cent. 1. p. 45. t. 65. f. 3.

Femina.

Muscus stellaris ramosus palustris. Buxb. cent. 1. p. 45. t. 65. f. 2.

α. Vbique in deserto ad scaturigines fontium frigidorum crescit pulcherrimus hic muscus.

β. Quoniam in hac calyptram non vidimus, at alteram plantam marem, alteram feminam vbique obseruauimus, quæ florem, polytrichi instar, stellula purpurea exhibet, hunc locum ei concessimus, vsque dum certiora innotescant.

γ. Fontes calidos seu thermas frustra in Lapponia frigidissima quæsiuimus, aqoæ autem salientes frigidissimæ, media licet & calidissima æstate, vbique sese obtulere, copiosiores quam in vlla alia a nobis perlustrata regione. Fontes Lapponiæ sunt vel aquæ ex superiacente niue exstillantes, vt in Alpibus; vel iuxta radices montium, quales frequentes in syluis; vel & in mediis paludibus, quos fontes frigidos vocant Lappones. Hi fontes frigidi, licet aqua paludosa vndique eos ambiat tepida, in foueola quasi exhibent lympham istam gelidam, quæ licet stagnans videatur, celeri tamen agitatur cursu sub altera aqua paludosa & calida. Hos fontes sedulo indagare norunt Lappones & quidem ex hoc Musco præsertim eos dignoscunt, qui quasi arte & cultura læte excretus fontem cingit, coloreque suo albo e longinquo facile cognoscitur.

415.

415. **SPHAGNUM** *ramis reflexis.*

*Sphagnum cauliferum & ramosum paluftre molle can-
dicans, reflexis ramulis, foliolis latioribus (& anguftioribus).* Dill. giff. 229. Raj. fyn. 104.

Mufcus paluftris, terreftri fimilis. Scheuch. al. 43.
t. 5. f. 2.

Mufcus paluftris in ericetis nafcens floridus nofter.
Pluk. phyt. 101. f. 1. Vaill. par. t. 23. f. 3.

Mufcus paluftris. Dod penipt. 472.

Mufcus paluftris candidus baccifer. Lind. wlkf. 25.

*Mufcus paluftris mollis candidus rangiferorum, quo
rangiferi auide vefcuntur.* Brom. goth. 69.

Mufcus paluftris mollis & delicatulus. Scheff. lap.
303.

Mufcus IV. Scheff. lap. 361.

Mufcus albus. Till. ab. 46.

Rypfter-derphe. Lapponibus, id eft, Mufcus ruber.

Manna-derphe. Lapp. aliis, id eft, Mufcus infan-
tum.

α. Vbique in humidis copia tanta occurrit, ut integras
paludes, tam in fyluis, quam in Alpibus, eodem
mufco tectas, albasque videas.

β. Variat foliis fcilicet ouatis, vbi maior eft Mufcus;
& linearibus acutis, vbi minor. Variat etiam colore, dum alius exacte niueus, alius, licet rarior, incarnato colore fuffufus eft.

γ Errant, qui mufcum hunc pro pabulo rangiferorum
hyemali exhibent.

δ. Feminis lapponicis maxime notus eft hic mufcus;
hunc enim, linteis cum deftituantur, infantibus,
dum cunis fuis continentur, vndique circumponunt,
qui & puluinaris & tegmenti vices feruat, vrinam
acrem abforbet, calorem conferuat, fericisque ftra-
gulis gratior eft tenellis; mutatur deinde vefperi &
mane, dum purus & recens fubftituitur in prioris
locum. Mollis quidem fatis per fe eft, nihilomi-
nus,

X 2

nus, infante recenter nato , deciduos fponte mol-
liufculosque crines rangiferinos mufco fuperimponunt, corporique infantis proxime admouent, ut
adhuc magis delicata fint ftragula hæcce.

β. Hoc etiam mufco catamenia excipere abftergereque
feminas lapponicas mihi relatum fuit. Naturam
æque hic ac alibi fibi fimilem effe feminasque in
Lapponia ac alibi légibus menftrualibus obedire, dubium nullum eft, licet hæ cruoris minorem fundant
copiam innocentiffimæ. Fuere & feminæ plures
hic, quas vidi , per totam fuæ vitæ periodum ab hac
lege exceptæ, licet hæ maritatæ fteriles perfiftant.
Noui & iuuenculas, quæ non hyeme, fed fola modo æftate has obferuabant crifes; imo & alias, quæ
femel in anno purgabantur, & hæ, quotquot vidi ,
pedes œdematofos habebant.

416. LYCOPODIUM *caule repente , ramis tri-*
quetro-planis.
Lycopodium fabinæ facie. Rupp. jen. 1. p. 328.
Mufcus terreftris ramofus pulcher. Bauh. hift. 3. p.
767.
Mufcus fquamofus montanus repens. Tournef. inft.
553.
Mufcus clauatus , foliis cupreffi. Bauh. pin. 360.
Jæmna. Suecis.
α. Crefcit paffim in fyluis ficcioribus.
β. Ruricolæ Weftrobothnienfes mufcum hunc & folia
Betulæ (§. 341.) circa finem menfis Iunii collecta
coquunt fimul, eisque varia e lana confecta flauo
imbuunt colore.

417. LYCOPODIUM *caule repente , ramis te-*
tragonis. Tab. XI. fig. 6.
Mufcus clauatus , foliis cupreffi. Raj. hift. 121. de-
fcript.

Ma-

Muscus terrestris repens nanus styriensis. Bocc. muf.
161. t. 108. fig. peffima.

α. Crefcit in Lapponia noftra tantum in Alpibus & in
montibus fummis, nec vnquam eundem mufcum
in fyluis vidimus, vti antecedentem, qui per Sueciam
vulgatiffimus eft.

β. *Caulis* depreffus repit per terram fpithamæus vel pedalis.

Rami alternatim per fpatia pollicaria e caule egrediuntur, erecti, dichotomi, finguli rami primarii
terminantur fæpe dichotomia in viginti vel triginta
ta ramulos, quafi faftigiatos, longitudine digiti
humani.

Foliola imbricata funt, craffiufcula, in formam te-
tragonam obtufam vndique veftientia ramos.

Pedunculus hinc inde ramum aliquem terminat vix
duarum vel trium linearum altitudinis, bifurca-
tus, foliolis minoribus tectus, totidem fpicas gerens.

Spicæ ouatæ, nec manifefte oblongæ funt, fere glabræ.

γ. Hæc planta a maxima parte Botanicorum confunditur cum antecedenti, neceffe itaque nobis vifum
eft tanto accuratius eas diftinguere, fuisque finibus
bus easdem circumfcribere.

Antecedentis defcriptionem qualemcunque dedit
J. Bauhinus, huius autem *Raius* licet non fufficientem.

Rami in *hac* perpendiculares breues & quafi in fafciculum collecti funt. In illa vero magis fparfi &
procumbentes.

Ramuli foliis veftiti in *hac* exacte tetragoni funt, an-
gulis licet obtufis; in *illa* vero plani funt, parte
fupina parum conuexi, lateribus acutiffimi.

Pedunculus in *hac* vix manifefte a ramis diftinguitur;
in *illa* vero plus quam vncialis eft.

Spicæ in *hac* ouatæ funt, in *illa* oblongæ.

Hæc in folis Alpibus, *illa* in folis fyluis habitat.

418. LYCOPODIUM *caule repente, foliis patulis, pedunculis spica gemina terminatis.*

Lycopodium clauatum, pediculis foliosis. Dill. gilt. 230.

Muscus terrestris clauatus. Bauh. pin. 360.

Muscus clauatus Till ic. 143.

α. In syluis saepius obuium est.

β. Vidi aliquando, grato spectaculo, pueros Lapponum ex hoc musco serta confecisse capitique suo eadem imposuisse, horrentibus vndique spicis distichis, hirsutie Faunis & Satyris similes.

419. LYCOPODIUM *caule erecto, spica glabra terminato.*

Lycopodium elatius, foliis juniperinis, clauis singularibus sine pediculis. Cels. upf. 32.

Lycopodium alterum, foliis juniperinis reflexis, clauis singularibus, seu pediculis nudis. Rupp. jen. 1 p. 328.

Muscus squamosus, foliis juniperinis reflexis. Tournef. init. 553.

α. In syluis rarius occurrebat.

420. LYCOPODIUM *caule erecto dichotomo.*

Selago foliis & facie abietis Rupp. jen. 1. p. 330.

Muscus erectus ramosus saturate viridis. Bauh. pin. 360.

Muscus terrestris, species altera. Scheuch. alp. 44. t. 6. f. 2.

α. In desertis rarius crescit.

β. Solent rustici, boues vel sues phthiriasi laborantes decocto huius musci lauare, quo facto intra aliquot dies a molestis hisce insectis liberantur.

γ. Reperitur etiam, rarius licet, in officinis quibusdam pharmaceuticis Suecia sub nomine Musci cathartici

&

& fub forma decocti ad vomitum excitandum præ-
fcribitur *in* robuftis corporibus, vt vocant, debet
tamen refracta admodum dofi exhiberi, alias con-
vulfiones excitat, obferuante *Rothmanno.*

421. LYCOPODIUM *caule repente, ramis fpica
foliis patula inftructis.*

Selaginoides foliis fpinofis. Raj. fyn. 106.

*Mufcus terreftris repens, clauis fingularibus foliofis
erectis.* Scheuch. alp. 43. t. 6. f. 1.

*Mufcus terreftris repens humilior, tenuiffimis foliis,
clauis foliofis erectis.* Morif. hift. 3. p. 624. f. 15.
t. 5. f. 11.

α. Iuxta ripas fluuiorum hocce mufco nullus alius eft
frequentior in Lapponia.

β. Singulares funt fpinæ iftæ ad marginem foliorum &
optimam fubminiftrant differentiam, fed tam paruæ,
vt vifum fere fugiant.

A L G AE.

422. MARCHANTIA *calice communi decem-
partito, laciniis linearibus.*

Marchantia capitulo ftellato, radiis teretibus. Mich.
gen 2. t. 1. f. 2.

Marchantia ftellata. March. act. 1713. p. 307. t. 5.

Lichen petalodes polymorphos. Dill. gif. 210.

Lichen petræus ftellatus. Bauh. pin. 362.

Hepatica officinarum. Vaill. par. 97.

α. Hinc inde in fyluis locisque fterilibus, attamen fubhumidis vel vmbrofis obferuatur.

423. MARCHANTIA *calice communi octoparti-to., laciniis plano-convexis.*
Marchantia capitulo non dissecto. Mich. gen. 2. t. 1. f. 5.
- *Lichen petraeus umbellatus.* Bauh. pin. 362.

Crescit mixta semper cum antecedenti, vt eam iudicarem omnino eandem esse plantam, nisi contrariam sententiam strenue defenderet Clariss. Michelius, praesertim cum eadem obtineat facies in reliquis partibus, vti in antecedenti; nec me in hac vllos flosculos sub calice manifestos obseruasse memini.

424. MARCHANTIA *calice communi quinquefido, hemisphaerico.*
Hepatica media, capitulo hemisphaerico. Mich. gen. 3. t. 2. f. 2.
Lichen pileatus paruus, foliis crenatis. Raj. syn. 114.
Passim in syluis, locis vmbrosis, subhumidis.

425. JUNGERMANNIA *foliis imbricatis serie duplici, superioribus subrotundis maioribus connexis obtusis quadruplo maioribus.*
Muscoides squamosum saxatile nigro purpureum surculis angustioribus, foliis circinatis minoribus. Mich. gen. 10. t. 6. f. 5
Hepaticoides surculis & foliis thuyae instar compressis minor. Vaill. par. 100. t 19. f. 10.
Lichenastrum imbricatum minus. Raj. syn. 111.
In syluis lapidibus & arboribus innascitur.

426. JUNGERMANNIA *caule ramoso, surculis compressis, foliis imbricatis serie duplici, ouato-acutis, ciliatis.*
Antecedenti, cui mixta, admodum similis, sed paulo maior.

427. JUNGERMANNIA *caule simplici, foliis ouatis, margine reflix vndique laxe imbricatis.*

α. Flores huius videre non licuit, semper tamen flaua persistit, & caules numerosos simplices, digiti longitudinis in caespitem coniunctos producit.

β. Crescit rarius in syluis.

428. LICHEN *caule simplici, calice turbinato, margine tenui.*

Lichenoides tubulosum pyxidatum cinereum. Dill. giss. 204. Raj. syn 68.

Lichen pyxidatus maior. Tournef inst. 549. t. 325. f. D. Vaill. par. 115. t. 21. f. 8.

Muscus pyxidatus. Bauh. hist. 3. p. 767.

Muscus pyxoides terrestris. Bauh. pin. 361.

α. *Lichen pyxidatus mutor rugosus.* Vaill par. 115. t. 21. f. 7.

β. Tegit hic muscus integros conuexos campos & exsuccos, nec non petris planiusculis integris album inducit colorem.

429. LICHEN *caule simplici, calice turbinato, margine carnosa colorato prolifera.*

Lichenoides, tubulosum pyxidatum, tuberculis amaene coccineis, proliferum. Dill. giss. 205. Raj. syn. 69.

Lichen pyxidatus acetabulorum oris coccineis & tumentibus. Vaill. par. 115. t. 21. f. 4.

Muco fungus pyxidatus, calice altero alteri innato, apicibus nonnunquam coccineis. Moris. hist. 3. p. 632. f. 15. t. 7 f 4.

Muscus pyxidatus, labellis suturate croceis. Bocc. mus. 2 p 142. t.104.

α. Cum antecedenti per Lapponiae deserta frequentissimis.

430. LICHEN *caule simplici , calice turbinato, margine acuto prolifero.*
Lichen pyxidatus , margine prolifero scabro. Vaill. par.
t. 21. f. 9.
α. Etiam hic vbique in lapidibus, pauca terra obductis,
crescit.

431. LICHEN *caule simplici, calice turbinato, centro simpliciter prolifero.*
Lichenoides pyxidatum cinereum elatius, ramulis pyxidatim desinentibus. Raj. syn. 69.
Lichen pyxidatus prolifer. Vaill. par. 115. t. 21. f. 5.
Muscus pyxidatus noruegicus , tubo longiore. Morif.
hist. 3. p. 632.
α. Cum antecedentibus, rarius occurrit.

432. LICHEN *caule simplici, calice turbinato, centro multipliciter prolifero.*
Muscus pyxoides. Barr. rar. t. 1278. f. 2.
α. Etiam hic cum antecedentibus reperitur, sed rarius.

433. LICHEN *caule simplici apice acuto aut calice turbinato terminato.* Tab. XI. f. 5.
Lichenoides tubulosum minus ramosum, cauliculis crassioribus difformibus. Raj. syn. 68.
α. Et hic in syluis admodum vulgaris est.

434. LICHEN *caule simplici subulato, rarius bifido.*
Lichen cinereus proboscideus & corniculatus, vt plurimum non ramosus. Mich. gen. 81.
Lichenoides tubulosum cinereum non ramosum. Dill.
giss. 204. Raj. syn. 68.

Musco-fungus petræus corniculatus, cornibus indiuisis
& incuruatis. Morif. hift. 3. p. 633. f. 15. t. 7.
t. 4.

Muscus fiftulosus corniculatus. Barr. obf. 1286. t.
1277. f. 1.

α. Cum antecedentibus vbique vulgaris eft.

β. Variat caule tenui recto fimplici & craffiori rugofo
nutante, fæpius bifido.

435. LICHEN *caule erecto dichotomo, ramis fubu-*
latis.

Lichenoides tubulofum cinerenm minus cruftaceum,
minusque ramofum. Dill. giff. 203. Raj. fyn. 67.

Muscus corniculatus. Bauh. hift. 3. p. 767.

α. Eft frequentiffimus per deferta Lapponiæ.

436. LICHEN *caule inordinate ramofo, ramis in*
calices turbinatos margine carnofos definentibus.

Lichenoides coralliforme, apicibus coccineis. Raj. fyn.
68.

α. Et hic in fyluis vulgatiffimus eft.

β. Specierum huius generis enumeratarum tot tamque
infinitæ dantur varietates, quot fere indiuidua, quorum numerus redactus eft ad longe maiorem, quam
qui fuerat primitus; ftudii, quod parciores adfert
fructus, limites potius coercendos, quam amplifican-
dos hic monetur fummo cum iure, vfque dum quis
vel minimam inde deducat vtilitatem.

γ. Si vero quis curiofitatis luxuriantis gratia magnum
numerum varietatum prædictarum colligere vellet,
illi Lapponiam, præ omni alia regione, commen-
darem.

437. LICHEN *caule erecto tereti ramofiffimo, alis*
perforatis filiformibus.

Lichen coralloides tubulofus maior candidus ramofiffi-
mus

mus , receptaculis florum rufescentibus perexiguis. Mich. gen. 79. t. 40. f. 1.

Lichenoides tubulosum ramosissimum fruticuli specie candicans. Dill. giss. 202. Raj. syn. 66. *corniculis rufescentibus.* ibidem.

Coralloides corniculis candidissimis. Tournef. inst. 565.

Musco-fungus montanus corniculatus. Morif. hist. 3. p. 632. f. 15. t. 7. f. 9.

Muscus coralloides siue cornutus montanus. Bauh. pin. 361.

Muscus coralloides cornutus. Lind wikf. 25.

Muscus montanus candidus. Ol. Magn. 341.

Muscus candidus. Scheff. lap. 333.

Muscus secundus. Scheff. lap. 361.

Weisse-Mooss. Schell. botn. 31.

Viste. Lapponibus.

Reen-mossa. Suecis. id est, Muscus rangiferinus.

α. Lichen hic est primarium vegetabile, quod in tota Lapponia prostat, hihc eius historiam & vsum apud Lappos nostros paucis commemorare tenemur.

β. Nullum vegetabile in tota Lapponia tanta in copia reperitur ac hæc Lichenis species, & quidem primario in syluis, vbi campi steriles arenosi vel glareosi, paucis Pinis consiti ; ibi enim non modo videbis campos per spatium vnius horæ, sed sæpe duorum triumve milliarium , niuis instar albos, solo fere hocce Lichene obductos. Sic natura septentrionis quasi inclinat in albedinem, frigoris amasiam.

γ. Dum syluæ fulminantis Iouis ira accenduntur, integræque comburuntur, remanet sicca & nuda terra, mox vbi aliud vegetabile crescere recusat, vbi alia planta nutrimentum non reperit, luxuriat hic Lichen rangiferinus, elapsis aliquot annis integros hos occupat campos & post sex vel plurium annorum decursum iustam acquirit altitudinem.

δ. Hi Lichene obsiti campi, quos terram damnatam diceret peregrinus, hi sunt Lapponum agri, hæc

prata

prata eorum fertiliffima, adeo vt felicem fe prædicet poffeffor prouinciæ talis fteriliffimæ, atque lichene obfitæ. Lapponum non eft difficile regere aratrum; aut certa femina Cerealia incertæ & infidæ fæpe terræ committere, multo minus hic locorum, cum nulla noĉte a frigoris fæuitia fecurus fatis vel media in æftate dormiat; ille itaque felegit fibi beatiffimam iftam, a veteribus adeo laudatam vitam paftoriam, quam fuæ œconomiæ maximam adferre vtilitatem agnofcit. Rangiferi feu Rhenones funt eius pecora, eius grex, qui fi bene valet & ille valet. Rangiferi hi, caloris funt impatientiffimi, at frigoris amantiffimi, dum pili eorum adeo denfe confiti funt, vt fere erecti circa æftatem adfurgant, quos fi digito a fe inuicem remoueas, vix vllibi punĉtum nudatæ cutis reperire potes; Conceffit itaque iis Conditor fummus feptentrionales has vt inhabitent prouincias, Lapponiam puta, Iflandiam, Groenlandiam &c. quibus & in his locis conuenienti nutrimento profpexit. Viĉtitant itaque Rangiferi hi per æftatem communiter e graminibus, deferuntque tum libenter calidas fyluarum conualles, vento expofitas ac niue æterna obduĉtas Alpes petunt, vt ibi medium & calidiffimum diem in montibus niuofis tranfigant, vtque pecoribus fuis profpiciant Heri, Lappones, eorum caufa Alpes per æftatem quoque inhabitant; at ingruente bruma ex hifce frigoris fedibus defcendere coguntur & Lappones & Rangiferi, illi ob fæuitiam frigoris, hi ob defeĉtum alimenti. Pabulum primarium per longam iftam hyemem Rangiferis eft hic Lichen, quem pecora hæc proprio marte norunt fibi comparare, nunquam enim tegit hyems terram tam alta niue, quin Rangifer, fuis inftar, fciat eum inueftigare, vt non modo ex exfucco hocce Lichene alimentum habeat fufficiens, fed & per hyemem fæpe pinguefcat. Cutis rangiferi, quæ frontem, nares & pedes eius obueftit, tam dura, tam arĉte adfixa

hæ-

hæret corpori, vt vix eam mactato animali detrahere
queant, quò fulcos imprimens minori exponatur la-
cerationi, minusque curet minima, acutaque ftra-
mina vel pruinæ ac glaciei fragmenta. Hinc nec
opus habet Paftor, vt domos exftruat pro grege fuo,
in quibus per noctes incarcerabitur calidus ; non
opus habet per æftatem, vt plantas omnes diffecet,
exficcet, colligat, domum reportet, conferuet, cum
Rangiferi vix ac ne vix fœnum guftent; fed necelfe
eft, vt noctes diesque fubdio, cuicunque tempefta-
ti omnique frigori expofitus, verfetur inter gregem fuum, ne Vrfi, Lupi, Gulones fimilesque
eius hoftes, bona fua auferant vel deuaftent, aut
ne pars gregis difcedat, defertaque petat, vbi fero
vel nunquam eam reperiet; nullis enim cingitur fe-
pibus, nullis foffis, fed vbique patet aditus, nec
quidquam difceffum prohibet. Tum

Pellibus & futis arcent mala frigora braccis
Oraque de toto corpore fola patent. Ovid. Trift.

Ex regionis natura œconomiam Lapponum effe optime inftitutam iudico: Pecora enim eorum bene per-
ferunt clima iftud; habent fufficiens alimentum; reddunt paftori & veftimenta & alimenta. Vbinam hic
haberes fufficiens pabulum pro equis & bobus per
tam longam & perpetuam hyemem? Vbinam hic
velles ferere in terra omni frigori expofita. Nouaccolæ poffunt quidem hic habere alimentum, fed fi a
Lapponibus per commercia, ex aqua per pifcatu-
ram, ex venatu in fyluis, non folidiora lucrari pos-
fent bona, quam ex propria agricultura, miferrimam
eorum pronunciarem vitam.

s. Norunt & Nouaccolæ (quibus vita eft omnino ru-
ftica) in vfum fuum vertere hunc Lichenem ; tempore enim pluuiofo corradunt furca multiplici &
inflexa hocce vegetabile, quod tum tenax eft, facile a terra fecedit, (contra vero tempeftate ficca fra-
gile eft & in puluerem vertitur), in aceruos colli-

gunt

gunt & hyemali tempore irrigatum pauca quantitate aquæ bobus inde pabulum parant optimum.

ʒ. In syluis igne deuastatis, si terra admodum sterilis est, facile crescit Lichen; sin quodammodo fœcunda, facile multiplicatur Betula vulgaris, sub qua minus læte propagatur Lichen, at sub Pinu optime.

η. Lichen noster in Botanicorum scriptis delineatus quodammodo conuenit cum eo, qui in campis arenosis & siccioribus crescit; sed datur & varietas quædam maior, quam a nullo depictam obseruaui, nisi a solo *Wormio* in suo musæo, qui figuram optime repræsentat in campo seu tabula nigra, eumque Lichenem se ex Noruegia, ex fodina quadam habuisse, me quondam legisse memini. Dum campum aliquem in Lapponia syluestri vides Lichene nostro vulgari obsitum, hinc & inde prominentes quasi tophos obseruabis, qui constant Musco reliquis altiori. Hæc varietas maior, *Lichen rangiferixus maior* vulgo dictus, crescit ad altitudinem digiti, spithamæ, immo & pedis, & a vulgari Lichene prædicto differt: 1. Determinata magnitudine, cum naturalis raro digito altior sit. 2. Rami huius, quo apici ipsius vegetabilis propiores, eo confertiores, densiores, acsi fasciculum præcedentis Lichenis referrent, cum contra vulgatior magis ad cornu ceruini figuram accedat. 3. Maxime manifesta nota differt, quod scilicet rami coalescant hinc inde cum proximis, vt nullum habere quis queat separatum ramulum, quin simul fragmentum alterius secedat & laceretur. 4. Quod caulis vix a ramis, paulo supra basin distingui possit.

θ. Vt Lichen rangiferinus vulgatissimus est per Lapponiam syluestrem, ita non adeo frequens per Alpes lapponicas; Alpes vero Dalekarlicæ fere teguntur hocce Lichene, Lichene (§. 446.) Empetro, Betula foliis orbiculatis & Arbuto foliis crenatis; sed Lichen

iste

iste in Alpibus Dalekarlicis est varietas ista maior (r), quæ in minori copia occurrit in Lapponia   Notabile dein est in maiori ista varietate (s), quod sudum cælum per diem Lichenem hunc exsiccans eum adeo fragilem reddat, vt vix ac ne vix eum attingere queas, quin in frustula & puluerem fatiscat, inferior tamen eius pars semper madida & humida persistit, quod in vulgari non adeo manifeste obseruatur.

s. Plures Lichenis nostri varietates dantur, alia enim indiuidua apicibus albis, alia rubris, alia fuscis; alia reperies caule nudo simplici, alia ramosissimo; alia colore niueo, alia rufescente, alia fusco, immo & cinereo-atra collegi & seruaui.

438. LICHEN *caule ramoso, alis perforatis, ramis breuissimis acutis.*
Lichen coralloides tubulosas albidus minor & mollior, cauliculis crassioribus minus ramosis, receptaculis florum perexiguis rufescentibus. Mich. gen. 79.
Lichenoides tubulosum, cauliculis mollioribus & crassioribus, minus Raj. syn. 67.

a. Crescit in syluis & Alpibus passim, ad antecedentem quamproxime, demta magnitudine, accedit.

439. LICHEN *caule ramoso solido, foliolis crustaceis tectu.*
Lichen cinereus fruticosus saxatilis, racemulis seminum vndique obductus, receptaculis florum nigricantibus. Mich. gen. 78. t. 53. f. 5.
Lichen alpinus glaucus ramosus botryoides. Scheuch. alp 137. t. 19 f. 4.
Lichenoides non tubulosum cinereum ramosum totum crustaceum Raj. syn. 66.
Corallina alpina valde crispa. Petiv. gaz. t. 65. t. 7.
Musco-fungus coralloides fruticosior & lignosior. Morii. hist. 3. p. 633. f. 15. t. 7. f. 12.

My-

Musco-fungus coralloides. terrestris dense ramificatus cinereus & veluti incrustatus noruegicus. Moris. hist. 3. p. 633.

Muscus cupressiformis ramosus. Gottsch. pruss. 168. f. 48.

α. Nullus hocce, excepto rangiferino isto (§. 437.) est vulgatior in Lapponiæ campis arenosis & eundem vsum ac effectum œconomicum præstat, ac verus iste Lichen rangiferinus.

440. LICHEN *erectus ramosissimus, ramis teretibus nudis filiformibus obtusis.* Tab. XI. fig. 4.

Lichenoides non tubulosum ramosissimum fruticuli specie cinereo fuscum. Raj. syn. 65.

α. Crescit satis frequens in lapidibus depressis petrisque latis.

441. LICHEN *foliis planis subrotundis lobatis obtusis, calice plano, lacinula propria adnato.*

Lichen pulmonarius saxatilis digitatus. Vaill. par. 116. t. 21. f. 16.

Lichen pulmonarius maximus e cinereo rufescens inferne subrufus, receptaculis florum rubris plano orbiculatis. Mich. gen. 84.

Lichenoides peltatum terrestre cinereum maius, foliis diuisis. Dill. giss. 208. Raj. syn. 76.

Musco-fungus terrestris latifolius cinereus, hepaticæ facie. Moris. hist. 3. p. 632. f. 15. t. 7. f. 1.

α. Lectus fuit in Lapponia Noruegica iuxta Finmarkiæ limites semel, qui per Sueciam vulgatissimus est.

442. LICHEN *foliis planis subrotundis lobatis obtusis, calice plano ouali, lacinula propria adnato, niueus.*

Y   α. Cre-

α. Crefcit vbique in fyluis Lapponiæ, frequentius adhuc per totam Norlandiam, Angermanniam puta, Weftrobothniam & Oftrobothniam vbique in fyluis obuius, at in Suecia infra Norlandiam a me non obferuatus.

β. Quod fit vna eademque fpecies cum antecedenti nec adfirmare, nec negare fuftineo; figura enim eft fere eadem, magnitudo, locus nafcendi, facies quodammodo conueniunt, differunt autem in eo, quod hic totus fuperne & inferne niueo faturatiffimo fuperbiat colore, exceptis radiculis capillaribus (velleris inftar fubtus exfertis per totum difcum, fi regionem margini proximam excludas) atris; differt etiam, quod hic magis planus fit, tenuior, nec adeo denfus ac coriaceus, vt ille; pelta eodem modo enafcitur in hocce ac in illo & carnei coloris eft. Forte locus hunc album reddit, vti Lagopodes, Muftelas, Lepores, Vulpes alpinas, quæ animalia femper per hyemem apud nos adeo alba funt, vt ne vnicum eo, quo per æftatem nitet colore, tum temporis obtinere queas. Vix vlla eft planta flore cæruleo vel purpureo, quæ hic non aliquando album induat colorem; Vix vlla auis, quæ non aliquando in fua fpecie, licet folitaria, alba obferuata fuerit, vti Coruus, Cornix, Pica, Hirundo, Parus, Motacilla &c. Antecedens enim fpecies iuxta mare, & vbi regio temperatiffima erat, a me, femel vt dixi, obferuata fuit.

443. **LICHEN** *foliis fubrotundis planis, leuiffime incifis, calicibus orbiculatis difco folii adnatis planis.* Tab. XI. fig 3.

α. Crefcit & hic vbique in fyluis, inque campis maxime fterilibus.

β. Cum nouam, quantum conftat, tradam fpeciem & breuem eius defcriptionem exhibere conabor.

Fo-

Folia plana fere funt, terræ incumbentia, fubrotunda, verfus bafin paulo anguftiora, latitudine &
longitudine diametri vltimi articuli pollicis humani, per marginem aliquot incifuris hinc inde notata, remanentibus lobis obtufis, margine alias
fere integro, interdum & parum crenato. Folia
eiusmodi tria, quatuorve, plura vel pauciora,
quafi in orbem, absque vllo tamen regulari ordine pofita funt, quorum quæ iis intermedia ex fe-
nio corrupta communiter obferuantur. In parte
prona vnicum alterumve orbiculatum calicem planum fufcum adnatum gerunt, margine vix ma-
nifefto cinctum, latitudine fere lineæ vnius ad,
fummum duarum in diametro. Foliorum color
in parte fupina e viridi cinereus, feu obfolete viridis eft, at in prona feu terram refpiciente fatu-
ratiffime croceus, ibique parum fecundum longitudinem fulcata videntur.

γ. Solo colore fubtus croceo ab adfinibus fuis primo
intuitu dignofcitur.

444. LICHEN *foliis oblongis diuifis, fuperficie re-
ticulata & punctata.*
Lichen pulmonarius fiue Pulmonaria arborea. Bauh.
hift. 3. p. 759.
Lichenoides peltatum arboreum maximum platyphillum.
Dill. giff. 208. Raj. fyn. 76.
Mufcus pulmonarius. Bauh. pin. 361.
Pulmonaria. Fuchf. hift. 637.
α. Raro admodum in Lapponia obuius fuit, vti ad Ken-
gis & paucis aliis in locis.

445. LICHEN *foliis oblongis laciniatis, marginibus
conniuentibus ciliatis.*
Lichen terreftris, foliis eryngii. Buxb. cent. 2. p. 11.
t. 6. f. 1.

Li-

Lichen arboreus, Jacobeæ cinereæ folio similis. Pont. comp.

Lichen pulmonarius minor angustifolius, spinis tenuissimis ad margines ornatus, receptaculis florum transuerse oblongis rubris vel ex rubro-ferrugineis. Mich. gen. 85. t. 44. f. 4.

Lichenoides rigidum, eryngii folia referens. Raj. syn. 77.

Muscus Islandicus purgans. Borrich. act. hafn. 1671. p. 126.

Muscus pulmonarius terrestris, sanguineus Breynii. Valent. muf. 2. p. 94. t. 15. f. 2. & 3.

α. Lichen terrestris, foliis eryngii, minor. Buxb. cent. 2. p. 11. t. 6. f. 2.

β. Et hic Lichen est inter tritissimos in Lapponiæ syluis siccioribus.

γ. Variat magnitudine, vnde ambæ istæ differentiæ Buxbaumii.

δ. In Islandia ex eo iusculum confici & medicamenti vel alimenti titulo adsumi refertur, & sane si aliquod nutrimentum laudabile ab eo obtineri posset, maxime necessarius esset Lapponum syluaticorum latranti sæpe stomacho, cum absque vlla difficultate, vllo sudore in copia vbique haberi posset. Mihi autem dubium quoddam mouet effectus huius Lichenis purgans, non enim bene percipio, quomodo vnum idemque simul & chylum auferat & nutriat, nisi præparatione effectus iste laxans obtunderetur; dein omnia purgantia diuturno nimis vsu suspecti quid fonent, nisi per consuetudinem, vt alteram naturam, iste effectus cessaret. Quidquid demum sit, videmus in Suecia plures phthisicos iusculo ex hoc musco parato, se per longum tempus sustentare absque incommodo & fere absque manifesto laxandi effectu; & si aqua, durante coctione Lichenis huius, aliquoties adfunderetur noua, adhuc magis etiam effectus iste purgans eneruaretur, & si in Islandia cor-

corpora incolarum aleret, idem fane & in Lapponia præftaret. Boues vernali tempore in pafcuis gramine recenti auide adfumto purgantur & tamen pinguefcunt. *Boerhaave.*

446. LICHEN *niueus, finibus dædalis laciniatus, ramis erectis, calice orbiculato.* Tab. XI. fig. 1.
Lichenoides ceratophyllon obtufius & minus ramofum. Raj. fyn. 76.

α. Lichen hic per omnes Alpes noftras, earumque iuga, difperfus iacet, tanta in copia, vt remote conftitutus fere albas a folo eo mufco Alpes videas, licet fingula huius fragmenta tam parua fint, vt quis vix diceret effe Lichenis fpeciem.

β. Lichenem hunc prima vice legimus Upfaliæ in monte, qui ab Arce nomen habet, vbi in ipfo fabulo, radicibus vix terræ infixis, fed liber egregie crefcit, mox eundem Lichenem vidimus in adiacentibus montibus, vt in tumulis fepulcralibus Upfaliæ antiquæ, Wakfaliis monticulis & circumiacentibus, dein vix per totum iter in confpectum prodiit, nifi donec Alpes Lapponiæ confcendebamus.

γ. Licet Lichenem hunc in tanta vbique obtinuerimus copia, nullibi tamen peltas eius in Lapponia reperire potuimus. Anno autem 1732. in itinere Dalekarlico, impenfis magni *Gubernatoris* prou. Dalekarlicæ Generofiff. BARONIS NIC. REUTERHOLM, fufcepto, Dalekarlicas Alpes nobis confcendentibus occurrebat hic tanta in copia, vt nullum vegetabile hocce effet vulgatius, & longe maius quam antea vllibi idem obferuabamus; hic etiam, raro licet, defiderati ifti flores & peltæ prodiere, quæ Lichenem noftrum valde adfinem reddebant alteri fpeciei vulgatiffimæ, vbique arboribus, præfertim Fraxinis infidenti, quæ dicitur *Lichenoides arboreum ramofum maius.* Raj. fyn. 75.

δ. Li-

δ. Lichen hic conſtat folio terræ incumbente fere plano, niueo, diuiſus eſt inæqualiter vel fere pinnatim in plures partes, ſingulis laciniis in minores diſſectis, vltimis tandem acuminatis inæqualibus, margines parum ſuperiora verſus flectuntur, laciniæ vero recta fere adſcendunt & compreſſæ quaſi, vnde criſpus euadit totus hic Lichen; diſcus folii variis excauationibus in parte ſupina videtur inæqualis, apicem folii terminat pelta plana elliptica, latitudine piſi maioris tranſuerſim diſſecti, pallide incarnati coloris, margine fere integro plano.

ε. Ex hoc Lichene æque bonum, ſi non præſtantiorem puluerem cyprium ac ab alio vllo præparari poſſe omnino perſuaſus ſum, cum vix alia ſpecies albidior detur, ſi modo neceſſarius foret eius vſus in noſtra Lapponia, cum Lappo per æſtatem vix ſufficiat excutiendis e facie vndique ſibilantibus culicibus; & per hyemem absque vllo adhibito artificio, quamprimum exit e caſa ſua, conſperguntur crines eius pruina, quæ ipſo puluere cypreo longe candidior, &
Sæpe ſonant moti glacie pendente capilli
Et nitet induto candida barba gelu.

447. LICHEN *foliis planis acute laciniatis ærugino-*
ſo-albidis.

Lichen *nigricans omphalodes.* Vaill. par. 116. t. 20. f. 10. optima.

Lichen *pulmonarius tinctorius, foliis eleganter & tenuiter diuiſis inferne nigricantibus & cirroſis, ſuperne purpureis & lacunatis, receptaculis florum concoloribus.* Mich. gen. 90. t. 49. f. 2.

Lichenoides *ſaxatile tinctorium, foliis piloſis purpureis.* Raj. ſyn. 74.

Muſcus *tinctorius cruſtæ modo petris adnaſcens.* Raj. hiſt. 116.

α. Ad

α. Ad littora maris Noruegici aliquoties vifus fuit, nullibi autem in maiori per totum iter copia fefe obtulit, quam in Alandia.

β. Tota fere Alandia Infula pro fundamento agnofcit petram e fpato opaco rufo compofitam, paucis admodum heterogeneis particulis immixtis, quam *Saxum fpatofum rubrum* in S. N. diximus. Super hanc petram, vbi nuda eft & mari proxima, immenfa in copia luxuriat hic Lichen.

γ. Mulierculæ Alandicæ hocce Lichene pannos fuos tingunt flauefcente colore, coquendo fcilicet Lichenem absque falibus, & immergendo pannos; aliæ fæculas fructuum Mitellæ Americanæ maximæ tinctoriæ Tournef. in parua copia addunt prædicto Licheni, vt color faturatus magis confpiciatur.

o

448. LICHEN *foliis planis multifidis obtufis, laciniis linearibus, calicibus concauis.* Tab. XI. fig. 2.

α. Nullus eft Lichen in faxis frequentior hocce, qui & in fyluis & in Alpibus fere vbique proftat, cum alii Lichenes lapidibus innafcentes longe rariores fint in hac, quam in vlla alia a nobis vifa regione.

β. Eft Lichen, qui e centro vndique, adhærens cruftæ inftar lapidi, excrefcit & quafi denfos fuos difpergit radios, qui folia funt; in medio feu verfus centrum gerit flores fuos depreffos, concauos, hemifphæricos, interne fufcos, externe albos. Folia eius niuea funt, & diuifa multifariam iuxta longitudinem, lacinia fingula lineari, obtufa, marginibus parum deflexis; folia in parte auerfa feu prona, æque ac in fupina, niuea funt. In Lichene hoc adolefcente, pereunt antiqua folia & flores centro proximi relinquentes lapidem, cui infedebant, fere nudum vel furfure obductum, vt videas quafi latum circulum ruditer a pictore in lapide depictum.

Y 4   449.

449. L I C H E N *foliis planis multifidis obtufis, laci-*
niis verfus apices latioribus.
Lichen cruftæ modo arboribus adnafcens olimaceus. Vaill.
par. t. 20. f. 8.
ϙ. Crefcit rarius in lapidibus, fæpius in arboribus.

450. L I C H E N *foliis planis laxis flaccidis inæquali-*
ter laciniatis, fuperne albidis, fubtus atris.
? *Lichenoides arboreum foliofum cinereum & finua-*
tum, inferne fcabrum. Raj. fyn. 75.
ϙ. Crefcit vbique in corticibus Betulæ vulgaris.

451. L I C H E N *fulvus, finibus dædalis laciniatus.*
Lichenoides, crufta foliofa fcutellata, flavefcens. Dill.
giff. 206. Raj. fyn. 72.
ϙ. Crefcit fat copiofe, præfertim in Iunipero.

452. L I C H E N *folio orbiculato peltato, margine fere*
integro, vndique glaber.
Lichen pulmonarius faxatilis e cinereo fufcus minimus.
Vaill. par. t. 21. f. 14.
Lichenoides faxatile, foliis minus divifis cinereo-fufcis.
Raj. fyn. 73.
ϙ. Vbique in petris confpicitur.

453. L I C H E N *folio orbiculato peltato, margine fere*
integro, fuperficie fubtus lacunata.
Lichen cruftæ modo faxis adnafcens verrucofus cine-
reus & veluti deuftus. Vaill. par. o. t. 20. f. 9.
ϙ. Crefcit cum antecedenti, a quo an fpecie, re ipfa,
differat, vix pronunciare audeo.

454.

454. LICHEN *folio fubrotundo peltato, margine fere integro, fubtus maxime hirfutus.*

a. Crefcit rarius in petris atque præcipitiis, præfertim vbi fylua denfiffima & vmbrofiffima.

β. Cum duobus antecedentibus maximam habet adfinitatem, a quibus tamen diftinctiffimus eft.

γ. Folium fpithamam in latitudine æquat, planum, verfus margines vero parum fimbriatum feu vndulatum, fuperficies fupina cinereo-albicans parum glutinofa, plana & læuis; prona vero feu fſaxum fpectans fuperficies pilis inftructa nigris, duas lineas longis, tam denfe confertis, vt recti extendantur, velleris inftar denfiffimi. Radices hos crines non facile effe dicerem, cum nullibi adhæreant; differt deinde hæc fpecies ab antecedentibus, craffitie ipfius folii triplo denfioris, corii inftar.

δ. Prima vice hanc fpeciem in monte Brewikbergel prope Pithoam antiquam, iuxta nidum maximi cuiusdam Bubonis inueni, dein in Lapponiæ fyluis, aliquibus tantum in locis, eandem legi.

455. LICHEN *foliolis cruftaceis, calice conuexo foliis maiori.*

Lichen terreftris ericetorum bafi mufcofa, capitulis fungoidibus carnei coloris. Rupp. jen. 2. p. 350.

Lichen cruftaceus terreftris, crufta granulofa ex albo fubcinerea, receptaculis florum rotundis carneis pediculo infidentibus. Mich. gen. 100. t. 59. f. vlt.

Fungilli incarnati coloris, minuti, mufco infidentes. Mentz. pug. t. 6.

ε. Vbique in paludibus Sphagno (§. 415.) fupernafcitur, ac fi leprofus effet mufcus. Nonnunquam etiam nudæ terræ infidet in fyluarum deuiis.

456. LICHEN *ramis filiformibus ramofis pendulis alis compreffis.*

Lichen capillaceus longiffimus, ex fago & abiete pendens. Tournef. cor. 40.

Conferua arborea fufco-virens, jubæ ad inftar e ramis arborum denfe dependens, mollis. Dill. giff. 200.

Mufcus arboreus barbatus. Bauh. hift. 3. p. 764.

α. Eft per totam Lapponiam fylueftrem vulgatiffimus e Betula, Pinu & Abiete dependens.

β. Colore variat; alius enim niueus, alius ater, alius, licet rarius, incanus eft.

γ. Eft fylua vafta, quæ vndique diftinguit Lapponiam fylueftrem ab adiacentibus prouinciis, in qua raro vel rarius habitant aliqui homines, & hæc fylua conftat terra fteriliffima, tecta niueo ifto Lichene rangiferino & obfita denfis arboribus, e quibus dependet hic barbatus nigerque Lichen; Cum prima vice intrarem Lapponum regionem, & peruenirem ad fyluas hasce atras, atras ob denfitatem arborum, magis atras vero ob barbas iftas nigras, quibus quafi tegebantur, & adhuc magis fpeciofas ob terram fubftratam Lichene albo niuis inftar tectam, fere obftupui facile intelligens me longe aliam, quam cui adfuetus eram, intraturum terram. Cum in itinere Dalekarlico Elfdaliam relinqueremus, Sernam tendentes per longum & vaftum defertum, iterum prodiit exacte eiusmodi fylua, quam non dubito effe continuationem prædictæ, licet per centum milliaria remota fit hæc verfus auftrum; fylua eiusmodi atra vndique ambit Alpes noftras & Lapmarkiam ab altera parte, & Alpes ab altera includit; dicerem itaque facile Sernam Dalekarliæ effe partem Lapponiæ, fecundum limites naturæ.

Quodfi hyems accedat cum pluuia & gelu, terramque dura crufta glaciali, antequam nix deciderit, obdu-

obducat, eheu quanta tum imminet miferia genti, agitur enim tunc de eorum falute, diuitiis & bonis omnibus. Rangiferi Lapponum pecora funt, fimulque omnes eorum diuitiæ, eft ideo receptum in Lapponia, cum de alicuius bonis agatur, interrogare quanta fit huius vel illius *poteftas rangiferorum*; fi tum refponfum habetur, quod ad millenarium adfcendat numerum, ditiffimus iudicatur; fin infra centenarium perfiftat, diues vix reputatur. Diuitiæ licet hic nullum faciant vel nobiliorem vel honeftiorem, vel fapientiorem, nec alterum altero iuferiorem, immo ne quidem pileum alterius moueant, tamen & hæ interdum confiderandæ veniunt, pauperi enim fponfo vix datur diues puella, nec diues fponfus pauperem quærit puellam; naturæ enim, vt & educationis dona minus hic confideranur, quam fortunæ. Hic quærit procus tantum, an valeat rangiferis virgo, & quanta rangiferorum gaudeat copia. Hic non datur fponfa marito, nifi numerata prius pecunia, vel æquiualente pretio dato pro opulentia parentum. Vno verbo rangiferi Lapponum funt primariæ merces, primaria bona; conglaciata, vt diximus, terra, fuperftrata deinde niue, rangiferi Lichenem fuum alimentum hybernum eruere debent nequeunt, hinc vel fame perire debent ad maximam partem, vel etiam neceffarium omnino eft, vt herus fyluam petat inftructus fecuri, arboresque veteres Lichene hocce obfitas cædat; hic quidem Lichen rangiferorum palatis æque bene arridet, ac vllus alius; fed fi grex Lapponis vaftus fit, parum fufficit hæc fpecies tot gulis.

457. LICHEN *ramis filiformibus ramofis pendulis confertis.*

Mufcus arboreus, Ufnea officinarum. Bauh. pin. 361. Raj. fyn. 64.

Mufcus arboreus viliofus. Bauh. hift. 3. p. 363.

α. Cum

α. Cum antecedenti in arboribus frequens, a quo vtrum
specie, an vero varietate tantum differat, in medio
relinquo.

β. Excoriatis per longum iter pedeſtre partibus imponunt hunc Lichenem Lappones.

458. U LVA *tubuloſa ſimplex.*

Ulva marina tubuloſa inteſtinorum figuram referens.
Raj. ſyn. 62.

Fucus cauus. Bauh. pin. 364. Bauh. hiſt. 3. p. 803.

α. Ad radices Alpium lapponicarum in mare ſeptentrionale deſinentes, in littore frequenter reiecta conſpicitur.

459. F U C U S *filiformis ſimplex.*

Fucus chordam referens teres prælongus. Raj. ſyn. 40.

Fucus ſetaceus niger longiſſimus non ramoſus. Moriſ.
hiſt. 3. p. 644.

Fucus ſeu Filum maritimum germanicum. Bocc.
muſ. 1. p. 271. t. 9. f. 9.

Filum maritimum germanicum. Bauh. prod. 155.

Alga nigro capillaceo folio. Bauh. pin. 364.

Linum marinum. Act. haff. 1671. p. 118. f. 8.

α. Copioſiſſime ad littora Alpes lapponicas ambientia
reiicitur e mari.

460. F U C U S *caule tereti breuiſſimo, folio maximo
enſiformi, ſæpius ſimplici.*

? *Fucus ſcoticus latiſſimus edulis dulcis.* Sibb. ſcot. 26.

? *Alga latifolia coriacea.* Bauh. pin. 364.

α. Vulgatiſſimus eſt ad littora Alpium lapponicarum,
ſeu Finmarkiæ, vbi per vndas huc illuc motitatur
lapidibus arcte adhærens, eiectus omnia littora fere
replet.

β. Caulis pennam anſerinam communiter æquat ſua
craſſitie, vixque digito longior, mox dilatatus in folium,

lium, fex ad duodecim pedum longitudinis, duorum vel trium latitudinis, planum, lubricum, cras-
fum, coriaceum, nigricans, communiter integrum;
non raro duo vel tria folia parallela ex eodem caule
prodeunt.

γ. *Urack Nortmannorum* feu feptentrionalium vel Noruegicorum *Lobelio* dictus fucus, incertus nobis eft.
Wrak enim in Finmarkia & Suecia vocatur omne
e mari reiectaneum & quod nullius valoris.

δ. Relatum nobis fuit pauperes Noruegiæ interdum ex
hoc fuco fibi parare panem & cibum, cuius nulla
tamen exempla vidimus.

ε. Deficiente pabulo bouibus exhibetur in Finmarkia.

461. FUCUS *folio plano enfiformi, caule pinnato.*
Fucus membranaceus purpureus latifolius pinnatus.
Raj. fyn. 47.

α. Cum antecedenti vulgatiffimus eft.

β. Differt ab antecedenti, folio longe breuiori & caule
foliis obtufis pinnato.

462. FUCUS *folio plano dichotomo ferrato laciniato.*
Fucus fiue alga latifolia maior dentata. Morif. hift.
3. p. 648. f. 15. t. 9. f. 1.

α. Crefcit cum antecedentibus fat vulgaris.

463. FUCUS *caule tereti ramofiffimo, pedunculis
alternis, veficulis oblongis acuminatis.*
*Fucus angustifolius, veficulis longis filiquarum æmu-
lis.* Raj. fyn. 48.
Fucus maritimus alter, tuberculis pauciffimis. Bauh.
pin. 368.
Fucus marinus quartus. Dod. belg. 782.

α. Cum antecedentibus in eodem loco frequens.

464. FUCUS *caule tereti compresso dichotomo, fo-*
liolis oppositis minimis, vesicula in media parte sin-
guli rami.
Fucus maritimus nodosus. Bauh. pin. 365.
Fucus marinus, vesiculis maioribus singularibus per
interualla dispositis. Morif. hift. 3. p. 647. f. 15. t. 8.
f. 2.
Fucus marinus quartus. Dod. belg. 781.
κ. Est & hic cum congeneribus admodum frequens;
qui eadem cum congeneribus amat loca.

465. FUCUS *foliis planis dichotomis integris, api-*
cibus bifidis vesiculosis.
Fucus humilis dichotomus membranaceus ceranoides,
latioribus foliis vt plurimum verrucosis. Morif. hift.
3. p. 646. f. 15. t. 8. f. 13.
κ. Eodem loco cum antecedentibus gaudet.
β. Figura Morisoni bona est, folia tamen versus apices nimis lata sunt, vt & eorum apices acuti.

466. FUCUS *folio dichotomo integro, caule per*
medium folium transcurrente, vesiculis verrucosis
terminato.
Fucus feu alga marina latifolia vulgatissima. Raj.
fyn. 40.
Fucus maritimus vel quercus maritima vesiculas ha-
bens. Bauh. pin. 363.
κ. Crescit & hic cum antecedentibus satis copiose.

467. FUCUS *folio dichotomo integro, caule per*
medium folium transcurrente inferne nudo, vesicu-
lis verrucosis terminato.
Fucus spiralis maritimus maior. Tournef. inft. 568.
Raj. fyn. 41.

κ. Cum

α. Cum antecedentibus vulgatiſſimus.

β. *Spiralis* dicitur, quod contorqueat ſe in ſpiram, nec facile, ſi exſiccatur, in planum extendi poſſit.

468. F U C U S *folio bifido, laciniis ouato-lanceolatis inflatis, ad apicem diuiſis.*

α. Cum antecedentibus reliquis frequentiſſimus.

β. Fucus hic eſt ſpithamæus, conſtans *folio* vltra dimidiam partem bifido, infra diuiſionem anguſtiore & lineari, ſingula lacinia ouato-oblonga, compreſſa, aere tumida & caua, margine integro, apice in duas, tres vel quatuor lacinias obtuſas terminato, obtuſo. *Caulis* inſtar nerui craſſioris per partem mediam folii, eiusque laciniarum excurrit. Contrahitur & hic Fucus in ſpiram oblique adſcendentem.

469. C H A R A *vulgaris.* †

Chara vulgaris fœtida. Vaill. act. 1719. p. 23. t. 3. f. 1. Raj. ſyn. 132.

Hipparis fœtida. Dill. giſſ. 105.

Hippuris aquatica fœtida polyſperma. Pont. anth. 116.

Hippuris vel Hippuroides. Vaill. par. 104.

Equiſetum fœtidum ſub aqua repens. Bauh. pin. 16. prod. 25. Bauh. hiſt. 3. p. 731.

α. Intra limites ipſius Lapponiæ quidem hanc ſpeciem non vidi, at in fluuio, qui ex Lapponia currit, Calicenſi quibusdam in locis copioſe.

470. L E M N A *foliis petiolatis.*

Lemna foliis oblongis. M. C. 33.

Lenticularia ramoſa monorrhiza, foliis oblongis pediculis longioribus donatis. Mich gen. 16. t. 11. f. 5.

Lenticula aquatica triſulca. Bauh. pin. 362 Bauh. hiſt. 3. p. 786.

α. Se-

α. Semel modo in Lapponia Umensi a me visa fuit.
β. Aquæ communiter in Lapponia puræ sunt, raro
admodum planta quadam aquatica ornatæ.

FUNGI.

Fungorum Lapponicorum intrans familiam pauca
lectorem Botanicum monere oportet.

1. Excusabit me facile L. B. quod synonyma hic non
adposuerim; is certe, qui considerat, Fungos
non vt herbas facile exsiccari, in partuum fasciculum
lum compingi, domum duci, seruari posse; dein
libros Botanicos, qui hic si alicubi requirebantur
tur maxime, mecum ducere per deserta, per
rupes scopulosque aditque carentia saxa, quaque
erat difficilis, quaque via nulla, impossibile fuisse
mihi, qui solus per deuia incidebam, vnico cum
comite seu viæ duce Lappone; Tum quod post exsiccationem,
siccationem, quæ hic difficillima erat, vix eundem
dem liceat dignoscere fungum; tandem quod autumnus,
mnus, eo quo in Lapponia versabar anno, fuerit
valde calidus, vt omnes hos, quos recenseo, ipse
videre non potuerim Fungos.

2. Celeberrimus *Rudbeck*, dum suum iter instituit
lapponicum, & socios & pictorem secum habuit,
buit, præterquam quod ipse in arte pictoria excelluerit,
celluerit, ex professo Fungos collegit, viuis coloribus
loribus delineauit, eosque in hunc diem seruat.
Hosce inspiciendi sæpiusque examinandi licentia
ab eo beneuole mihi concessa, ex quibus selegi
omnes istos, quos quoad partes suas rimari manifeste
feste licuit, eosdemque meis interposui, vt fere
duplo plures inuenias enumeratos, quam quos
ipse viderim.

3. Cum

3. Cum nullus, vt puto, adhuc, nifi lynceus iſte in plantis ad cryptogamiam pertinentibus Cl. *Micheli*, varietates Fungorum a ſuis ſpeciebus vere & certe diſtinguere poſſit, redegi hos meos ex colore ad ſpecies, cum meliori via in tali loco conſtitutus incedere non potuerim.

4. Diuido itaque Agaricos meos in

Agaricos {
  petiolatos, pileo albo, lamellis albis (§. 471-481.)
                             rubris (§. 482.)
                             nigris (§. 483.)
  rubro, —— rubris (§. 484. 485.)
                albis (§ 486-492.)
  luteo, —— luteis (§. 493-495.)
                albis (§. 496-498.)
  fuſco, —— fuſcis §. 499-502.)
                nigris (§. 503. 504.)
                albis (§. 505. 509.)
                rubris (§. 510.)
  —— maculato, ſuperficie alba (§ 511.)
                lutea (§. 516.)
                rubra (§. 515.)
                cinerea (§. 512-514.)
  ſeſſiles, pileo perenni, absque petiolo. (§. 517)
}

5. Nemo ægre feret, me genere coniungere Fungos iſtos annuos *Amanitas* & *Agaricos* perennes, iſtos qui in petiolo peltatum gerunt pileum, & hos petiolo deſtitutos & dimidiato pileo gaudentes. Fateor diuiſionem iſtam receptam poſſe locum habere, quoad vſum & facilitatem dignoſcendi a ſe inuicem hos tam multos, tam infinitos; attamen cum viderim vnam eandemque ſpeciem ligno inſidentem euaſiſſe Agaricum, alterum vero indiuiduum ex eodem ſemine Amanitam, ex eadem ſpecie diuerſa non conſtitui genera. Dein datur & in Lapponia & in Suecia Fungus quidam vulgatiſſimus, qui omnibus proprietatibus reliquis gaudet Agarici, at petiolo

Z

tiolo & capitulo Boleti. Tandem nec hanc coniunctionem ex principio fructificationis petitam
reiicere videntur obseruata & detecta Micheliana.

471. AGARICUS *caulescens albus paruus, petiolo longo, pileo plano pellucido, margine multifido.*

472. AGARICUS *caulescens albus minimus, petiolo angusto, pileo plano venoso, margine octifido.*

473. AGARICUS *caulescens, albus, petiolo cylindraceo ad basin globoso, pileo magno plano.*

474. AGARICUS *caulescens, petiolo fusco, pileo albo plano.*

475. AGARICUS *caulescens albicans, petiolo longo sensim attenuato membrana cincto, pileo conuexo.*

476. AGARICUS *caulescens albidus paruus, petiolo longo, pileo conuexo, vmbilico prominente, lamellis niueis.*

477. AGARICUS *caulescens albidus paruus, petiolo longo, pileo hemisphærico, lamellis niueis.*

478. AGARICUS *caulescens albus, petiolo breuissimo, pileo hemisphærico.*

479. AGARICUS *caulescens albus paruus, petiolo longo, pileo hemisphærico.*

480.

480. A G A R I C U S *caulescens albus, petiolo longissimo, pileo conico.*

481. A G A R I C U S *caulescens albus, petiolo cylindraceo, pileo conico.*

482. A G A R I C U S *caulescens, petiolo sordido lacero, pileo albo membranaceo, lamellis rufescentibus.*

483. A G A R I C U S *caulescens, petiolo longissimo membranula obducto albo, pileo hemisphærico albo, lamellis nigris.*

484. A G A R I C U S *caulescens, petiolo longo carneo, pileo plano carneo, lamellis rufis.*

485. A G A R I C U S *caulescens, petiolo breui crassiusculo albo, pileo conuexo purpurascente, lamellis ruffis.*

486. A G A R I C U S *caulescens, petiolo albo, pileo plano concauo purpureo, lamellis albis.*

487. A G A R I C U S *caulescens, petiolo crassiusculo albo, pileo plano sanguineo, lamellis albis.*

488. A G A R I C U S *caulescens, petiolo cylindraceo albo, pileo plano violaceo, lamellis conuexis albis.*

489. A G A R I C U S *caulescens, petiolo humili crassiusculo albo, pileo conuexo purpurascente, lamellis niueis.*

490.

490. AGARICUS *caulescens, petiolo attenuato pallido, pileo connexo purpurascente viscido, lamellis albis.*

491. AGARICUS *caulescens minimus, petiolo flavo crasso, pileo conico sanguineo, margine lacero, lamellis albis.*

492. AGARICUS *caulescens, petiolo brevi albo, capite semiovato sanguineo, lamellis albis.*

493. AGARICUS *caulescens fulvus, petiolo breuissimo, pileo concavo, margine reflexo, lamellis erectis.*

494. AGARICUS *caulescens flavus, pileo plano.*

495. AGARICUS *caulescens, petiolo cylindraceo, pileo connexo sordide fulvo, lamellis flavescentibus*

496. AGARICUS *caulescens, petiolo crassiusculo, pileo plano sulphureo, lamellis albis.*

497. AGARICUS *caulescens, petiolo cylindraceo membrana duplici cincto, pileo hemisphærico sulphureo, lamellis albidis.*

498. AGARICUS *caulescens, petiolo longissimo albo, pileo conico fulvo, lamellis albis.*

499. AGARICUS *caulescens, petiolo attenuato sordido, pileo semiovato sordido, margine inflexo, lamellis fuscis.*

500.

500. AGARICUS *caulescens, petiolo cinereo ad basin crassiusculo, pileo semigloboso fusco, lamellis violaceo-fuscis.*

501. AGARICUS *caulescens, petiolo cylindraceo, pileo plano sordido, vmbilico prominente, lamellis pallidis.*

502. AGARICUS *caulescens, petiolo cylindraceo, pileo conuexo sordido, margine inflexo, lamellis pallidis ad basin remotis.*

503. AGARICUS *caulescens, petiolo longissimo albo, pileo conico cinereo, lamellis nigris, margine lacero.*

504. AGARICUS *caulescens, petiolo cylindraceo albo, pileo semiouato conico sordido, margine integro, lamellis nigris.*

505. AGARICUS *caulescens, petiolo crassiusculo, pileo plano sordido, lamellis albis.*

506. AGARICUS *caulescens, petiolo longo cylindraceo albo, pileo hemisphærico sordido, vmbilico prominente, lamellis albis.*

507. AGARICUS *caulescens, petiolo longo, pileo conico cinereo, lamellis albis.*

508. AGARICUS *caulescens, petiolo longo cinereo, pileo conuexo cinereo, lamellis albis.*

509. AGARICUS *caulescens, petiolo angusto albo, pileo convexo fusco, umbilico prominente, lamellis niveis.*

510. AGARICUS *caulescens, petiolo crassiusculo brevi, pileo hemisphærico nigro, lamellis carneis.*

511. AGARICUS *caulescens, petiolo longo albo tunicato, pileo convexo albo, maculis albis & croceis adsperso, lamellis albis.*

512. AGARICUS *caulescens, petiolo ad basin crassiusculo, pileo convexo cinereo, verrucis & lamellis albis.*

513. AGARICUS *caulescens, petiolo cylindraceo albo ad basin crassiusculo, pileo plano fusco, verrucis albis, lamellis sulphureis.*

514. AGARICUS *caulescens, petiolo albo rugoso, pileo convexo pallido, verrucis albo-fuscis, lamellis albis.*

515. AGARICUS *caulescens, petiolo albo ad basin globoso, pileo sanguineo, verrucis & lamellis albis.*

516. AGARICUS *caulescens, petiolo longo sensim attenuato cinereo, pileo conico croceo, verrucis albis & croceis, lamellis albis.*

517. AGARICUS *acaulis, utrimque planiusculus.*

α. Creα. Crefcit hic vltimus in pino & abiete, perennat in arboribus, dum incipiunt emori vel tabefcere; reliqui caulefcentes & annui variis in locis, vario tempore, præfertim Augufto ingruente, prodeunt, mox pereunt.

β. Fungorum in menfa delicias, τὸ βρῶμα τῶν θεῶν, non nifi exteri in Sueciam introduxerunt, qui cibus anceps nec in hunc vfque diem Lapponibus notus.

γ. Fungi magis conueniunt alendis mufcis, quam hominibus, in Fungis enim deponuntur communiter Mufcarum oua, in his excluduntur, per hos occiduntur, præfertim apud Lappones. Pauciffimis itaque recenfebo Mufcarum fpecies vulgatiffimas per Lapponiam, vt clarius innotefcat earum hora in hifce oris; reliquas fpecies V. D. in fpeciali, de infectis Sueciæ, opere defcribam, in quem finem plus quam mille diftinctas fpecies in fola Suecia collegi.

Mufcarum fub nomine intelligo infecta Gymnaptera, alis tantum duabus inftructa, fub quibus fingulis ftilus capitulo inftructus, fquamula munitus collocatur, vulgo diuifa in Tabanos, Mufcas & Culices.

a. *Mufca atra villofa oblonga, pedibus longis, femoribus rubris;* in Lapponia Lulenfi deprehenfa, minus frequens.

b: *Mufca ænei coloris maior.* Vide Gœd. met. 1. p. 132. f. 53. fatis vulgaris.

c. *Mufca minima atra fanguifuga, alis albis;* eft infectum magnitudine pediculi, totum atrum, alis albis, corpore rotundato tenaci. Eft vulgatiffima per Lapponiam, præfertim equis (apud concionatores, alii enim equos non alunt) & bobus molefta, currens continuo inter pilos citiffime, tam parua, vt extra eos vix promineat, diftenta femper fanguine haufto.

d. *Mufca domeftica.* Vid. Jonft. infect. tab. 8. & Aldr. inf. tab. 2. f. 16. In Lapponia minus nota, at in

Finmarkia mari septentrionali adiacente, fere replet domos & tegit feneftras menfe Iulio, & vix permittit homini commodam ciborum adfumtionem. Hæc fugatur & occiditur Agarico (§. 515.), qui in fruftula confciffus, lacti mifcetur & in feneftra exponitur, cuius vnica guttula adfumta, arfenici inftar, pereunt mufcæ.

e. Oeftrum bouinum, cauda alba; eft mufca magna, Tabano fimilis, oblonga, teretiufcula, atra, villofa, in ventre duobus annulis caudæ proximis albis inftructa, alæ pallide teftaceæ, frons barbata albida.

f. Oeftrum bouinum, ventre croceo; antecedenti quoad ftructuram exacte fimile eft, fed venter maxima ex parte fuluus, reliquo corpore atro. Hoc & antecedens Oeftrum vexat per æftatem boues Nouaccolarum, deponit fua oua in dorfo pecudum, quæ fub cute accrefcunt in magnitudinem glandis, per hyemem fubfiftunt, fequente Iunio ex aurelia fua prodeunt euolantque. Macer bos pluribus oneratur, quam pinguis, & morbus inde ortus dicitur Sueti e Broemskula.

g. Oeftrum rangiferinum lapponicum, ventre fuluo, forma gaudet exacte Bombylii, eiusdemque magnitudine, totum quantum hirfutie obfitum. *Caput* villofum, oculi atri magni nitidi, regio oculis interiecta nigra & villofa eft, fub oculis flaua. *Collare* fat magnum & villofum, antice & poftice flauum, media parte nigrum, cinguli inftar. *Venter* ouatus, ad bafin flauus, totus deinde fuluus feu e flauo rufefcens. *Alæ* albæ, diaphanæ, dorfo incumbentes, duæ. *Femora* nigra, tibiæ & pedes pallidi, qui quinque internodiis conftant, armati vnguibus duobus acutis, quibus fingulis fquamula fubiicitur. Caudam pro lubitu exferit telefcopii inftar, quæ variis conftat articulis, debilis nullo vulnerante inftrumento munita. Aurelia ouata eft, alba, verfus os nigra. Hæc mu-

fca

sca notiſſima eſt rangiferis, ex quorum dorſo prodit circa initium Iulii, tumque deponunt rangiferi crines, qui omnes in dorſo fere erecti conſpiciuntur; Inſectum hoc volitat per totum diem ſupra dorſum Rhenonis cauda exſerta, in cuius apice, parum incuruata cauda, tenet paruulum album ouum, vix magnitudine ſeminis ſinapis,
cumque in perpendiculari linea ſupra dorſum rangiferi quieſcentis exſiſtit, deiicit ouulum, quod
vsque ad cutem inter ſurrectos tum crines delabi-
tur, quo cum peruenerit, calore naturali & tranſpi-
ratione rangiferi excluditur, excluſum lente ro-
dit, vsque dum intra cutem peruenit, vbi in loco aptiſſimo inter gradum frigoris & caloris medio viuere poteſt, perſiſtit per totam hyemem, ac-
creſcit in magnitudinem glandis quercinæ & redeuntibus diebus canicularibus prodit & euolat.
Hiſce onerantur præſertim pulli poſt primam hyemem, ſingulis ſæpe inſident ſex, octo vel plures,
quæ continuo rodendo, ſuccumque in ſuum nutrimentum attrahendo, ita emaciant hædos, vt
tertia fere pars eorum ex hiſce infectis moriatur.
Adultiores licet rarioribus minusque confluen-
tibus tuberculis contaminentur, mire tamen læduntur, excrucianturque. Poſtquam enolauit
ſemel œſtrum, contrahitur quidem foraminulum,
attamen ſemper retinet foueolam & cicatricem,
quibus coria contaminata vbique videre licet. Ob-
ſtupui ſane cum viderem magnam iſtam antipa-
thiam & ſympathiam inter rangiferum & œſtrum,
quam poſuit Summus Artifex. Ouulis enim præ-
gnans œſtrum tota die per montes, præcipitia,
conualles & Alpes ſequitur rangiferum vnice in-
tentum, vt oua ſua in dorſum rangiferi deponat; &
ne frigore in frigidis hiſce Alpibus periret, totum
hirſutie obduxit Creator. Rangiferi contra, ſi vel
mille in vno eodemque ſint collecti grege, con-

tinuo calcitrant, fternutant, & iactant corpus,
dum vnica modo inermis debilis minima talis fu-
pervolitat mufca, nec quiefcunt vllo momento,
nifi poft illius difceffum, vt fi quoddam ouum in
ipforum dorfum decideret, mox idem eiicerent; per
integros dies æftiuos petunt niue perennante obductos montes, incedunt, fi absque cuftode ober-
rant, femper vento contrario citiffime, ne mufca
hæc profequatur eos; vix audent per integrum
diem calidum edere, fed femper auribus erectis,
oculisque attentis, num adfit mufca, obferuant.
Mufca vero eos, quamdiu poteft, profequitur, vsque dum præ laffitudine in ipfam fæpe niuem
decidat, at ibi cum quieuerit, viridem lectum, fi
queat, petit, mox ad priores amores vertit animum. Heu quam diuerfis vulnerat Cupido fagittis,
quam diuerfis effectis & exacte iisdem, quibus
quondam, vt

Ovidius Metam. lib. 1. *v.* 468.

Eque fagittifera, promfit duo tela, pharetra
Diuerforum operum facit hoc, fugat illud amorem,
Quod facit amatum eft & cufpide fulget acuta,
Quod fugat obtufum eft & habet fub arundine plum-
bum,
Protinus *alter amat, fugit altera* nomen amantis.
Quæ noxa ab hocce infecto producatur in Lapponia, patet inde.
Rangiferorum iuniorum tertia vel quarta pars perit
per Erucas huius Infecti, morbo Lapponibus dicto *Curbma.*
Laceffit dein rangiferos, vt vix per æftatem edere
poffint; alias maxime pinguefcerent & accrefce-
rent. Vnde nec tantis oneribus trahendis fufficiunt
rangiferi caftrati feu Tauri, nec tantam copiam
lactis præbent feminæ rangiferorum.
Coria tandem mire læduntur & contaminantur hisce
verrucis.

Ne

Ne deſtruant rangiferos œſtra per æſtatem, debent Lappones omnes petere Alpes, præcipue diebus canicularibus, licet remoti ab illis habitarent per viginti milliaria Suecica.

Falſum eſſe, quod retulit Z. P. quondam Lindero, vide eius tr. de lue venerea p. 11. quod nempe rangiferi omni anno laborarent variolis, patet ex data hiſtoria.

b. Oeſtrum rangiferinum lapponicum, ventre nigro; antecedenti ſimillimum, at totum nigrum, minus hirſutum, pectore flauo; rarius occurrit.

i. Tabanus vulgaris griſeus, inciſuris dorſi macula trigona albicante notatis. vide Jonſt. tab. 8 Ald. tab. 2. figura inter 2. & 3. In Fiumarkia vulgaris. Cum cornua rangiferorum vernali tempore polypi inſtar mollia excreſcant, vulnerantur ab hoc inſecto, vt ſanguis guttatim exſtillet, vnde ſæpe rami monſtroſi euadunt in iisdem cornibus adultis.

k. Tabanus flauus rarior eſt.

l. Tabanus cinereus nebuloſus. Muſca bipennis pulchra, alis maculis albis amplis pictis. Raj. inſ. 272. ſatis vulgaris eſt.

m. Culex vulgaris, quem Swammerdam egregie adumbrauit; magnitudine eſt grani ſecalini, colore cinereo-nigricante, pedes eius longi ſetarum inſtar tenues, roſtrum prominet ſtyli inſtar, alæ pallidæ, nitidæ venis ſubtiliſſimis. Crederem hanc ſpeciem nullibi terrarum in tam immenſa copia proſtare, ac in ſyluis Lapponiæ, vbi de multitudine vel cum puluere terræ certat, circumuolitans continuo quodam tinnitu & tædioſo, faciem pedes & manus hominum infeſtans; neceſſe tamen ipſi eſt, antequam ſanguinem hauriat, parum obambulare porumque quærere, vt roſtrum inſerere poſſit, quo labore dum occupatur fruſtraque varia loca tentat, abigitur facilius. Vix requiem con-

concedit hæc fpecies peregrinanti per noctes tædiofo alarum fuarum fono, nec de die calidiffimo, nifi ventus fit aduerfus, quocum difficilius luctari poteft; fi manum nudam exferas, mox legio adeft, quæ eam occupans nigro tegit colore, quam fi abftergas manu altera totamque cohortem occidas, vix abfterfifti, quin totidem alii in priorum iam fuccefferint locum; vix tibi datur refpiratio libera, nares enim & fauces intrant. Novaccolæ, qui fub dio laborare coguntur, fecum femper ducunt cornu bubulum, cingulo adpenfum, in quo pix liquida cum cremore lactis mifta feruatur, vnguenti inftar, qua manus & faciem inungunt omnes, Viri, Feminæ, Virgines atro licet cofmetico, vt ab hifce folis culicibus fefe defendant. Lappo in deferto conftitutus femper Agaricum (§.517.) foco fuo imponit, qui ignem retinet & absque flamma copiofum fumum per cafam vndique difpergit. Immo fungi eiusdem fumus abigit & œftra a rangiferis, hinc videbis in fyluis bis de die redeuntes ad cafam rangiferos, fe in terram profternere, dum paftor mox fungos hos accenfos collocat ab ea regione, vnde ventus oritur, quo fumus difpergatur per gregem; rangiferi placide hunc fumum excipiunt, ruminant (licet hoc neget Schefferus) & fere obdormiunt, qui alias continuo quatiunt caput, ne mufcæ cornua mollia adhuc perforent, attamen obferuabis, adhibito licet omni ftudio punctis fanguineis notata cornua, feu tenuibus foraminulis perforata ab infectis, atque ftillantem fanguinem ex hirfutis tum cornibus.

π. Culex alpinus; antecedenti fatis fimilis, eodem autem longe maior, æquans magnitudine granum tritici, corpore eft cinereo nigricante, cinctus quafi fex vel octo fafciis a prona ventris parte dorfum verfus adfcendentibus; alæ eius albidæ funt, va-

fis cinereis inftructæ, nitentes & luci obiectæ rubedinem quandam reflectentes; pectus præfertim
a parte prona villofum eft; & femora ac tibiæ annulis albis cinctæ. Hæc mufca primariam fuam
fedem in Alpium conuallibus & ad latera earun-
dem pofuit, licet & in fyluis Lapponiæ & in Suecia non ignota fit. Minor tamen vbique copia
earum obferuatur, nec tanto commilitonum numero ftipata impetus facit, attamen antecedenti
longe audacior & promtior; non enim quærit po-
ros hæc, fed mox, & quidem pedibus in cutem
nondum bene infixis, vulnerat & aciculæ inftar
pungit, faciemque magis infeftat, nec adeo facile abigi poteft.

o. Culex lapponicus minimus. Knort Lulenfibus;
Swidknotten Nouaccolis. *Mockere* Lapponibus.
Eft mufca minima, vixque femine ocymi maior,
longitudine vix lineam æquans, angufta, pectus
cinereo-cærulefcens, frons albicans, oculi nigri,
alæ pellucidæ, venter oblongus cinereus, pedes
nigri, at fecundus a femore articulus albus; po-
ftica pars pectoris a tergo albicat, cornua fimplicia, tenuiffima, ala altera alteri incumbit, vt incedentem fi videas, vnica modo in confpectum cadat, quæ parum verfus apices dehifcunt. Circa oc-
cafum folis in pratis humidiufculis vel iuxta fluuios videbis horum gregem e longinquo conftitutus, ac fi effet denfa nebula, fique ad eos perue-
neris, vix fpiritum attrahere poteris, quin ifti cum
aere nares & fauces repleant. Minus quam antecedentes in pugnam proni funt, attamen mole-
fti curfu continuo & titillante per faciem atque
manus, & quodfi mordeant, licet minus fentia-
tur, relinquunt poft fe maculam rubram, quafi a
morfu pulicis productam. Præcedentes mufcas
motu continuo manuum abigere quodammodo
poffumus, has autem nullo modo, tam ob copiam,

piam, quam quoniam fere vifu deftituuntur; fi
quis, lintea candida vefte indutus incedat, ifta mox
ab harum obfeffione nigra erit; fi nigræ vero fint
veftes, eas minus curant. Has mufcas fumo Tabaci, vt & antecedentes duas, abigunt *Lappones.*
Plures enumerare fuperfedeo, in folo noftro fe-
prentrione plusquam feptuaginta diftinctas fpecies
mufcarum collegi & defcripfi, de his & iis forte
alibi plura.

Linder de venenis p. m. 177. illud equidem de Lapponibus, gente per veneficia fua quondam infa-
mi, a Cel. Rudbeckio in peregrinatione lapponica obferuatum, nil aliud in fceleribus fuis compo-
nendis adhibere illos præter Fungos quosdam ru-
beos variegatos (S. 515.) lactefcentes, qui pro
ea, quam omnis fere lactefcens planta continet,
acredine, fuam videntur facile indolem prodere.
Hæc ille. De qua obferuatione aliquoties quæfiui
Cel. Rudbeckium, qui autem nihil eius fibi notum effe refpondit. Creditur per totum fere terrarum orbem, nullam gentem lapponica magis
veneficam exfiftere, nullamque magis arte incan-
tandi inftructam hac fimpliciffima. Ego autem,
fi mihi fides fit, fancte adfeuero, me nullam gentem lapponica vidiffe magis innocentem. Lappones eandem de exteris fouent opinionem, ac
nos de ipfis, longeque magis noftra timent incan-
tamenta, quam nos iftorum. Origo huius famæ
videtur adfcribenda moribus & generi viuendi, quod
Lapponibus cum orientalibus gentibus, a quibus
abfque controuerfia originem duxerunt, commune; promouit vita fylueftris hanc fufpicionem; au-
xit eandem idololatria quondam in Lapponia recepta, confirmarunt tympana Lapponum magica
dicta, quæ tefferarum inftar vel fortis, fuperfti-
tiofi magis quam maligni, confulunt venatum pi-
fcatumve ituri.

Aga-

Agaricus (§. 487.) autumno colligitur & exsicca-
tur, e quo frustulum laquearibus, quæ per hyemem capiendis sciuris exponuntur, inserunt, quo
sciuri prædæ instar allecti occiduntur, quibus nihil
hocce fungo gratius. Pelles sciuri per æstatem,
rubræ sunt & vilipenduntur, per hyemem autem
cinerei coloris & exoptatæ, quæ hic maiori in copia adquiruntur, quam facile in vlla alia prouincia & diuenduntur sub nomine *gròwærk*, qui laquearibus vel arcu & sagittis obtusis occiduntur.

518. BOLETUS *magnus augusti mensis.* Dill. giss.
188.

α. In syluis, licet minus frequens.

519. BOLETUS *caulescens, pileo vtrimque planiu-
sculo, perennis.*

α. In syluis frequens.

β. Est totus grisei vel testacei coloris; *petiolus* crassitie pennam anserinam æquat, quatuor vel sex lineas
altitudine; *pileus* planus est, & totus testacei obso-
leti coloris, diametro vnciam vnam, crassitie vix
lineam attingens, subtus porosus. Hic, vt alii cau-
lescentes, non fugax est, sed per integrum annum
durat, rigidus & tenax instar Agarici Dillenii. Si
radicem quæras, communiter sub terra reperies ramuli arboris frustulum putridum, e quo enascitur
singularis hæc species.

520. BOLETUS *luteus.* Dill. giss. 188. Raj. syn.
10.

α. Et hicce in syluis non raro obuius.

521. BOLETUS *acaulis, superne connexus inæqualis, betulæ insidens.*

α. Vbique in antiquis betulis obseruatur, magnitudine
sæpe capitis humani.

β. Hoc

β. Hóc etiam fungo ad fumum per cafam excitandum, qno fugant culices, vtuntur non raro Lappones fylnatici.

522. BOLETUS *acaulis, fuperne læuis, falici infidens.*

α. Rarius occurrit hic in falicibus & odore eximio fuauiffimoque pollet.

β. Adolefcentes hunc inuentum follicite feruant in marfupio ante pubem pendulo, vt gratiorem odorem fpirantes nymphis fuis placeant. O ridicula Venus, tibi, quæ in exteris regionibus vteris caffea & cocholata, conditis & faccharatis, Vinis & bellariis, gemmis & margaritis, auro & argento, ferico & cofmetico, faltationibus & conuenticulis, mufica & comœdiis, tibi fufficit hic folus exfuccus fungus.

523. HYDNA *caulefcens, pileo imbricatim tuberculato.*

Erinaceus pileo ampliffimo fufco imbricato. Celf upf. 20.
Fungus echinatus maximus, vmbraculo ampliffimo obfcuro & nigricante. Rupp. jen. 1. p. 301.

α. In fyluis denfiffimis occurrit.

524. HYDNA *caulefcens, pileo dimidiato.*
Erinaceus minimus aurifcalpium referens. Celf. upf. 20.
Fungus erinaceus efculentus paruus; pediculo longiore, aurifcalpium referens, buxei coloris, in ftrobilis pini eueniens. Kram. tent. 146.
Fungus erinaceus paruus, pediculo longiore, aurifcalpium referens, buxei coloris, in ftrobilis abietis proueniens. Buxb. hall. 129. t. 129.

α. Crefcit in fyluis denfiffimis inter folia decidua pini & abietis femicorrupta, copiofius adhuc per Weftrobothniam.

β. Ne-

β. Negat hic fungus diuifionem fungorum geneticam in iftos, qui arboribus pileo dimidiato infident feffiles & caulefcentes; hic enim durus eft, vt Agaricus, & caule gaudet, vt Erinaceus Dill.

525. LYCOPERDON *fubrotundum laceratum dehifcens.*

Lycoperdon vulgare. Tournef. inft. 563.
Bouifta officinarum. Dill. giff. 196.
Fungus rotundus orbicularis. Bauh. pin. 374.
Fungus puluerulentus, dictus Crepitus lupi. Bauh. hift. 3. p. 848.

α. In Alpibus & fyluis varia magnitudine fefe offert.

526. LYCOPERDON *folidum.*

Tubera. Bauh. pin. 376. hift. 3. p. 848.

α. Hoc obferuaui inter Lule & ipfam Lapponiam in pago *Swartlò.*

527. BYSSUS *perennis capillacea cinerea tenax petræ innafcens.*

α. Infolitum hocce vegetabile, licet non intra Lapponiæ fines obferuatum, tamen in itinere meo lapponico inuentum commemorare liceat; nobis fefe obtulit in Medelpadiæ quadam fpelunca Brudnæsberget dicta, quod olim latrones receperit, famigeratiffima, vbi ipfi petræ arcte adnafcebatur.

β. Conftabat filis tenuiffimis, mollibus, cinereis, parum ad viridem colorem accedentibus, tophi inftar laxe difpofitis, longitudine vncialibus & adeo tenacibus, vt vix digitis detrahi poffent fibræ.

528. BYSSUS *perennis puluerulenta rubra, lapidibus innafcens.*

Byffus germanica minima faxatilis aurea violæ martiæ odorem fpirans. Mich. gen. 210. t. 89. f. 3.

Aa   *Je*

Iolithos seu lapis violaceus. Schwenef. silec. 382.
Vioesten vulgo.

a. In syluis, non adeo rara.

β. Prodit se facile, cum ruber sit lapis, cui innascitur &
sanguine quasi oblinitus, qui si teratur alio quodam
duro corpore violæ martiæ odorem saturatum spar-
git, qui a solo hoc fungo, nec a lapide ipso manat.

529. BYSSUS *membranacea aquatica.*

? *Byssus latissima papyri instar super aquam expansa.*
Raj. syn. 57.

a. Occurrit in riuulis exsiccatis, vbi lapides tegit &
leui adhibita manu ab iis facile discedit instar frustu-
li papyri niueæ, minusque tenacis.

530. BYSSUS *gelatinosa fugax terrestris.*

Nostoch cuniflonum & Paracelsi. Geoffr. act. 1708.
p. 293. & 1722. p. 78.

Linkia terrestris gelatinosa membranacea vulgatissima
ex pallido & virescente fulua. Mich. gen. 126. t.
67 f. 1.

Vlua terrestris pinguis & fugax. Raj. syn. 64.

Butyrum magicum & fragmentum nimbi. Suecis.

a. Crescit circa fimeta Nouaccolarum.

531. BYSSUS *gelatinosa fugax, junipero innascens.*

a. Post pluuias eam iuniperis insidentem sæpe reperi in
Lapponiæ syluis; obscure fulua est, sæpe ramosa,
gelatinæ instar mollis, vt vix digitis tangi queat fragilis, at post aliquot dies, si cælum siccum & calidum sit, in crustam atram membranaceam & nigram
fatiscit.

β. De huius mirabili vsu in sopiendis variis doloribus,
arthriticis præcipue, consulas Ephem: nat. curios.
annos primos.

532. BYSSUS *farinacea virescens, aquæ inspersa.*
α. In lacubus, & præsertim aquis stagnantibus emergit hæc byssus diebus canicularibus e fundo, sese aquæ miscet eiusque summam regionem petit, farinæ instar grossioris viridis. Tali modo sæpe integer lacus viridi tingitur colore & Sueci dicunt aquam eo tempore florere, Byssusque hæc vocatur *flos aquæ*; Vt ante penultima species alia, *Flos cæli*.

533. BYSSUS *filamentosa, fugax, alba, putrescentibus innascens.*
   Botrytis *non ramosa alba seminibus rotundis.* Mich. gen. 212. f. 3.
   Mogel. Suecis.
α. Vbique in rebus domesticis putridis.

534. MUCOR *granulis filamentosis fugacibus, putrescentibus innatus.*
   Mucor *vulgaris capitulo lucido per maturitatem nigro, pediculo griseo.* Mich. gen. 215. t. 95. f. 1.
α. Vide figuram *Sterb. de fungis* tab. 31.
β. Cum antecedenti vulgatissimum est vegetabile, eodemque apud nos nomine gaudet.
γ. Fuere & aliæ huius generis species plures, quas examinare omnes, nec oculi, nec otium, nec tempus mihi permisere.

LITHOPHYTA.

535. SPONGIA *ramis teretibus obtusis.*

Spongia ramosa fluuiatilis. Raj. syn. 30. hist. 81.

α. In fluuio Tornoensi copiose, intra ipsos tamen Lapponiæ fines visa nobis non fuit.

536. SERTULARIA *ramis teretibus, articulis cylindraceis lapideis, æqualibus.*

Corallina. Bauh. hist. 3. p. 810.

Muscus coralloides, squamulis loricatus. Bauh. pin. 364.

α. Ad littora maris septentrionalis concharum & cochlearum testis innata reiicitur.

β. Sub aqua tenax est, & arcte cohærentibus constat articulis, qui mediante neruo articulos perforante connexi; at siccata fragilis fit neruus, singulique articuli non cohærentes amplius a se inuicem recedunt ad attactum digiti.

537. ISIS *nuclei juglandis figura.*

α. Copiose ad littora maris septentrionalis reiecta legitur.

β. Est magnitudine & figura nuclei iuglandis, niuea, tuberculis prominentibus vndique, & obtusis obuallata.

ANIMVS AD SYLVAS ET
SVA LVSTRA REDIT.

INDEX

Numerus paragraphum denotat.

Aa 3   *Arum,*

INDEX.

Cha-

INDEX

INDEX.

INDEX.

Aa 5   Labru-

INDEX.

INDEX.

INDEX.

Nomina peregrina.

Kart

EMEN-

EMENDANDA.

§. 17. *Synonyma* excludantur & legantur :

17. SCHOENUS *flosculis fasciculatis.* H. C.

Cyperus palustris hirsutus minor, paniculis albis. Morif. hist. 3. p. 239. f. 8. t. 9. f. 39.

Cyperella palustris, capitulis florum vmbellatorum compactis, primum albis, deinde fuluis. Mich. gen. 53.

Juncus palustris glaber, floribus albis. Vaill. parif. 118.

Gramen luzulæ accedens glabrum in palustribus proueniens, paniculatum. Pluk. phyt. 34. f. 11.

Gramen cyperoides palustre leucanthemum. Scheuch. hist. 503. t. 11. f. 11.

§. 65. α. *nisi* lege *tanta in copia ac*

§. 66. β *procumbens* lege *pubescens*

§. 83. γ. *hinc* deleatur

§. 208 *caule vnifolio* lege *caule bifolio*

§. 222. γ. *ab* deleatur

§. 227. γ. *non* deleatur.

§. 237. p. 193. lin. 4. LADANUM lege GALEOPSIS.

§. 370. fig. 2. lege fig. Z.

Si quos reperias, Lector Optime, in citationibus Authorum errores, beneuole corrigas eosdem, rogo.

Ceffent Hefperidum facunda infomnia, ceffent:
  Linnæus faciem detegit hofpitii.
Urbica quos plangit luxata fuperbia Lappos
  Hos monftrat Flora luxuriante frui.
Occipis o *Nofter*, vafti moliminis aufus
  Naturæ boreæ regna ferire oculo.
Per niueos montes cumulatos montibus illuc
  Itur vbi Chloris delicias pofuit.
Scandis, fed feffum quando errat poplite corpus
  Vis animi infracto robore fuftineat.
Infanos fuperas colles; mox limina calcas;
  Pergis ad aras hinc adproperare Deæ.
                                        Elyfii

Elyfiis campis lætaris; lumina carpis
    Solis inoccidui; fallitur vda quies.
Atque inter niuei furgentia littora faxi
    Gaudes multiplicis carbafa ferre Deæ
Vnicus hos primos ignoti flaminis aufus
    Qui ftupet is Lappus Ductor & alter adeft.
Munera, amice, refers hæc acris hofpitis olim;
    Illa fed ignaro quam pretiofa refers.
Sed feret a Doctis meritum fua præmia plaufu
    Nec minor ille foris, nec erit ille domi.
Quid Floram accufes, hæc quæ Tibi ferta parauit
    Queis vel in orbe vnus principe flore nites.
Quid lauros, dabunt, (fed plurimus has canat
      alter:)
    Quas Pan, quas Pluton, quas Medicina Tibi?
Ne Bitauas inter Mufas & pulpita fpernes
    Longas longinquæ blanditias patriæ.
Nos procul Amftelia cum Tu compefceris vnda
    Dimidium quam animæ pofcimus vsque Deos!
Multus Adonis non, non naris copia nobis;
    Eft Tua quo placeat vsque Fahluna tamen.

Dab. Fahlunæ in Suecia
    1736. Nov. 24.

           Suo gratulatur fuus
          Jo. BROWALLIUS.

TABULA I.

1. DIAPENSIA §. 88. p. 55.

2. ANDROMEDA foliis alternis lanceolatis, margine reflexis. §. 163. p. 125.

3. ANDROMEDA foliis aciformibus confertis. §. 165. p. 128.

4. ANDROMEDA foliis triquetre imbricatis obtusis, ex alis florens. §. 166. p. 129.

5. ANDROMEDA foliis linearibus obtusis sparsis. §. 164. p. 127.

TA-

Bb 3

TABULA II.

1. SAXIFRAGA foliis ovatis quadrangula-
to-imbricatis, ramis procumbentibus; *api-
bus foliorum cartilagineis.* §. 179. ε. p. 142.

2. SAXIFRAGA foliis radicalibus in orbem
pofitis, ferraturis cartilaginofis. §. 177. p.
140.

3. SAXIFRAGA caule nùdo fimplici, foliis
lanceolatis dentatis; *coma foliolofa.* §. 175. γ.
p. 137.

4. SAXIFRAGA foliis palmatis, caule fimplici vnifloro. §. 172. p. 134.

5. SAXIFRAGA caule nudo fimplici, foliis
elliptico-fubrotundis crenatis, floribus capitatis. §. 176. *varietas* 4. p. 139.

6. SAXIFRAGÆ antecedentis (5.) *varietas* 1. §. 176. γ. n. 1. p. 138.

7. SAXIFRAGA foliis radicalibus quinque-
lobis, florali ouato. §. 174. p. 136.

TA.

Bb 4

TABULA III.

1. RANUNCULUS caule bifloro, calice hirfuto §. 233. p. 188.

2. RANUNCULUS caule vnifloro, foliis radicalibus palmatis, caulinis multipartitis feffilibus. §. 232. p. 187.

3. RANUNCULUS pygmæus, antecedentis (fig. 2.) varietas. §. 232. γ. p. 187.

4. RANUNCULUS caule vnifolio, & vnifloro, foliis tripartitis. §. 231. p. 186.

5. RANUNCULUS foliis linearibus, caule repente. §. 236. p. 190.

6. RANUNCULI generis nectarium ad vnguem petali §. 228. p. 185.

TA-

TABULA IV.

1. **PEDICULARIS** caule simplici, foliis lanceolatis semipinnatis serratis acutis. §. 242. p. 197.

2. **PEDICULARIS** caule simplici, foliis semipinnatis obtusis, laciniis imbricatis crenatis. §. 244. p. 202.

3. **PEDICULARIS** caule simplici, calicibus villosis, foliis linearibus dentatis crenatis. §. 245. p. 203.

4. & 5. **SCEPTRUM CAROLINUM** Rudbeckii. §. 243. p. 197.
   a. folium radicale.
   b. summa pars caulis.
   c. Flos.
   d. Fructus.
   e. semina.

Cen-

Censori rigido.

Men Du som tadlar alt, kom hær læt tig be-
    haga
    at se the hoege bærg, the skogar, træsk
      och haf
    som mig so hafwa moedt, skrif sedan po
      min graf
Om jag ock moedan spardt eller gifwet sega
    foer saga.

Rudb.

TA**

TABULA V.

1. RUBUS caule bifolio & vnifloro, foliis simplicibus. §. 208. p. 165.

2. RUBUS caule vnifloro, foliis ternatis. §. 207. p. 162.

3. CORNUS herbacea. §. 65. p. 36.
   a. planta florens.
   b. planta fructum ferens.
   c. Semen transverfim diffectum.
   d. d. Rami.

TA-

TABULA VI.

1. AZALEA maculis ferrugineis fubtus adfperfa. §. 89. p. 56.

2. AZALEA ramis diffufis procumbentibus.
   §. 90. p. 58.

3. ARBUTUS caulibus procumbentibus, foliis integerrimis. §. 162. p. 123.
   Uva urfi Cluf. hift. 63. Tournef. inft. 599.
   De fynonymis nullum dubium poft hac
   erit; contuli enim nuper Suecicam cum
   fpeciminibus ex Anglia, Gallia & Heluetia miffis.

4. BETULA foliis orbiculatis crenatis. §. 342.
   p. 266.
   a. Folium naturali magnitudine ex alpibus.
   b. Folium naturali magnitudine ex deferto.
   c. Folium naturali magnitudine ex horto.

TA.

TABULA VII.

1. SALIX foliis integris glabris ouatis fubtus reticulatis *mas*. §. 359. p. 288.

2. SALIX antecedentis *femina*.

3. SALIX foliis ferratis glabris orbiculatis. *mas*. §. 355. p. 286.

4. SALIX antecedentis *femina*.

5. SALIX foliis integris, fubtus tenuiffime villofis ouatis. §. 363. p. 290.

6. SALIX foliis ferratis glabris ouatis. §. 353. p. 285.

7. SALIX foliis integris vtrimque lanatis fub rotundis acutis. §. 368. p. 293.

Plan-

Plantis Alpinis.

Non omnibus volupe eft
      anhelos aereosque confcendere,
      vel etiam fuperare niues,
      multa pati rerum
            ipfius quoque fanitatis
              ac vitæ difcrimina;
    vincere famem
        frigus
        æftum
        pluuiam
        niuem
        faxa
        laffitudinem
    quæ omnia fæpe vno eodemque die
      in hac excurfione fefe exhibuerunt
           haud femel guftanda.
Hinc certa fpe fretus
      tanto gratiorem fore Floram meam
      quo plus conftiterit fudoris
               & laboris.

          Scheuchz. alp.

TABULA VIII.

a. SALIX §. 348. p. 281.
b. SALIX §. 349. p. 282.
c. SALIX §. 350. p. 283.
d. SALIX §. 351. p. 283.
e. SALIX §. 352. p. 284.
f. SALIX §. 353. p. 285.
g. SALIX §. 354. p. 285.
b. SALIX §. 355. p. 286.
i. SALIX §. 357. p. 287.
k. SALIX §. 357. p. 287.
l. SALIX §. 359. p. 288.
m. SALIX §. 360. p. 289.
n. SALIX §. 361. p. 289.
o. SALIX §. 362. p. 290.
p. SALIX §. 363. p. 290.
q. SALIX §. 362. p. 290.
r. SALIX §. 364. p. 291.
s. SALIX §. 365. p. 291.
t. SALIX §. 366. p. 292.
u. SALIX §. 367. p. 293.
x. SALIX §. 368. p. 293.
y. SALIX §. 369. p. 294.
z. SALIX §. 370. p. 295.

Itine-

Itineri Lapponico.

Nec cælum patior, nec aquis aſſueuimus iſtis
   Terraque neſcio quo non placet ipſa modo.
Non domus apta ſatis, non hic cibus vtilis ægro
   Nullus Apollinea qui leuet arte malum.
Non qui ſoletur; non, qui labentia tarde
   Tempora narrando fallat, amicus adeſt.
Laſſus in extremis jaceo populisque locisque
   Heu quam vicina eſt vltima terra mihi.

                  Ovid. triſt. III. 3.

TABULA IX.

1. ASTRAGALUS alpinus minimus. §. 267. p. 218.

2. CARDAMINE foliis fimplicibus ouatis, petiolis longiffimis. §. 260. p. 214.

3. ASTER caule vnifloro, foliis integerrimis, calice villofo fubrotundo. §. 307. p. 242.

4. VERONICA caule floribus terminato, foliis ouatis crenatis. §. 7. p. 7.

5. CAMPANULA caule vnifloro. §. 85 p. 53. *florens.*

6. CAMPANULA eadem (5) *fructum fe-rens.*

Alpi-

Alpibus Lapponicis.

Tu neque ver fentis cinctum florente corona,
   Tu neque meſſorum corpora nuda vides.
Nec Tibi pampineas autumnus porrigit vuas;
   Cuncta fed immodicum tempora frigus habent.
Rara, nec hæc felix, in apertis eminet aruis
   Arbor; & in terra eſt altera forma maris
Non auis obloquitur, fyluis niſi ſi qua remotis
   Æquoreas rauco gutture potet aquas.

Ovid. pont. III.

TABULA X.

1. SCHEUCHZERIA. §. 133. p. 96.

2. JUNCUS foliis planis, culmo paniculato, fpicis ouatis. §. 127. p. 90.

3. ANTHERICUM fcapo nudo capitato, filamentis glabris. §. 137. p. 100.

4. JUNCUS foliis planis, culmo fpica racemofa nutante terminato. §. 125. p. 89.

5. JUNCUS gluma triflora culmum terminante. §. 115. p. 83.

Hye-

Hyemi Lapponicæ.

At cum triftis hyems fquallentia protulit ora,
  Terraque marmoreo candida facta gelu ;
Dum patet & Boreas & nix iactata fub arcto:
  Tum liquet has gentes axe tremente premi.
Nix iacet & iactam nec fol pluuiæve refoluunt;
  Indurat Boreas, perpetuamque facit.
Tantaque commoti vis eft Aquilonis, vt altas
  Æquet humo turres, tectaque rapta ferat.
Pellibus & futis arcent mala frigora braccis:
  Oraque de toto corpore fola patent.
Sæpe fonant moti glacie pendente capilli,
  Et nitet inducto candida barba gelu.

Ovid. trift. III, 10.

TABULA XI.

1. LICHEN niueus, finibus dædalis laciniatus, ramis erectis, calice orbiculato. §.446. P. 341.

2. LICHEN foliis planis multifidis obtufis, laciniis linearibus, calicibus concauis. §.448. P. 343.

3. LICHEN foliis fubrotundis planis, leuiffime incifis, calicibus orbiculatis difco folii adnatis planis. §. 443. p. 338.

4. LICHEN erectus ramofiffimus, ramis teretibus nudis filiformibus obtufis. §. 440. P. 337.

5. LICHEN caule fimplici apice acuto aut calice turbinato terminato. §. 433. p. 330.

6. LYCOPODIUM caule repente, ramis tetragonis. §. 417. p. 324.

Ter-

Terræ Lapponicæ.

Vlterius nihil eſt, niſi non habitabile frigus.

Ovid. triſt. III. 4.

TA.

TABULA XII.

1. CUCUBALUS caule fimpliciffimo vni-floro corolla inclufa. §. 181. p. 143.

2. PINGUICULA fcapo villofo. §. 13. p. 12.

3. PINGUICULA nectario conico petalo breuiore. §. 12. p. 11.

4. LINNÆA floribus geminatis. *Gronovii*. §. 250. p. 206.
   a. Flos.
   b. Corolla aperta cum ftaminibus & piftillo.
   c. Calix germinis feu fructus calix.
   d. Capfula.
       Figura ex Rudbeckianis.

5. CYPRIPEDIUM folio fubrotundo. §. 319. p. 248.

7

6

DE COPER . T insulæ Præfecto .

4

quar in athenaeo Amstelaedamensi

ORVILLE, J.

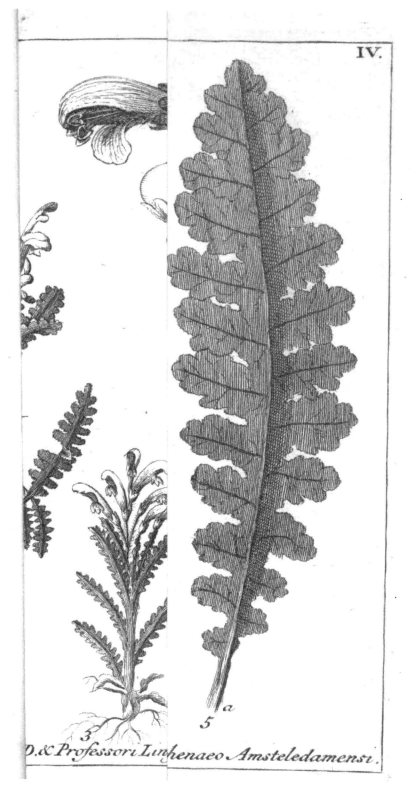

IV.

3

5 a

D. & Professori Linhenaeo Amsteledamensi.

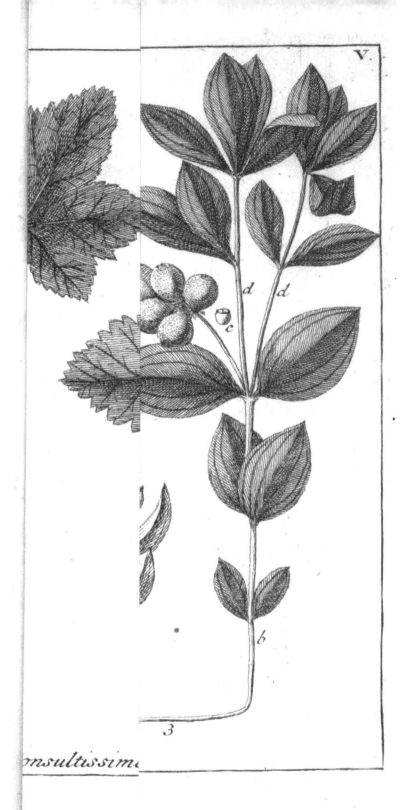

V.

d d

c

b

3

onsultissima

Oltissimo Pe 4

VII.

x

7

Consultissimo

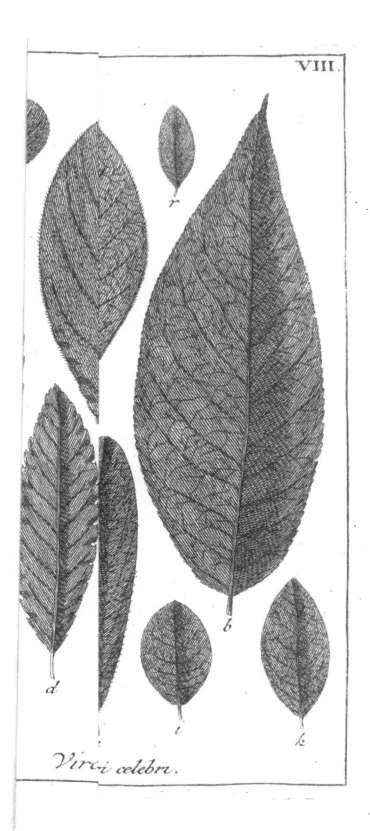

VIII.

Virci celebri.

X.

COMMELissimæ. 5

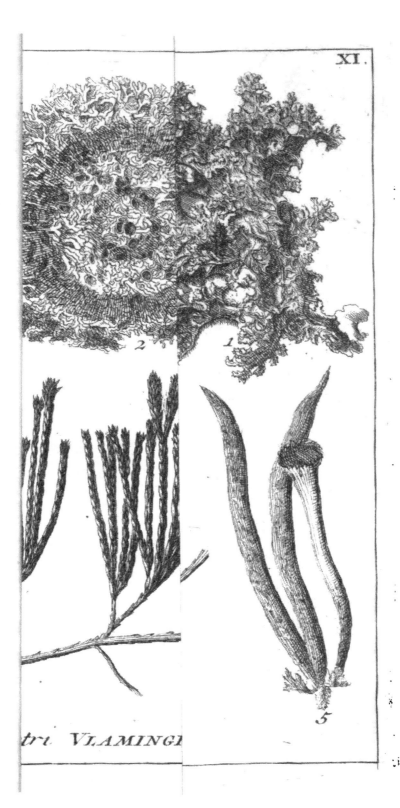

XI.

2   1

5

tri VLAMINGI

..imo Carolo L..

..tces *LINNÆUS* ..

..e posuit gratus..

..atarum soboles c..

..us his titulum s..

Jac. Phil. D'O..

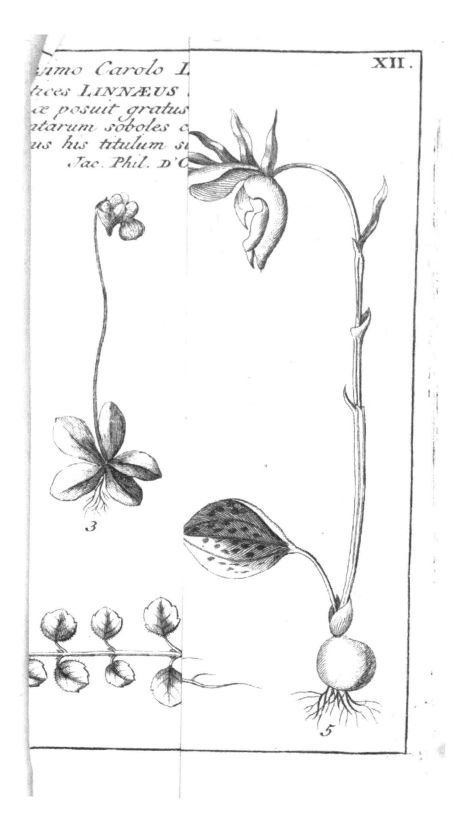

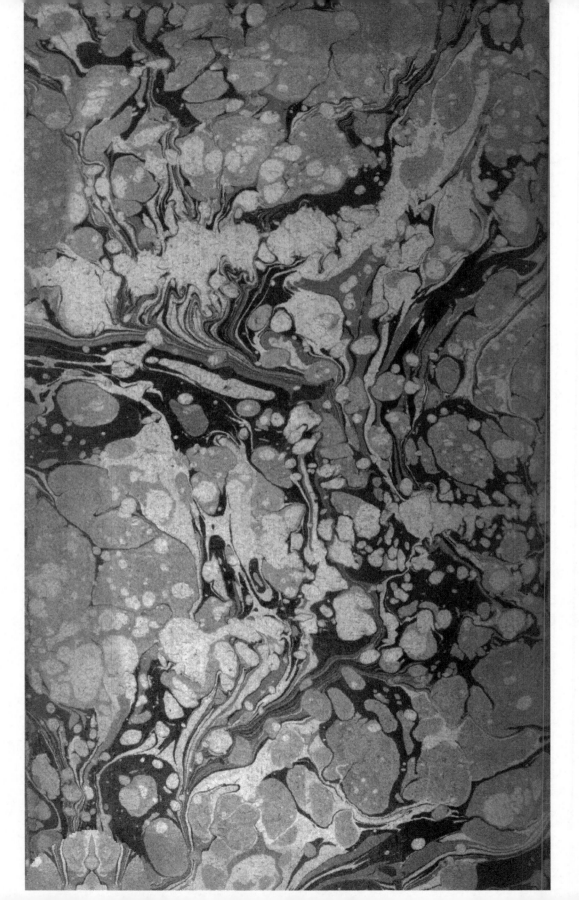

Lightning Source UK Ltd.
Milton Keynes UK
UKHW030703060521
383241UK00009B/785